大渕憲一 監修
Ken-ichi Ohbuchi

紛争・暴力・公正の心理学

北大路書房

はじめに

　戦後70年が経った今日，高度成長を謳歌した繁栄と安定の時代は過去のものとなり，わが国は，内外ともに多くの新しいタイプの社会問題に直面している。本書は，こうした社会問題の理解と解決に向けて，心理学の立場からこれに取り組んでいる研究者たちの研究成果を収録したものである。本書で取り上げられている社会問題は，目次に示されているように，攻撃と怒り，対人葛藤，集団葛藤，正義と公正，それに犯罪などであるが，これらに共通するテーマは葛藤（コンフリクト）である。

　近年のわが国は近隣諸国との間で領土や歴史認識を巡る軋轢に悩まされようになった。また，海外で頻発するテロ事件も，もはや対岸の火事とみなすことはできず，多くの日本人が民族紛争など集団葛藤に対して強い関心をもつようになったが，このことは，テレビの報道番組の増加などにも表れている。

　国内においては社会的格差の拡大が進み，そのしわ寄せは特に非正規就労者，老人，女性，そして地方在住者など，社会的弱者の境遇悪化に顕著に見られる。格差は利益配分を巡る社会的葛藤の所産であるが，それは日本人の間に社会的公正への関心を高めるという副産物を生んだ。公正は組織や社会の在り方を捉える新しい視点として，わが国においては心理学を含め，広範な社会科学の重要なテーマとなりつつある。

　これらの葛藤問題の基本構図は対人葛藤に見られる。個人としても集団としても，葛藤解決は適応の必須要件であることから，その失敗は紛争，犯罪，逸脱などの社会病理を招く恐れがある。それゆえ，葛藤当事者の認知，感情，動機づけなどの心理過程の分析は，家庭，職場，地域における個人の社会適応と精神健康にも重要な示唆を与えるものである。対人葛藤の研究から得られた理論と知見は，具体的な社会問題や集団葛藤に対しても，その本質を理解するための基礎的枠組みを提供するものである。

　本書はこうした葛藤問題の諸側面，すなわち，当事者心理，人間関係，集団と組織，地域社会，社会制度，文化などに光を当て，その理解と対策を目指した研究論文から構成される。執筆者は，私が勤務していた東北大学大学院文学研究科に学び，そこで学位を取得した方々と，ある時期，私とこれら葛藤問題に関する共同研究に参加してくださった方々である。ほとんどの方々は当時若手だったが，

はじめに

その後ご自分の研究を発展させ，現在では，各分野においていずれも第一人者となっている。

葛藤関連の研究は，ここ数十年間，日本の心理学界において急速に成長した分野の一つである。私が30年ほど前に葛藤研究を開始した当時は，学会などで内的葛藤と勘違いされたりもしたが，今日ではそれが笑い話になるくらい，葛藤研究は日本の学術の世界に定着し，市民権を得てきた。最近では，主たる活動の場である社会心理学の枠を超え，発達，臨床，産業などの領域にも広がりつつある。

本書の執筆者の方々の活発な活動によって葛藤研究の発展が成し遂げられてきたわけだが，一時期，研究活動を共にしたこれらの方々のその後の活躍を見ることは，私にとって格別の喜びであり，その方々が寄稿して作られた本書の監修者となることは，それゆえに，大きな栄誉とも言うべきものである。

しかし，実を言えば，私の監修者というのは名義的なもので，本書は，実際には，執筆者の中の有志の方々が企画・構想されたものである。他の執筆者の方々は，この呼びかけに応じて多数の論文をご寄稿くださったものである。これらの方々のご努力によって，本書は，わが国における多方面にわたる葛藤研究の最先端の成果を提示するものとなったが，この分野を開拓した者の一人として，本書の刊行には大きな意義を感じるとともに，執筆者の方々には心からお礼を申し上げたい。また，本書の企画を受け止め，刊行までを導いてくださった北大路書房の奥野浩之氏にもこの場を借りて感謝の意を表したい。

2016年1月7日
大渕　憲一

● もくじ

はじめに　i

I 部　　攻撃と感情

1 章　攻撃と道徳　2
1. はじめに　2
2. 暴力の根源的原因とその激化　3
3. 暴力を容認する道徳：道徳の多様な要素と柔軟な性質　7
4. 終わりに　12

2 章　報復の心理：その機能と功罪　13
1. 報復と怒り　13
2. 報復願望とその機能　15
3. 報復願望が起こる心理メカニズム　19
4. 結　語　23

3 章　怒りと健康　24
1. 怒りと循環器系疾患　24
2. 怒りと疾患に関するメカニズム　31
3. まとめ　33

4 章　対人行動と感情　34
1. 意図帰属研究から感情の対人効果研究へ　34
2. 対人行動における行動のポジティビティと互酬性原理　35
3. 情動が情動体験者の行動に与える影響　35
4. 感情の互酬性から対人的機能へのパラダイムシフト　37
5. 譲歩を引き出す感情表出　40
6. 感情の対人的影響を検討する実験　43

II 部　　対人葛藤と対処

5 章　紛争解決における寛容　52
1. 寛容とは何か：利益とリスク　52
2. 寛容の規定因　54
3. 寛容理解に向けて：寛容要因は独立的か，依存的か　58
4. 寛容理解に向けて：寛容は利他的な人のものか　61
5. 寛容の実現に向けて：寛容リスクは排除できるか　62

6章 謝罪と釈明　67
1. 釈明の形式　67
2. 釈明の効果　68
3. 謝罪：なぜ謝るのか，なぜ謝らないのか，なぜ効果があるのか　69
4. 釈明に関する好み：なぜ，われわれはある釈明をほかの釈明よりも好んで用いるのか　74
5. 結論　75

7章 対人葛藤　77
1. 解決方略と動機モデル　77
2. 対人葛藤における帰属から心的状態の認知へ　82
3. どのような心的状態が推測されるのか　84

8章 交渉　88
1. 交渉の構造　88
2. 交渉時の認知バイアス　91

9章 親密な関係における暴力　109
1. 大学生におけるデートDV　109
2. 大学生におけるストーカー問題　118
3. 学生相談とデートDV・ストーカー問題　121

10章 医療現場でのコンフリクトの予防と対処　123
1. 医療コンフリクトの増加　123
2. 医療コンフリクトの予防・対処の体制づくり　124
3. 医療コンフリクトへの対処：コミュニケーション・スキル　127
4. 医療従事者のコミュニケーション・スキル教育：作業療法士を例に　132

Ⅲ部　公正と現代社会

11章 組織と公正　136
1. 心理的構成概念としての組織における公正さ　136
2. 公正さが個人に与える影響　144
3. 組織における公正さの実践：フェア・マネジメントの実現　147

12章 日本社会は公正か：不平等社会における公正感の要因と機能　149
1. 不平等と公正感　149
2. 公正感の機能　155

3. 公正な社会に向けて　159

13章　ジェンダーと不平等：
ワーク・ライフ・バランスの視点から　161
1. ジェンダーと不平等　161
2. ワーク・ライフ・バランス　162
3. ワーク・ライフ・バランスの視点からみた日本の就業問題　163
4. ワーク・ライフ・バランスの視点からみた日本人の態度変化　165
5. 就業行動のジェンダー比較　166
6. ワーク・ライフ・バランス実現のおもな阻害要因　168
7. ワーク・ライフ・バランスの実現に向けて　173

14章　地域紛争と公正　174
1. 地域紛争における公正問題　174
2. 紛争改善の方策　179
3. 構造的方略による紛争解決：分配的公正アプローチ　183
4. 心理的方略による紛争解決：手続き的公正と道徳意識の改善　184
5. 地域紛争の解決に向けて　189

Ⅳ部　集団・文化と紛争

15章　集団間紛争とその解決および和解　192
1. 集団間紛争の原因　192
2. 集団間紛争解決　198
3. 最後に　203

16章　集団間葛藤の低減　204
1. 集団間葛藤の心理的背景　204
2. 偏見や葛藤の低減　207
3. まとめ　214

17章　文化間葛藤と価値観　215
1. 葛藤と文化間葛藤　215
2. 文化的価値観とは　222

18章　偏見と差別　227
1. オルポートによる偏見の定義　227
2. オルポートの偏見理論からの展開　229
3. 偏見研究における近年の動向　232

19章　ステレオタイプ研究再考　239

1. はじめに　239
2. 全体的な俯瞰　239
3. 結語　248

V部　犯　罪

20章　犯罪リスクと暴力　252

1. 犯罪リスクを巡る社会情勢　252
2. 犯罪リスクとは何か　253
3. 犯罪リスクを高める要因　261

21章　非行集団と暴力犯罪　264

1. 非行集団とは何か　264
2. 集団による暴力事件の現状と問題点　265
3. 非行集団と暴力を説明する理論的研究　266
4. 非行集団による暴力犯罪の予防　273

22章　犯罪者への処罰　274

1. 犯罪者への処罰：刑罰とは　274
2. 厳罰化の流れ　276
3. 死刑の存廃に関する論争　280
4. 高齢犯罪者への処罰　281
5. 結語　283

23章　少年による殺人：殺人少年の量的・質的変化の検討　285

1. はじめに　285
2. 少年による殺人の動向とその背景　286
3. 殺人少年の質的変化　290
4. 殺人少年に対する類型化アプローチ　292
5. 殺人少年類型を用いた，わが国の殺人少年の質的変化の検討　296
6. まとめ　298

引用文献　301
人名索引　346
事項索引　349
あとがき　355

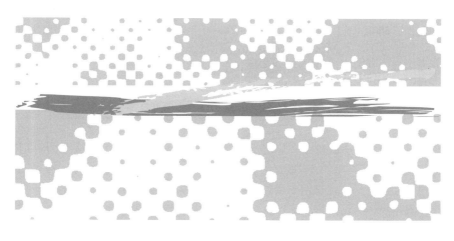

I部　　攻撃と感情

1章 攻撃と道徳

1. はじめに

　2015年1月のイスラム過激派組織ISILによる日本人殺害事件とヨルダン人パイロット殺害事件は多くのメディアで取り上げられ，その行為の残虐性が世界中からの激しい非難を巻き起した。この組織の非人道的行為はこれだけでなく，少数民族の迫害・虐殺，性奴隷としての女性の売買なども明らかになっている（Wood, 2014）。そして，人質殺害による動揺もおさまらないうちに，日本国内は川崎市の中学1年生殺害事件の報道でもちきりになった。この事件の加害者少年たちは，過激派組織さながらに被害者少年を暴行し，凄惨な殺害を行ったのだった。
　こういった事件が起こると，誰もが，加害者にはなぜあんな酷いことができるのかと考える。われわれは，他者に怒りを感じることはよくあるし，ときには相手に暴力を振るう人もいるであろう。だが，通常は，被害者の苦痛や苦悶のようすを知ると，恐怖心や罪悪感などのために攻撃の手が緩められるはずである（大渕, 1993）。けれども，われわれの胸をむかつかせるような結果が意味するのは，加害者たちにそういった抑制的な心理過程が作用していないということである。
　本章でおもに焦点を当てるのは，極端な，あるいは執拗な攻撃と，それを抑制させないような道徳的作用が生じる心理過程である。それは，道徳的と信じるその人自身の心的過程が凄惨な行為を引き起こす危険性すらも示すものである。ここで紹介する心理過程を経ることで，クラスでのいじめや傷害事件といった比較的小規模な攻撃事象も，あるいは場合によっては，社会的規範の逸脱と認識したものに対して与えられる罰すらも，悲劇的な結果をもたらす出来事のきっかけとなりうる。

2. 暴力の根源的原因とその激化

　スタウプ（Staub, 1990, 1999, 2010, 2012），バウマイスター（Baumeister, 1997, 2012），バンデューラ（Bandura, 1986, 1990, 1999）といった研究者たちは，集団虐殺や大量殺人などの激しい暴力も含むような，極端な攻撃行為や攻撃に固執することについて，その原因とそれに至る心理プロセスを分析している。

　スタウプ（Staub, 2012）は，人間の行動と動機づけを説明する原理として，基本的欲求とそれに基づく個別の目標の作用を仮定する。基本的欲求とは，われわれ人間の誰もが満たされることを望むものであり，満たされないと強い飢餓感を引き起こして欲求充足行動に駆り立てるような，根源的ともいえる欲求のことである（大渕，2000; Staub, 1996, 1999, 2012）。これは，衣食住や安全といった生物学的欲求と，自分にとって重要な出来事に対しての効力感や統制感，ポジティブな自己認識，他者とのポジティブな結びつき，現実の理解と世界における自己の役割の理解などの心理学的欲求とに大きく分けられる。これらの欲求は，価値，目的，動機など，さまざまな個別的な行動目標を形成し，各人の行動を導き出す。目標は，文化や個人的経験に影響を受けて，重要なものほど表に現れやすいような階層構造を形成しているが，その環境や状況によっては，階層の下にあるものが一時的に活性化して上のものよりも優位になることがある。

　スタウプ（Staub, 1999）によれば，極端な暴力が現れるのは，基本的欲求の充足が妨害されて欲求不満が引き起こされるときである。政治的混乱，経済的問題，社会や生活上の大きく急速な変化など，生活状況での困難や，所属集団と他集団との間で深刻な葛藤が存在する状況では，不安や脅威が強められて，基本的欲求不満が引き起こされやすい。すると，穏やかな生活環境では強く現れていない欲求や目標が強く活性化されて優勢になり，これに由来する行動が引き起こされる。たとえば，現代日本の通常の生活状況では，衣食住や安全に強い関心が向けられることは少ないと思われるが，災害時の逼迫した状況下では，多くの人が必死でそれを確保しようとするであろう。基本的欲求が建設的なやり方で満たされないと，人々はある欲求を犠牲にしてほかの欲求の充足を試みたり，他者の欲求充足を妨害するというような，破壊的な手段を取ろうとする。このとき，正義という価値や自分に無関係の人の福利はないがしろにされることになる。

　バウマイスター（Baumeister, 2012）は，極端な暴力の根源の1つは，その道具性にあると述べている。人々は，物品・金銭や土地，社会的評価や権力，セッ

クスなどについて，社会から受け入れられる合法的手段を用いることでは得ることができないと考える際には，それを手に入れるために暴力を利用する場合がある。攻撃の社会的情報処理に関する研究（DeWall & Anderson, 2011; Huesmann & Kirwil, 2007; Pettit & Mize, 2007）では，問題解決の手段として攻撃が思い浮かびやすいことや，攻撃が問題解決に有効であるという態度や信念は，攻撃の傾向を強めることが示唆されている（田村，2015）。長期的な視点で見れば，これらの手段は報復や罰といったリスクを高めるために，うまくいかない場合が多い。だが，それは即時の欲求充足という点では効果的といえるし，そして実際，現行の社会システムでは望みがかなえられないと信じるテロリストや，再犯を繰り返す犯罪者などは，そもそもそれ以外になすすべがないと考えるのであろう。困難な状況は，不安や恐れなどのような感情的覚醒を高めて利用可能な認知資源を制限するため，衝動的な攻撃的認知傾向を引き起こす可能性も高い（田村，2015）。

　また，バウマイスター（Baumeister, 2012）は，暴力の根源の1つとして，自己観の重要性にも注目している。彼らによれば，自己観に関連して人が攻撃的になるのは，自分自身をよいものと考えている人が，その好ましい自己観を脅かされたとか，それに攻撃を受けているとみなすときである（Baumeister, 2012; Baumeister et al., 1996; Ostrowsky, 2010）。バウマイスターたちの自己本位性脅威モデル（Baumeister et al., 1996; 中山，2011）によれば，肯定的な自己像は，その好ましさを否定するような外的評価とは不一致であり，その不一致が自我に対する脅威を生み出す。そして，その望ましくない外的評価を受け入れることができないとき，怒りやネガティブな感情が生み出され，その感情は攻撃的反応となって評価者に向けられることになる。もともとの肯定的な自己像の基盤が不安定だったりすると，その人物にとって脅威は頻繁で大きな影響を及ぼすものと感じられるであろう。そのような人々にとって，攻撃は，批判に対して抗議し，自分自身や周囲から価値のない人物と評価されることを避け，支配性と優越を示すことができる効果的な方略として用いられる。

　暴力が一度実行されると，葛藤に関わった加害者と被害者の双方が，さらなる暴力や葛藤の激化に向けて変化しうる。アンダーソンら（Anderson et al., 2008）は，二者以上が関わる葛藤激化の原因として，加害者と被害者との循環的サイクルを指摘している。被害者の観点からは，報復は，さらなる被害を防ぐための有効な手段である（McCullough et al., 2011）。それは，加害者がさらに攻撃すると生じる利益よりもコストのほうが上回るという見通しを示すものとして，加害者

が自分をもう一度傷つけようとする意図を減じたり，第三者に対しても報復の能力を知らせたりすることができる。そのため，多くの人が，被害を受けたならば報復をしようとするであろうし，挑発につり合った報復は正当なものと認められる場合が多い。だが，葛藤激化の際には，被害者と加害者の両者が相手の行為を不当なものとみなし，それに対して行った報復は，やはり相手側からは不当なものとみなされる。このように，双方が自分の被害と報復の正当性を訴えることによって，報復の連鎖が引き起こされて，葛藤は激化していく。

人間や社会についての高い理想を掲げることも，加害者が暴力を正当なものと考える手段の1つであり（Bandura, 1990, 1999; Staub, 2012），バウマイスター（Baumeister, 2012）はこれも激しい暴力の根源の1つとして指摘している。ナチスドイツ，中国・ソ連・カンボジアの共産主義者など，20世紀に大量の死者を生み出した紛争・内乱の加害者たちは，人種的清らかさ，民族や国家の発展，社会的平等の達成など，バラ色で輝かしい未来を約束するようなイデオロギー的主張を展開した。日本でも，オウム真理教事件の加害者たちは，真理に至ると信じる教義に基づいて，拷問や殺人，テロ行為を引き起こした。困難な状況下の人々は特に，不安定となった世界観やアイデンティティの感覚に確信を与えてくれる理想的な将来のビジョンや，それによって困難を素早く解決することを期待させるリーダーに強く惹きつけられるであろう。だが，そういったイデオロギーは，それに共鳴しない人の福利を無視する側面をもつことや，敵対集団を見つけ出す根拠とされる場合がある。崇高な理想の実現という目的を掲げた加害者からは，スケープゴートや敵としての被害者は，打倒されるべきもの，犠牲となってもしかたがないものとして，その被害が見過ごされることになるであろう。

加害者による暴力の正当化には，相手の価値を落とすという形態も見られる（Bandura, 1986, 1999; Staub, 1990, 1999, 2012）。異端者，反乱分子，野蛮人，犬，ネズミ，イナゴ，悪性腫瘍，ウイルスなど，厳しい差別や暴力の対象の人間的価値を否定する描写は世界中で数え切れないほど存在してきた（Keen, 1986; Moshman, 2005, 2007）。被害者が一人の人間として公正に扱われる価値をもたない対象であるならば，あるいは罰を与えることがふさわしい対象と認められるならば，それに対する攻撃にはためらいもなくなり，むしろ必要なものとみなすことすらできるであろう（Bandura et al., 1975）。われわれは，不道徳な人，むやみに危害意図をもって接してくる人は，悪い人物であり，罰を受けるに値すると考える。悪い人は罰を受けなければならず，そうでなければ世界の正義と秩序を保つことが

できないと考えるであろう。世界は公正であるという信念から，もともとは相手の「悪い行為」に対する罰として行われた暴力が，しだいに，相手は悪い行為を「しようとしている」「そういった性質をもっている」と信じることによって行われるようになる（Staub, 2012）。

　また，加害者は，当初はとまどいや苦痛を覚えるような加害行為であっても，しだいにその行為に慣れていくことも示されている（Huesmann & Kirwil, 2007）。われわれは日常生活のなかで慣れを経験する。たとえば，最初は強い不安や恐怖を引き起こした怖い話であっても，あるいは興奮を覚えるほど楽しいゲームであっても，何度も繰り返して見聞きしたり体験するとそれに慣れてしまい，最後には飽きてしまうであろう。通常，他者に危害を加えることは，人を動揺させ，強いネガティブな反応を生じさせるものである（Baumeister, 2012）。被害者の苦悶の表情や声は，相手の恐怖，苦痛，悲しみなどの否定的感情を追体験させたり，相手に対する同情や良心の呵責を引き起こすことが考えられるためである。だが，ヒューズマンとカーウィル（Huesmann & Kirwil, 2007）は，暴力に対しても繰り返して接することでそれに慣れてしまって，ネガティブな感情や覚醒を経験しなくなっていくことを述べている。これは脱感作効果とよばれる。カーネギーら（Carnagey et al., 2007）は，研究参加者たちに暴力的テレビゲームあるいは非暴力的なテレビゲームをプレイさせて，そのあとに暴力的映像を見てもらい，その間の生理学的覚醒水準の変化を観察した。その結果，非暴力的テレビゲームをプレイした参加者たちのほうにだけ，暴力的映像によって感情的覚醒が生じていることが示された。これは，暴力的テレビゲームをプレイした参加者たちのほうは，実際の暴力に接しても生理学的な覚醒が生じにくくなったことを意味している。つまり，暴力にふれることで慣れが生じ，それを不快に思わなくなり，結果としてそれを実行する際にも不快な経験を伴わなくなる可能性を示唆するのである。

　暴力に対する慣れの過程に加えて，その暴力自体に快感を得るようになる人物の存在も指摘されている。バウマイスター（Baumeister, 2012）は，危害を加えることで心からの楽しみを得るというサディズムが，暴力を繰り返すことによって生じる可能性があり，これも暴力の根源的原因になりうると述べている。拮抗過程理論（Solomon & Corbit, 1974）によれば，人間の身体は，均衡状態を維持するために，通常の状態からはずれるような反応過程が生じるとそれに拮抗するような第2の反応過程を引き起こす。引き起こされた拮抗的反応は，最初はゆっく

りで弱いものであるが，繰り返して生じるうちに，不快反応よりも強く支配的な反応になると考えられる。たとえば，バンジージャンプやスカイダイビングでは，最初は多くの人が落ちることに対して大きな恐怖を感じるであろう。だが，身体にはこれに対して鎮静や快楽を引き起こすような拮抗過程が生じる。最初は弱い拮抗反応であるが，これが時間を経て何度も繰り返されるうちに，恐怖感は慣れによって弱くなって，それよりも快反応のほうが上回って強く長く感じられるようになるのである。バウマイスター（Baumeister, 2012）は，危害行動を繰り返すことでこれとまったく同じ反応が生じると考えており，拷問によって人を尋問する際に，尋問が妨げられるほどに被害者に対して過剰な暴力を振るってしまうのは，拷問に慣れていない者よりもベテランのほうに多いという観察結果をあげている。それでも，スカイダイビングなどの愛好者は多いが，実際にサディストになる人はかなり少ない。これは，暴力的行為自体を楽しむということに対しては，スカイダイビングと違って，多くの人に道徳的な抵抗や罪悪感が生じるためである（Baumeister, 2012）。そのため，人を傷つけるのは道徳的違反であるという信念が個人内で安定的に存在する限りは，暴力を楽しむ人物にはなりにくいと考えられる。

　スタウプ（Staub, 2012）によれば，極端な暴力に至る加害者には，ここまでの過程のどこかで道徳の転換が生じるという。さきに述べたように，加害者は被害者に対する暴力を正当化しようとする。だが，暴力を否定する道徳性に対しての意識が強ければ，その正当化は不完全なものとなるであろう。その場合の加害者は，暴力行為の前後にわたって罪の意識にさいなまれることになると考えられる。つまり，われわれが通常と考える道徳性を維持することと，暴力の正当化は両立しにくいことが明らかである。道徳の転換においては，他者を思いやることや危害を避けることの価値は相対的に低くなって最優先するべきものではなくなり，そして，他者に危害を加えることが権利となって，むしろそれこそが行うべき道徳となる（Staub, 2012）。次節では改めて，その過程はどのように可能なのかということについて，われわれの道徳性の性質に関する研究を通じて見ていく。

3. 暴力を容認する道徳：道徳の多様な要素と柔軟な性質

　ハイトらの道徳的基盤理論（Graham & Haidt, 2012; Graham et al., 2013）によれば，各人の道徳性とは，自分勝手さを抑制・制御して，協調的な社会生活を可能

にするように機能するシステムの一部（Graham & Haidt, 2012）である。これは，進化的に獲得してきた道徳心の素描のようなものが，文化的学習を経て編集された結果として形成される（Graham et al., 2013）。グラハムら（Graham et al., 2011）は，インターネット上で世界中の参加者に道徳的基盤調査（Moral Foundations Questionnaire）を実施することにより，人間一般に共通する道徳とはどのようなものなのかについて検討している。これは，文の内容（たとえば"誰かが精神的に傷ついたかどうか"）がどの程度道徳に関連すると考えるかを問う項目と，道徳的意見（たとえば"苦しんでいる人や困っている人への思いやりの念は最大の美徳である"）にどの程度同意するかを問う項目から構成されている（金井，2013）。分析の結果，どの文化圏でも共通して，人々が，「傷つけないこと」（ケア・危害），「公平性」（公正・欺瞞），「内集団への忠誠」（忠誠・背信），「権威への敬意」（権威・転覆），「神聖さ・純粋さ」（神聖・堕落）といった5つの要素を道徳と考えていることが示された。

　グラハムらの研究（Graham et al., 2009; Graham et al., 2011; Haidt, 2012）は，人々一般に共通する道徳の考え方だけでなく，その重要性が集団や個人によって異なることも明らかにしている。ケア・危害はどの集団においても共通する道徳的価値ではあるが，たとえば，リベラルな政治的信条をもつ人はケアと公正をその他の基盤よりも重視するのに対して，保守的な信条の人は5つの基盤を同程度に重視していた。また，女性は男性よりもケア，公正，神聖性に対しての関心が高く，男性は女性よりもわずかに忠誠や権威についての関心が高かった。そして，東洋文化（南アジア，東アジア，東南アジア）は，忠誠と神聖性の重要性が西洋文化（アメリカ，カナダ，イギリス，西ヨーロッパの各国）よりも高いことが示されていた。

　これらの道徳の重要性の差異は，必ずしも他者に対する配慮が最優先事項とはみなされない場合が生じることを意味する。ファン・リーヴェンとパク（Van Leeuwen & Park, 2009）はオランダ人研究参加者に対する調査を通じて，世界が危険であるという信念をもつと，ケアや公正よりも忠誠，権威，神聖性を重視して，保守主義的な傾向が強まることを示した。また，グラハムとハイト（Graham & Haidt, 2012）は，インターネット上の調査で，各道徳的基盤の神聖視と戦争に対する態度との関連を検討したところ，ケアと公正の道徳の神聖視は戦争否定的態度を予測した一方で，内集団の道徳の神聖視は戦争肯定的態度を予測した。グラハムたち（Graham et al., 2013）は，集団間の道徳性の認識に関する差異の知

覚が,相手集団との世界観の違いや共感のギャップを意識させて否定的な認知や敵意を生み出すために (Waytz et al., 2010), 結果として集団間暴力が起こりやすくなる可能性を指摘している。これらの研究は, 前節で述べたような, 聖なるものの崇拝や集団への忠誠に基づく暴力の正当化の議論を支持するものである。

　人々の道徳性は, 複数の要素をもつだけではなく, その適用のしかたについても柔軟な性質をもつ。人は, 人間や動植物だけでなく無生物や創造物についても, 道徳的地位という次元で対象を位置づけて社会的世界を知覚している (Brandt & Reyna, 2011)。そのなかでも, 特に道徳的コミュニティのなかにいる存在に対しては, 尊敬や道徳的扱いを示す道徳的義務を感じるという (Haslam et al., 2012)。これには, 子ども, 大人, 胎児といった人間だけでなく, 動物や植物, 無生物も含めたさまざまな存在が含まれる場合もある。一方, このコミュニティに含まれないものは, 不道徳なもの, 罰や排除, 差別に値するものと知覚され, もはや道徳的規範を適用する価値がないとみなすことになる。バンデューラ(Bandura, 1986, 1999)によれば, われわれの道徳性は, たとえ同一の基準をもっていたとしても, 状況や相手に応じて選択的に活性化・不活性化する。したがって, 道徳的規範の適用範囲は常に一定不変であるわけではなく, その境界は柔軟に拡大・縮小すると考えられる。実際, レイハム (Laham, 2009) の研究では, 参加者に, 生物のリスト (たとえば, 若い女性, 胎児, 脳死した人, 大人の男性, 赤ん坊, あるいはさまざまな動物など) を見せて, 道徳的コミュニティに包摂する構えをもつような教示 (道徳的考慮の価値があるとみなすものにマルをつける) か, コミュニティから排除する構えをもつような教示 (価値がないとみなすものにバツをつける) を与えたところ, 排除の構えは包摂の構えよりもコミュニティ内にたくさんの対象が含まれていた。これは, 道徳的考慮の境界が認知的操作によって変動することを示しており, 通常は配慮されるべきはずの対象が, 状況によってはその境界から排除されてしまう可能性があることを示唆する (Opotow, 1990)。

　人間を人間とはみなさない非人間化は, 対象を道徳的規範の適用範囲外の存在とみなすことによって, 暴力に対する抑制を低下させることが多くの研究者から指摘されてきた (Bandura et al., 1975; Bandura, 1990, 1999; Opotow, 1990; Staub, 1999)。ケルマン (Kelman, 1973) は, 対象を一人の完全な人間として知覚するには, 相手にアイデンティティとコミュニティとしてのつながりを認めなければならないが, これらが剥奪された相手に対しては, 厳しい暴力が可能になると論じている。アイデンティティが与えられた個人は, 他者と区別された別の人格で,

自分自身の目標や価値に従って選択して生きる資格があるとみなされる。そして、そのような個人は、相互に個人性と権利を尊重し配慮しあうコミュニティの一部とみなされるために、ネガティブな処置の対象にはならない。だが、対象のアイデンティティとコミュニティを否定して人間的道徳的サークルから排除するならば、その対象の被害や死による場合すらも、個人的に心を動かされることや同情することが困難になるのである。実際、加害者は、被害者の非人間化によって同情や罪悪感などの道徳的情動体験を抑制し、加害行為の責任感を免れようとすることが多くの研究から示されている（Osofsky et al., 2005; Vasiljevic & Viki, 2014; Zabel et al., 2008）。たとえば、外集団非人間化に関する研究では、内集団の残虐行為の責任を知覚した参加者たちが、被害者である外集団を非人間化して（Castano & Giner-Sorolla, 2006）、そしてそれが、被害者集団に対する共感の抑制を引き起こしていた（Cehajic et al., 2009）。また、実際に非人間化によって、対象に対しての罰が支持されることや、攻撃が強められることを示す研究も多数存在する（Bandura et al., 1975; Bastian et al., 2013; Vasiljevic & Viki , 2014; Viki et al., 2013）。たとえば田村と大渕の研究では（田村・大渕, 2006）、被害者に単に非人間的なラベルが与えられるだけで、それがない被害者に対してよりも攻撃が強められることが示されている。

　近年、非人間化によって否定される特徴にもいくつかの種類があることが明らかになってきている（Bain, 2014; Haslam, 2006, 2014; Haslam et al., 2012）。ハスラム（Haslam, 2006, 2014）は否定の対象となる人間性が2種類に分類されることを指摘している。1つは人間特有性（human uniqueness）とよばれるもので、文化における社会的学習の結果として文化化・文明化された人間性にあたり、文明、洗練性、高次の認知に関連する特徴である。これが否定されると、礼儀正しさ、洗練性、合理性に欠ける存在として、粗野で、無知で、不道徳な、動物に近いものと知覚される。リーエンスらのグループはこの点での非人間化の研究を多数行っており（Demoulin et al., 2004; Leyens et al., 2007）、人々が自分や内集団に対して、愛情、歓喜、憎悪、罪悪感、恥などの人間に特有の感情を多く帰属し、外集団のそれを否定しようとすることが明らかにされている。もう1つは人性（human nature）とよばれ、文化に関係なく人間全体に普遍的かつ典型的な特徴であるとされている。これは、人間に深く根ざした基盤的な性質として生まれながらに備えているような人間性にあたり、情動性、対人的温かさ、認知的な柔軟さや主体的機能に関連する。こちらが否定されると、感情や意志などの心の動き

がない存在のように，機械的で，冷たく，厳格で，活力や生気に欠けたものと知覚され，ただの物体とか，自動装置やロボットのようにみなされる。

　また，対象の心の知覚のしかたにおける人間性の否定について，ハスラム（Haslam, 2006, 2014）の分類とは別の観点からも研究が行われている。グレイら（Gray et al., 2007）の研究では，完全な人間から遠いほど，対象に2つの次元で心のはたらきを知覚しにくいことが示されている。第1は経験の次元であり，対象が，情動，欲望，欲求，苦痛といった心的能力をどの程度経験する能力があるかという点から構成される。第2の次元は主体性で，自己統制，道徳性，予測などの能力を対象がどの程度もっているかに該当する。インターネット上で行われた調査の結果，自分自身や大人は経験も主体性も高いものとして，だが，赤ん坊や動物は経験が高くても主体性は低く，ロボットや植物人間は経験も主体性も低いものとみなされていることが示された。また，ハリスとフィスク（Harris & Fiske, 2006, 2011）は，偏見の対象とされるような集団の成員とみなされた人物には，心の状態の推測が行われにくいことを明らかにしている。フィスクら（Fiske et al., 2002）のステレオタイプ内容モデルによれば，社会集団は対人的温かさと有能さの二次元によって知覚されている。ホームレスや薬物中毒者のように，冷たくて能力が低いと知覚される集団は，伝統的に偏見の対象とされてきた。ハリスとフィスクの研究（Harris & Fiske, 2006, 2011）では，これらの集団の成員に対してはほかの集団成員の場合よりも，気質帰属，道徳的判断や共感などの社会的認知過程の多くに関わる脳領域（内側前頭前皮質 m-PFC）が活性化しないこと，また，心的状態を表現する単語が用いられにくいことが示された。これらの研究は，非人間化された対象は，たとえ暴力の被害者となったとしてもその苦痛や苦悩が考慮されにくいことを意味している。

　本節で述べてきたように，われわれの道徳性は多様な側面と柔軟な性質をもっている。そもそも，他者への思いやりが道義にかなうことはわれわれの多くが認めるはずで，たいていの人はむやみに人を傷つけることを好まないであろう。6か月程度の乳児ですら，実験動画上で丘を登る相手を下に落とす人形よりも，その相手を助ける人形のほうを好む反応を示すことが明らかにされているし（Hamlin et al., 2007），攻撃的な人物よりも協調的な人物のほうが好まれることは多くの研究で示されてきた（Dodge et al., 2006; 大渕，2011）。同種個体を思いやる協調的な性質は，適応的にも有利であるため，それを重視する規範や社会の仕組みが形成されて，結果としてそれは多くの文化で道徳として確立されてきたのであろう

(Graham & Haidt, 2012)。だが，その当然とも思えるような道徳も，それ以上の価値が仮定されたり，それは対象には適用されないとみなされることによって，それに基づく行動抑制は機能を停止してしまうのである。

4. 終わりに

　本章では，極端で持続的な暴力の根源的原因とその進展の過程，そして，それを抑制するはずのわれわれの道徳の性質について議論してきた。残虐行為の結果だけを見ると，その加害者は，人を人とも思わない，われわれと同じ道徳性が存在しない，血も涙もない人物であるかのように見えてしまう。そんな人物については，「厳しく罰するべきだ」と多くの人が考えるであろう。「死をもって償わせる必要がある」と考える人もいるであろう。だが，本章での議論からは，加害者たちも被害者に対して同様のことを考えていて，被害者こそが同じ人間ではない異質の存在のように見えているのかもしれないと推測することもできる。この問題について研究者たちが明らかにしてきたこととは，そういった加害者の心理過程が，ここまでで述べてきたような通常の人間の心理過程から生じていて，分析や説明が可能なものだということである（Staub, 1999, 2012）。説明や理解が可能だからといって，本章の冒頭の事例のような残虐行為は許容されるべきではない。だが，理解して，行為に至る心理過程の危険性を各自が自覚することも，葛藤激化の結果としてそういった事例に至る可能性を減らすための手段の1つといえるであろう。

2章 報復の心理
その機能と功罪

　一般に，攻撃や暴力は社会的にみて悪であると信じられている。それは，周囲に激しく非難され，場合によっては社会から排斥される行為とされる。ところが奇妙なことに，それが加害人物への報復となった場合，われわれはそこに正当性を感じ，そうした行動を事実上容認しやすくなる傾向がある。実際，歴史を振り返ってみても，古代メソポタミアでは「目には目を」というフレーズで報復が承認されていたし，日本でも江戸時代には「仇討」という形で報復が合法的に認められていた。このことは，報復とよばれる攻撃形態が国や時代を超えて比較的寛容に評価され，それゆえ，報復願望を抱くことは人間の基本心理の1つになっていることを示唆する。本章では，こうした報復の心理過程を社会心理学的枠組みから分析する。なお，研究者の中には，報復（retribution）という用語を個人的な文脈では復讐（revenge, vengeance），社会的な文脈では制裁（punishment）として使い分ける者もいるが，現時点ではこれらの概念的な違いを明確に論じた研究は確認されていない。したがって本章では，文脈によってこれらを使い分けることはせず，危害に対する攻撃的な反応を一義的に報復とよぶことにする。

1. 報復と怒り

　報復行動を動機づけるものは典型的には怒りであるが，ある研究者たちはそこに，性格の異なる2つの怒りを仮定する（Batson et al., 2007）。その1つは義憤（moral outrage）である。これは，被害を引き起こした行為そのものを「許せない」とする怒りのことを指す。この怒りが経験されると，人々の側では相応の報いを受けるべきという規範的信念が強まり，加罰や賠償請求といった社会的公正

を回復させる報復反応が起こると考えられている。特に，自分が被害の当事者だったかどうかはこの場合において重要なことがらではない。テロリストによる捕虜の殺害映像を見たときなど，個人的被害がまったくなくても加害行為の認知だけによって行為者への怒りが喚起され，強い報復の衝動に駆られやすくなる。自分が被害者であろうとなかろうと，無条件に加害者へ報復したいと動機づけられるのがこの怒りの特徴といえる。

　一方，社会的側面を伴わない個人レベルでの報復を動機づける怒りもある。研究者たちはこれを私憤（personal anger）とよんでいる。この怒りは，被害を含む出来事を目の当たりにすれば喚起されるというより，それが自分に不利益をもたらした（あるいは，そのおそれがある）ときにはじめて経験されるものとされる。つまり，この怒りの基本関心は個人的利害関心であって，道徳的な関心によるものではない。それゆえ，報復を行うかどうかの基準も個人の主観によりやすく，自分の不利益が回復される範囲内でしか報復反応も起こらないと仮定されている。言い換えれば，どんなに激しい被害を目の当たりにしても，それが自分に不利益をもたらさない限りは，報復に動機づけられにくいのがこの怒りの特徴といえる。

　図 2-1 は，これら 2 種類のうちどちらが怒りの本質かを検討した結果の一部で

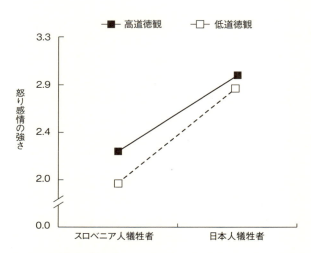

図 2-1　拉致事件に対する怒り反応（Uehara et al., 2014 より作図）

ある（Uehara et al., 2014）。この実験では，日本人大学生たちに拉致事件に関する架空の新聞記事を読ませ，そのときにどのくらい怒りを感じたかを0から5の6点尺度で答えさせた。全体としてみると，自分と同じ日本人が拉致の犠牲になった場合は激しい怒りが示されているが，スロベニア人が犠牲になったときにはそうではないことがわかる。義憤が怒りの本質であるとするなら，怒りは拉致の犠牲者によらずどの条件でも同じ強い怒りがみられると予想することができる。ところが実際は，自分が被害に遭っていたかもしれないと感じる日本人拉致条件でしか参加者の側で強い怒りが起こらなかった。この実験結果は，被害事象に直面したときに経験される怒りが私憤であること，それゆえ，報復したいと意図する願望がより個人的な理由から引き起こされている可能性があることを示唆している。なお図2-1を見ると，この傾向は個人に内面化された道徳観の程度に関係なく一貫して確認されているので，被害者の道徳心に訴えることが報復を思いとどまらせる有効な手段とはならないこともこの実験結果は示している。

2. 報復願望とその機能

　報復とは「やられたからやり返す」という短絡的で衝動的な反応の1つとみるべきではない。攻撃行動がそうであるように（たとえば，大渕，2011），報復もある目的を達成するための手段として行われ，そこでは複雑な心理社会的過程がはたらいていることがしばしばである。それは具体的にどのようなものであろうか。

(1) 報復願望を満たすもの：2つのパースペクティブ

　報復願望がどんな目的を含んでいるかに関しては，これまで主として2つの理論仮説から説明が試みられてきた。1つ目は被害者と同じ苦しみを味わわせたいという願望に動機づけられた行動を報復とみなす立場で，これを苦痛相殺説とよぶ。他方，被害の原因が加害者側にあることを自覚させるという意味で報復をとらえる立場もある。報復のメッセージ性を強調するこうした立場は，被害伝達説といわれている。これらの説では報復を意図された攻撃行動とみなす点では共通するが，前者は被害の穴埋めが目的であるとするのに対し，後者は加害者の更生が目的であるとする点で違いがある。

　フライダ（Frijda, 1994）は，被害事象においては被害者だけが苦しみを背負うある種のインバランス状態が起こるため，報復はこれを改善するために行われる

とする苦痛相殺説を提案した。通常，いわれなき被害を受けると，個人の側では怒りや不満が増加する。それは，当事者の考えている以上にストレスフルな影響をもち，精神的健康を脅かすことになりかねない。したがって，そうした負の感情にどう対処するかがその後の重要な課題となる。そこで被害者は，自分の不快な感情を打ち消すために，自分が受けた量にふさわしい苦痛を加害者にも味わわせたいと感じるようになる。「目には目を」で知られるように，自分と同じ目に遭わせることで不快感情を低減したいと動機づけられ，報復に訴えるのである。人間は利益とコストの配分（利益率）が相手の側に偏ること，つまり割を食う状態を嫌う傾向があるが（Walster et al., 1978），被害者が加害者に対して同じ程度の苦痛を求めようとするのはこのためなのである。

　この説の特徴は，加害者が同じ苦痛の量を経験しさえすれば報復願望は充足されるという主張にある。そうであれば，たとえば加害者が交通事故で重傷を負ったなど，受けた被害とはまったく無関係な出来事によって相手が苦しんでいるのを見聞きするだけでも，報復願望は満たされるであろう。逆に言うと，われわれが報復によって満足を得るには，加害者が苦しんでいるという事実のみを認知するだけで十分だということになる。たとえば，自分の嫌いな人がひどく困っているところを見ると，われわれはこれを「いい気味だ」と感じ，不快な気持ちが解消されることがある。こうしたことも，相手の苦しみによって自分の苦しみが清算された結果だと考えられる。

　一方，ゴルヴィツァーら（Gollwitzer et al., 2011; Funk et al., 2014）は，報復とは苦痛の帳尻合わせの手段ではなく，被害者と加害者によるコミュニケーション手段であると仮定した。そして，被害を引き起こしたこと，それに対して責めを負う義務があることを加害者側に認識させることが報復の最大の目的であると主張した。これは被害伝達説とよばれている。たとえば，仕返ししても加害者がその責任を拒否し続けるなら，もしくは，そもそも被害の原因が自分の側にあることに加害者が気づかないなら，被害者は不満を感じ，より激しい報復的手段に訴えるであろう。しかし加害者が自分の落ち度に気づいているのなら，被害者はこれに納得し，報復願望も和らぐであろう。一般に，刑罰を決める際には加害者による反省の弁が争点になることが少なくないが，刑罰も一種の報復行為とみるならば，人々が反省の弁に関心を寄せる理由は，刑罰の目的が同じ苦しみを加害者に与えることだけでなく，加害者による加害事実の認識も期待しているからだと解釈される。

なお，被害伝達説では，加害者の苦しみを見るだけでは報復感情が満たされにくく，加害者側が被害の責任を認めない限りは報復が繰り返し行われると主張する点に特徴がある。したがって，すでに述べた通り，たとえ加害者に一定の処罰が課せられたとしても，その理由を本人が明確に理解していなければ，被害者側はより過激な処罰を求めていくであろう。このように，報復願望が単なる仕返しでなく，加害事実の自覚を求めると予想される根拠は何であろうか。1つには，被害者の間で同一性の脅威が認知されるという解釈があげられる。理由なき危害を加えられた出来事に遭遇すると，人はその出来事を不当であると感じるだけでなく，相手から軽視されたり粗野に扱われたという屈辱感も抱き，同一性の脅威を感じやすくなる（福野・大渕，2001）。同一性とは社会的に価値づけられた個人の肯定的イメージのことで，これを保護し維持することは自尊心を保つうえでも重要となる。実際，人は自己利益を犠牲にしてでも同一性保護にこだわり続けるという報告がある。つまり，自分が粗野に扱われる人物ではないこと，社会的に価値づけられた人物であること，したがって，そうした自己の望ましいイメージを取り戻す必要があること，このような理由から人は報復において加害事実の認識を求めるのだと考えられる。

(2) 理論仮説の検証

加害者に対する応分の苦しみ（苦痛相殺説）と加害者による加害事実の認識（被害伝達説）のどちらが優勢となって報復は行われているのであろうか。このことを検証する研究がゴルヴィツァーとデンツラー（Gollwitzer & Denzler, 2009）によって行われている。彼らはまず，実験パートナーが余分な取り分を要求したせいで参加者の実験報酬が少なくなったという場面を設定した。そして，その直後に語彙決定課題（瞬間提示した文字列が攻撃的な単語かどうかを判断させ，その反応時間を測定するもの）を行わせた。次に，参加者に対し，パートナーだけはこのあと残って不快な課題にも取り組まなければならなくなったことを伝えた。このとき3分の1の参加者には，実験者の都合でたまたまそうなったと伝え（偶然条件），残りの参加者には不快課題をパートナーに行わせてもよいかどうかの意見を求めた。そして，参加者が不快な課題の実施に賛同した場合は報復ありとみなし（報復あり条件），そうでない場合は報復なしとみなした（報復なし条件）。この後，参加者にパートナーとの簡単なチャットを行わせ，参加者の半数には「自分が無茶な取り分を要求したから不快課題をやる羽目になった」というパートナ

ーからの返事を読ませ（自覚あり条件），他の半数には「なぜ自分がこんな目に遭うのかわからない」という返事を読ませた（自覚なし条件）。最後に，先ほどと同じやり方で語彙決定課題を行わせた。

　この実験における反応時間の変化が図2-2に示されているが，このグラフにおける実験条件間の最大の違いは報復あり条件にみられている。不快課題の実施を求めた報復あり条件の参加者のなかでも，パートナーが不快課題を与えられた意味を自覚している場合に特に攻撃単語への反応時間が低下した。逆に，パートナーがその意味を自覚していなければ，攻撃単語への反応時間は早まる傾向が確認された。これは，攻撃概念へのアクセシビリティが，パートナーに反省的な態度があるかどうかに影響を受けており，報復願望が単純に加害者への苦痛を求めるものではないことを示唆するものである。つまり，報復が苦痛の相殺を目的として行われるものならば，パートナーの自覚があるかどうかに関係なく，不快な課題を与えた後では攻撃概念へのアクセシビリティも弱まると予想することができる。ところが，実験結果がそうではなかったことは，報復という行為が加害事実を加害者に自覚させるという目的で行われていることをこの研究は示している。

　ところで，この実験で興味深いことの1つに，報復を承認した（報復を果たした）人たちの間において，パートナーがその意味を自覚していなければ攻撃概念へ

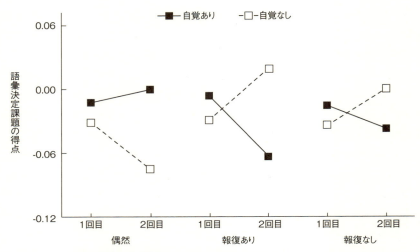

図2-2　報復の目的：苦痛相殺説と被害伝達説の検証（Gollwitzer & Denzler, 2009）
　　　注）数値は分析前に対数変換されている。

のアクセシビリティが以前にも増して強まった点があげられる。このことは，彼らの間では加害事実に気づかないパートナーがいっそうの激しい攻撃の対象になったことを示しており，加害者の言動によっては報復が実際の被害以上により過激なものになる可能性をも暗示しているといえる。

3. 報復願望が起こる心理メカニズム

　不当な危害を含む出来事に遭遇すると，われわれは不公正感を抱くことでなんらかの対処反応をとることがある（Montada, 1994）。たとえば認知反応であれば，被害者側の落ち度を強調したり，加害者を許そうと試みたり，加害事実を過小評価したりすることで不公正感を主観的に低減しようとする。また行動反応では，謝罪を要求したり，賠償を負わせたり，暴力に訴えたりすることにより，客観的に公正感を満たす行動をとりやすくなる。報復もこれらと同じく，相手が苦しむところを想像したり実際にそうした行動をとることによって，不公正感を減退させる対処方略のはたらきをもつ。その意味で，報復の心理や行動はわれわれの公正感の維持と調節において重要な役目を果たしているといえよう。

(1) なぜ報復なのか

　上のように考えると，危害を加えられた人物が報復に動機づけられて攻撃的に行動するというのは当然であるように映るが，しかしそもそも，なぜ人はあえて報復という手段を選択するのであろうか。報復は加害者に対する敵対心の現れなので，これを実行することは加害者からのさらなる反撃を受け，報復の連鎖を生み出す温床にもなりかねない。そうしたリスクを伴うにもかかわらず，人はなぜ報復したいという衝動に駆られるのであろうか。ここでは，報復願望がどのような仕組みで発生するかに関して，いくつかの理論的観点から説明を加えてみよう。

　報復願望を生み出すと予想される第一の心理メカニズムは，返報性規範にある。グールドナー（Gouldner, 1960）は，もらったものにはお返しをしなければと感じる傾向がどの人間にも普遍的に備わっていることを指摘した。たとえば，実験パートナーから善意で飲料水が差し出されると，そのパートナーが個人的に販売していたくじ券を参加者は大量に購入するようになった（Regan, 1971）。この研究結果は他人から好意や親切を受けた場合の正の返報を示す例だが，こうした考え方は，被害を受けた場合の非難や罰といった負事象にも適用することが可能で

ある。われわれはよく「借りを返す」というフレーズを耳にするが,このフレーズは受けた恩恵を他人に返すという正の事象だけに適用が限られたものではない。受けた被害を「借り」ととらえ,賠償など加害者の負担を増やすことで関係者間の不均衡を取り戻す際にも用いられることがある。つまり,正事象についても負事象についても,基本的には相手にお返ししなければという信念がはたらいているのである。危害には危害で応酬したいと感じるのも,こうした返報原則による規範的観念が影響しているものと考えられる。このことは,アイゼンバーガーら (Eisenberger et al., 2004) が表 2-1 に示す個人差尺度を開発した研究によっても裏づけられている。

報復願望の生起に関連する第二のメカニズムは,権利意識である。被害場面においては,被害者が「自分は被害者である」という思いを抱くことで権利意識 (victim entitlement) を強めることがある。これは,被害者が有利な立場に立つ有資格性もしくは不利な立場を回避できる有資格性のことを指し,これが意識されると被害者たちの間では独善的な判断や行動が強まるといわれている (Zitek et al., 2010)。たとえば,不手際のあった店員に対して余分なサービスを期待したり,個人的に負わされたケガに対して必要以上に痛みを訴えたりする人がいるが,これらはすべて,自分たちが損失を被った人物として優位に立ったことを自覚した結果といえる。報復願望が生起する過程もこれと同じではないだろうか。他者からなんらかの危害が加えられると,被害者は当事者意識を強めることで,ある種の特権的立場を感じやすくなる。その過程において,被害者は自分の側に正義があると錯覚し,攻撃や暴力で応酬することに矛盾を抱かなくなり,報復という手段を選択するのである。このように,報復願望とは,被害者の権利意識によって攻撃や暴力が過度に正当化されたことの産物であるとも考えられる。

表 2-1 報復的返報規範尺度の項目例 (Eisenberger et al., 2004)

・人のことを軽蔑する者は,その者も人から軽蔑されるべきだ
・人を不当に扱う者には,不当な扱いをやり返すべきだ
・たとえ人にひどい扱いをした者でも,ひどい扱いをやり返すべきではない(逆転項目)
・人を侮辱した者は,人から侮辱されて当然である
・人を不当に扱う者を支援すべきではない
・人を信用しない者は,その者も人から信用されるべきではない

注) この尺度を構成する質問は 14 項目からなっている。

報復を生み出す第三のメカニズムは，われわれの基本的欲求にある。すなわち，さまざまな代償を払ってでも報復したいと感じるのは，われわれが報復に強烈な快を覚えるからだという解釈もあげられる（Knutson, 2004）。ある実験によれば，実験パートナーから搾取された参加者に仕返しする機会を与えたところ，その参加者たちの間では，仕返しするたびに背側部線条体という報酬や喜びに関連した脳部位が活性化することが確認された（de Quervain et al., 2004）。ここで興味深いのは，パートナーへの仕返しが参加者の受け取る実験報酬の減額につながったとしても，線条体の部位が一貫して活性化していたことである。これは，快を得たいとする基本的な欲望が報復願望と密接に関連し，経済的な利害関心よりも個人的な欲求の充足を優先するように参加者が促されたことを示している。つまり，経済的な犠牲を払ってでも報復を優先したことは，報復という願望が人間の基本的欲求の1つであること，報復が快楽を求めて行われるものであること，言い換えれば，人々が加害人物への報復に対して強いこだわりをもっていることをこの研究結果は示唆している。近年の社会心理学分野では，人間のこのようなサディスティックな感覚をシャーデンフロイデ（schadenfreude: 他人の不幸に喜びを見いだす感情反応）とよび，それが生起する背景など詳細な解析が進められている（たとえば，Smith, 2013）。報復願望がなぜ人間の基本的欲求に根ざしているかに関しても，こうした研究分野から解明されることが期待される。

(2) 報復による心理的効用

ところで，上述した報復の生起過程に比べ，被害者が報復を行った結果どんな心理を経験するかについては研究成果が十分に得られていない。だが，すでに述べた通り，報復は強い快楽をもたらすことから，報復を果たせば満足し，そうでなければ不満を感ずるということは容易に想像がつくであろう。しかし一方で，「復讐するはわれにあり」（ローマ書第12章19節）といった報復への戒めの表現があるように，報復という行動は被害者に心理的苦痛をもたらし，加害者への憎しみを増長させる契機にもなる可能性がある。報復は被害者感情を癒すのであろうか，それとも悪化させるのであろうか。

この点を検討するために，オース（Orth, 2004）は，実際の犯罪被害者（性的暴行を受けた被害者など）を対象に，横断的調査と縦断的調査を通して加害者の刑罰が確定する前後で被害者の報復感情がどう変化するかを測定した。なお，刑罰は公的機関によって行使されるフォーマルなものではあるが，そこではそれな

りの報いを与えなければという応報的信念が含まれていることから，これも報復の一種であるとみなすことができよう。その結果，加害者が加害事実を認めたり厳しい刑罰が確定したりした後でも被害者の報復感情は低下せず（研究1），多少の低下が認められた場合でも（研究2），刑罰確定前の報復感情と刑罰確定後のそれとの間には.61以上の強い相関が残されていた。この調査結果は，刑罰による報復が被害者感情の宥和要因にはなりにくく，むしろ被害者の報復心を助長させる危険性すらはらんでいること，したがって，報復という行動にはわれわれの憎しみを和らげる効果がないことを示唆するものである。心理的健康面に関する諸変数がこの調査では扱われておらず，犯罪被害という特殊な出来事を対象としてはいるものの，報復を行うことが少なからずわれわれにとってなんらかの心理的負担をもたらすことはこの調査から理解できると思われる。

(3) 何が報復の連鎖を断ち切るか

　このように報復は被害者感情を癒しにくいものだが，これを思いとどまらせる方策はあるのだろうか。

　公正や正義に関する最近の研究は，この問いに対して重要な視座を提供している。それによると，真の公正とは不当な行いに対して単純に加罰するだけでなく，被害者と加害者との間で和解を締結したり良好な関係を築いたりすることでも実現できるとされる。この考え方を修復的公正という (restorative justice: Gromet & Darley, 2006; Wenzel et al., 2008)。公正の回復は典型的に損害賠償や経済的・心理的な支援，もしくは加害者への罰則など，被害者の視点から決められることが多い。しかし，解決過程や今後の処遇など，加害者側が関心を寄せることがらもいくつかある。被害回復や加害人物の行動の改善などを促し，対立関係を可能な限り解消するためには，被害者側だけでなく加害者にとっての公正感にも理解を示す必要がある。したがって修復的公正の観念には，被害事象をめぐって被害者と加害者がそれぞれ異なって感じる公正感をとりもつはたらきがあるといえる。

　この点からすると，公正回復を求める被害者が感情的になって報復に訴えるのは合理的な手段とはいえない。加害者に対する感情的なはたらきかけは相手側に否定的印象を与えやすく，かえって反発心をもたらし，謝罪の拒否や賠償金の未払い，あるいは加害事実の否認といった新たな問題をもたらしかねないからである。対立が激化したり双方の言い分が不調に終わったりするのも，このような被害者の一方的な対応が原因であることが少なくない。そうであれば，たとえば第

三者を介入させて加害行為の代償を話し合うなど,対立者どうしが終始穏やかに接遇し,双方が納得するやり方で解決に向かったほうが被害後の対応としては利益的であるように思われる。報復に動機づけられた被害者に修復的公正の視点を促すことは,その意味で注目に値する方策である。

4. 結　語

　報復は攻撃の一形態だが,他の攻撃形態に比べると否定的に評価されにくいという側面がある。それは,報復が憎しみに基づく原始的な反応ではなく,複雑な心理社会的反応として人々にとらえられている証拠である。本章では,報復の社会的機能という観点から,報復の目的と,報復願望が起こる心理メカニズムをいくつかの理論仮説を参照に考察した。全体として,報復願望は「目には目を」ではなく「目には命を」になりやすく,より過激な手段へと人々を駆り立てるおそれがある。また,報復の履行は種々の不利益をもたらすために,これを避けるための新たな解決技法の導入,すなわち修復的公正概念の導入が不可欠であることも提案した。

3章 怒りと健康

　怒りは多くの人が日常的に体験する感情であり，約8割の人が1週間に1回以上経験する（大渕・小倉，1984）。これまで，怒りは対人行動だけでなく身体的健康にも悪影響を及ぼすおそれが指摘されている。具体的には，怒りの体験および表出と抑制，敵意は，心臓に血液を供給する冠動脈の狭窄や閉塞によって生じる冠動脈疾患（Coronary Heart Disease: CHD）を中心とした虚血性心疾患（Ischemic Heart Disease: IHD）の発症や死亡率を促すリスク要因であることが示されている。そこで，本章では怒りとCHDを中心としたIHDとの関連を示した研究について紹介する。

1. 怒りと循環器系疾患

(1) タイプA行動パターンと心疾患

　これまで，怒りや敵意とCHDおよびCHDに進行しやすい動脈硬化症などとの関連を検討した研究が多く行われてきた（Williams et al., 1980）。その発端となった実証的研究はフリードマンとローゼンマン（Friedman & Rosenman, 1959; 1971）によるもので，彼らは持続的な目標達成や永続的な功名心，強い敵意や攻撃性，競争心や熱中しやすさ，時間的切迫感などを伴う行動様式をタイプA行動パターン（Type A Behavior Pattern: TABP）とよび，それらがCHDを引き起こすと指摘した。その後，この見解は大規模な縦断的研究で確認されている。その代表的な研究が，39～59歳の男性3,154名を対象に8年以上かけて行われたWestern Collaborative Group Study（WCGS）である。また，WCGSでは，構造化面接によってTABPを有すると判断された集団はそうでない集団よりもCHD

の罹患者が約2倍であったことが示されている(Rosenman et al., 1976)。WCGS のデータを用いて分析を行ったマシューズら(Matthews et al., 1977)も同様の結果を示している。このほかにも，45〜77歳の男女1,674名を対象とした追跡調査である Framingham Heart Study において，ヘインズら(Haynes et al., 1980)は65歳未満の場合，TABP を有する人々は，それと反対のゆったりとしたタイプ B 行動パターンの人々よりも CHD の発症率が高く，特にホワイトカラーの職種では2.9倍も高かったことを報告している。

一方で，その後の研究ではこれらの関連性を否定するような結果も示されている(Tennant & Langeluddecke, 1985; Shekelle et al., 1985)。デンブロスキーら(Dembroski et al., 1985)は131名の CHD に罹患している患者について，CHD の指標と TABP の一部の構成要素に有意な相関関係がみられたものの，TABP の全体的評価との相関関係は有意でなかったことを報告している。研究によって結果が異なる原因の1つに，TABP に関する測定法の違いがあげられる。実際，WCGS では構造化面接によって TABP の集団を設けているが，その際に用いた基準と Framingham Heart Study で測定した質問紙尺度によるタイプ A 判別の一致率は60％前後であった(Haynes et al., 1980)。また，CHD の原因は TABP よりもそれを構成する心理的要因にあるとの可能性が指摘されている(Helmers, 1991)。マクドゥーガルら(MacDougall et al., 1985)は心臓カテーテル検査を受けた125名の男性を対象に行った横断的研究で，閉塞冠動脈血管の数は，TABP の下位概念である敵意や怒り抑圧と有意な相関関係にあるが，TABP の全体的な評定との間に有意な関係はみられなかったことを報告している。こうした経緯から，その後の研究では TABP よりも，その構成要素である怒りや敵意，攻撃性(Anger, Hostility, Aggression: AHA)に焦点を当てた研究が行われるようになった。

(2) 怒りやすさと心疾患

怒りは TABP よりも以前から身体的疾患との関係が指摘されており，アレクサンダー(Alexander, 1939)は怒りの抑圧と高血圧症との関連について論じている。実証的な研究では，怒りを体験と表出に分け，これらの個人的傾向と循環器系疾患との関連を検討した研究が多くみられる。ここで，怒り体験とは怒りの頻度や強さといった怒りに関する個人特性を指す。そして，これらの個人的傾向の測定にはスピルバーガーら(Spielberger et al., 1980, 1985)によって作成された状態−特性怒り尺度(State-Trait Anger Scale: STAS)や怒り表出尺度(Anger

Expression Scale: AX）などが用いられている。STAS は，情動状態としての怒りの強さを指す状態怒り尺度と，怒りの生じやすさを指す特性怒り尺度からなり，特性怒り尺度には衝動的な怒りやすさを示す怒り気質尺度と，他者から侮辱や批判を受けることへの感受性を示す怒り反応尺度が含まれる。

　怒り体験と CHD との関連について，1987 年から当時 45 ～ 64 歳の人を対象に始まった Atherosclerosis Risk In Communities（ARIC）研究では，怒りの特性尺度による測定が行われている。この縦断的研究で得られたデータを分析したウィリアムスら（Williams et al., 2000）は，血圧が正常範囲内にある対象者について，怒りの特性得点が高い集団は低い集団と比べて急性心筋梗塞や致死性の CHD の発症しやすさが約 3 倍高いことを示している。その後の追跡調査でも，特性怒りの下位尺度である怒り気質尺度や怒り反応尺度ごとに CHD との関連を検討したところ，怒り気質尺度得点が高い集団はそれが低い集団に比べて深刻な CHD の発症しやすさが 2.78 倍高かった（Williams et al., 2001）。さらに，ARIC 研究のデータを用いて怒り特性と循環器系疾患との関連を検討したプレイヤーら（Player et al., 2007）は，男性に限って，怒りの特性得点が高い集団はそれが低い集団よりも高血圧症および CHD へと進行していたことを報告している。

　また，シーグマンら（Siegman et al., 1998）は，医療施設を訪れた 196 名の患者を，CHD が確認されたもしくは CHD の疑いが強い疾患群と，CHD が認められない健常群に分類し，STAS との関連を調べたところ，特性怒り尺度得点および，その下位尺度である怒り気質尺度と疾患に関連があることを示している。また，チダとステプトー（Chida & Steptoe, 2009）は敵意と怒りやすさとの関連を検討した 44 の研究を対象にメタ分析を行い，STAS 得点の高さと CHD の罹患に関連があることを示唆している。日本人を対象とした研究では，鈴木と春木（1994）が高血圧群と CHD 群，合併群を設けて，自ら作成した日本語版 STAS の得点について比較した結果，合併群はほかの群よりも状態怒り得点が高く，特性怒り得点が高い傾向にあることを報告している。このように，怒りやすさは縦断的・横断的といった研究方法にかかわらず，CHD と関連することが示されている。

（3）敵意と心疾患

　心理的要因と IHD との関連は，TABP と CHD との関連を検討した研究によって脚光を浴びたが，その後，これらの関連に否定的な結果も示されるようになった。そうしたなか，いくつかの研究は TABP よりもその構成要素である敵意性が

重要なリスク要因であることを指摘している（たとえば，Dembroski et al., 1985）。敵意の測定としてよく用いられるのは，クックとメドレー（Cook & Medley, 1954）が開発した敵意尺度（Hostility Scale: Ho Scale）で，この尺度は MMPI（Minnesota Multiphasic Personality Inventory）のうち敵意の測定に関連する 50 項目を抽出したものである。この尺度は他者に対する皮肉的信念（シニシズム）や妄想による精神的異常を反映した項目からなることが指摘されている（Costa et al., 1986）。ただし，その構成概念について安定した結果が示されていないとする批判もある（大芦，2007，2008）。

　これまで，いくつかの研究によって敵意は CHD と関連することが示されている（Niaura et al., 2002; Hecker et al., 1988）。ベアフットら（Barefoot et al., 1983）は 255 名の医学生を対象に 25 年間の追跡調査を行い，学生時に測定された敵意尺度得点の高さと CHD との関連を検討したところ，敵意尺度得点が高かった群はそれが低かった群よりも CHD の発症率が 5 倍も高く，25 年が経過した時点での CHD による死亡率が高いことを示している。フィンランドで 42 ～ 60 歳の男性を対象に実施された Kuopio Ischemic Heart Disease Risk Factor Study（KIHD）では，9 年間の追跡調査期間中に亡くなった 177 名のうち，敵意尺度における皮肉的不信尺度得点が高い群はあらゆる原因を含む死亡率や循環器系疾患による死亡率が高く，心筋梗塞の発症リスクも高かった（Everson et al., 1997）。日本人を対象とした横断的研究においても，同様の結果が示されている。井澤ら（Izawa et al., 2011）は 44 ～ 60 歳の男性に自らが作成した 6 項目からなるシニシズム尺度（井澤と野村，2003）を実施し，急性心筋梗塞で入院した集団（96 名）は健常群（77 名）よりもその尺度得点が高いことを示している。

　また，大規模なフィールド研究である Western Electric Study において，中年男性 1,877 名を対象に追跡調査を行ったシュケルら（Shekelle et al., 1983）の研究では，敵意尺度得点について 5 群を設け，過去 10 年間の CHD の発症率を調べたところ，敵意尺度得点が最も低い群はその発症率が最も低く，中程度の群が最も高かった。ただし，喫煙や年齢といったリスク要因を統制したところ，敵意尺度と CHD の発症率に有意な関連は示されなかった。しかし，敵意と過去 20 年の CHD の発症との関連はさまざまなリスク要因を調整しても有意傾向で，敵意と CHD や悪性腫瘍を含むさまざまな原因による死亡率との関連が有意であった。また，マルタら（Maruta et al., 1993）は性別や年齢を調整変数として加えたところ，CHD に対する敵意の効果が有意でなくなることを報告している。

さらに、敵意とCHDとの関連に否定的な結果を示した研究もある。シーグマンら（Siegman et al., 1998）による横断的研究では、年齢、性別、喫煙などの制御変数を考慮した際、敵意尺度の下位尺度であるシニシズム尺度得点とCHDとの関連は示されなかった。そのほかにも、25年の追跡調査（McCranie et al., 1986）や33年の追跡調査（Hearn et al., 1989）において、敵意尺度とCHDとの関連は示されていない。日本人を対象とした松島ら（1983）の研究では、敵意尺度得点についてCHDの有無による比較を行ったが、有意差は示されなかった。また、早野（1990）も敵意尺度得点と冠動脈硬化の重症度に有意な関連がみられないことを報告している。

これらのことから、いまだ敵意とCHDとの関連を認める確証が得られたとは言い難い。45の研究についてメタ分析を行ったミラーら（Miller et al., 1996）の研究では、敵意尺度とCHDとの関連を示す効果サイズが有意であったことから、敵意がCHDの危険因子であることを示唆している。ただし、この分析で用いた6研究のうち1つの研究における効果量が非常に大きく、この研究を除いたところ、効果量はほぼ半減している。こうした見解の不一致を生み出す原因として、敵意の測定法や縦断・横断といった研究方法以外にも心理的要因と疾患との関連は年齢や性別、さらには喫煙や飲酒といった健康に関連するさまざまな要因が介在することがあげられる。実際、シュケルら（Shekelle et al., 1983）やマルタら（Maruta et al., 1993）の研究は、敵意とCHDが間接的な関係にあることを示唆している。それゆえ、今後は怒りとCHDとの関連を明らかにするうえで、年齢や性別といったデモグラフィック要因や喫煙、飲酒のような生活習慣などについても十分に考慮する必要があるだろう。

(4) 怒りの表出，抑圧と疾患

ここまで、怒りの体験とCHDとの関連について紹介してきたが、怒りの表出とCHDとの関連も指摘されている。怒りの表出とは怒り体験後の反応パターンに関する個人的傾向を指す。スピルバーガーら（Spielberger et al., 1985）は怒りへの反応パターンに関する個人特性を測定するために怒り表出尺度（Anger Expression Scale: AX）を作成しており、AXは他人や物に対して怒りを向ける怒り表出、怒りを自己の内部に押し留め怒りの表出を抑えようとする怒り抑制、怒りを鎮めようと努める怒り制御といった下位尺度からなる。シーグマンら（Siegman et al., 1998）は怒り表出とCHDとの関連や、男性においてのみ怒り制御がCHDと関連

し，他のリスク要因を統制しても怒り制御得点の低さが CHD の発症に影響することを示している。また，40〜65歳の男性を対象とした研究において，心筋梗塞と診断された集団の怒り表出得点は健常な集団よりも高いことが示されている (Mendez de Leon, 1992)。日本人を対象とした鈴木と春木（1994）の研究では，3つの怒り反応パターンのうち怒り表出のみ CHD との関連がみられ，60歳未満において高血圧群と CHD の合併群はそれぞれ単独の疾患群よりも，怒り表出得点が高かった。

怒りの表出について，約7年間の追跡調査を行ったカワチら（Kawachi et al., 1996) は，怒りの表出と制御に関する項目からなる MMPI-2 の怒り尺度得点について，110名を3群に分けて比較したところ，怒り得点が最も高い群はそれが最も低い群に比べて CHD の発症率が 3.15 倍も高かったことを報告している。そのほかに，45歳以上の中高年者を10年間追跡調査したカナダ・ノバスコシア州の健康調査（Nova Scotia Health Survey: NSHS）では，対象者のインタビュー映像を見て評定者が3つの怒り反応パターンを得点化し，CHD との関連を調べている。その結果，男性においてのみ，問題解決を目標とした建設的な怒りの表出を行う人は CHD の発症リスクが低く，性別とは無関係に責任逃れや自己正当化するために怒りを表出する人は CHD の発症リスクが高かった（Davidson & Mostofsky, 2010）。一方で，AX 以外の尺度を扱った Framingham Heart Study では，55〜64歳の男性で CHD を発症している人は発症していない人よりも怒りを他者に向けて表出しないことが示されている（Haynes et al., 1980）。

怒りの抑制と CHD の関連について，リスパースら（Lisspers et al., 1998）は首や肩，背中に慢性的な痛みを抱える人々よりも，CHD に罹患している人々は AX の怒り抑制得点が高いことを示している。また，KIHD 研究においても，中年男性537名を4年間追跡調査したところ，AX における怒り表出と怒り抑制傾向の高さは高血圧症のリスク要因であることが示されている（Everson et al., 1998）。75歳以下の女性203名を約6.5年追跡した研究では，フラミンガム怒り尺度における怒り抑制得点を3群に分けたところ，その得点が低い群に比べて，中程度の群では心臓病による死や再発性の急性心筋梗塞のリスクが 1.64 倍，高い群では，2.23 倍であることが報告されている（László et al., 2010）。しかし，怒り抑制と CHD との直接的な関係を示した研究は少なく（Mendez de Leon, 1992; 鈴木・春木，1994; Siegman et al., 1998），井澤ら（Izawa et al., 2011）の研究では，怒り表出や抑制と急性心筋梗塞の発症に関連は示されなかったが，怒り制御は発症リスクを減少

させることが示された。

(5) 怒りや怒りの持続とその他の疾患

近年，一度喚起された怒りを持続させる心理的要因として反すうが注目されている。スホドルスキーら（Sukhodolsky et al., 2001）は，怒りというネガティブな体験に関する非意図的で再帰的な思考に努める傾向を怒り反すうと定義し，抑圧された怒りが反すうの対象になりやすいと論じている。怒り反すう特性が高い人は過去の怒り体験を繰り返し想起するが，それは怒りを体験する頻度が多くなると考えられるため，怒りやすさと疾患で見られる関係に類似した影響が予想される。さらに，怒り反すうでは怒りを抑圧し，考えないように努めても払拭できないことから，怒り反すう尺度得点とAXにおける怒り抑圧得点は正の相関関係にあり，怒り制御得点と負の相関関係にあることが示されている（Sukhodolsky et al., 2001）。それゆえ，怒り反すう特性と心疾患との関連が予想されるが，NSHSでは怒り反すうに関する個人特性とCHD発症のリスクに有意な関連は示されなかった（Davidson & Mostofsky, 2010）。なお，怒り反すう特性の測定としてNSHSでは，5項目からなるDestructive Anger Behavior-Verbal Rumination（DAB-VR）が用いられている。これまで，怒り研究では怒り喚起のメカニズムに焦点を当てたものが多く，怒りの持続に関する研究はあまり行われてこなかった。それゆえ，今後怒りの持続とさまざまな疾患との関連を検討することは，怒りと疾患との関連を明らかにするうえで重要となるだろう。

最後に，怒りはCHD以外の身体的疾患や循環器系疾患の原因となる生理的変化をもたらすことが指摘されている。たとえば，特性怒り尺度の下位尺度である怒り気質尺度は2型糖尿病の予測因であることや（Golden et al., 2006），怒り体験は心筋梗塞の引き金となる可能性（Mittleman et al., 1995）が示唆されている。また，敵意はCHDに限らず，循環器系疾患全体の死亡率にとっても有意な予測因であることが示されている（Matthews et al., 2003）。その他にも，怒り制御と炎症や組織細胞が壊れた際に増加するタンパク質（C-Reactive Protein: CRP）との関連（Gross et al., 2014）や，CHDと怒りへの反応パターンとの交互作用効果が冠動脈硬化の進展に関わり，免疫反応において中心的な役割を果たすとされているNK（Natural Killer）細胞の活性化においてみられるとの報告もある（Ishihara et al., 2003）。これらの研究は，日常的に経験する怒りや，それに対する反応が健康な生活を営むうえで重要な役割を果たすことを意味し，心身の健康に対する心

理社会的要因の重要性を示している。

2. 怒りと疾患に関するメカニズム

　これまで，怒りや敵意がCHDを中心とした循環器系疾患に及ぼす影響を概観してきた。一連の研究は，心理社会的要因が身体的疾患に悪影響をもたらす可能性を示唆している。そこで，この節では，スミスら（Smith et al., 2004）がまとめた怒りと疾患との関連性を説明したモデルについて紹介する。ただし，ここで紹介するモデルは相反的ではなく，統合可能なものもある（Smith et al., 1994）。

(1) 精神生理的反応性モデル

　精神生理的反応性モデルでは，ウィリアムスら（Williams et al., 1985）が指摘するように，潜在的なストレスに対して生じる過度な心臓血管系の作用（血圧や心拍の上昇など）や神経内分泌系の作用（エピネフリンやコルチゾールの上昇など）といった病態生理学的機序によって敵意のリスクを説明する。具体的には，敵意の強い人は怒りを経験しやすく，社会的環境に警戒心をもち，差し迫った危険の兆候を見逃さないよう目を光らせており，この怒りや警戒心が2つの精神生理学的反応を生じさせ，それらが冠動脈の狭窄や閉塞といった冠状動脈疾患（Coronary Artery Disease: CAD）の発症や進行，CHDの徴候をもたらす。

(2) 心理社会的脆弱性モデル

　敵意の強い人はより深刻な対人葛藤やストレスを経験しやすく，一般的な関係はもとより友人や同僚だけでなく，親密な関係においても社会的サポートに乏しい（Smith & Frohm, 1985; Hart, 1998; McCann et al., 1997）。心理社会的脆弱性モデルでは，対人関係における社会的サポートの乏しさが心臓血管反応を低下させ，死のリスクを高めると考える。しかし，社会的サポートとCHDなどの疾患との直接的な関係については明らかにされていない。

(3) 交互作用（transactional）モデル

　精神生理性反応モデルでは，怒りや敵意によって生じる生理的反応に焦点を当て，怒りや敵意が心臓血管反応や神経内分泌反応に及ぼす影響について論じており，心理社会的脆弱性モデルでは怒りや敵意は，社会的サポートの乏しさや対人

葛藤の生じやすさなどの社会的環境を媒介し，健康に影響すると考える。つまり，これらのアプローチは相反するものではなく統合可能である。スミスら（Smith & Pope, 1990）によると，敵意の強い人における他者へのネガティブな期待や敵対的行動と，対人的葛藤の激化や社会的サポートの欠乏などの社会的環境は相互に関連し，それによって生じるストレスや慢性的な怒りは心臓血管反応や神経内分泌反応を過剰に生じさせるため，心疾患などの発症リスクを高める。また，このモデルでは，敵意や怒りを抱きやすい人は心疾患の発症を促す生理的反応を生む環境の変化や要求にただ応じているのではなく，むしろ自身でそのような環境や変化を作り出していると考える。つまり，他者に対してネガティブな期待を抱き，敵対的にふるまう人は葛藤を激化させやすく，社会的サポートを失うため，さらなるネガティブな期待を抱き攻撃的にふるまう。これは予防医学の観点において，単純な健康行動だけでなく対人関係などを含む社会的環境の重要性を示唆している点で興味深い。

(4) 健康行動モデル

このモデルでは，敵意や怒りやすさなどの個人特性は日常生活における健康行動と関連し，その結果，CHD などの疾患に影響を及ぼすと考える。つまり，敵意を抱きやすい，または怒りやすい人は喫煙や飲酒などの不健康行動が習慣となりやすく，こうした不健康行動によって疾患のリスクが高くなる。これまで，学生時の敵意性の高さは 20 年後の喫煙や過度な飲酒の予測因である（Siegler et al., 2003）ことや，敵意尺度得点が高い人は低い人よりも運動や飲酒などに関して不健康な生活習慣を送りがちである（Leiker & Hailey, 1988）ことが示されている。シーグラー（Siegler, 1994）は，敵意と疾患を結びつけるリスク要因として，性別や年齢，人種などの個人属性要因以外に喫煙や飲酒，運動，脂質，カフェイン，家族の病歴をあげている。高脂血症などを引き起こしやすい生活習慣や喫煙は心疾患のリスク要因であることから，敵意や怒りが日常生活における健康行動を阻害し，その結果，CHD などの疾患を引き起こす可能性は十分に考えられる。

(5) 体質的脆弱性モデル

このモデルでは，パーソナリティや疾患の発症リスクの源は遺伝的，生物的な個人差であり，パーソナリティや疾患の発症は個人差としての体質的な脆弱性に起因すると考える。つまり，パーソナリティが疾患の原因ではなく，パーソナリ

ティも疾患も遺伝レベルの生物的基盤によって決定されるという仮説である。特に，疾患に関わる生物的基盤として脳内におけるセロトニンの受容を促す作動性機能における個人差が指摘されている（Williams, 1994）。ただし，セロトニン作動性遺伝子に関する近年の研究はこの見解を支持しているが，行動遺伝学の分野ではパーソナリティ特性は社会的プロセスによって形成されるという説が提唱されている。行動や精神生理学的側面の遺伝子とその表現形は社会的環境によって媒介される，つまり遺伝子と社会的環境の相互作用であるとされている。このことは，敵意や攻撃性に関する個人特性が遺伝的要素だけでなく対人関係などの環境によっても左右されるという点で重要である。

3. まとめ

　本章では，後の研究の発端となったTABPや，その構成要素である怒りの認知的側面とでもいうべき敵意，さらに怒りやすさやその表出とCHDを中心としたIHDとの関連性について紹介した。心理学ではもっぱら横断的な研究が盛んであるが，本章で紹介した疫学研究では縦断的研究による成果が数多く報告されている。こうしたさまざまな研究成果から，現在の保健医療分野では，敵意を含む怒りは身体的健康にとってリスク要因であることが認識されつつある。一方で，その関連性について否定的な研究が存在することも事実である。異なる結果が得られる原因として，怒りや敵意に関する個人特性を測定する際に用いる尺度の違いや，疾患や症状の診断に関する材料，横断的・縦断的といった研究法の違いなどがあげられる。また，心理社会的要因と身体的疾患との関連性を説明するメカニズムが明らかでないことも疑念を生じさせる原因の1つである。本章で紹介したモデルはすべて統合可能であるが（Smith et al., 2004），保健医療分野で認められている生活習慣が心疾患にとって真のリスク要因であるならば，健康行動モデルは心理社会的要因と身体的疾患との関連性を説明するモデルとして受容されやすいだろう。

　これらのことから，今後は尺度などの個人特性を測定するための方法について整理し，異なる研究方法から怒りと疾患の関連性を示したモデルの検討が求められる。また，その際に鍵となるのは，個人の属性，およびパーソナリティ特性による行動とその生理学的機序，個人を取り巻く社会的環境などの変数であり，今後はさらなる学際的，かつ包括的な議論が必要である。

4章

対人行動と感情

　私が大渕研究室の門をたたいたのは，30歳になろうかという頃だった。私は一度短大に勤めたのち，大学院後期課程で大渕研究室にお世話になったのだが，当時は大学院の博士後期課程に編入学するのはめずらしかった。東北大学大学院の心理学研究室でも1997年当時は前例がなく，私は1年間大学院研究生を経て博士後期課程から大渕研究室に所属した。大渕先生の研究室で，本格的に対人行動実験のトレーニングを受けた。大渕先生の大変丁寧なご指導を賜り，2003年に東北大に博士学位論文を提出した。博士論文は，(財) 電気通信普及財団からテレコム社会科学賞（奨励賞）を受け，日本学術振興会から研究成果公開促進費を頂き出版に至った（佐々木, 2005）。大渕先生のご指導のもと，私は少しずつ実力をつけ，一人前の心理学者になれたと思う。本稿は，大渕研究室で行った実験を発展させたその後の研究の一部を著したものである。ここに執筆する機会を頂いたことを光栄に感じるとともに，改めて大渕先生に心から感謝を表したい。

1. 意図帰属研究から感情の対人効果研究へ

　私が大渕研究室で学んだ研究は主として対人葛藤の実験研究であった。これらの研究において，相手の意図や関心を知覚することが重要であることは，「対人葛藤」の章と「対人交渉」の章で詳述されている通りである。私がそこから発展させた研究とは，葛藤や交渉という二者間でなんらか解決すべき問題がある関係において，両者の感情がどう影響するかという方向性である。特にそれまで研究されてきた感情が感情の表出者の行動に与える影響だけでなく，表出された感情の解読者が受ける影響を明らかにしたことが新しい部分だったと思う。これらの

感情の対人的影響に関する研究のレビューを行ったところ（佐々木，2012），ひと月ごとのダウンロード数が2013年は月20〜40，2014年は月50〜70と増え続け，2015年の7月は150を超えている。各月どのような使われ方であるかは定かではなく，毎月のダウンロード数が読まれている数であるとは限らないが，感情の対人的影響の研究はかなり高い関心をもって受け止められているのではないかと思われる。少なくとも私が同じ雑誌に執筆した論文のなかでは突出してご利用頂いている。そこで本稿では，その感情の対人的影響の研究レビューをリライトし，新しい研究紹介を加え，この分野の研究課題について議論したい。

2. 対人行動における行動のポジティビティと互酬性原理

対人葛藤や対人交渉といった対人行動における感情の影響を検討するうえで最も重要な概念の1つに互酬性原理があげられる。互酬性原理では，相手がポジティブな行動を示せば受け手もポジティブな行動，相手がネガティブな行動を示せば受け手もネガティブな行動をとるという枠組みとなる。交渉におけるポジティブな行動は，相手に互酬性を促し，両者に互酬性原理が成立しやすくなることが示唆されている（Thompson et al., 1996）。逆に，交渉相手に敵意が見受けられた場合はどうだろう。これもまた互酬性が生じ，受け手にも敵意を生じることがある。佐々木と大渕（2002）は，相互作用の相手に敵意があると感じると，受け手は対決的行動に出ることを実験的に明らかにしている。このように，好意的・敵意的，つまりポジティブかネガティブかという観点から，互酬性原理が検討されてきたといえるだろう。では対人行動における感情の影響を考えるうえで，ポジティブな感情とネガティブな感情はどのような機能をもつのだろう。それを明らかにするため，次節では，ポジティブな感情とネガティブな感情の効果を整理する。

3. 情動が情動体験者の行動に与える影響

（1）ポジティブな情動の影響

援助行動などの向社会的行動が共感に促進されることは古くから論じられ（Eisenberg & Miller, 1987），同情が援助行動を促進することが知られている（Batson et al., 1991）。コークら（Coke et al., 1978）は，共感や同情が援助を促進

するのは，他者の視点を取ることによって被援助者の立場に共感して援助が動機づけられるからだと指摘している。向社会的行動と主観的感情の関連には，他者の視点の取り込みという作業と自己の感情が情報として機能するかどうかが，重要な役割を果たしていると考えられている。

また，同情は向社会的行動とは対極に位置する攻撃行動を抑制することが，攻撃実験によって示されている（Ohbuchi et al., 1992）。同様の機能をもつ感情としては，罪悪感をもつ傾向が強い人は攻撃行動が抑制されていることが示されている（Mosher, 1979）。タングネイ（Tangney et al., 1996）は，罪悪感は償いたい，許してもらいたいという反応を促進することを示し，恥よりもそうした効果が強いことを示している。同時に，罪悪感と恥に比べて困惑は，償いなどの行動はあまり動機づけられないことが示されている。

(2) ネガティブな情動の影響

ネガティブな感情の行動への影響としては，気分障害があげられる。気分障害は，全般的かつ持続的な情動の変化を示し，不適応状態で心の健康が脅かされる状態である（吉村, 1999）。抑うつ感情や悲しく気落ちした気分，絶望などの情動が不適応を促進することが知られている。不適応反応の代表的例としては，抑うつ反応や悲嘆反応があげられる。抑うつ反応では悲哀感情が体験されるのが特徴であるとされる（百瀬, 1999）。また，悲哀反応で体験される感情は悲嘆，怒り，罪悪感，不安，孤独感，疲労感，無力感，感情鈍磨などがあげられている（大貫・佐々木, 1998）。

不適応のような個人的行動ではないが，社会的にネガティブな行動として，攻撃行動があげられる。攻撃行動は，他者に危害を加えようとする意図的行動と定義される（大渕, 1993）。バーコビッツ（Berkowitz, 1989）は，欲求不満や怒りなどの不快感情が生じると，これを外部に発散するために攻撃行動が動機づけられると述べている。ドッジ（Dodge, 1980）は，怒りや敵意などのネガティブな情動が攻撃的行動を促進することを実験によって示している。

攻撃行動は，他者に危害を与えるという意味で，反社会的行動であるという考えが一般的である。しかし，攻撃は種の保存に有益な機能を果たす，という攻撃の本能仮説をロレンツが提唱（ロレンツ, 1970）してから，攻撃や攻撃を動機づける不満や怒り感情の適応的機能が論じられるようになった。不満や怒りという情動が個体の適応を促進するという視点は，情動が個体を適応に向かわせるシステ

ムであるというアージ理論（戸田，1992）を生んだ。また，ダーウィン（Darwin, 2006/1872）による情動の表出の機能についての指摘も見直され，表出された情動が，それの受け手との相互作用において適応的な機能についての研究が進んでいる。

4. 感情の互酬性から対人的機能へのパラダイムシフト

(1) 感情の適応機能

　感情の適応的機能が議論され始めたのは，ダーウィンの進化論的思考（Darwin, 2006/1872）によって，感情が生存に関わる問題ととらえらえたことからだと指摘されている（Keltner & Gross, 1999）。戸田（1992）も，感情は，環境に適応的な行動を感情の体験者に選択させるシステムである，と指摘している。こうした人間を適応させる機能を果たす感情として，怒りと謝罪，罪悪感があげられる。

　まず謝罪・罪悪感についてであるが，謝罪はその対象となる相手の怒りを収める機能があり，そのメカニズムとしては，謝罪が「うっかりあなたの権限を侵害いたしましたが，誤りでしたので退去します。ですから私を攻撃しないでください」という信号を発しているからだと考えられている（戸田，1992）。

　大渕（2010）は，謝罪は罰や損失の拡大を避ける効果があると指摘している。その効果が生じるのは，謝罪によって，謝罪の受け手の怒りや敵意を和らげる，つまり感情を宥和するからだとしている。このように相手からの攻撃を防ぐために相手から和解を引き出すことは，生きていくためには必要不可欠であり，社会関係を築くために必要なスキルであると指摘されている（佐々木，2007）。

(2) 感情の宥和機能

　個体・個人の適応という観点から，やがて社会的に適応を促進する感情，つまり社会関係を良好に保つための，感情の役割が検討されるようになった。対人関係の維持や修復のために，和解を引き出すことは，社会的適応行動と考えられる。この相手に和解を目的とした動機や感情を引き起こす行動は，宥和行動（appeasement behavior）と定義されている（Keltner & Buswell, 1997）。先に述べた謝罪も，怒りや攻撃を抑制し，宥和を促進する効果が確認されている（Darby & Shelenker, 1982）。宥和行動の1つと考えられる，動物の宥和行動は，食料の争奪や縄張り争いなどの生存競争で興奮した相手をなだめ，攻撃を回避するために用いられると

され，これらの行動はヒトの困惑や恥の感情表出と類似しており，いずれも恭順を示す非言語表現を示していると指摘されている。これは先述の戸田（1992）の謝罪が攻撃宥和効果を促す信号とした説とほぼ相応している。

ケルトナーとグロス（Keltner & Gross, 1999）は，宥和行動としての困惑感情の機能を詳細に分析するため，感情の機能を次の3つにまとめている。

①感情が生存や適応に関する問題を解決する機能
②感情が対人相互作用を構成する要素のシステムであるとみなす機能
③感情によって生じた有益な結果を強調する機能

そのうえで，③の場合に生じる有益な結果の1つとして宥和行動があげられる（Keltner & Gross, 1999）。

困惑や恥，罪悪感については，その情動の経験者の行動が攻撃を抑制することが示されていたが（Mosher, 1979; Tangney et al., 1996），ここではそうした情動を表に出すことで，それを観察した相手（相互作用の相手）が和解を動機づけられる，という入れ子状のプロセスとなる。このプロセスを，ケルトナーとバズウェル（Keltner & Buswell, 1997）は，規則違反や社会的距離など社会関係の阻害に対して，恭順や有効性の表出という宥和行動が行われることによって，攻撃の低減，社会的接近といった和解が生じるというモデルを提唱している。

ケルトナーとバズウェル（Keltner & Buswell, 1997）は，恥は困惑と異なり自己の核心部分に関する達成期待に対する違反が含まれるとしている。彼らは，恥の場面として，プレゼンテーションを行ったが失敗したという例をあげ，困惑よりも恥が圧倒的に生じやすいことを示した。恥の場合，違反の原因を個人的特性に帰属するものであるといえる。ケルトナーとバズウェル（Keltner & Buswell, 1997）は，困惑や恥が宥和を生じるプロセスとして，まず規則違反など社会的違反が存在し，社会関係の危機が生じ，その修復のために宥和的相互作用が行われると主張している。

困惑の宥和機能についての実験研究としては，佐々木（2009）が，社会的違反を犯した同僚から，怒りあるいは困惑を表出された場合，相手の感情をどのように情報処理し，それに基づいてどのような動機を強めるかを実験的に検討している。その結果，社会的違反者が怒りを表出していると解読した場合には，相手を回避しようと動機づけられ，社会的違反者が後悔し反省していると解読した場合は，逆に回避動機は弱められていた。また，相手から困惑が解読されると，相手を修正しようとする動機は弱められ，相手との関係を維持しようとする動機が強

4章　対人行動と感情

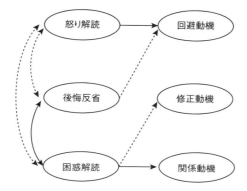

*実線は正の影響,破線は負の影響を示す。

図4-1　社会的違反者の感情と観察者の動機（佐々木,2009を一部改変）

められていた（図4-1参照）。

　注目したいのは,宥和行動において他者の感情が機能する点である。宥和機能の特徴として,相手の感情を解読することによって,その感情が情報として機能し,行動に影響するという段階が見られる。気分一致効果や,共感の援助促進効果においては,自己の主観的感情が行動を左右する情報となった。これに対して,宥和過程では,他者の感情から,自己の行動が影響される,という社会的相互作用が生じているのである。

　こうした宥和機能をもつ感情が,交渉場面においても和解を促進することも見いだされている。ヴァン・クリーフら（Van Kleef et al., 2006）は,メールの相互作用を用いて,葛藤のある交渉場面で,感情の宥和効果を検討した。実験では,メールで携帯電話の売買の交渉が行われ,これに関して実験協力者と被験者が,メールによる相互作用を行う。実験協力者の,感情のことばがメールで呈示され,落胆,心配,罪悪感,後悔,統制条件の5条件が設定された。罪悪感と後悔は宥和感情,落胆と心配は哀願感情と分類され,これらを受信した被験者の反応が測定された。

　実験の結果,宥和感情（罪悪感・後悔）よりも,哀願感情（落胆・心配）のほうが譲歩を促進することが示された。ただし,こうした協調的反応が見られるのは,相手が協調的であると信頼できるときに限られており,相手が対決的である場合には見られていない。すなわち,相手が協調するという社会規範が保障されている場合にのみ,感情の宥和機能が働いたということを意味する。この研究の

39

のち，ヴァン・クリーフらのグループは，対人関係の和解を促進する宥和行動という枠組みから，対人交渉への影響についての研究を発展させた。

5. 譲歩を引き出す感情表出

(1) 対人交渉と怒り

　感情の対人的影響というと，対人間の関係を良好に保つという方向で検討されがちであったが，2000年代に入り，交渉場面において，怒り表出が，受け手に譲歩を促進する効果についての実験的研究が蓄積された。サイナソーとティーデンス (Sinaceur & Tiedens, 2006) は，怒りを表出した相手に対し，受け手がどのくらい譲歩するかを実験的に検討した。ただし，受け手にあまり選択の余地がない状況で，相手が強硬な態度をとると，受け手は送り手に譲歩してしまうと考えられた。実験の結果，相手が怒りを示すほうが，譲歩の程度は強くなっていた。選択肢が多い場合には，相手が怒りを示そうが示すまいが，譲歩に関わりなかったが，選択肢が少ない場合には，怒りが示されると譲歩が強まることが示された。彼らは，求職者とリクルーターのそれぞれの役で，ロールプレイの実験も行っている。これらの就職の交渉において，求職者は，怒りを表出するリクルーターに対しては，主張が弱くなり，譲歩していることが示された。この場合，リクルーター側の怒りの強さによって，求職者の主張の強さが決まるのではなく，リクルーターが怒りを表出したときに，求職者がそれにタフさを感じた場合に，主張の強さが決まることが示されたのだった。すなわち，受け手の側に選択の余地がない場合に，交渉相手が怒りを表出すると，受け手は相手がタフ・ネゴシエーターだと感じ，譲歩をしてしまうということだ。

　では，タフさ，粘り強さ，を表すような怒りを表出すれば，相手はいつも譲歩してくれるだろうか。これには賛同しにくい。交渉の状況には，怒ってよい場面と悪い場面がある。それを検討したのが，ヴァン・クリーフとコートの実験である。ヴァン・クリーフとコート (Van Kleef & Côté, 2007) は，怒りの表出が交渉に有効であるかどうかは，その交渉の状況が，怒りを表出されてよい状況か悪い状況か，つまり怒りが表出されるに適切であるかどうかが，決め手になると考えた。実験の結果，受け手のパワーが強い場合，受け手が報復したいという欲求が強くなり，実際の報復行動が多く行われ，パワーが弱い場合は受け手が報復したいと思っても報復はできなかったのだ。

彼らは，同様の実験を，携帯電話販売の交渉の状況設定でも行っている。交渉は1回限りではなく，6回まで続けられ，最良の戦略が使われるかどうかが検討された。実験の結果，受け手のパワーが強い，つまり立場が強い場合には，不適切な怒りを表出されると，交渉の回が重ねられるにつれて，要求が強められていくが，パワーが弱い場合には，怒りが表出された場合は，適切であっても不適切であっても，感情が表出されない場合に比べて，要求は引き下げられてしまう。つまり不適切な怒りを表出された場合，報復欲求はもつのだが，こちらの立場が弱いときは，それが実際の報復行動には結びつかないということが示されたのである。立場が弱いと，理不尽な対応にも我慢しがちだ，ということを表しているのかもしれない。

(2) 感情と戦略の関係

怒り表出が交渉において効果があるかどうか，それを幸福表出と比較したものがある。ヴァン・クリーフら（Van Kleef et al., 2004）の研究では，怒り条件と幸福条件と情動なし条件で，受け手の要求の強さがどのような影響を受けるかを実験的に検討した。彼らは，表情の影響として社会的伝染仮説と，戦略的影響仮説という2つの対立仮説を立てて実験を行った。社会的伝染仮説は，表出者の情動が受け手の側にも伝染し，同様の効果をもたらすという仮説である。この場合，相手が怒りを表出すると，受け手のほうも攻撃的に行動すると考えられる。つまり，相手が怒りを表出した場合，受け手は要求をさらに強め，譲歩の程度は小さくなると予想される。一方，戦略的影響仮説は，表出者の情動に対して戦略的に行動すると予想している。戦略的影響が生じると，相手が怒りを表出すると，受け手は怒りを懐柔するように行動する。つまり，怒りを示す相手に対しては幸福を示す相手よりも要求を低くし，譲歩量は大きくなると予想される。

実験の結果，交渉者は，怒りを表出する相手に対しては，幸福を表出する相手や情動を表出しない相手に対してよりも，要求を下げていた。さらに，交渉の回数を重ねるに従って，交渉者の要求の程度は弱められていった。これは，戦略的影響仮説を支持する結果であった。実験2では，相手の譲歩幅が大きいとき，中程度のとき，小さいときに相手が表出する情動の影響を検討した。その結果，相手の譲歩幅が，小さいときや中程度のときは，怒り感情を表出する相手よりも，幸福感情を表出する相手に対してのほうが，要求レベルは高くなっていたが，相手の譲歩幅が大きい場合，怒りを表出する相手に対する要求と幸福感情を表出する

相手に対する要求には，差が見られなかった。すなわち，交渉相手が大きく譲歩してくれる場合には，相手がどのような感情を表出しようとも，それほど考慮しないということになる。それは，すでに大きな譲歩を得ていて，わざわざ相手の表情をうかがって戦略を立てる必要がない，ということを意味するのだろう。

ヴァン・クリーフら（Van Kleef et al., 2004）は，交渉相手がそうやすやすと譲歩しない場合，怒りをあらわにする相手には，幸福を示す相手よりも譲歩を強めることを示した。しかし，それは怒る相手に譲歩して良い結果を得ようという戦略なのか，幸福を表す相手に強気に出る戦略なのかを見分けることはできなかった。

(3) 感情の対人影響モデル

ヴァン・クリーフ（Van Kleef, 2008）は，情動を交渉や対人葛藤における相手の情報として扱う対人相互作用のモデルを提唱し，これを感情の社会的情報モデル（Emotions as Social Information model: EASI モデル）と名づけた。EASI モデルでは，交渉において感情が影響する過程に戦略的推測（Strategic inferences）と感情的反応（affective reactions）という2つのルートが想定されている（図4-2）。

彼は，前者を交渉相手の感情表出を，交渉者が情報処理する過程とし，後者は，より感情的なルートで，交渉相手の感情表出から受け手が印象形成を行ったり，交渉への満足感や将来の交渉意思や行動の対決性に影響する過程であるとされる。2つのルートは，競合的関係にあり，どちらのルートを通るかは，戦略的に行動しようとする動機をもつか，あるいは直観的感情に基づいて行動しようとする動機をもつかによって選択される。さらに，それらの動機を媒介する要因として，それぞれ情報処理動機，社会関係が関係していると考えられている。すなわち，時

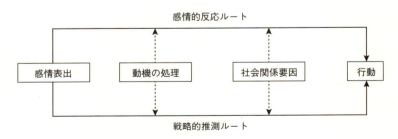

図 4-2　EASI モデル（Van Kleef, 2008 を一部改変）

間の制約があり情報処理ができない場合には，相手の感情を情報処理して交渉行動を決定しないことが，根拠としてあげられている．

　EASIモデルでは，戦略的情報処理過程と直観的感情反応過程という異なるルートを仮定することにより，相手の感情が交渉に与える影響が，相反する研究結果の統合が試みられた．すなわち，交渉相手が怒りや不満などの対決的感情を示した場合，その感情を情報処理することによってパワーや意図を理解し，譲歩という妥結的方向に進む場合が，戦略的情報処理ルートであるとされた．

　もう一方のルートは，地位，相互依存，組織・文化的規範などの社会関係要因と関連すると想定されている．たとえば，相手が笑顔で接してくれば，こちらも笑顔で接するという互酬性原理や，困惑している相手には，それ以上攻撃しないという社会規範などである．これらが強いと感情ルートが強まり，戦略ルートが弱まると考えられている．一方で，交渉相手から怒りが表出されたとしても，それが交渉提案自体に向けられると戦略ルートに傾くが，パーソナリティに向けられると感情ルートを取りやすいことが示されている（Steinel et al., 2004）．

6. 感情の対人的影響を検討する実験

(1) EASI モデルの検証

　EASIモデルで想定されている戦略ルートと感情反応ルートについて，検証しようとする実験が行われている（Van Kleef et al., 2010）．この実験は，参加者が実験協力者と，共同で創造的課題を行うデザインになっている．参加者には生成者，実験協力者には評価者の役割が割り当てられ，コンピュータを通して相互に協力してアイデア創出課題を達成するというものであった．

　第1課題の遂行後，実験協力者が，実験参加者に対して評価のフィードバックを与える．フィードバックをコンピュータの画面で視聴した後，第2のアイデア創出課題を遂行する．第2の課題の遂行前に，実験協力者がフィードバックする際の非言語情報が感情要因として操作され，怒り条件と感情なし条件が設定された．この操作は，ビデオに録画された実験協力者のセリフを，参加者がコンピュータで視聴することによって行われた．この感情条件と，認識的動機（epistemic motivation），つまり状況を正確に理解しようとする動機と，従事度が，参加者の第2課題の創造性に与える影響が検討された．

　従属測度として，創造性のサブカテゴリーである，課題の創出数，オリジナリ

ティ，柔軟性が測定され，媒介要因として，認識的動機と課題への従事度が測定された。EASIモデルに即すると，課題の認識動機が高い人は，評価者の怒り感情を視聴すると，オリジナリティが高くなるが，課題の認識動機が低い人は，オリジナリティが低くなる，という結果が得られた。この結果からは，状況をよく認識しようという動機があれば，評価者の怒りが課題を促進する，ということが示唆された。

　この研究結果は，EASIモデルで提唱されている「怒りは，認識的動機があれば創造性を促進する」という部分では支持したといえるが，戦略的ルートを通ったのか，感情反応ルートを通ったかを検討するには至っていない。特筆すべき結果として，創造性に対して感情と認識的動機の交互作用は有意であったが，感情が創造性に与える主効果は有意でなかったことがある。また，認識的動機が強い人は，怒りでなく別の感情が表出されても，覚醒水準が上がって創造性を強める可能性も排除することができない。その点を鑑みると，EASIモデルの枠組みを十分検証することはできなかったと考えられる。

　ヴァン・クリーフらの研究（Van Kleef et al., 2010）は，交渉や相互作用の相手といっても，別室のコンピュータ越しで評価を伝える相手であって，ある種観察者といってもよいかもしれない。もしそうであるとすると，課題を達成しなくてはいけない状況で，怒りを表出する観察者からプレッシャーを感じて，課題の促進が図られたのかもしれない。たとえ状況を知ろうとしたとしても，課題を遂行している最中，感情を表出する相手と一緒に課題を成功させることを考えて戦略的に作業したのか，あるいは相手の感情の迫力に押されて，感情的に反応したのかを判断する材料にはならなかった。

(2) 交渉者の情動知能と交渉動機

　これに対し，佐々木（Sasaki, 2012）は，交渉場面における動機と交渉結果の関係について実験的に検討している。実験では，参加者は感情を表出する演技を訓練された実験協力者と報酬表を用いて交渉する。参加者は家電量販店の店員で，実験協力者はパソコンを買いに来た客というロール・プレイを行う。客の役の実験協力者が，怒りまたは幸福感情を表しながら，パソコンの価格や保証期間などをなるべく客に有利になるよう要求するのに対し，店員役の参加者は，なるべく売り上げが減らないように，客とは逆の方向に価格や保証期間の条件の交渉を行う。こうした手続きで実験が行われ，実験要因として交渉相手の感情が怒りと幸

福の2水準で操作され，これらが交渉者の動機，感情経験，交渉結果（譲歩の量）に与える影響が検討された。さらに，相手の感情情報を処理する能力として，情動知能の個人差が媒介変数として検討された。

実験の結果，情動知能の自己コントロール能力と自己表出能力が低いものは，戦略統制不能に陥っていることが示された。また，感情解読の情動知能が高いものは，交渉相手に対して戦略的目標を強くもつことが示された。しかし戦略的動機が高くても，怒りを示す相手により大きな譲歩を示す効果は見られず，怒りの受け手が譲歩を促されるのは，戦略的ルートなのかどうかは疑問が残った。また，対人調整に関する情動知能が高いものは，譲歩を強める効果が見られ，交渉における譲歩が，対人関係を維持するために行われている可能性が示唆された。また，戦略動機に関しては，交渉相手が幸福感情を示した場合，受け手は感情解読の能力が高いほど戦略的動機が強いことが示された（図4-3）。

これと同様の傾向が受け手の幸福経験についても見られ，交渉相手が幸福感情を示した場合にのみ，感情解読の能力が高いほど幸福経験が強かった（図4-4）。これは，幸福を解読した方が幸福情動の情動感染が生じているにもかかわらず，戦略的動機は強まっていることを示すものである。これはEASIモデルで戦略的ルートと感情反応ルートが同時に生じていることになり，モデルで説明できない結果である。

さらに対人調整の情動知能が高いものは，譲歩量が大きいことが示されており，周りに気遣う能力が高いと，交渉の戦略は相手の感情を検討することなく譲歩を

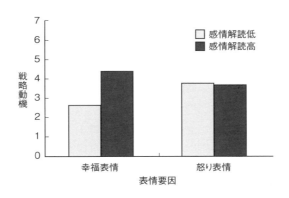

図4-3　交渉相手の感情と受け手の戦略動機

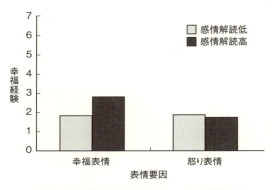

図 4-4 交渉相手の感情と受け手の感情経験

促進することがうかがえる。これらの結果を総括すると，感情解読の能力が高い人は，交渉相手の感情に対して戦略的に行動しようと動機づけられるが，そうした人は相手が幸福感情を示したとき，相手の友好性につけ入ろうとしていることがうかがえる。佐々木の実験（Sasaki, 2012）では，幸福を示した場合のほうが，受け手の行いは変えられている。しかし，ヴァン・クリーフ（Van Kleef, 2008）は，交渉相手が幸福を示した場合よりも怒りを示した場合のほうが，受け手は自分が間違っていると推測して自分の行為を変えると仮定している。したがって，佐々木の実験結果（Sasaki, 2012）は，ヴァン・クリーフ（2008）の説明とは合致しない。

　この点を考慮すると，直観的な感情反応ルートが，社会規範や好意の互酬性原理に依拠するというモデルだけでは不十分のように思える。感情解読の能力が高ければ常に戦略的動機は高いが，感情解読能力が低い場合のみ，相手が幸福情動を示したとき，戦略的動機が低いとも考えられる。これは相手が表出した感情のポジティビティが，状況判断の手がかり（cue）として使われているからかもしれない。すなわち，感情解読の情動知能が低い人は，相手がにこにこ笑っている（幸福表出している）分には，状況は良好で深く考えないが，相手がすごい剣幕でまくしたてれば（怒りを表出すれば），さすがに何か手立てを考えなければならないと思うのだろう。これの説明には，感情情報機能説を応用できる。このモデルにおける自己の感情状態が情報として機能するというところを，そのまま他者の感情表出が情報として機能すると考えればよいだろう。

　一方，感情解読の情動知能が高い人は，相手がにこにこ笑っていると，すかさ

ずどうやって相手を攻略しようかと考えるのである。これには感情混入モデルを応用するほうが解釈しやすい。まずこのモデルは，自己の感情を知覚し情報処理を行うわけだが，これを他者の感情を知覚し情報処理すると考えてみる。そのうえで，どの情報処理があてはまるかを考えると，動機充足型処理が最も適用しやすいだろう。というのも，幸福表情の相手を，特定の目的意識や動機（この実験の場合，譲歩をあまりしないで報酬を多くすること）に合致するよう情報処理し，攻略しやすい人物として判断し，戦略的に行動したと考えられる。

(3) 経済ゲームにおける宥和感情の対人効果

　こうした困惑感情がいくつかの経済ゲームを用いた場合，どのような影響を及ぼすのだろうか。ファインバーグら（Feinberg et al., 2012）は，信頼ゲームにおける困惑表出の効果について実験的に検討している。信頼ゲームは，意思決定者1（DM1）と意思決定者2（DM2）に分かれて相互に資源の配分の意思決定を行うゲームである。DM1は，与えられた資源をすべて持ち帰ることもできるが，DM2に分配するとその分を3倍にすることができる。しかし，3倍にされた資源の分け前をもらえるかどうかは，DM2がDM1にどの程度配分するかに依存している。

　ファインバーグらの一連の実験（Feinberg et al., 2012）のなかでは，参加者はDM1，実験協力者がDM2に割り当てられる。両者が紹介されてのち，感情要因の操作場面があり，参加者は実験協力者の感情表出を自然の文脈で観察したのち，実験協力者と信頼ゲームを行った。実験の結果，困惑表出が，表出者の向社会性のシグナルとなることが見いだされ，ゲームの相手が困惑を表出したのを観察した人は，相手を信頼し，協力的行動を行うこと（資源配分を多くすること）が示された。

　この研究は，困惑感情が宥和行動であるという以上に，困惑の表出者のパーソナリティとして向社会性が高いことも示している。そのうえで困惑表出者と相互作用を行った相手が，困惑を観察して表出者が向社会的であると帰属し，相手を信頼する向社会的行動を行うことを明らかにしている。すなわち，困惑感情が，社会的相互作用を行ううえで社会的な情報となり，経済的分配を含む信頼行動に影響するということであり，困惑感情が個人的人間関係だけでなく，見知らぬ人との経済的交換においても影響することを示唆している。

(4) 感情の対人的影響研究の課題

これまで交渉と感情の研究について紹介してきたが，2000年代初めの研究では，感情を要因として操作する際に，非言語メッセージを含む実際の感情のフィードバックを用いる実験が不足していた。ヴァン・クリーフらの多くの実験で，メールのやり取りにおいて，感情を表す文言を用いて感情要因を操作していた。こうした方法には，感情を扱ううえで問題がある。たとえ感情の操作チェックが成功していたとしても，感情は表情によく表れる。顔の表情や声の調子などの非言語メッセージで感情が表されるのが自然である。

こうした点を踏まえると，ヴァン・クリーフたちの2010年以前の実験で感情がメールだけで伝えられているのは，非常に限定的な感情の相互作用を扱っているのではないだろうか。常に十分相手の感情を解読する認知的余裕がある場合では，通常の対面の相互作用には適用できないかもしれない。この逆もまた言えることであり，非言語メッセージを対面状況で操作する場合，対面型だけではなくメールの相互作用も取り入れなければ，日常的に用いられるメールの相互作用を検討することはできないだろう。

佐々木（2009）の実験では，怒りだけでなく，困惑の表出が，受け手に対して関係動機を強めて和解が期待され，一方で怒りの表出が，受け手の回避動機を強めていた。こうした効果もまた，情動知能の違いによって変化する可能性がある。したがって，情動を情報処理する処理能力も考慮に入れたモデルを検討しなければならないだろう。

また，情動の対人的影響に関するモデルの検討では，EASIモデルのように戦略的か反応的かというレベルだけではなく，それが結果として譲歩を行うかどうかなど，行動自体が和解に進むのか，対立に進むのかを明らかにしなければならないだろう。その意味で，ファインバーグらの研究（Feinberg et al., 2012）は，経済的相互作用をモデル化した経済ゲームにおいて，感情表出が，協力的行動に重要な役割を果たすことを示しただけでなく，観察者自身の感情経験よりも，相互作用の相手の感情の意味の帰属のプロセスを経ていることを示した功績は大きいだろう。

だが感情の効果を検討する際の一番の難題は，感情を要因としての操作性だろう。佐々木のゼミナールでも，信頼ゲームにおいて困惑感情と怒り感情の対人効果を実験的に検討した。しかし，困惑表出が協力を促進するかどうかは，佐々木らの実験では予備実験と本実験で矛盾した結果が生じた。この実験での感情要因

の操作については，ゼミナールの学生たちと十分予備研究を重ね，実験協力者の感情表出は十分に訓練されたものであったが，その操作性が安定しないのが難しいところだった。操作性が成功しても，予備実験と本実験で感情が協力行動に与える影響が矛盾してしまい，解釈が困難だった。

　また，感情の測定に用いられたアメリカでの研究の質問紙の翻訳や，日本で行った研究の質問紙を英語に訳すときに，しばしば壁にぶつかる。同じ感情を表す言葉であっても，文化が異なると示す意味がぴったり一致することはないからだ。そうした文化の影響を除くためにも，異人種の実験参加者を追加しなくてはならない。その際，実験の教示も質問紙も，すべて一度外国語に翻訳してネイティブのチェックを受け，それを再度日本語に翻訳して，という作業が必要になる。日本では，そうした異文化の実験参加者をリクルートすることが難しい。それどころか，日本人の実験参加者を集めることすら難しくなっている。ボランタリーに参加を募っても，人数は集まらない。アメリカの大学の心理学部のように実験に参加することでacademic creditを得られるようにしなければ，十分なサンプル数が得られないのが現実だろう。筆者が属する商学部ではそうした制度は望めないが，日本の心理学部では，そうした制度を取り入れる時期にきているのではないだろうか。

　筆者自身は，現在感情の対人的影響の実験を行っていないが，感情の経済行動への影響については，今も興味をもって研究を続けている。経済分野でも昨今実験研究が盛んに行われるようになっており，筆者が会得した実験のノウハウは，所属する商学部の学生の教育にも活かされている。それも大渕研究室で，実験のトレーニングを受けたことによる恩恵だと思う。改めて大渕先生に研究をご指導いただいたことに深謝したい。また研究室の諸先輩方にアドバイスを頂き，同期や後輩たちには実験研究に協力して頂いたことに感謝を記したい。

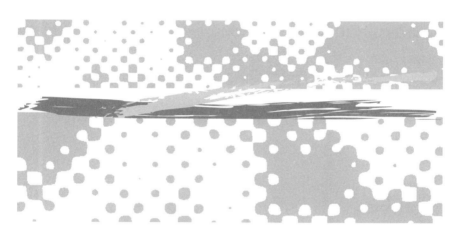

Ⅱ部　　対人葛藤と対処

5章 紛争解決における寛容

1. 寛容とは何か：利益とリスク

　「右の頬をぶたれたら，左の頬もさしだしなさい」（マタイ福音書5章39節）という聖書の言葉はあまりにも有名で，他者への寛容というとこの言葉を思い浮かべる人も少なくないだろう。寛容は，古代から重視されてきた最も崇高な価値の1つだが，心理学的には，加害者に対する反社会的動機（報復動機と回避動機）を抑えて，順社会的動機（関係維持動機）を高めることとされる（McCullough et al., 1998）。

(1) 寛容の利益

　なぜ寛容は尊ばれ，また推奨されるのだろうか。心理学的な回答は，葛藤解決において寛容が被害者にもたらす2種の利益にある。寛容による第1の利益は精神的・身体的健康である（Berry & Worthington, 2001; McCullough et al., 1998; Witvliet et al., 2001）。寛容を促す心理臨床プログラムを受けた被害者は，自尊心や希望が回復し，抑うつ，不安，怒りなどのネガティブな感情が低減した（Hebl & Enright, 1993; Freedman & Enright, 1996）。また，報復的にふるまう自分自身を想像した参加者よりも，寛容的にふるまう自分自身を想像した参加者は血圧や心拍が低下して情緒的に安定した（Witvliet et al., 2001; Worthington et al., 2015）。

　寛容がもたらす第2の利益は対人的なものである。被害者が加害者を赦すと，加害者の追従行動を引き出し（Kellen & Ellard, 1999），友好的に葛藤解決がなされる可能性が高まる。その結果として，加害者との人間関係が修復され，より生産的な社会的関係が形成されることも見いだされている（Fincham et al., 2002;

Karremans & Van Lange, 2008; Karremans & Van Lange, 2004)。このように，寛容は被害者に心理的安寧をもたらし，加害者との人間関係を損なうことなく維持することができるので，重要な心理学的状態とみなされてきた。

(2) 寛容のリスク

　寛容の利益は被害者自身十分に認識しているが (Kearns & Fincham, 2004)，しかし同時に，被害者は寛容に伴うリスクも敏感に知覚している (Exline & Baumeister, 2000; Exline et al., 2003)。第1のリスクは不衡平状態の甘受である。被害を受けると，被害者は対決的・報復的に反応したいという強い欲求に駆られるが (Frijda, 1994)，これは報復反応がある種の衡平を回復させることができるからである。報復は被害者側からみれば衡平な状態をもたらす正義の実行ともいえる行為なのだ。しかしそもそも，寛容は対決的・報復的反応を控えることであり，寛容にふるまうならば，不衡平状態を甘んじて受け入れなければならない。被害者にとって寛容は正義との葛藤をもたらすリスクを伴っているのである。

　第2のリスクは，被害者側の有責性に関して誤認されてしまうことである。被害の観察者は，「この世は公平が保たれており，人は適格性に見合った処遇を受ける」という公正世界信念に基づき，悪いことが起きた被害者には，その被害を引き起こす何かがあると考え，被害者にも責任を求める傾向にある (Lerner, 1980)。このような状況で，被害者が自分の無過失性を主張せずに寛容にふるまうと，観察者に責任の所在について誤認される可能性が高くなる。寛容は，自己利益や正義の追求を控えるという意味で美徳の1つであるにもかかわらず，それが社会的な弱さや瑕疵とみなされるリスクを伴うものであるといえよう。

　第3のリスクは，被害反復可能性が増加することである。ボウマイスターら (Baumeister et al., 1994) によれば，被害者から赦されると加害者は罪悪感を強め (Miceli, 1992)，再犯意思を低めるが，しかし，加害者が加害行為の有無や自己の責任について無自覚であったり，それに否定的な場合は，被害者の寛容は加害者の罪悪感を喚起させるこができない (Exline & Baumeister, 2000)。このように，寛容に対して罪悪感を感じるかどうかは加害者の認知に依存しており，罪悪感に与える寛容の効果が不確実であるため，再犯可能性の問題が寛容に伴うリスクとしてあげられる。

2. 寛容の規定因

相手への赦しは多くの利益をもたらすが，そのリスクの大きさから，人々は寛容の選択をためらう傾向にある。そのため，研究者たちは寛容を高めるための手がかりを探そうと，寛容予測因の解明を試みてきた。本節では寛容に関わる要因を被害者要因（被害者の内的要因），加害者要因（加害者の反応），状況要因（葛藤状況に含まれる要因）の3種に大別して示す。

(1) 被害者要因

寛容動機：寛容は，被害を受けた人が示す最も自然な反社会的な感情的・認知的・行動的反応を抑え，それを順社会的なものへと変換させる被害者の自覚的な試みである（Karremans & Van Lange, 2010）。われわれは，なぜ人々が意識的に被害に対する態度を変容させるのか，動機的観点から検討した（高田・大渕, 2009）。大学生参加者に過去実際に経験した被害を想起させ，加害者に対する赦しの程度と，なぜ赦したのか（赦せなかったのか：寛容動機）について尋ねた項目に回答させた。寛容動機項目は，エクスラインとバウマイスター（Exline & Baumeister, 2000）や，マクロウら（McCullough et al., 2000）を参考にして独自に作成した。寛容動機項目に対して因子分析を行った結果，6次元が見いだされ（表5-1），それらは，第1因子から順に受容動機，関係維持動機，一般化動機，調和維持動機，関与回避動機，共感・理解動機と解釈された。さらに，これらの6動機に対して2次的因子分析を行った結果，2因子が見いだされた。第1因子には関係維持，一般化，共感・理解動機が高負荷を示したので，われわれはこれを相手の福利や利益を重視する利他的動機であると解釈した。一方，第2因子は，受容，調和維持，関与回避動機が高い負荷を示したため，われわれは寛容によってもたらされる自己利益を重視する利己的動機であると解釈した。これら2種類の動機は，どちらも寛容と正の関連を示したことから，被害者は加害者に対する利他心の結果として寛容を高めるだけではなく，寛容によって得られる利益を志向した利己心によっても寛容を達成させることを示している。

認知的方略：多くの研究が，被害者の自己統制的な認知能力が寛容を促進することを示している（e.g., Finkel & Campbell, 2001; Tangney et al., 2004; Wilkowski et al., 2010; Vohs et al., 2011; レビューとして Burnett et al., 2014）。

山口（2014）は，どのような認知統制が寛容を高めるのか，被害者の実践的な

認知方略に焦点を当てて検討を行った（図5-1）。この研究で用いた認知方略は3タイプある。第1の方略は加害者の気持ちや心情を勘考して被害経験を再構築する加害者視点獲得方略，第2は客観的視点から被害経験全体を見直す中立的視点獲得方略であり，これらは寛容の利他的動機を高め，寛容を促すと仮定した。第3

表 5-1　寛容の動機（高田・大渕, 2009）

利他的動機	関係維持動機
	相手との関係を維持したい
	相手を失いたくない
	相手との関係をもう一度築き直したい
	一般化動機
	人付き合いにはトラブルがつきもの
	こうしたことはお互い様だから気にしない
	いずれにしろたいしたことない
	共感・理解動機
	相手がかわいそうだ
	相手に対する思いやり
利己的動機	受容動機
	周りの人から共感や理解を得たい
	心の広い人だと周りの人に思われたい
	人から孤立するのを避けたい
	ストレスから逃れたい
	自分の理想像に近づきたい
	調和維持動機
	グループの和を乱したくない
	チームワークを大切にしたい
	関与回避動機
	自分の時間や予定のほうが大切
	仕事や役目を優先したい

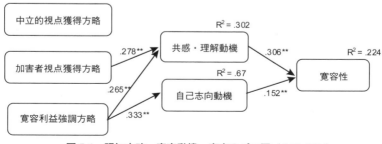

図 5-1　認知方略，寛容動機，寛容のパス図（山口, 2014）
注）有意な関連のみ矢印で示してある。 ** $p < .01$

の方略は寛容が被害者にもたらす利益について熟慮する寛容利益強調方略で，この方略は寛容の利己的動機を高めて寛容を促進すると仮定した。研究参加者は実際に経験した被害を想起し，その経験において感じた寛容や寛容動機（利他的動機と利己的動機）の程度，3種の認知方略を用いた程度を評定した。認知的方略を測定するために独自に項目を作成したが，その際，紛争解決の実務家として当事者の寛容を促すための臨床的な介入方法を列挙したクローク（Cloke, 1993）を参考にした。分析の結果，予測と概ね一致して，加害者視点獲得方略は利他的動機を高め，寛容利益強調方略は利己的動機を高め，2つの寛容動機は寛容を促した。こうした結果は，被害者は寛容の達成に向けて，自律的な認知統制を行っていることを示している。

　パーソナリティ特性：被害者の寛容に影響を与える被害者要因には，被害者のパーソナリティ傾向もある。寛容と関連する被害者の人格特性として最も根幹的なものは特性としての寛容で，寛容を性格特性の1つとして定義し，被害に直面した人が寛容になる個人的傾向を測定しようと試みた研究者たちがいる（Thompson & Snyder, 2003; Mauger et al., 1992; Berry & Worthington, 2001）。彼らは，寛容性を対人葛藤に対する心理的反応傾向の1つとしてとらえ，それを測定する尺度を開発・発展させてきた。コウトソスら（Koutsos et al., 2008）は，パーソナリティ特性としての寛容傾向（特性的寛容）が，ある特定の対人葛藤に対する寛容（状態的寛容）を促すことを示した。

　特性としての寛容性以外にも，性格5因子のうち協調性は寛容を促進し（Steiner et al., 2012; Brown, 2003; McCullough & Hoyt, 2002），神経症傾向はこれを抑制すること（Ashton et al., 1998; McCullough, 2000），ナルチシズム傾向（Exline et al., 2004; Brown, 2004）や反すう傾向（McCullough et al., 2007; Wade et al., 2008）も，寛容を低めることがわかっている。

(2) 加害者要因：加害者の謝罪

　寛容を促進する加害者の要因としては，謝罪が最も強力である（e.g., Darby & Schlenker, 1989; Ohbuchi et al., 1989; Takaku et al., 2001; 大渕, 2010）。効果的な謝罪の要件として，悔恨の意や，責任や非難を受け入れる覚悟を被害者に伝達すること（Eaton & Struthers, 2006），加害者の心情，責任の受容，行為発生経緯の説明を行うこと（Kirchhoff et al., 2012），被害者への同情心ではなく，加害者自身の罪悪感や羞恥心を表明すること（Hareli & Eisikovits, 2006）などがあげられ

ている。加害者の誠意ある謝罪は，いずれも，加害者に対する被害者の共感を高め，寛容を促進する（McCullough et al., 1997）。

共感以外にも，謝罪が寛容に影響を及ぼすプロセスがある。カーライルら（Carlisle et al., 2012）は加害者による被害の補償は被害者の寛容的ふるまいを強め，謝罪は被害者の内的レベルにとどまった寛容を高めることを見いだした。寛容が私的で内的なレベルで生じることに加えて，それが公的な行動レベルにおいても示されるということは，被害者により強い寛容が喚起されていると考えられるが（Takada & Ohbuchi, 2013），こうした視点からカーライルの知見を考察すると，謝罪に加えて補償も行われる場合は，被害者も強い寛容，すなわち，その寛容を行動レベルで表現することによって加害者に応えるが，謝罪だけで補償という補填行為を伴わない場合は，被害者もそれを私的に受容する弱い寛容に止めるのだと考えられる。

この知見は，葛藤解決のスクリプトにおいて，葛藤当事者に，相手の反応には互恵的にふるまうべきだという規範が働いている可能性を示唆する。ライゼンとギロビッチ（Risen & Gilovich, 2007）は，謝罪が行われる状況の観察者は偽の謝罪を受容するべきではないと判断するのに対し，当事者である被害者は，たとえ偽りの謝罪であったとしてもそれを受容することを示した。ライゼンらによると，被害者は，謝罪は受容すべきであるという役割期待を果たすことで，自己評価と他者評価の双方を高めることができるため，たとえ偽りであったとしても謝罪を受容する。このように，謝罪は寛容を強力に規定するが，そのプロセスには被害者による共感プロセスのほかに，互恵性規範の遵守によって望ましい自己像を維持するという自尊心保護プロセスもあると考えられる。

(3) 状況要因：加害者との対人関係

寛容に影響を与える状況要因のうち，最も重要なのは加害者と被害者の対人関係である。従来，加害者が親密他者であることや，加害者に対するコミットメントが寛容を促進することが示されてきた（Finkel et al., 2002; McCullough et al., 1997; McCullough et al., 1998; McCullough et al., 2000; レビューとしてFehr et al., 2010）。カーレマンズら（Karremans et al., 2007）は，プライミング操作を用いて，親密他者を思い浮かべた者は，非親密他者を思い浮かべた者よりも，認知的資源をさほど必要とせずに，自動的に寛容が高まることを示している。これは，加害者が親密他者である場合は，彼らに対する認知的アクセシビリティが高まった結

果,加害者の視点を取得しやすくなり,共感的な原因帰属が行われるためである。
　しかし一方で,親密な関係においては,自己の心理的緊張を低減するために相手を赦す利己的プロセスも示されている。カーレマンズら(Karremans et al., 2003)は,コミットメントの3つの構成要素（関係への固執,長期志向性,心理的アタッチメント）は非寛容と相容れないため,親しい加害者を赦せないと被害者自身が心理学的緊張状態に陥ると仮定し,親密関係では,赦さないでいるよりも,赦したほうが,心理的安寧が高まることを示している。このように,加害者との対人関係は寛容を強く規定するが,この規定力は,共感や理解といった加害者への利他心だけではなく,寛容がもたらす利益を志向した利己心という2つのプロセスによってもたらされると考えられる。
　ここまで,寛容に影響を与える個々の要因について概観した。次節では,今後の展望として3つの視点を紹介したい。1つ目は,寛容プロセスの全体的理解を促す視点で,要因間の関連について検討した。2つ目も同様の視点であるが,寛容の利他性と利己性について検討する。3つ目は,寛容の実現をめざす視点から,寛容リスクの排除可能性について検討する。

3. 寛容理解に向けて：寛容要因は独立的か,依存的か

　これまで示してきたように,寛容を規定する要因は多く見いだされているが,寛容が被害状況に含まれる多様な情報を参照して行われる意思決定なら,被害者は多様な被害関連要因をどのように情報として処理し,また,統合するのだろうか。本節では,今後の研究展望の1つとして,各要因の関連の統合を試みた知見を紹介し,考察する。

(1) 寛容の情報統合モデル

　ジラードら（Girard & Mullet, 1997, 2002; Mullet & Girard, 2000）は,アンダーソン（Anderson, 1996）の情報統合理論に基づいて,寛容が導き出される認知的ルールを明らかにしようとした。彼らは,被害関連要因が相互に独立して（additive rule）,あるいは,相互に関連して（configural rule）寛容判断が導かれるのか,いずれのルールが適用されるのかどうかを検討した。もし,各要因が独立して寛容判断に影響を与えるなら,個々の要因が寛容に与えるベクトルの向きは常に固定されていて,寛容に対する要因間の交互作用効果は見いだされないと考えた。こ

れは，たとえば加害者による謝罪は寛容に対して常に正の影響を与え，寛容に対して他の要因（加害者の意図や被害の深刻さなど）と交互作用効果を示さないということである。一方，寛容関連要因が依存しあって寛容判断に影響を与えるなら，各要因が寛容に対して与える影響の向きは変動的で，寛容に対する要因間の交互作用効果が見いだされると考えられる。これは，たとえば加害者による謝罪は被害の深刻さと関連し，被害が軽微なときは寛容に対して謝罪が有効であるが，それが深刻な場合には謝罪が寛容に対して効果をもたないというように，謝罪の効果が寛容に対して一方向に固定されないことを意味する。

　彼らは，被害者と加害者の親密さ（高／低），被害の深刻さ（深刻／軽微），被害の取り消し可能性（高／低），謝罪（有／無），加害者意図（有／無），第三者の寛容への態度（賛成／反対）といった6つの要因を取り上げ，これらの要因が寛容に対して独立的に働くか，相互依存的に働くかを検討した。その結果，寛容に対してこれら6要因の間で交互作用効果が示されなかったことから，寛容に関連する要因はそれぞれが独立して寛容判断に影響を与えると結論づけた。

(2) 寛容の認知的統制モデル

　プロンク（Pronk et al., 2010）やヴァンダーウォル（van der Wal et al., 2014）は，被害者の認知的資源，つまり，被害者の個人特性の観点から，寛容関連要因を関連づけようと試みた。彼女らが焦点を当てた認知的資源は高次の認知機能と総称され，その構成要素は，抑制（inhibition：自動的・非意識的反応の抑制能力），課題転換（task switching：複数課題や複数操作間の往来能力），情報更新（updating：関連情報のモニタリング能力）という3つの認知能力である。これらが豊富な場合，たとえ被害が深刻であったとしても，それに対する自動的反応（報復）を抑制することができるので，寛容が高まると仮定できる。さらに，認知的資源と寛容の関連は，被害経験の反すうの低下によって媒介されると仮定した。高次の認知機能の課題転換能力は被害経験に関する視点的固定を緩めるため，これが高い人は反すうを行わなくなるからである。

　プロンクらは，こうした観点から，実験参加者の認知的統制力を測定した後，親密他者との間に生じた軽い被害と深刻な被害経験の両方を想起させ，それぞれの経験に対する寛容の程度に回答させた。分析の結果，被害が軽微な場合は，認知的統制力と寛容の間に関連は見られず，被害が深刻な場合においてのみ，認知的統制力と寛容の間には有意な関連が示された。さらに，深刻な被害を受けたとき，

認知的統制力が高い人は，それが低い人よりも，反すうを行わず，結果として寛容が促された。

このモデルでは，寛容に対する被害の深刻さと高次認知機能の交互作用効果が示されている。一般的に，被害が深刻だと，それが軽い場合と比較して寛容は低下することが示されているが（e.g., Mullet & Girard, 2000），認知機能が高い人において寛容に対する被害の深刻さは負の影響力が小さくなった。これは，寛容関連要因が寛容に与える影響の方向性は必ずしも固定されておらず，可変的なものであることを意味している。

(3) 寛容要因は独立か，相互依存か

ジラードらによる情報統合モデルは，状況要因に焦点を当て，寛容の認知過程を純粋な情報処理プロセスとして扱った点に特徴があり，彼らが取り上げた6要因は寛容に対して常に正の影響を与えることを示した点が興味深い。ただ，彼らが示したモデルはわれわれの直観に矛盾する。たとえば，先述のように，謝罪は寛容に大きな影響を与えるが，非効果的な謝罪のパターンもある。被害者と加害者の親密さは寛容を促進するが，親しい人から被害を受けたからこそ，赦しがたく感じることもある。このように，ジラードらのモデルは，これまで示されてきた寛容に関わる知見と相容れないように思われる。

しかしながら，ライゼンとギロビッチ（Risen & Gilovich, 2007）が示したように，被害者は加害者の謝罪が好ましくなくても規範を遵守するために謝罪を受容する。この知見は，好ましくない謝罪であったとしても，そうした評価とは別に，謝罪は寛容に結果的に正の影響を示すことを意味する。また，カーレマンズとアーツ（Karremans & Aarts, 2007）は，親しい者を思い浮かべただけで自動的に寛容が高まること，親しい他者との葛藤では自己の不快感を低減するために寛容になることを示した（Karremans et al., 2003）。これらの知見は，親しい他者だからこそ赦せないとわれわれは確かに感じるが，それは寛容意思決定プロセスにおける一過性のものであり，結論として親密さは寛容を高める要因となることを示唆している。マクロウらは時間経過に伴って寛容が高まることを示しており（McCullough et al., 2003, 2007, 2010），親しみが寛容に与える負の一時的影響も，時間経過に伴う寛容プロセスにおいてしだいに解消されるものだと考えられる。

また，プロンクらの認知的統制モデルでは，個人の認知的資源の豊富さが寛容

に与える状況要因の方向性を変えることから，これも情報統合理論と矛盾するように思われる。ただ，ブロンクらのモデルは，状況要因間の交互作用を示したものではなく，被害者要因と状況要因の交互作用効果を示したものである。こうした観点に立てば，2つのモデルは対立しているのではなく，認知的統制モデルは情報統合理論を発展させたものだということができるだろう。情報統合理論が示したそれぞれの状況要因の効果が，個人変数によってどのように関連づけられていくのか，個人変数を認知的資源に限定せずに検討し，寛容喚起プロセスを包括的な視点から明らかにする試みが必要であろう。

4. 寛容理解に向けて：寛容は利他的な人のものか

　寛容の促進因を概観するなかで，寛容の利他性と利己性についてしばしば言及したが，これまで，寛容喚起の核心は加害者に対する共感であることが強調されていて，それ以外（たとえば自己保護）によって高められた寛容は寛容と似て非なるものととらえられてきたことから（e.g., McCullough et al., 2000），ほとんど研究対象とはなっていない。しかし，人々の寛容を理解するには，その利他性と利己性の双方を視野に含める必要がある。

　その理由の1つは，人々が示す多様な寛容を記述し，効果を検討することが可能になるからである。エンライトら（Enright et al., 1989; Enright, 2001）は，寛容の動機の1つとして印象操作を指摘しているし，マクロウ（McCullough & Worthington, 1994）は周囲の期待に応えることも寛容の動機となりうることを示すなど，加害者への共感以外によって生じる寛容の可能性について言及している。こうした寛容は，利他的動機によって高められた真正の寛容よりは劣るものの，葛藤を激化させないという最小限の効果は有することがわかっている（Takada & Ohbuchi, 2013）。葛藤解決において葛藤の激化を防ぐことは，建設的解決の端緒となりえるので，これに貢献する多様なタイプの寛容について検討されるべきであろうと考えられる。

　寛容の利他的・利己的側面に言及する第2の理由は，加害者に対する共感を高めることができなくても，「真正」寛容は達成可能だからである。バリエットとジョイアマン（Balliet & Joireman, 2011, study2, 3）は，人々の利他性と利己性に注目し，自己統制力と寛容の関連を調べた。その際，寛容の指標としてマクロウらが真正寛容を測定するために開発したTRIM（Transgression-Related Interpersonal

Motivation Inventory; McCullough et al., 1998)という尺度を用いた。その結果，自己統制力が高い人においては，利他的な人よりも利己的な人のほうが，高い寛容を達成することを見いだした。彼らはこれを自己統制力による利己性の補完モデルとよび，加害者に対して利他心を発揮することができなくても，寛容を十分に（むしろ利他的な人を超えて）高められることを示した。自己志向性が高い人に対しては，加害者への共感を強いるのではなく，自己への注目を増加させ，自己統制を通して寛容を高める方法もまた，有効であることを示唆しているといえよう。寛容は共感的な人々だけの間で達成されるものではなく，被害者の自尊心を保護する方法を用いれば，利己的な人々の間でも十分に成功させられるものなので，利己的動機と寛容を高める方略の関連を探る必要がある。

5. 寛容の実現に向けて：寛容リスクは排除できるか

(1) 正義との両立

　先に寛容の第1のリスクとして正義概念と寛容概念の葛藤をあげたが，寛容も正義も，本来，順社会的な価値である。価値構造を分析したシュワルツらは，援助性，誠実性，誠意などとともに寛容を順社会的価値に分類した（Schwartz & Huismans, 1995）。さらに，価値と動機タイプの関連の分析を通して，正義と寛容は同一の動機的目標，すなわち，他者利益の増進に動機づけられることを示した（Schwartz, 1992）。こうした観点に立てば，正義と寛容は共通の目標を志向するものであり，価値として必ずしも対立しないと考えられる。

　カーレマンズら（Karremans et al., 2005, study 2）は，実験参加者に対して正義概念をプライミングした後，TNTF尺度（Berry et al., 2001）を用いて参加者の寛容を測定した。この尺度は，5つの被害状況を示し，参加者自身がその被害を受けたと仮定して，どのくらいの相手を赦せるかを測定するものである。その結果，正義概念をプライミングされた参加者は，その他の概念（たとえば向上心）をプライミングされた参加者や何もプライミングされなかった参加者と比較して，寛容の程度が高かった。

　さらに，バトソンら（Batson et al., 2000）は，倫理，規範，モラルと一致した行為の志向も1つの正義であると考えて道徳的正義（moral justice）とよび，これが高い参加者は報復行動を控えることを示した。また，ストレラン（Strelan, 2007）は公正世界信念と寛容の関連に注目し，この信念が高い人は，加害者に順

社会的行為を行うことができれば，それにふさわしい好ましい処遇を得られるだろうと予期して寛容を選択することを示した。

これらの知見は，寛容と矛盾しないタイプの正義があり，それらは寛容を促進できることを示している点で注目に値する。ただし，これには2つの条件があると考えられる。それは，被害を受ける前に（あるいは特性として）（第1条件），寛容調和的なタイプの正義概念に限って（第2条件），人々にアクセスしやすくさせておくことである。これらの条件を被害者の心理に当てはめた場合，2つの疑問が生じる。第1に，人々は予測不能な被害発生に備えて順社会的正義にアクセスしやすく準備を整えているだろうか。第2に，被害が生じた後でさえ，人々は順社会的タイプの正義を思い浮かべられるのだろうか。言い換えるなら，被害者という立場に立った後に最もアクセスしやすい正義概念がどの正義なのかを明らかにしたうえで，被害者の正義と寛容について検討を深める必要がある。

山口（未発表）は，この点を検討した。まず，被害状況における立場によって喚起される正義概念が異なるかどうかを調べるために，ある被害状況が描かれたシナリオを被害者，加害者，観察者（状況に関係のない第三者として）のいずれかの立場に立って参加者に読ませた。その後，正義といえばどんなことを思い浮かべるかと尋ね，分配的正義，手続き的正義，報復的正義について記述された項目（各3項目）を5件法で評定させた。分析の結果（図5-2），手続き的正義は被害者や観察者よりも加害者で高く，報復的正義は観察者や加害者よりも被害者で高かった。続いて，われわれは，参加者に過去に経験した最も深刻な被害を簡単に書き出してもらい，正義をプライミングするタイミング（被害前・被害後）と正義

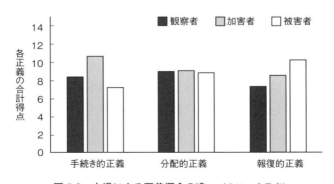

図5-2 立場による正義概念の違い（山口，未発表）

の種類(手続き・公正世界・道徳の3群と,統制群として永遠)が寛容に与える影響を検討した。被害前プライミング条件の参加者には被害経験を書き出す前に,被害後プライミング条件の参加者には被害経験を書き出した後にいずれかの正義をプライミングさせた。最後にその経験の加害者に対する寛容の程度をTRIMを用いて測定した。寛容に対してタイミング(2)×正義種類(4)の分散分析を行ったところ,タイミングの主効果が有意で,被害前よりも被害後に正義をプライミングするほうが寛容は高かった。また,正義種類×タイミングの交互作用効果が有意で,被害後に永遠や公正世界よりも道徳的正義概念を活性化すると寛容が高まった。カーレマンズの知見は,被害前に活性化された正義がバッファーとして機能し,被害者がアクセスしやすい報復的正義へのアクセスが抑制された結果,寛容が高まったと考えられる。それに対して,われわれの知見は,被害者として報復的正義へのアクセシビリティを高めたとしても,他の正義概念へのアクセスを容易にして置き換えることによって,寛容が促されたと解釈できる。前者をバッファーモデル,後者を置換モデルとよぶことも可能であろう。今後は,検討する正義種類の選択やパラダイムの統一など,さらなる精緻化が求められる。

(2) 有責性誤認の恐怖の低減

　第2の寛容リスクは,有責性について誤認されることであった。実は,これが被害者に恐怖すら生じさせ,この恐怖が,自己の無過失性を認めてもらいたいという無過失性承認動機を高めると考えられる。この恐怖を引き起こすのは加害者というよりも被害の発生状況を知る観察者なので,無過失性承認動機も観察者に対して生じるであろう。すなわち,観察者が被害者の責任についてどのような判断を下すかが,被害者の寛容に影響を与えると考えられる。

　被害を受けると被害者の自尊心は傷つけられ,孤独感に陥る(Leary et al., 2001)。そのため,被害状況において被害者は自己の無過失性や潔白さを示すことに強い関心をもち(Exline et al., 2008),自己防衛的な反応を示す傾向にある(Wills, 1981; Wood et al., 1985)。被害者のこうした心理を無視して観察者が被害者に責任を帰属させると,被害者の無過失性承認動機はさらに強められ,この動機を満たすために有効ではない寛容は,抑制されてしまうだろう。しかしもし反対に,観察者が被害者の潔白性を支持するなら,被害者の無過失性承認動機が満たされるので,寛容が起こりやすいと考えられる。

　われわれは,この問題を実験的に検討した(Takada & Ohbuchi, 2007)。参加

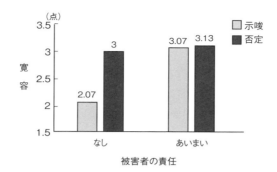

図 5-3 被害者の責任に関する観察者の態度(示唆・否定)と被害者責任の程度が寛容に与える影響(Takada & Ohbuchi, 2007)

者に対して,被害者の責任の程度(なし・曖昧)と観察者の責任帰属に関する発言(被害者責任否定・示唆)を操作したシナリオを与えた。参加者は,これを被害者の立場で読み,その後,寛容などを評定した。その結果,図 5-3 に示すように,被害者自身が自分は潔白だと信じているとき,観察者も同様にこれを支持すると,そうでないときよりも,被害者は寛容的になった。この結果は,観察者が自分の正当性を承認すると,寛容に対する被害者のリスク認知が和らぎ,寛容を選択しやすくなるからだと考えられる。

観察者の行動は被害者を寛容にしたり非寛容にする規定因の 1 つであることがわかったが,観察者は被害者にとってどのような立場の人がふさわしいのだろうか。親しい友人,中立的な立場の人など,さまざまなパターンが考えられる。被害者と観察者の関係によって,被害者支持の第三者の動機も異なってくる。寛容にとって,親しみゆえに正当性を支持されるのが有効なのか,あるいは,中立的な立場から公正に判断した結果正当性を支持されるのが有効なのか,観察者と被害者の関係と,正当性支持の根拠の関連を含めた検討が求められる。

(3) 被害反復可能性の低減

第 3 の寛容リスクは,被害の反復可能性を高めてしまうことであった。ウォレスら(Wallace et al., 2008)は,寛容が加害者の再犯を抑制するのか,あるいは促進してしまうのかについて検討した。寛容は再犯を抑止するという仮説と,寛容は再犯を促進するという対立仮説を立て,さまざまな実験パラダイムを用いてどちらの仮説が支持されるかを検討した。どの研究手法を用いた場合も,参加者は,

相手から赦された場合，おおむね再犯を抑制していた。こうした寛容による再犯の抑止には，相手に赦してもらったのだから再犯を控えようという互恵性規範が働いているといえよう。さらに，被害者による寛容は，被害者が加害者との関係を価値づけていることを加害者に伝達するものなので，そうしたメッセージを受けて，加害者も被害者との関係価値を高めた結果，加害行為を行わなくなると考えられる。

　しかし，この研究では，全体の約15％の参加者は，寛容を示した人に再犯を行うこと，寛容を示した人と，寛容を示さなかった人が同じ集団内にいる場合，寛容を示した人に再犯する傾向にあることも同時に示された。寛容な他者を選んで加害行為を繰り返す人の分析や，そうした加害者を選別する試みが必要となるだろう。その視点の1つとして，興味深い視点を紹介する。ある研究者たちは，利己的関心に動機づけられた行動より，利他的関心に動機づけられた行動に対して，人々は信用に値すると評価し，また，その行動に対して順社会的に反応することを見いだしている（Murrey & Holmes, 2009; Righetti & Finkenauer, 2011）。寛容的な相手を選んで再犯を繰り返す人は，相手の寛容をどのように知覚していたのか——利他的か，利己的か——を含め，寛容が再犯可能性に与える影響は検討を続ける必要がある。

6章 謝罪と釈明

　葛藤は，その重要さや深刻さにかかわらず，あらゆる対人関係，あらゆる集団間関係で生じる。それは，一方（加害者）が他方（被害者）に対して予期せぬ妨げ行為をとることによって始まる。その望ましくない行為の責任を加害者が負うことになると，厳しい結果を招くため（Baumeister, 1998; Weiner, 1995），加害者は自分の行為の責任を低減するか，逃れようとするか，あるいは赦されることを期待して良い印象を与えようとするか，どれかを試みる。悪い行為によって生じる悪い印象の「修正」や「改善」の試みは，被害者に向けて不当な行為の説明をする形となる。これまでの研究では，そうした言語的な修正行動を「釈明（accounts）」あるいは「釈明付与（account-giving）」としている（e.g., Itoi et al., 1996; Meier, 1998; Ohbuchi, 1999; Ohbuchi et al., 2003; Scott & Lyman, 1968; Takaku, 2000; Takaku et al., 2001; Weiner, 1995, 2006）。

　本章では，釈明研究のこれまでの知見を概観し，釈明のさまざまな分類とそれらを区別する視点，各々の釈明が葛藤を抑止したり解決したりするうえでなぜ有効なのかについて心理学的に説明し，ある状況で人々が行う釈明の内容を規定する要因を確認するものである。

1. 釈明の形式

　これまで，謝罪，弁解，正当化，否定といった釈明の分類が研究されてきたが（Itoi et al., 1996; McLaughlin et al., 1983; Schoenbach, 1990; Ohbuchi, 1999; Ohbuchi et al., 2003; Takaku, 2000; Weiner, 1995, 2006），謝罪は行為の原因や理由を「説明」していないので他の釈明と区別すべきだとする考え方もある（Goffman,

1971; Tavuchis, 1991)。また，異なる形式のいくつか，あるいはすべてを組み合わせた釈明があると考える者も少なくない（e.g., Takaku et al., 2010）。どのような発話行為が正当な釈明であるかはともかく，各々の言語行為の意味を定義することが必要かつ有効で，研究者たちの間には概ね合意がある（Itoi et al., 1996; McLaughlin et al., 1983; Schoenbach, 1990; Ohbuchi, 1999; Ohbuchi et al., 2003; Takaku, 2000; Weiner, 1995, 2006）。「謝罪」は，加害者が自分の行いについて，相手に被害を与える悪いものであったことを相手に知らせ，被害を与えた自分の責任を公に認めることである。「弁解」は，加害者が自分の行いとそれが引き起こした悪い結果は認めるが，その行為が生じた原因を何か自分のコントロールが及ばなかった事柄に帰属して自分の責任を軽くしようとすることである。「正当化」は，行為が生じた原因と自分との関わりを認めはするが，「その行為が社会的に受け入れられるよう再解釈」し，「被害者の落ち度」を指摘し，「よかれと思ってやったことだ」ということを強調することである（Riordan et al., 1983, p. 213）。「否定」は，加害者が悪い出来事やその出来事の結果として生じた被害と，自分との因果関係を否定するものである。

　さらに，既存の釈明理論をまとめて，釈明タイプの分類を作ろうとした研究者もいる。たとえば，マクローリン（McLaughlin et al., 1983）は，さまざまな釈明は悪化－緩和の連続体におさまる2つの大きなカテゴリーに分類できると論じた。この連続体の一方の極は悪化／主張的な釈明であり，否定と正当化が含まれる。反対の極は宥和／非主張的な釈明であり，謝罪が含まれる。弁解は通常この両者の中間に位置づけられるが，悪化のほうに近い。一方，イトイ（Itoi et al., 1996）は，さまざまな釈明を区別するために使われる中心次元は，責任の受容か拒否かであるとした。謝罪は責任を受容する釈明であり，弁解，正当化，否定はいずれも責任を拒否する釈明であると考えられるという。また後者は，それぞれの行為における個人的責任を認めないこと（弁解），行為の有害性を認めないこと（正当化），行為との因果関係を認めないこと（否定）とされる。

2. 釈明の効果

　葛藤解決における釈明の効果を説明する最も優れた社会心理学理論として，ワイナーの帰属理論があげられる（Weiner, 1995, 2006）が，この理論の観点からみると，異なる釈明がなぜ加害者の悪い行為の原因について異なる知覚をもたらす

のかが明らかになる。ワイナーの帰属理論によると，出来事の原因は所在，統制可能性，安定性の3つの次元によって分析される。原因の所在は，その原因が対象者の内にあるか外にあるかを定義するものである。統制可能性とは，対象者が知覚された原因を統制できるかどうかということである。安定性とは，知覚された原因が一定の時間が過ぎた後にも安定しているかどうかによって決まるものである。したがって，仮にアルコール中毒者が飲酒運転であるとわかっていながら自動車事故を起こした場合，その事故の原因は，その人物の内に所在し，統制可能で，安定しているとみなされる。

　さらに，ワイナー（Weiner, 1995, 2006）は，これらの原因次元はそれぞれが特定の感情的反応と関連しており，その後の行動とも関連するとしている。たとえば，被害者が事故の原因を内的かつ統制可能で，安定的な要因に帰属すればするほど，事故を起こした運転手に対する，怒りの感情が強まり，同情の念が薄まる。なぜなら，運転手には事故とそれが引き起こした損害に責任があるとみなされるからである。これらの感情は運転手に対してネガティブに反応するように被害者を促すこととなる（報復，損害賠償の要求など）。しかし，もし被害者が事故の原因を外的で，統制不可能で，不安定な要因（悪天候など）に帰属するなら，被害者の運転手に対する怒りは低減するだろう。なぜならもはや運転手に事故の責任があるとはみなされず，怒りが低減する結果，運転手に対してネガティブな反応をとる必要はないからである。これまでの帰属に関する研究（Takaku, 2000; Weiner, 1995; Weiner et al., 1987; Weiner et al., 1991）では，釈明は，悪い行いの原因に関する被害者の知覚を変えるためだけでなく，罰の回避をねらいとして加害者に対する感情を変えるためにもなされると示唆している。したがって，帰属の観点からは，悪い行いの原因が内的で，統制可能で，安定的であるよりも，外的で，統制不可能で，不安定的であるとみなされるようにできたとき，釈明は「うまく」，「効果的」なものと考えられるようになる。

3. 謝罪：なぜ謝るのか，なぜ謝らないのか，なぜ効果があるのか

　帰属の観点からみると，葛藤解決において特定の釈明が効果的な理由は明らかなのだが，謝罪となると，その有効性を理解する際に帰属の分析は役立たない。なぜなら，謝罪は，定義上，悪い行いの原因を内的で，統制可能で，安定的な要因に帰属する釈明だからである。それでも人々はなぜ謝罪をするのだろうか。本節

では，この「謝罪のパラドックス」を詳しく検討したい。

(1) なぜ謝罪したくないのか

対人葛藤を防いだり解決したりするために，謝罪が加害者のとりうる最も効果的で強力な言語的コミュニケーションの一方法であることは以前から提唱されてきた（Barnlund & Yoshioka, 1990; Gonzales et al., 1992; Itoi et al., 1996; McLaughlin et al., 1983; Ohbuchi & Sato, 1994; Takaku, 2000, 2001; Takaku et al., 2001; Weiner et al., 1991）。謝罪は，屈辱を癒し，復讐願望を静め，赦しを促すことによって，最終的には壊れた人間関係を修復することが示されてきたからである。しかし，多くの人々にとって自分の加害や過ちを謝罪することは難しい。おそらくその最も大きな理由の1つは，自らの自尊心を守りたいというものだろう。人々はしばしば「善良に」または「正しく」ふるまうことによって自尊心を得る。しかし「善良で正しい行い」から得るこの感覚は諸刃の剣である。それは，一方では確かに自尊心の源泉として機能するが，他方では誰も過失や悪事をなす人物だと見られたくはないので，人々を独善的な理想主義に陥らせ，自分本位にする可能性をはらんでいる。過失や悪事を指摘されると，社会心理学者が「認知的不協和」とよぶものが生じる（Festinger, 1957）。認知的不協和とは，2つ以上の相容れない考えや信念，価値観を同時にもつときや，行為と態度（価値観，信念）が一貫しないときに人々が経験する心理的な不快感である。過ちや加害がすでに生じていれば，取り消すことはできないので，この心理的な不快感を低減し，自分自身に対する肯定的な見方を維持するためには，自らの行為を正当化したり弁解したりして，自分自身を過ちや加害から切り離すしかない。そのため，人々は自分の過ちや加害を謝罪し，すべての責任を負うことにしばしば困難を感じる。誰しも偽善者とは思われたくないからである（Takaku, 2001, 2006; Takaku et al., 2001）。

(2) なぜ謝罪を使うのか，なぜそれが効果的なのか

過失や悪事に対して謝罪することは難しいものの，多くの社会心理学的研究は，謝罪がおそらくは葛藤解決の最も効果的な方法であることを示している（e.g., Bennett & Dewberry, 1994; Bennett & Earwaker, 1994; Ferrin et al., 2007; Frantz & Bennigson, 2005; Fukuno & Ohbuchi, 1998; Risen & Gilovich, 2007; Takaku et al., 2001）。これに関してはいくつかの理由がある。第1に，謝罪は被害

者の自尊心や尊厳の回復に役立つ。十分な謝罪は，加害によって最初に生じた被害者の名誉につけられた傷を取り消しうる。いったん被害者の名誉が回復されると，被害者の怒りや報復願望は収まる（McCullough, 2003; Lazare, 2004; Ohbuchi et al., 1989）。第 2 に，謝罪は加害者が更生したことを保証する。謝罪によって，加害者が被害者と同じ道徳的価値観を共有したことが示されるからである（Weiner, 2006）。この保証は，加害者が同じ加害を繰り返さないための内的な抑制システムをもつことを示すため，被害者は安全な感覚を得る（Gold & Weiner, 2000）。第 3 に，謝罪は，加害が被害者の過失によるものではないことを被害者に改めて保証する（McCullough, 2003; Lazare, 2004）。この再保証によって，被害者は自分も被害責任の一端を負うことについて思い悩まなくてすむ。第 4 に，加害者が罪悪感を覚え，苦痛を経験し，それゆえ，それなりに罰を受けていることを，被害者に再確認させる（Weiner, 2006）。加害者はすでにある程度罰を受けているため，被害者の復讐願望は弱まる。第 5 に，謝罪する人間はまず悪人であるはずがない（Jones & Davis, 1965; Riordan et al., 1983）。つまり，善人を罰することは非常に難しいということである。最後に，謝罪は，被害者が被害に対するなんらかの補償を受ける可能性を促す（McCullough, 2003; Lazare, 2004）。被害が補償されうると考えることは，赦しを引き起こすのに十分である。

(3) 本当に誠実な謝罪とはどのようなものか

　被害者の怒りを静めるために謝罪がなぜ機能するのかを理解することは，対人葛藤や集団間葛藤を防いだり，葛藤の不要な激化を収めたりするためのまさに出発点である。しかし，加害者からみれば，このこと以上でないにせよ同様に重要なのは，実際に被害者の欲求を満たすような謝罪を行うことができるかどうかである。どのような謝罪も同じように適切で誠実なわけではない。この問題に関して，キルヒホフ（Kirchhoff et al., 2009）は，法学，社会言語学，社会学，神学，哲学，心理学といった諸領域の文献を広範に調べた。彼らは，1971 年から 2008 年に出版された 39 の研究を詳細に検討し，「適切」な謝罪に含まれる 10 の基本要素を明らかにした。第 1 に，これらの文献のなかでは「私は謝罪する（I apologize）」という表現が最も頻繁にみられた。「私は謝罪する」というこの種の表現は，サーレ（Searle, 1969）やブラム - クルカとオルシュタイン（Blum-Kulka & Olshtain, 1984）といった言語行為の研究者によって，発話内力 – 指示部（Illocutionary Force - Indicating Device, IFID）とよばれ議論されてきたし，遂行動詞の使用は

謝罪が具体的に行われていることを意味する。キルヒホフ（Kirchhoff et al., 2009）によって明らかにされた，謝罪に共通して用いられる構成要素には，他に次のようなものがある。①違反の命名（加害者が何に対して謝罪しているかを示す），②責任の受容，③違反を説明しようとする努力（外的および統制不可能な帰属をせずにそのような帰属をすれば弁解になってしまう：Weiner, 2005; Scott & Lyman, 1968），④恥や後悔といった感情の表出，⑤被害者感情や被害への対処，⑥過失の認知，⑦自制の約束（加害を繰り返さない），⑧補償の申し出，⑨謝罪や赦しの受け入れ要請である。謝罪がこれらすべての要素を含むなら，それは完全な謝罪とされ，被害者の赦しを促すうえで最も効果的であることが見いだされてきた（Kirchhoff et al., 2012）。

また，ある種の謝罪は，被害者の心の傷を癒すのではなく有害となりうる。たとえば，友人の秘密を誤って誰かに話してしまったことを問われた人は，「いや，君を傷つけたかったわけではなかったんだ。けっしてそういうつもりはなかった。君が置かれている状況を私の友人に話して，君を助けようとしただけなんだよ。そんなに君を怒らせてしまって申し訳なかったよ。いや，ほんとに君を傷つけるつもりはなかったんだ！」と言うかもしれない。これはうまくいかない謝罪の例である。「意図」と「影響力（impact）」を混同しているからだ（Takaku, 2013）。適切で誠実な謝罪とは，加害者の行為が意図的か否かにかかわらず，加害者の行為が被害者に及ぼす影響力を認めたものでなければならない。謝罪は加害者自身をけっして擁護すべきものではなく，加害者の行為によって被害者に生じた苦しみを認め，それを重く受け止めるものでなければならない。加害者が被害者を傷つけるつもりがあったかどうかは関係ない。

(4) 不協和と謝罪の受容

加害者が心からの謝罪をしたからといって，被害者がそれを受け入れるとは限らない。人の間違った行為に対する謝罪は対人葛藤の解決において必ずしも適切ではないことは研究者も一般の人々もよくわかっている。謝罪によって葛藤解決のプロセスを開始する責任は加害者にあるのだが，加害者が謝罪したあとは，その処置が適切かつ建設的になされているかによって，被害者がその釈明を受け入れるか否かを決めることになる。それゆえ，葛藤の解決は被害者の反応（たとえば，赦し）に強く規定される。

謝罪と赦しの関係に関する最近の研究は，被害者が加害者の視点を取って

共感を経験すると，謝罪が赦しを促すうえで効果的であることを示唆している（McCullough et al., 1997; McCullough et al., 1998）。加害者の視点を取ることが被害者からさまざまな情動反応を引き出すという可能性があることから，高久ら（Takaku, 2001, Takaku et al., 2001; Takaku, 2006）は認知的不協和が赦しを引き出すうえで果たす潜在的な役割を検討した。特に，加害者の視点をとることによって，被害者は意識的にせよ無意識的にせよ過去に自分が加害者となったことに気づくだろうと彼らは論じた。偽善研究のパラダイムによれば（e.g., Stone et al., 1997），人々が不協和を感じるのは，自分自身が偽善的であると感じさせられたときである。フライドとアロンソン（Fried & Aronson, 1995, p. 925）は偽善を「2つの要因の組み合わせ：自分の支持する立場を主張することと，その主張と整合する行為をしなかったことについてマインドフルになることである」と定義した。加害者が謝罪すべきであり被害を回復するあらゆる手段をとるべきだという被害者の主張は自然だが，それゆえに過去に自分が加害者であったときのことに気づかされると被害者には自分が偽善的であるという感覚が起こる。そのような自覚の誘発は，他者や状況に責任があるとすること（状況への帰属）がいかに簡単で，自分自身で間違いの責任を負うこと（属性への帰属）がいかに難しいかを被害者に思い起こさせる（基本的帰属錯誤：Ross, 1977）。それゆえ，そのような自覚は「不協和のような」不快をもたらす2つの矛盾した認知要素をつくり出す。つまり，1つの認知要素として，被害者は加害者が間違いの責任を取るべきだと思っていることがあり，もう1つの要素として，被害者はもし自分が同じような状況の加害者であったら他者や状況の責任にしたくなるだろうという実感がある。2つの認知の矛盾によって生じるこの不快感情を低減する（避ける）ために，被害者は加害者とは別の原因を知覚する傾向が現れる。これらの帰属変化はポジティブな情動反応を引き起こし，そのポジティブな情動反応はさらに赦しの可能性を増加させる。

　高久（Takaku, 2001）は，他者の過ちにより自分が被害を受けた状態を想像してもらうシナリオを参加者に提示した。統制条件では，その過ちが実際に起こったものとしてシナリオを読むように教示を受けた。実験条件では，その同じシナリオを読む前に，シナリオに書かれているような過ちを自分がしてしまった経験を想起して記述するように教示を受けた。シナリオを読んだ後，認知的，情動的反応，加害者への報復あるいは赦しを意図する程度が測定された。すると統制条件の参加者に比べて，自分の過去の過ちを意識させられた参加者は，シナリオ内

の加害者に対して寛容になり，否定的感情が低く，建設的な帰属をし，報復の意図は少なく，赦しの意図が強かった。アメリカ人と日本人を比較したその後の研究（Takaku et al., 2001）でも同様の結果パターンが得られており，文化的背景によらず，自分自身の過去の過ちを意識すると，不必要な対人葛藤の開始や延長のもとになる認知的エラーが低減することを示している。

4. 釈明に関する好み：なぜ，われわれはある釈明をほかの釈明よりも好んで用いるのか

研究者は特定の状況における個人の釈明選択に影響を及ぼす多岐にわたる要因を特定してきた（e.g., Gonzales et al., 1994; Ohbuchi et al., 2003; Takaku, 2000）。加害者が直面する明らかな懸念の1つは過失行為に対して責任を取ることのコストである。たとえば，従業員がビジネス上の失敗に関する責任を取るのであれば，その従業員の昇進は危うくなるかもしれない。したがって，その従業員が自分の経済的利益の保護を強く懸念するのであれば，責任を取るという選択を拒否するだろう（Ohbuchi et al., 2003）。

他のおもな動機的関心は個人のアイデンティティの保護である。ある者が社会的窮地に陥るとき（例：仕事で失敗する，約束を破るなど），彼（女）らは他者に対してポジティブな印象を与えようと，または，他者から肯定的に評価されようと動機づけられる。したがって，彼（女）らが経済的利益を護ることよりも他者から善良であると見られ，尊敬され，信頼されることに関心を寄せるのであれば，謝罪のような責任を取る形を好むだろう（Gonzales et al., 1994; Schlenker, 1985; Tedeschi & Riess, 1981）。

個人のアイデンティティに関する懸念に関連して，研究者はどのように文化的アイデンティティが個人の釈明選択に影響を及ぼすかということも検討した（Hamilton & Hagiwara, 1992; Itoi et al., 1996; Ohbuchi et al., 2003; Takaku, 2000）。マーカスと北山（Markus & Kitayama, 1991）が提唱した文化的自己観に関する理論によると，相互協調的アイデンティティは多くの集団主義的社会において育まれるが，相互独立的アイデンティティは個人主義社会において育まれる。相互協調的アイデンティティが強い個人は他者または集団と親密につながろうとするため，調和的関係を維持しようと動機づけられる。一方，相互独立的アイデンティティが強い者は自分自身を独自で，主張的であると見られることに関心を

6章　謝罪と釈明

寄せるため，個人の目標を達成するよう動機づけられる。文化的理論と一致して，先行研究の知見は集団主義的社会（たとえば，日本）に住む人々は他者との葛藤を避けるため，責任を拒否する（言い訳，正当化，または否認）よりも責任を取る（謝罪）ことを好む。一方，個人主義的社会（たとえば，アメリカ合衆国）に住む人々は自己利益を護るために責任を取るよりも責任を拒否する（Hamilton & Hagiwara, 1992; Itoi et al., 1996; Ohbuchi et al., 2003; Takaku, 2000）。

釈明選択に関連して数多く研究されてきたもう1つの要因は社会的地位である（Gonzales et al., 1990; Hamilton & Sanders, 1983; Hamilton & Hagiwara, 1992; Takaku, 2000）。たとえば，ハミルトンとハギワラ（Hamilton & Hagiwara, 1992）は加害者が被害者よりも地位が低いとき，罰を避けるために責任を取るという釈明よりも責任を拒否する傾向がある。一方，加害者が被害者と同じ地位であれば，良好な関係を維持しようと責任を認める傾向がある。しかしながら，ゴンザレス（Gonzales et al., 1990）が行った研究はいくぶん異なった結果を示した。部下は上下関係において力が弱いため，上司と調和的関係を維持するために，主張的，または責任を拒否するような釈明よりも，従順で責任を取るような釈明を行う。

こうした研究は地位情報が加害者の釈明選択に影響を及ぼす重要な要因であることを示しているが，誰の地位（つまり，加害者なのか被害者なのか）が釈明選択においてより重要であるかということは不明瞭である。したがって，このような短所を改めるため，高久（Takaku, 2000）はヴィネット実験で加害者と被害者の地位を操作し，これをアメリカ人と日本人で比較した。日本人参加者の場合，加害者よりも被害者の地位のほうが釈明選択に影響を及ぼしたが，アメリカ人参加者は加害者と被害者のどちらの地位も釈明選択に影響を及ぼさなかった。より詳細には，被害者の地位が高いとき，日本人参加者は責任を拒否する釈明よりも謝罪することを選んだ。しかしながら，被害者の地位が低いときは，謝罪と弁明を同程度に選択した。一方，被害者の地位に関係なく，アメリカ人参加者は謝罪よりも弁明や正当化を選択した。

5. 結　論

日常生活では，人々はしばしば過失，社会規範に関する違反，または他者に対する加害行為を行うことがある。そのような行為によって道徳性を非難され，社会的苦境に追いやられることになる。そうした不測の，または望ましくない行為

に対して十分な説明または釈明を行わないと，状況は悪くなるばかりで，不要な葛藤をもたらすことになるだろう。

　この分野における研究知見は人々の日常生活と密接に結びついており，有用であるので，本章でレビューしたトピックが過去40年にわたって社会心理学と比較文化の領域において多くの関心を寄せられてきたことは驚くことではない。しかしながら，この研究領域の注目度にもかかわらず，未解決の問題が数多く残されている。釈明選択に関わる研究者がそうした疑問を検証し，人間の葛藤解決に資する結果を生み出し続けることを望む。

7章 対人葛藤

　対人葛藤は対人関係のなかで頻繁に発生する。その多くは生活のなかに埋没し少しのいらだちや困惑をもたらす程度にすぎないかもしれない。しかし，家族や親類，職場や近隣の関係のなかで葛藤が深刻化すると，その問題に時間を割かれて日常生活に支障の出ることもあり，傷害や殺人のような破滅的な結末をもたらすことさえある。

　このような問題にとって現実的に重要なことは，対立を未然に防ぐことや対立後の円満な解決の道を見いだすことである。幸い，日常に起こりうる対立への公的対処は進んでおり，2007年には裁判外紛争解決（ADR）手続きの利用の促進に関する法律が施行され，土地，医療，交通事故などの紛争において解決にあたる事業者の増加がみられる。

　一方，対人葛藤に関する心理学的関心は，現実的対処とは少し異なった部分にもある。それは葛藤中の人々の行動やそこで作用する心理的メカニズムを明らかにすることである。実際，これまで心理学者たちは，葛藤時に人々がとりうる行動のリストを明らかにし，どのような要因によって特定の行動が促されるのかを検討してきた。その結果，葛藤当事者は，ある特定の目標や動機によって行動が促されること，相手の意図や心的状態を推し量って行動に反映させることが示唆されている。本章は，これらに焦点を当て，その研究状況について述べる。

1. 解決方略と動機モデル

　解決方略とは，人々が葛藤に対処するための行動群をカテゴリー化した概念である。実際に使われる葛藤の解決方略は，「怒る」「すねる」「皮肉を言う」「話し

合う」「黙る」「逃げる」など多様である．研究者は，まずその多様な方略をまとめることを試みてきた．その詳細な研究レビューは，福島と大渕（1997）に述べられており，ここでは概略のみを示そう．

日常的な対人行動に関する方略類型の先駆けとして次元モデル研究がある．ファルボとペロウ（Falbo & Peplau, 1980）は，恋愛関係にある大学生参加者200名に，自分の思うことをパートナーにしてほしいときにどうするかを具体的に書くように求めた．この記述から行動的な要素を抽出して13個の方略としてカテゴリー化し，さらに，各方略の類似度を9名の大学院生に評定させ，多次元尺度法で分析した．その結果，直接－間接，双方向－一方向の二次元の中に方略を位置づけることに成功した（Falbo, 1977も参照）．この研究は対人葛藤そのものに焦点を当てたものではないが，自分の望む行動や考えを押し通そうとするときには，必ずしも相手が同意せずに葛藤が発生することも少なくない．参加者たちは，そのような場合も見込んで具体的な対処行動を記述したのだといえる．日常的な対人行動のカテゴリーは十分に研究されていなかったので，それを扱った意義は大きかった．一方，理論的・体系的なアプローチもある．葛藤行動モード（Van de Vliert & Euwema, 1994）は，方略を複数の行動の集まりとしてとらえるという形式のもと，具体的で細かな行動（妥協，抵抗，譲歩など）を上位の行動単位を仮定して集約し，最上位の行動カテゴリーとして協調と対決を置いた．説得のスキーマモデルは，認知的側面を強調した点で他の分類と異なる特徴をもつ（Rule et al., 1985）．最初に話をもちかける「依頼」から始まり，最終手段としての「攻撃」まで，説得には一連の行動の流れがあり，それがスクリプトのような知識として保持され，現実の行動場面で作動するというものである．

大渕らは，こうした枠組みを参考にしながら，参加者に葛藤反応を生じさせる実験のなかで得られる言語反応の分類と日常生活の葛藤で用いられる方略の双方に適用可能な方略の類型化を試みた（Ohbuchi et al., 1996; Ohbuchi & Tedeschi, 1997）．両カテゴリーは完全に一致しているわけではないが，概念的には同じ枠組みに基づいてそれぞれの方法で測定されている．実験室で観察される方略の分類コードとして見た場合，評定者間の信頼性は高く，得点化された方略間の相関も複数の研究で概ね類似パターンを示している[注1]（Ohbuchi et al., 1996; Fukushima &

注1：ただし，実験で用いられる場面は，日常的に発生する対人葛藤の一部の例を扱うにすぎないため，一般性に欠ける．参加者が示す言語反応もそのような性質のある場面に制約を受けがちである．そのような前提での類似である．実際，小嶋ら（2015）では，協調的方略（「統合」，「間接」）と対決的方略（「主張」，「攻撃」）を両極とする一次元構造となり，他の研究と異なった．

Ohbuchi, 1993; 福島ら,2006)。一方,日常生活で発生する葛藤における方略使用の自己報告尺度は,実際に経験した対人葛藤を1つ想起して,その際の行動に関して特定の行動項目にあてはまる程度の評定を求める手続きだが,項目の内的一貫性が低い方略や単一項目もある。表7-1がその自己報告尺度である。表中の数値は信頼性係数を示しているが,協調方略が十分な値とはいえない(大渕・福島,1997; Ohbuchi et al., 1999; 小嶋,未発表データ N=346)。類似のものとしては,方略の理論的意味が明確で,内外で頻繁に用いられてきた二重関心モデルに基づくレーヒムらの方略尺度がある(e.g., Rahim & Magner, 1995; 邦訳版は加藤,2003)。こちらのほうが質問紙法による心理測定としては優れているが,敵意や攻撃に関する方略は含まれていない。

　方略の分類研究に関して,最近のものとして益子(2013)が構成した4類型がある。これは一般的な分類をめざすものというよりは,臨床的な過剰適応研究のなかで開発されたものであり,対人葛藤に直面した際に,いかに肯定的な姿勢でそれに向き合うかに焦点が当てられている。そして,そのような姿勢で葛藤に向き合うほど「本来感」とよぶ自尊感情が高まると報告された。したがって,方略はいずれも葛藤時の肯定的な反応で構成された概念であり,やはり敵意や攻撃に関する方略は含まれていない。「丁寧な自己表現」は自分の考えや気持ちあるいは

表7-1　方略尺度の信頼性（α係数）

方略カテゴリーと下位方略の項目	大渕・福島 (1997)	小嶋 (未発表)
協調：自他双方の利害を調整したり,相手の変化を穏やかに促すこと。 　穏やかに,辛抱強く,相手を説得する。 　交換条件や妥協案を出して,相手と交渉する。 　自分の期待を間接的に相手に伝える。	0.62	0.55
対決：一方的に自己を主張したり,攻撃すること。 　相手の怒りや不安を鎮める。 　自分の立場を強く主張する。 　相手を強制して,何かをやらせる。 　相手に対して怒りを表現する。 　相手を批判する。	0.72	0.71
第三者介入：第三者を介入させること。 　第三者に自分の側の応援を頼む。 　第三者に問題解決を依頼する。	0.72	0.73
回避：対立が公になることを避けること。 　対立を避け,自分を抑える。		

価値観などの説明であり,「粘り強さ」は,相手との話し合いを避けない,あるいはあきらめないことであり,「受容・共感」は相手の言うことを頭ごなしに否定せず耳を傾けることであり,「統合的志向」は問題の解消方法を考えたり,自分の希望も相手の希望もかなうような解決策を考えることである。各尺度の再検査信頼性は.66 〜 .77 であり,先のレーヒム方略尺度の邦訳版（加藤,2003）との関連も検討されているが,信頼性と妥当性の向上が課題であるとされている。

　このような方略研究は,その使用がどのような要因に規定されるかと密接に関連する。心理学的な葛藤研究では,動機,感情,認知に焦点が当てられてきた。動機に関してドイッチ（Deutsch, 1973）は,葛藤解決そのものに取り組む意欲の必要性を強調していた。そして,対立関係にある2人の目標の達成確率を組み合わせて,相互依存のフレームを構成し,葛藤解決の意欲との関連性を示唆した。純粋な促進的相互依存とは,2人の目標を同時に達成できる確率があり,一方が達成され他方が達成されない確率がゼロとなる状態である。純粋な対立的相互依存とは,逆に2人の目標の同時達成の確率がゼロであり一方の目標の達成確率がそのまま他方の目標の失敗確率になるというゼロサム状態を表す。このようなドイッチの議論は,純粋な促進的相互依存の文脈では解決への意欲が協調をめざすものとして発揮されるべきであり,対立的相互依存の文脈ではその意欲が競争的な形式をとらざるをえないことを暗示している。その後,研究者たちは,葛藤当事者たちが相互作用のなかで何に動機づけられるかによって対処行動が異なる点に焦点を当て,いくつかの枠組みで理解を進めてきた。二重関心モデルは,人々が自己の利害と他者の利害の双方に関心をもちうると仮定した。自分の利益に関する動機だけでなく他者の利益にも目を配ろうとする向社会的な動機を取り入れることで「協力」という概念をそのモデル内で説明したといえよう。葛藤は他者の行動を変えようとする努力を含むため,方略使用を勢力動機と関連づける研究者もおり,相手に言うことをきかせるための承諾獲得方略の研究領域が形成された（e.g., Marwell & Schmitt, 1967; Michener & Burt, 1975）。先に見たファルボとペロウの研究（Falbo & Peplau, 1980）もその1つであり,たとえば,異性愛のパートナー関係で,女性のほうが男性よりも回避的方略の使用が多いのは自分の社会的勢力が相手よりも弱いと感じているケースが多いためであると考えた。しかし,男女の間には性役割志向,面子の維持への欲求,相互作用の目標などに違いがあり（Deaux & Major, 1987）,これらはいずれも行動に性差をもたらしうるので,方略の性差を勢力のみで説明するのは難しいと思われる。

実際の葛藤において人々は，勢力だけでなく，関係の維持や公正さの維持あるいは面子の保護など，多様な関心を抱く。そこで，大渕らは紛争にまつわる動機を整理して，多目標モデルを展開した（Ohbuchi & Tedeschi, 1997）。葛藤時の人々は，特定の目標を喚起され，その達成をめざして相互作用にあたる。このモデルの特徴は社会的目標と資源的目標を区別していることと，資源よりも社会的目標が重視されると仮定する点である。社会的目標として関係，公正，同一性，支配・敵意を仮定し，資源的目標として個人的資源，経済的資源が仮定された。先のドイッチの目標達成の枠組みは元来資源的な取引きを想定していたと思われるが，社会的目標についても同様の観点から論じることができる。たとえば，もし対立者の双方が支配・敵意目標を喚起しているならば，その葛藤は対立的相互依存の文脈で理解できる。相手をコントロールすることや痛めつけるという目標は，その被害や損害の性質がゼロサムであるとみられるからである。一方，双方が関係維持の目標を抱えているならばそれは互いの利に貢献すると考えられるので促進的相互依存の文脈で理解できる。同一性目標や公正目標はどちらの相互依存パターンもとりうるだろう。互いの自尊心やプライドを認め合う場合や双方の共通の基準に照らして公正さの維持をめざすときには促進的な相互依存となるが，相手の同一性の価値を少しも認めないという状況や自己の基準でのみ公正さを判断するようなときには対立的な相互依存になるだろう。しかし，このような議論で重要な点は，促進的か対立的かといった相互依存のフレームを固定的に考える必要はないということである。むしろ，対立的相互依存をどのようにして促進的相互依存に変換できるのか，その可能性を双方の目標について吟味しながら検討する姿勢が葛藤の当事者には求められる。

　動機モデルのなかで比較的新しいのは，ディドゥルーとカーネベイル（De Dreu & Carnevale, 2003）の動機モデルである。これは葛藤の当事者が，直面している問題や相手や全体的な状況などについての情報処理に関する動機づけを考慮する点がこれまでにない特徴である。十分に情報処理をするように動機づけられた戦略的な視点のある当事者と，情報処理を深く行わない単純で素朴な当事者との違いは確かに大きい。特に利己的でありながら，情報処理を行うタイプの当事者が相手になる場合には，葛藤対処が困難になるだろう。

2. 対人葛藤における帰属から心的状態の認知へ

　社会心理学においてかつて「帰属」というキーワードが重要なものになったころから，葛藤研究においてもこの観点からのアプローチが行われた。特に夫婦葛藤における帰属研究が，文脈モデル（contextual model）とよばれる枠組みのなかで発展した（Fincham & Bradbury, 1992）。これらの研究は，相手の行動→自分の解釈→自分の行動→相手の解釈→相手の行動という相互作用の循環性を仮定した。そして，この循環のなかの解釈の段階で帰属やその他の認知的処理がなされるとし，特に葛藤を引き起こすような相手のネガティブな行為（「相手が自分の言ったことを批判する」など）に焦点が当てられた。そうした行為に関する一般的な帰属次元として，原因の所在（その原因が相手にあると思う程度），安定性（相手の行為が変わる見込みの程度），一般性（問題となる行為が夫婦の他の事柄に及ぶ程度）が評価された。加えて，行為の責任性の次元として，意図性（行為が意図的と思われる程度），動機（行為の動機が利己的である程度），正当化（行為が状況を良い方向に変えるものとして正当化できる程度）も評価された。これらの指標は結婚満足度と関連があり，夫婦関係の維持にとって重要な予測変数であるとされてきた（Fincham & Bradbury, 1992）。また，ネガティブな行為のみならず，ポジティブな行為に関して類似の評価を求める研究もなされた（Holtzworth-Munroe & Jacobson, 1985; Sternberg & Barnes, 1985）。この種の研究は，行為の評価的な側面に注目し，そのような評価が帰属といかに結びついているのか，また，そのことが関係維持にもつ影響がどれほどかについて明らかにしてきた。

　帰属の視点は多くの葛藤研究を生み出したが，そこには打破困難な限界がある。帰属とは起こったことの原因を行為者に帰属するか，状況に帰属するかといった心理過程であり，特定事象の事後的評価としてとらえざるを得ない。出来事が起こってからその原因について考えるという側面のみしか扱えないのである。

　近年の社会的認知研究の発展のなかで，このような限界を突破するアプローチが登場した。対人葛藤にとっても重要な示唆を与えているそのアプローチとは，他者の心的状態の推論に関する研究である。これが帰属と異なるのは，事後的な評価のみならず，相互作用の最中，今まさに進行している処理としての他者の心的状態の認知に焦点を当てていることである。ここで心的状態というのは，おもに動機や意図や感情を指すことが多い。一般に，この認知過程は，社会的相互作用

のなかで効果的に反応するための情報処理活動として有用と考えられている。対人葛藤においては，他者の心的状態の推測によって，当該相互依存のフレームが促進的なのか対立的なのか，あるいは対立から促進へと変換可能なのか，そのようなことの見当をつけることが可能となる。

　他者の心的状態の推論が，常になされていると考える必要はないという人もいるだろう。たとえば夫婦間のいつもの会話が実行される場合や，「ツーカーの仲」のようにお決まりの行動パターンが形成されているような場合，相手の心的状態を推論して反応を決定する必要はない。日常の社会的相互作用においては，確かにパターン化された行動をとることもある。しかし，どれほど親しく，どれほど理解し合った関係であっても，「いつもと違うな」と感じるときなどは，相手の気持ちを察して自己の行動を変えることがある。やはり，人々が，複雑な社会的出来事を理解するためには他者の心的状態に関する情報が有効なものとなるのである。研究者たちはいま，他者（あるいは人以外の生物や物などさえ含めて）の行為の意味を把握すること，あるいは円滑で誤解のないコミュニケーションや他者の行動予測と自己の行動調整のためには，心的状態に関する情報が必要であると考えるようになっている（e.g., Epley & Waytz, 2010）。

　そのような情報は推論によって入手せざるをえないことも多いが，そのような推論過程が働くとしても，推論には手がかりとなる刺激や情報が必要である。一般に何かについて推論する場合，利用しやすい手がかりが用いられることが明らかにされており，係留と調整のヒューリスティックス研究（Tversky & Kahneman, 1974）がその先鞭をつけた。そこで示されたのは，たとえば量的推定には，直前に提示された無関連の数が影響するということであった。思考すべき事柄と関連する外部の情報や自分の中に関連する明確な知識がないときには，「あてずっぽう」に推測される。そのような場合には，意味的には無関連な情報ですら利用されることを示したのがそのヒューリスティックス研究であった。つまり，情報の制限があるなかで，人が推論をする際に最も利用しやすい手がかりは，たとえそれが一時的で無関連な情報であっても，直前に示されたことによって保持されているような，自己内の情報である。

　しかし，他者の心的状態の推論は，自己内の情報が参照されることも，そうでないこともある（工藤，2010）。一般的には，他者の心的状態を推論する場合，まずは自己の内的状態が参照点になると考えられるが，対人葛藤状況は自己と他者の対立であり，意見や立場が異なるときに発生する。このような場合は，自分と

相手との違いが顕著になっているため,自己の内的状態を手がかりとすることは妥当でないようだ。

自己内の情報を利用しない場合,他者の内的状態を推測するための手がかりを観察に求めねばならない。したがって,さまざまな種類の外的手がかりから他者の内的状態が推論されることとなる。たとえば,協調的状況に比べて競争的状況では微笑む相手への協調反応が少なくなるというように,表出された情動から相手の意図が推測され,それが自己の反応に影響することが明らかにされた(de Melo et al., 2014)。相手の感情経験について情報を直接与える実験研究も行われており,交渉場面での自分の行為に落胆を表明した対立者に対しては罪悪感を表明した対立者に対してよりも,参加者たちの要求は低くなることが見いだされている(Van Kleef et al., 2006)。もっとも葛藤においては怒りや悲しみの表出もあり,容易に把握できる状態もある。しかし,そのような場合でも,その怒りや悲しみがどの程度の強度であるのか,偽りではないのかといったことは推論に頼ることになる。

3. どのような心的状態が推測されるのか

(1) 素朴現実主義と素朴な利己的人間観

いつどのような他者の心的状態を推論するのかについて,体系的に明らかになっているわけではないが,対立や競争的状況における他者の心的状態を扱ってきたのが素朴現実主義(naive realism)から素朴な利己的人間観(naive cynicism)へと至る研究である。葛藤のある相互作用状況では,相手の行動の意味が直接的に自己の利害と関わってくるために,行動がどのような心的状態の反映であるのかを知る意味が特に重要となる。

そのような文脈で,他者の心的状態の推論というとき,他者をどのような存在としてとらえるかが,推論内容あるいは推論の方向性を規定する。ロスとウォード(Ross & Ward, 1995)は,『紛争解決の心理的障壁(*Psychological barriers to dispute resolution*)』という論文のなかで,素朴現実主義(naïve realism)とよぶ,当事者が自己と他者をどのような存在とみなすかについての基本的認識パターンを提示した。自己も他者も基本的には客観的な現実に基づいた見方のできる存在とみなすが,もし自分と異なる見方をする他者がいる場合,その他者は①自分とは違った情報を与えられたか,②理知的に考えることができない,またはそ

の努力をしない存在であるか，③イデオロギーや自己利益のために偏っているかだとみなす。

ケネディとプロニン（Kennedy & Pronin, 2008）は，なぜ葛藤が激化するのか，その理由が素朴現実主義の仮定する人々の認知傾向に存在することを示唆した。特定のテーマ（アファーマティブアクションや大学の単位認定制度など）に関する賛否において，人は自他の意見の隔たりが大きいほど他者にバイアスがあるという見方を強め，その見方がその他者との相互作用（討論）における対決的反応の選好へとつながっていることを見いだしたのである（図7-1）。事態を客観的にとらえられない，あるいはとらえるつもりのない，現実認識にバイアスがある相手ほど建設的な解決は困難になると予期されるので，人々は対決的な反応を選好すると考えられている。

葛藤当事者は，さらに直接的に他者の心的状態について固定的な見方をとりがちだという議論もある。クリュガーとギロビッチ（Kruger & Gilovich, 1999）が素朴な利己的人間観（naïve cynicism）とよぶもので，対立者は自分よりも（あるいは実際以上に）利己的であるとみなしてしまう認知バイアスである。かつてロスとシッコリー（Ross & Sicoly, 1979）は，家事分担や共同作業などにおいて，

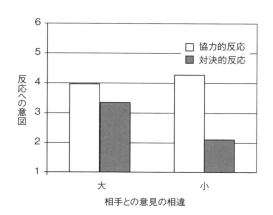

図 7-1 意見の相違の大きさが相手への協力と対決の意図に及ぼす影響

注）自大学における現行の単位認定制度の変更に関して，意見の異なる相手と話し合うときの反応について尋ねている。回答者となった大学生たちは単位認定の結果を覆せないようにするという制度変更に対して概して強く反対であった。そこで，相手の意見が制度変更に対して賛成であるかのように示して意見の相違を顕在化させた。このとき相違「大」条件では「小」条件よりも賛成の度合いが高められた。なお，この図には示されていないが，回答者が相手の意見を知らされたとき，その見方が偏っていると思った程度は，相違「大」条件において 5.04 であったのに対して，「小」条件では 2.96 であった（点数の範囲は 1 ～ 7）。

自己の貢献を過大評価し，他者の貢献を過小評価する傾向があると指摘した。この現象について利己的帰属と同様に自己高揚による動機的な説明も可能だが，悪い結果に関しても自己にその責任を多く割り当てることから，彼らは動機よりも認知的要因を強調して，自分の行為に関する情報の利用可能性が高いことによるヒューリスティックス処理によるものだと考えた。クリュガーとギロビッチはさらに，人が自分の貢献をいかに評価するのかだけでなく，相手がどのように貢献を評価すると思うかにも焦点を当てるべきだと考えた。ところが，それを調べて明らかになったことは，人々は，相手が望ましい結果について自分の貢献を高く，望ましくない結果について自分の責任を低く評価するだろうと考える傾向があった。つまり，人々には，他者は結果の責任に関して利己的に評価するだろうと推測する傾向があったのだ。このような知見からすれば，葛藤や対立のような関係内の望ましくない出来事の原因について，当事者たちは相手が利己的に（自分は悪くないと）考えていると推測しがちであることが示唆される。

(2) 意図の知覚

　葛藤状況における心的状態の認知のなかで，相手の意図の知覚に関する研究も多い。実験室における囚人のジレンマゲーム（PDゲーム）の研究では早くから相手プレイヤーの反応が意図的であるかを問題としてきた。たとえば繰り返しのあるPDゲームでは，連続する相手の協力反応あるいは非協力反応が，このゲームにおける相手の意図を示す手がかりとなる。次のプレイで相手が協力反応を示すか非協力反応を示すかを予測するためには，このような手がかりによって，相手の心的状態を推し量ることが必要である。研究者たちは，利己的な反応は相手に読み取られやすいこと（Kelley & Stahelski, 1970），高信頼者は直接的に協力の意図を表明するメッセージに協力反応で応じ，低信頼者は非協力の意図を表明するメッセージには協力反応を減少させること（Parks et al., 1996），依存度選択型のPDゲームにおける反応パターンによって協力意図を伝達した場合に，参加者の協力的な反応が増加すること（真島ら，2004）など，相手の意図の認知や相手の行為が意図されたものであるかを知ることによる反応への効果を明らかにしてきた。

　攻撃のような対人行動を扱う領域においても，行動の意図性が論じられてきた。他者の行為が攻撃を目的としているのか否かの決定にはその意図の推測が大きな役割を果たすからである（Dodge & Coie, 1987）。行動の目的を知るためには，

意図性の有無の判断あるいはその行為の意味についての推測や解釈が必要となる。ある行動が，自分に対する攻撃であるのか，偶発的な行為であるのか，これを推測するプロセスが確かに存在し，その結果しだいで，自己の可能な行動オプションから行為が選択されることは明らかである。このように，他者の心的状態を推し量り，それを自己の行動に反映させていくことこそが，対人関係における相互作用である。

8章 交渉

　交渉とは，利害の不一致（divergence of interests）を解決する目的で，二者以上の当事者が相互作用を行い，共同で意思決定を行う過程を意味する（Carnevale & Pruitt, 1992; Carroll & Payne, 1991; Pruitt & Carnevale, 1993）。交渉当事者には個人だけでなく集団や組織も含まれるが，本章では二者間の交渉問題に限定する。利害の不一致とは，利益や損失に対する考え方や意見の異なる当事者が，自分の立場を主張して譲らない状態を意味する。より具体的には，利害の不一致とは，両者にとって採択可能ないくつかの選択肢があるときに，当事者によって選択肢に対する選好（preference）が異なっている状態といえよう。選択肢に対する選好は，一般には資源に対する効用（utility）に基づいて決定されると考えられてきた（Walton & McKersie, 1965）。本章では，次節で，利害対立状況を3つの観点から整理して交渉を分類したのち，交渉行動やその結果を大きく規定する認知バイアスの影響を考察する。

1. 交渉の構造

　トンプソン（Thompson, 1990）は交渉構造を利害不一致の程度の観点から分類している。彼女は不一致の程度によって，分配的（固定和）交渉，統合的（変動和）交渉，両立可能な交渉の3つに分類した。

(1) 分配的（固定和）交渉（distributive [fixed sum] bargaining）

　分配的交渉は利害が完全に対立している。つまり，一方が利益を獲得すれば他方が同じ分だけ失うことになる。固定和とは分配可能な資源が全体として一定と

いうことであり，両者の獲得分の和は常に一定となる。交渉の争点が1つだけのとき，その交渉は必然的に分配的となる。一例として，中古自動車の売買交渉を考えてみる。交渉の焦点が価格のみにある場合，売り手はできるだけ多くの利益を得ようとし，買い手は可能な限り安く買おうとする。いま仮に売り手は最低50万円まで譲歩可能であり，買い手は最高100万円まで支払えるとしよう。これらの価格を留保価格（reservation price）とよぶ（図8-1）。このとき，買い手の留保価格が売り手のそれを上回れば，その分だけ交渉の余地が生じる。この余地を正の交渉領域（positive bargaining zone）もしくは交渉剰余（bargaining surplus）という。この例では，交渉剰余が50万円から100万円の範囲であり，この範囲内での合意が両者に利益をもたらす。問題は50万円分の剰余の配分になる。交渉の結果，60万円で合意したとき，売り手は10万円，買い手は40万円の利益を得る。

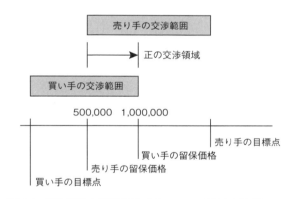

図8-1　留保価格と交渉領域（Thompson, 1998より作成）

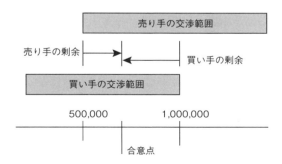

図8-2　交渉剰余と交渉者の剰余（Thompson, 1998より作成）

これを交渉者の剰余（bargainer's surplus）とよぶ（図8-2）。80万円で合意すれば，売り手は30万円，買い手は20万円の剰余を受け取ることになる。いずれにしろ両者の剰余分を合計すれば常に50万円となり，分配される交渉剰余は一定である。

(2) 統合的（変動和）交渉（integrative [variable-sum] bargaining）

統合的交渉では，二者の利害は対立しているが，完全に対立しているわけではない。つまり統合的交渉では一方の利益がそのまま他方の損失とはならない。この構造が成り立つためには，争点が2つ以上あり，かつその争点に対する優先順位が双方で異なっている必要がある。表8-1は実験室実験で用いられる統合的交渉課題（Pruitt & Lewis, 1975）の例である。3つの鉱物資源の価格が争点であり，それぞれAからIの選択肢と，その価格で合意したときの買い手と売り手の利益が示されている。この例では鉄と石炭が統合的争点となる（硫黄は分配的争点である）。すなわち，鉄と石炭から得られる最大の利益は，買い手ではそれぞれ2,000ドルと800ドル，売り手では800ドルと2,000ドルであり，買い手にとっては鉄の，売り手にとっては石炭の優先順位が高い。統合的な交渉状況では，中庸の選択肢で妥協するより，双方の利益をともに大きくする解決策がしばしば存在する。統合的合意を得るための1つの方略はログローリング（logrolling）で，最も重要度の高い争点については相手に譲歩してもらい，最も重要度の低い争点について

表8-1 統合的交渉課題の例（Pruitt & Lewis, 1975 より作成）

買い手						売り手					
鉄		硫黄		石炭		鉄		硫黄		石炭	
価格	利益	価格	利益	価格	利益	価格	利益	価格	利益	価格	利益
A	$2,000	A	$1,200	A	$800	A	$000	A	$000	A	$000
B	$1,750	B	$1,050	B	$700	B	$100	B	$150	B	$250
C	$1,500	C	$900	C	$600	C	$200	C	$300	C	$500
D	$1,250	D	$750	D	$500	D	$300	D	$450	D	$750
E	$1,000	E	$600	E	$400	E	$400	E	$600	E	$1,000
F	$750	F	$450	F	$300	F	$500	F	$750	F	$1,250
G	$500	G	$300	G	$200	G	$600	G	$900	G	$1,500
H	$250	H	$150	H	$100	H	$700	H	$1,050	H	$1,750
I	$000	I	$000	I	$000	I	$800	I	$1,200	I	$2,000

は自分が譲歩するというものである。表8-1の例では，鉄と石炭でいずれも中庸の価格Eに妥協すれば個人利益は1,400ドルだが，争点に対する各当事者の優先順位をもとに，鉄は価格Aで，石炭は価格Iで取引すれば2,000ドルとなる。

統合的交渉では，表8-1の3つの争点すべてで中庸の価格Eで合意したときの両者の獲得分の和（4,000ドル）と，鉄に関しては価格A，硫黄に関しては価格E，石炭に関しては価格Iという統合的合意が得られたときの両者の獲得分の和（5,200ドル）は一定ではなく，それゆえ変動和とよばれる。つまり，最初から大きさが決まっているケーキをどう分けるかという分配的（固定和）交渉とは異なり，統合的（変動和）交渉では，どの選択肢で合意するかによって，ケーキの大きさ自体が変わることになる。そして中庸の選択肢による合意は，必ずしも最も大きなケーキを分けることにはならない。

(3) 利害の両立が可能な交渉

当事者の利害が完全に一致している意思決定状況は両立可能な交渉とよばれる。一方の利益が同程度に他方の利益になる状態である。このような状況では交渉は不要と考えられる。しかしトンプソンとレベック（Thompson & Hrebec, 1996）は，このような利害構造においても，双方にとって望ましい結果に到達するのは容易ではないことを明らかにしている。彼女たちは32の交渉実験の結果をメタ分析し，約半数の交渉において両立可能な争点の存在が見逃されていることを見いだした。また，各交渉実験における被験者ペアの約2割が，両立可能性を見逃したまま最終的な合意に至っていたことを見いだした。1つには，交渉という場が競争的なイメージを喚起するとともに，利害調整を行うのだから互いの利害が対立しているはずだという思い込みに当事者が陥りやすいことが考えられる。

2. 交渉時の認知バイアス

交渉は複雑な意思決定課題ととらえられる。交渉者はさまざまな行動選択を余儀なくされるが，その行動選択は課題に関するさまざまな判断に影響される（Bazerman & Carroll, 1987）。交渉に関する個人差研究や状況要因研究がこれまで注目してきたのは，交渉者自身の手の届かないところにある交渉過程であった（Neale & Bazerman, 1991）。多くの実験研究において，交渉者はあらかじめ決められた対立者と対峙し，また交渉の状況要因はすでに決定されている。交渉者の

コントロールが及ぶ唯一の側面は,どのように意思決定が行われるかという点である。それゆえ交渉者の行動と結果を改善する重要な鍵は,交渉を取り巻く環境を変化させるよりも,交渉者の意思決定過程に注目することにある。

交渉研究者は,交渉者が直面する判断課題を明らかにすることによって,認知アプローチの理論的発展を推進してきた(Carroll & Payne, 1991; Thompson & Hastie, 1990a)。さまざまな研究において,交渉課題や相手に対する認知の正確さが交渉過程に及ぼす効果が検討されてきた(e.g., Bazerman & Carroll, 1987; Carroll et al., 1988; Thompson & Hastie, 1990b)。認知アプローチによるこれらの研究が示唆してきたのは,交渉者は常に合理的な判断を下しているわけではないということであろう。交渉者は経済学的な規範モデルで仮定されている超合理的判断者ではなく,その判断は系統的に生じる多くの認知バイアスの影響を受ける(Bazerman, 1983; Bazerman & Carroll, 1987; Bazerman & Neale, 1983; Thompson & Hastie, 1990a, 1990b)。そうした認知バイアスは交渉行動を規定し,統合的合意の達成を妨害する。以下では,交渉時に生じる代表的な認知バイアスとして,過小和バイアスと過大取り分バイアス,固定和幻想,交渉状況の認知的表象を取り上げ,研究を概観する。

(1) 過小和バイアスと過大取り分バイアス

分配的交渉において,自分の取り分の大小を左右する要因の1つは,相手の留保価格に関する情報である(Valley et al., 1992)。相手の留保価格がわかれば,それより少しだけ相手に剰余を与える提案を行うことで,交渉を自分にとって有利に進めることができる。しかし,実際には相手の留保価格を知ることは難しい。交渉者は,相手につけ込まれるのをおそれて,留保価格を自ら明らかにしようとはしない(Raiffa, 1982)。そのため,交渉者は相手の留保価格を推測しながら提案を行うことになるが,このことが正の交渉領域を実際よりも小さく見積もらせてしまう(Larrick & Wu, 2007)。

たとえば,図8-1の中古自動車の売買交渉を買い手の立場からみると,買い手は売り手の留保価格を推測しながら希望購入価格を提案する。その際,買い手の提案は2通りある。1つは,買い手が売り手の実際の留保価格である50万円より低い購入価格(たとえば40万円)を提案してしまうことである。換言すれば,売り手の留保価格に対する買い手の推測は,実際の交渉領域(50万円から100万円)から外れる。交渉領域の外側にある提案は当然拒否されるため,買い手は売

り手の留保価格についての見積もりを，交渉領域に入るよう修正していく。もう1つは，売り手の実際の留保価格より高い購入価格（たとえば75万円）を，買い手がたまたま提案することである。この場合，買い手によって推測された売り手の留保価格は，実際の交渉領域の内側にあることになり，このような提案はしばしば受容される。そして，このことは，交渉領域がおおよそ75万円から100万円であり，その剰余は25万円程度であるという買い手の信念を確証する。つまり，分配的交渉の当事者は，実際よりパイ（交渉剰余）の大きさを過小視しやすくなる。ラリックとウー（Larrick & Wu, 2007）は，この認知傾向を過小和バイアス（small-pie bias）とよんだ。

彼らが行ったある実験では（Larrick & Wu, 2007, 研究2），シカゴ大学大学院のMBAの学生266人を2人1組にして，売り手役の製造者と買い手役の消費者に分かれて，ヘッドライトの価格をめぐる分配的交渉を45分間行わせた。その際，売り手には自身の留保価格が34ドル，買い手には46ドルであると教示した。さらに，売り手には，評論家の意見として，買い手の留保価格が46±10ドルであるという情報が与えられる正確条件（図8-3の■），38±10ドルであるとする内側条件（図8-3の●），54±10ドルであるとする外側条件（8-3の▲）のいずれかを割り当てた。同様に，買い手にも，売り手の留保価格に関する評論家の情報として，34±10ドルとする正確条件（図8-3の□），42±10ドルとする内側条件

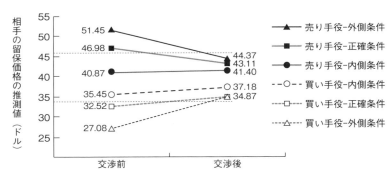

図8-3 売り手役と買い手役によって推測された相手の留保価格の平均値
（Larrick & Wu, 2007, 研究2より作成）

注）図中の黒い実線は，売り手役の被験者が推測した買い手の留保価格の変化を，黒い破線は買い手役の被験者が推測した売り手の留保価格の変化をそれぞれ表す。また灰色の破線は買い手と売り手の実際の留保価格である46ドルと34ドルを表す。

(図8-3の○),26±10ドルとする外側条件(図8-3の△)のいずれかを割り当てた。そのため交渉ペアの組み合わせは9通り(3×3)あった。売り手と買い手は,これらの情報をもとに,交渉前後で相手の留保価格を推測した。その結果,売り手と買い手いずれにおいても,交渉前に交渉領域の外側にあった留保価格の推測値は,交渉領域の内側に移動していた(図8-3)。また,交渉前に交渉領域の内側にあった留保価格の推測値は,交渉を経てもほとんど変化しなかった。これらの結果は,分配的交渉の当事者が交渉剰余を過小視しやすい,つまり過小和バイアスに陥りやすいことを示している。

さらに,過小和バイアスに陥った交渉者は,相手より大きな取り分を得たと錯覚しやすい(過大取り分バイアス:large-slice bias)。「75万円で購入したい」という提案が受容された買い手は,売り手の留保価格が75万円よりやや低い,たとえば70万円と結論づけるかもしれない。すると,買い手はパイ全体の83%(((100－75)/(100－70))を得たと思い込んでしまうだろう。しかし,実際のパイの大きさは50万円分であり,75万円で合意したとすれば,買い手の取り分は交渉剰余のうちの50%にすぎない。実際,上で紹介した実験においても(Larrick & Wu, 2007, 研究2),合意額の平均は39.89ドルで,交渉領域(34~46ドル)のほぼ中央で妥結しており,各自の取り分は約50%であるにもかかわらず,交渉者自身は,売り手であれ買い手であれ,交渉剰余の65%を自分の取り分として獲得したと思い込んでいた。

過小和バイアスと過大取り分バイアスは,交渉で有利な結果を得たのは自分であるという感覚を双方に与えるため,合意結果への満足を高め,当事者同士の良好な関係を維持するといった肯定的な側面があるかもしれない。しかし,過大取り分バイアスに強く陥った当事者は,自分の交渉能力を過信する可能性もある。交渉能力に対する過信は,譲歩抵抗を高め,合意を妨げるといわれているため(Neale & Bazerman, 1983, 1985),過大取り分バイアスの強い交渉者は,その後の交渉において主張的になり,結果的に交渉の決裂を招くおそれもある。

(2) 固定和幻想

交渉の際,人は相手との利害が真っ向から対立していると思いがちである。このような思い込みは,実際に交渉争点が1つだけであれば利害は完全に対立するため誤った知覚ではない。しかし争点が複数あり,重視される争点が双方で異なる場合,互いの利害は完全には対立しなくなる。そのため「利害が完全に対立している」

という思い込みは誤った認知となる。すなわち，実際には各争点の優先順位は互いに異なるのに，交渉者は双方の利害が完全に対立していると思い込んでいる状態が生じる。この思い込みは固定和幻想（fixed-pie perception [assumption]）とよばれる（Bazerman, 1983; Bazerman & Carroll, 1987; Bazerman & Neale, 1983）。統合的合意が可能な場合，相手の利益がそのまま自分の損失とはならない。ところが交渉者は，はじめからパイは一定であると仮定し，相手が得をすればそれだけ自分が損をすると考えやすい。そのため交渉者は，一定の資源からより多くを得ようと主張的行動をとりやすくなる。

トンプソンとヘイスティ（Thompson & Hastie, 1990b）は，固定和幻想を測定しようと試みた。彼女らは，被験者ペアに売り手または買い手の役割を与え，新車の売買交渉を行わせた。その際，被験者は，5つの選択肢からなる4つの交渉争点と，交渉の結果得られる得点が記載された得点表を与えられた（表8-2）。被験者はこの得点表を参考にしながら自由に交渉し，自分の得点をできるだけ大きくすることをめざして意思決定を行った。最後に，被験者は得点部分が空白になった得点表を渡され，相手の得点表がどのような得点配置になっているかを推測するよう求められた。たとえば，表8-2を見ると，売り手の得点表では「利子10%」という選択肢に対して最も高い得点（4,000点）が与えられている。そのため売り手にとって「利子」は最も重要な争点となる。「利子」について，売り手が買い手の得点配置を推測するとき，自分の得点配置の正反対のパターン（0から4,000

表8-2 新車の売買交渉で用いられた得点表（Thompson & Hastie, 1990b より作成）

分割払いの利子	税　　金	保証期間	納車期日
売り手の得点			
10%　(4,000)	A レベル　(0)	6か月　(1,600)	5週間後　(2,400)
8%　(3,000)	B レベル　(-600)	12か月　(1,200)	4週間後　(1,800)
6%　(2,000)	C レベル　(-1,200)	18か月　(800)	3週間後　(1,200)
4%　(1,000)	D レベル　(-1,800)	24か月　(400)	2週間後　(600)
2%　(0)	E レベル　(-2,400)	30か月　(0)	1週間後　(0)
買い手の得点			
10%　(0)	A レベル　(-2,400)	6か月　(0)	5週間後　(0)
8%　(400)	B レベル　(-1,800)	12か月　(1,000)	4週間後　(600)
6%　(800)	C レベル　(-1,200)	18か月　(2,000)	3週間後　(1,200)
4%　(1,200)	D レベル　(-600)	24か月　(3,000)	2週間後　(1,800)
2%　(1,600)	E レベル　(0)	30か月　(4,000)	1週間後　(2,400)

の順)を答えると,売り手に「自分にとって重要な争点は相手にとっても重要なはずである」という固定和幻想が生じていると解釈される。売り手は「利子に関しては買い手と利害が完全に対立している」と思い込んでいることになる。しかし表 8-2 を見ると,買い手にとっては「利子」よりも「保証期間」のほうが重要であるため,その思い込みは誤りである。このような観点から,得られた「推測値」を分析した結果,交渉者は自分の重視する争点について,しばしば正反対の得点パターンを推測しており,固定和幻想が生じていることがわかった。この固定和幻想は交渉直前に最も強く,被験者の 68％にみられたが,交渉を通じて次第に弱まり,交渉者の知覚はより正確になった。また,互いの利害関心を正確に理解している交渉者ほど,2 人が得た合計得点も高く,統合的合意に到達しやすかった。

　固定和幻想が生じる原因として,「交渉が必要であるということは利害が完全に対立しているからだ」といった交渉に対する先入観や,「自分が重視している争点は相手も重視しているはずだ」といった総意誤認効果(誤った合意効果)が指摘されてきた。特に後者の「自分にとって重要な争点は相手にとっても重要であるはずだ」という認知は,自己中心性(egocentrism)という,人間のもつより一般的な認知的特徴の 1 つと位置づけられる。自己中心性とは,他者に関する判断を行う際に,自分自身がもつ情報のみに基づいて行うことを指すが,本人も自分自身の視点からのみ判断していることに気づかず,自分と同じように他者も判断していると考えやすい。そのため,総意誤認効果や平均以上効果,透明性の錯覚などの認知バイアスをもたらす。こうした自己中心性によって固定和幻想も生じているとすれば,固定和幻想は,交渉者が相手の利害関心を推測しようとしながら,それに失敗した結果というより,相手の利害関心には注意を向けず,あくまで自分自身の利害関心を基準に相手のそれを推測しようとした結果と解釈できる。

　チャンバースとディドゥルー(Chambers & De Dreu, 2014, 実験 1)はこうした解釈が妥当であることを実験で示した。彼らは大学生ペアに 5 つの争点からなる労使交渉を 10 分間行わせ(表 8-3),交渉後にこのうちの 2 つの争点について相手の得点配置を推測させた。この 2 つの争点(有給休暇数と昇給率)の優先順位は被験者ごとに異なっており,各ペアのそれぞれの被験者には (a) 有給休暇が昇給率より重要な得点表(前者で最高 400 点,後者で最高 200 点獲得できる),(b) 有給休暇が昇給率より重要でない得点表(前者で最高 200 点,後者で最高 400 点),(c) 有給休暇と昇給率の重要度がともに低い得点表(各々最高 200 点)のいずれ

表 8-3 労使交渉課題で用いられた得点表 (Chambers & De Dreu, 2014, 実験1より作成)

病気休暇数		有給休暇数		時間外手当		医療費（会社の支払率）		昇給率	
選択肢	得点	選択肢	得点	選択肢	得点	選択肢	得点	選択肢	得点
				組合員の得点					
2日	0	7日	0 [0]	100%	0	10%	0	3%	0 [0]
4日	40	9日	100 [50]	120%	50	30%	60	6%	50 [100]
6日	80	11日	200 [100]	140%	100	50%	120	9%	100 [200]
8日	120	13日	300 [150]	160%	150	70%	180	12%	150 [300]
10日	160	15日	400 [200]	180%	200	90%	240	15%	200 [400]
				経営者の得点					
2日	160	7日	400 [200]	100%	200	10%	240	3%	200 [400]
4日	120	9日	300 [150]	120%	150	30%	180	6%	150 [300]
6日	80	11日	200 [100]	140%	100	50%	120	9%	100 [200]
8日	40	13日	100 [50]	160%	50	70%	60	12%	50 [100]
10日	0	15日	0 [0]	180%	0	90%	0	15%	0 [0]

かが無作為に与えられた。5つの争点のうち他の3つ（病気休暇数，時間外手当，医療費）はすべて分配的争点で，(a) ～ (c) を通して同一であった。

図 8-4 は，有給休暇数と昇給率について相手の得点配置を推測させた結果である。この図では，2つの争点の違いと，経営者役か組合員役かといった役割の違いはつぶし，争点 A と争点 B の優先順位が自分と相手でどのように異なるかによって5つの状況に分けて，推測結果を示している。推測結果の指標は，各争点について推測された得点の最大値から最小値を引いた差である。たとえば，経営者役の被験者が有給休暇数に関する相手（組合員）の得点配置を，0 点（7 日）から 200 点（15 日）と推測したならば，推測結果の指標は 200 となる。実験の結果，いずれの状況においても，被験者は自分の争点の優先順位をもとに推測を行っており，相手の利害関心にはほとんど注意を向けていないことが明らかとなった。図 8-4 中の状況 1 から状況 3 では，争点 A の推測結果が 300，争点 B が 200 となっているが，これは自分にとって争点 A（最高 400 点獲得可能）が争点 B（最高 200 点獲得可能）より重要であることと対応している。同様に，自分にとって両争点がともにそれほど重要でない状況 4 と状況 5 においても，その推測結果は，自分にとっての争点の優先順位を反映していた。これらの結果は，人々が相手の利害関心を推測する際の手がかりとして，もっぱら自分自身の利害関心を用いている

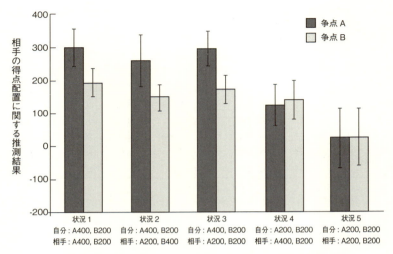

図 8-4　5 つの状況における相手の利害関心に関する推測結果
（Chambers & De Dreu, 2014, 実験 1 より作成）

ことを示しており，自己中心性によって固定和幻想が説明されうることを意味している。さらに彼らは，こうした誤った認知が自己中心性に起因している直接的な証拠として，教示によって相手の利害関心に注意を向けさせると，自分の利害関心に注意を向けさせたときより，相手の利害関心に関する推測が正確になることを報告している（Chambers & De Dreu, 2014, 実験 2）。

　固定和幻想を低減する方法には，これまでさまざまなものが指摘されており（e.g., Arunachalam & Dilla, 1995; Chang et al., 2013; De Dreu et al., 2000），争点の優先順位に関する情報交換もその 1 つである（Thompson, 1991）。しかし，過小和バイアスのところでも述べたように，自分の利害関心について明示的に情報交換を行うことは，相手につけ込まれる隙を与えるため，相互の信頼関係が構築できない限りは難しい。一方，近年，交渉における感情の役割に注目する研究者は，表情などの非言語手がかりや感情の言語表出が，表出者本人の選好や価値観といった情報を暗黙裡に伝える役割を果たしており，表出された側の行動を規定すると主張している（e.g., Van Kleef, 2009）。そのように考えると，相手が表出する感情に注意を向けることで，相手の利害関心をより正確に理解することができれば，固定和幻想が低減されるかもしれない。もし，自分が重視している争点について，自分の関心を反映させた提案を行ったときに，相手からその提案に満足

しているという喜びの感情が示され，自分が重視していない争点について提案を行ったときには，相手から不満や怒りの感情が示されたとすれば，自他で重視している争点が異なると判断され，固定和幻想は弱まるかもしれない。他方，自分が重視している争点での提案に怒り感情が，重視していない争点に喜び感情が表出されれば，自他で重視している争点は同じだと知覚され，固定和幻想は強まるだろう。

　ピエトローニら（Pietroni et al., 2008）は，2争点からなる統合的交渉課題を用いて，一方の感情表出が他方の固定和幻想の知覚にどう影響するかを実験的に検討した。被験者の大学生は，コンピュータの売り手役となり，モニタおよびハードディスクの品質に関して，買い手役の相手（実際には存在せずプログラムされていた）と端末を介して，提案の交換を複数回行った。いずれの参加者においても，モニタよりハードディスクの優先順位が高かった。被験者の提案に対して，相手からは「ハードディスクに関する提案は嬉しいが，モニタに関する提案には非常に怒りを感じる」などの感情的な言語反応が返された。被験者は，(a) 2つの争点に対する被験者のいずれの提案に対しても相手から怒りが示される，(b) 被験者にとって優先順位の高い争点での提案に対しては相手から怒りが，優先順位の低い争点での提案には喜びが示される（固定和幻想一致条件），(c) 被験者にとって

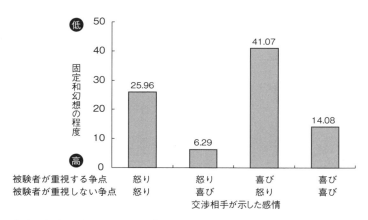

図 8-5　争点の優先順位と表出された感情の組み合わせが固定和幻想に及ぼす効果
（Pietroni et al., 2008, 実験 1）
注）数値が小さいほど固定和幻想が高く，判断が不正確であることを表す。この実験における数値の範囲は 0 ～ 72 であった。

優先順位の高い争点での提案には相手から喜びが，優先順位の低い争点での提案には怒りが示される（固定和幻想不一致条件），(d) 2つの争点に対する被験者のいずれの提案に対しても相手から喜びが示される，のいずれかの条件に割り当てられた。被験者からの提案に対して，相手は一貫して同じような感情的反応を示した。被験者が4回目の提案を行ったところで，交渉は中断され，被験者は相手の得点配置を推測した。実験の結果，固定和幻想不一致条件において，他の3つの条件より固定和幻想が低減され，表出される感情の組み合わせによっては，相手の利害関心に対する理解が正確になることが示された（図8-5）。また，固定和幻想一致条件では，固定和幻想が最も強まった。交渉時の感情表出は，表出された側の行動を変えるとともに，交渉状況に関する認知を規定することが示された。

(3) 交渉状況の認知的表象：利害対立の認知次元と状況の主観的定義

過小和バイアスや過大取り分バイアス，固定和幻想といった認知バイアス研究でみてきたように，交渉者は自分がどのような利害対立状況に置かれているかを推測しながら，意思決定を行っている。利害対立のようすはしばしば複雑であるため，その交渉に関するすべての情報を手に入れることは難しい。交渉者は，入手可能な部分的な情報に基づいて，全体的な状況を理解しようとする。このようにして得られた交渉状況に関する主観的理解は，当然，客観的な交渉構造とは異なりうるが，交渉者の行動を規定するのは後者よりむしろ前者である。交渉状況に対する理解の枠組みには，利得という交渉の特定の側面に注目した枠組み効果（framing effect: Kahneman & Tversky, 1979; Neale & Bazerman, 1985; Tversky & Kahneman, 1981）や，利害対立そのものをどうとらえるかに関するものなどがある。前者の枠組み効果に関しては，他書でもしばしば取り上げられているため（たとえば，福野，2012; 大渕，2015），本項では利害対立の認知次元と状況の主観的定義が交渉に及ぼす効果について概観する。

①利害対立の認知次元

そもそも人々は利害対立をどのようなものとしてとらえているのだろうか。ピンクリー（Pinkley, 1990）は，一般市民や大学生から集めた対人葛藤の事例を多次元尺度構成法によって分類し，利害対立が (a) 関係－課題 (relationship vs. task), (b) 感情－理性 (emotional vs. intellectual), (c) 妥協－勝利 (compromise [cooperate] vs. win) の3つの認知次元でとらえられていることを見いだした。

関係－課題次元とは，その葛藤が当事者間の人間関係に関するものであるか否かという認知的な枠組みである。人間関係の維持や解消に関する葛藤や，相手のふるまいや態度，信頼に起因する対立などが，関係－課題次元の「関係」に含まれる。一方，経済的資源をめぐる利害対立など，人間関係以外の問題によって生じている葛藤は，「課題」に含まれる。感情－理性次元は，怒りや不満，嫉妬，軽蔑などの感情的な側面からその葛藤を理解しようとするか，事実認識や見解，論理の対立などの理性的な側面から理解しようとする枠組みである。妥協－勝利次元は，その葛藤の原因と責任が当事者の双方にあるか，一方にあるかという観点である。葛藤の原因が当事者双方にあるならば，つまり双方に非があるならば，双方が歩み寄ったり協調したりすることで葛藤解決が可能であるとみなされる。しかし，葛藤の原因が一方の当事者のみにあるならば，つまり当事者の一方に非があり，他方にはないとすれば，非があるとされた一方の当事者が行動を改めたり，なんらかの補償を行ったりすることで，その非を是正すべきであるとみなされる。

　では，こうした葛藤の認知的枠組みは，交渉結果とどのように関係するのだろうか。ピンクリーとノースクラフト（Pinkley & Northcraft, 1994）は，販売区域をめぐる従業員同士の架空の葛藤場面を用いて，この点を実験的に検討した。被験者には，同じ会社に勤める年配と若手の販売員が販売区域をめぐって対立していると想定させ，年配か若手のどちらかの役割を割り当てた。次いで，この葛藤に対する参加者の認知的枠組みを把握するために，この葛藤は何に関するものであるかを自由記述させた。その後，実際に交渉を45分間行わせた。交渉結果は金銭的な利得として数値化できるようになっていた。交渉後，再度，この葛藤が何に関するものであったか，またどのように解決されたかなどを記述させた。これらの記述内容を，先に述べた3つの認知次元で分類し，葛藤認知と交渉結果との関係を調べた。

　その結果，まず関係－課題次元は，交渉結果（個人利益および，個人利益をペアごとに合計した共同利益）と，また，交渉を通して相手との関係が改善したという知覚と関連していた。すなわち，「課題」の観点から葛藤をとらえていた被験者は，「関係」の観点からとらえていた被験者より，好ましい交渉結果を得た。他方，交渉を通して相手との関係が改善したという知覚は，「関係」の観点から葛藤をとらえていた被験者において強まった。つまり，関係－課題次元は，一方では交渉結果を有利にすることと，他方では相手に対する信頼を高めることと関連した。しかし関係－課題次元は，交渉結果に対する満足度とは関連しなかった。葛

藤をとらえる認知的枠組みは，課題達成や関係維持という争点に対する重要度を変えると考えられる。その結果,「関係」に焦点化した当事者は，葛藤解決において関係改善が進めば，課題達成がそれほど十分ではなくても,「課題」に焦点化した当事者が好ましい交渉結果を得たときと同様に，満足するのかもしれない。

感情－理性次元に関しては，葛藤を「感情」より「理性」の観点からとらえていた被験者ほど，相手との関係が改善したと知覚し，交渉結果に対する満足度も高かった。しかし，この次元は個人利益および共同利益のいずれの交渉結果とも関連しなかった。妥協－勝利次元に関しては，葛藤を「勝利」より「妥協」の観点からとらえていた被験者ほど，個人利益および共同利益が高かった。利害対立を妥協可能ととらえることは，自他の利益の和の向上をめざす協力的な動機づけを促すと考えられる。交渉者の協力的な動機づけは共同利益を高めることから (e.g., De Dreu et al., 2000; 福野, 2002)，妥協－勝利次元と交渉結果との関連がみられたと考えられる。

ピンクリー (Pinkley, 1990) が見いだした葛藤認知の各次元は，いずれもそれなりに納得できるものであるが，相互協調的自己観が優勢とされる東アジア文化に属するわれわれからすれば，もともとは課題葛藤であってもしだいに関係が悪化したり，意見の不一致自体が体面を傷つけたりするなど，関係－課題次元の「関係」と「課題」，感情－理性次元の「感情」と「理性」は，区別されるというより，同時に両方とも知覚される場合が多いようにも思われる。実際，ゲルファンドら (Gelfand et al., 2001) は，利害対立の認知次元に関する日米比較を行い，妥協－勝利次元は日米で共通して見いだされたのに対し，関係－課題次元と感情－理性次元は日本人において再現されなかったことを報告している。代わりに，日本人において見いだされた認知次元は，不義理次元 (giri violations) と顕在－潜在次元 (overt vs. covert) であった。不義理次元の一方の極は，約束を破るなどの義理を欠いたことによって葛藤が生じたととらえる見方を意味し，他方の極は，他人から恥をかかされるなど，体面を失うことによって葛藤が生じたという見方を含むものであった。顕在－潜在次元は，葛藤が周囲から見ても明らかか否かということであるが,「潜在」的な見方には，上司の行為に部下が葛藤を感じているが何も言えないといった状況が含まれており，葛藤の潜在性が部分的には当事者同士の地位の差に由来していることが示唆された。

②状況の主観的定義

　冒頭の図8-1のような交渉によって，中古自動車を60万円で購入したとしても，買い手が当初の購入予算を40万円と思っていた場合と，100万円までは余裕で出せると思っていた場合では，その交渉結果に対する心理的意味合いは異なるだろう。同様に，人々が対立構造や交渉状況それ自体をどのように認知もしくは定義するかによって，交渉行動やその結果は大きく左右される。たとえば，ある種の社会的ジレンマ（以下，順次資源ジレンマとよぶ）と最後通牒ゲームは，いずれも二者間で資源分配を行う実験ゲームであり，構造的には同じであるものの，協力率は順次資源ジレンマのほうが高い（Larrick & Blount, 1997）。

　最後通牒ゲームは次のような手順で行われる。2人のプレイヤーは分け手と受け手に分かれる。分け手は，与えられた資源のうち自分の取り分を自由に決め，その残りを受け手の取り分として提案する。受け手は，その提案を受容するか拒否するかを決める。提案を受容すれば，両者は分け手の提案通りの資源を得る。提案を拒否すれば，両者とも何も得られずに交渉は終わる。一方，順次資源ジレンマでは，2人のプレイヤーが共同管理している資源から，各プレイヤーが別々に自分の取り分を要求する。2人の要求の合計が共有資源を下回れば，2人はそれぞれ要求通りの資源を得られるが，要求の合計が共有資源を上回れば2人とも何も得られない。ただし，取り分の要求は同時にではなく順番に行われる。つまり，まず第1プレイヤーが自分の取り分を要求する。次に，第2プレイヤーは，第1プレイヤーの要求を知ったうえで，自らの取り分を要求する。

　これらの実験ゲームにおける協力率を測る1つの指標は，受け手もしくは第2プレイヤーの最低受容額である。最低受容額が小さいほど，分け手もしくは第1プレイヤーに対して協力的であると解釈できる。実験の結果，特に，分け手や第1プレイヤーが資源のすべてを自分の取り分として主張したとき，最後通牒ゲームの受け手が自らの取り分0という提案を受容したのは，被験者51人中1人（2%）であったのに対し，順次資源ジレンマの第2プレイヤーが取り分0を要求したのは，54人中16人（30%）であった（Larrick & Blount, 1997, 研究1）。ラリックたちは，この差がプレイヤーの行動をどう表現するか（手続き的枠組み，procedural frames）の違いによって生じたと考えた。最後通牒ゲームにおける両者の行動は，順次資源ジレンマにおける両者の行動より，対立的に描かれる。つまり，資源を分配するという最後通牒ゲームの分け手の行動は，受け手の取り分をコントロールしうることを意味するし，提案の受容や拒否という受け手の行動は，分け手に

対する直接的な評価となるからである。一方，両者がそれぞれの取り分を別々に要求する順次資源ジレンマの手続きには，そこまで対立的な意味合いは含まれない。ラリックらは，別の実験で（Larrick & Blount, 1997, 研究 2），この解釈を支持する結果を報告している。さらに彼らは，最後通牒ゲームにおいて最低受容額がより小さくなるのは，分け手の行動の表現（「資源を分配する」）によるものではなく，受け手の行動の表現（「提案を受容するか拒否するか」）によるものであることも実験的に明らかにしている。また，ある1つのゲーム状況の主観的定義を実験的に操作した例として，リーバーマンら（Liberman et al., 2004）の研究がある。彼女たちは，囚人のジレンマを「ウォール街ゲーム（Wall Street Game）」または「地域社会ゲーム（Community Game）」と名づけて，被験者に行わせたところ，前者より後者において協力率が高くなることを見いだした（31.5% vs. 66.1%，研究1）。これは，「ウォール街ゲーム」という名称が自己利益の追求を促すような競争的な状況定義を被験者に与えたのに対し，「地域社会ゲーム」という名称は集団全体の利益を重視するような協力的な状況定義をもたらしたと解釈された。

　手続き的枠組みの効果は，実験ゲームだけでなく，より日常的な売買交渉においても見られる。トロットシェルら（Trötschel et al., 2015）は，「自分の資源を提供する」枠組みで提案を行う場合と，「相手の資源を要求する」枠組みで提案を行う場合では，前者のほうが自らの資源の損失に注意が向きやすくなるため，譲歩しにくくなり（換言すれば，相手に譲歩を求めることになり），結果的に個人利益は高くなると考えた。

　オレンジの売買交渉を例に，このことを考えてみる。この場合，売り手にとって「資源」とよべるものはオレンジという商品であり，買い手にとっての「資源」はお金である。ここで，売り手が「400円でオレンジを5個提供できます」と提案しても，「オレンジ5個に対して400円でどうですか」と提案しても，内容的には同じであるが，前者は売り手自身の資源であるオレンジを「提供」する枠組み，後者は相手（買い手）の資源であるお金を「要求」する枠組みによる提案ととらえることができ，後者より前者において，譲歩への抵抗が高くなると考えられる。一方，買い手においては，「オレンジ5個に対して400円出せます」と言えば，買い手の資源であるお金を「提供」する枠組み，「400円でオレンジ5個いただけないですか」と言えば，売り手の資源であるオレンジを「要求」する枠組みとなり，やはり前者の提供枠組みにおいて譲歩抵抗が高まると予想される。

　トロットシェルらは，オレンジの売買をめぐる分配的交渉を大学生ペアで行わ

せ，売り手か買い手かにかかわらず，提供枠組みで提案を行うほうが（実験操作上，相手は要求枠組みで提案する），要求枠組みで提案するより（相手は提供枠組みで提案する），譲歩抵抗が高まり，結果的に個人利益も大きくなることを確認した（1.2 ユーロ vs. 0.78 ユーロ，Trötschel et al., 2015, 実験 4a）。

　さらに，交渉状況をどのようにとらえるかは，手続き的枠組みや実験ゲームに付された名称だけでなく，交渉相手に対する思い込みや期待によっても変わりうる。特に，交渉相手がどのくらい競争的にふるまうと予想するかによって，実際の交渉行動やその結果は異なる。囚人のジレンマ研究に基づけば，相手が競争的に行動すると予想されれば，自分も競争的に行動しやすくなる（Kelley & Stahelski, 1970）。しかし，相手の競争反応に対して競争反応で対抗することは，囚人のジレンマにおいては，自己利益を守るために合理的だが，交渉においては，決裂を招きやすくなり，当事者双方にとって好ましい結果は必ずしも得られない。交渉では，囚人のジレンマに比べて，決裂を避けようとする動機づけが当事者双方において高い。そのため，交渉者は，競争的な相手に対して，実際には，協力的にふるまうかもしれない。

　この点を検討するために，ディークマンら（Diekmann et al., 2003, 研究 1）は，まず，社員の採用面接で被験者が求職者だったとして，交渉相手の採用担当者が非常に競争的もしくは協力的にふるまったとしたら，求職者である自分はその相手に対してどのくらい競争的にふるまうと思うかを評価させた。その結果，相手が協力的なときより競争的なときに，被験者自身も主張的にふるまうだろうと回答した。次に，別の被験者サンプルを用いて，2 人 1 組にしたうえで，求職者役か採用担当者役を割り当て，実際に 30 分間交渉させた（Diekmann et al., 2003, 研究 3）。その際，上記と同様に，求職者役の被験者には，採用担当者が競争的であるかどうかについての予期を与えた。また，交渉争点は 1 つで，入社時の契約金の金額をめぐるものであった。実際に交渉させてみると，「相手は非常に競争的である」という予期を与えられた被験者は，そうでない被験者より，留保価格をより低く設定したとともに（10,750 ドル vs. 13,170 ドル），交渉によって合意された契約金の金額も低くなった（13,130 ドル vs. 15,540 ドル）。これらの結果から，「相手は競争的である」という予期を与えられると，交渉者は自分の行動も競争的になるだろうと予想したが，実際の行動はその逆で，相手に対して譲歩しやすいことが示された。さらに，この協力的な行動傾向は，「相手は協力的である」という予期を与えられた被験者のそれより顕著だった。

ここまで紹介してきた，交渉状況の主観的定義に関する研究は，いわば研究者から与えられた状況定義に対して人々がどう反応するかを調べるものが多かった。では，そもそも人々は，交渉と聞いてその利害対立状況をどのようにイメージするのだろうか。アレヴィら（Halevy et al., 2012; Halevy & Katz, 2013）は，結果の相互依存性（outcome interdependence）に関する人々の主観的認知を葛藤テンプレート（conflict templates）とよび，人々のイメージする日常的な利害対立状況が4つの実験ゲームのいずれかにほぼ当てはまることを見いだした。彼らは，被験者に，表8-1のような統合的交渉の得点表を与えたり，日常生活における交渉を想像させたりして，(a)「自分と相手がともに協力的に行動する」，(b)「自分は協力的に行動するが，相手は競争的に行動する」，(c)「自分は競争的に行動するが，相手は協力的に行動する」，(d)「自分と相手がともに競争的に行動する」のそれぞれが自分および相手にとってどの程度好ましいと思うか，最善の結果（4点），よい結果（3点），わるい結果（2点），最悪の結果（1点）で回答させた。その結果，被験者の回答の8割が，差の最大化ゲーム（29％），安心ゲーム（6％），チキン・ゲーム（13％），囚人のジレンマ（32％）のいずれかに当てはまった（Halevy et al., 2012, 研究2, 図8-6）。このことは，ある1つの利害対立状況が，異なる葛藤テンプレートによってさまざまに定義しうることを意味している。たとえば，夫婦間で家事の分担が問題化したとしよう。妻がこの状況を，(a) 最

チキン・ゲーム		第2プレイヤー	
		協力	非協力
第1プレイヤー	協力	3, 3	2, 4
	非協力	4, 2	1, 1

囚人のジレンマ		第2プレイヤー	
		協力	非協力
第1プレイヤー	協力	3, 3	1, 4
	非協力	4, 1	2, 2

差の最大化ゲーム		第2プレイヤー	
		協力	非協力
第1プレイヤー	協力	4, 4	2, 3
	非協力	3, 2	1, 1

安心ゲーム		第2プレイヤー	
		協力	非協力
第1プレイヤー	協力	4, 4	1, 3
	非協力	3, 1	2, 2

図 8-6　各ゲームの利得行列（Halevy & Katz, 2013 より作成）
注）各セル内の左側の数字は第1プレイヤーの利得を，右側の数字は第2プレイヤーの利得を表す。数字が大きいほど利得も大きい。

善の結果は相手がすべて家事を行うこと，(b) よい結果は家事を2人で分担すること，(c) わるい結果は2人とも何もしないこと，(d) 最悪の結果は自分がすべての家事を行うこととらえていたならば，彼女はこの問題を囚人のジレンマと認知していることになる。一方，夫がこの状況を，(a) 最善の結果は相手がすべて家事を行うこと，(b) よい結果は家事を2人で分担すること，(c) わるい結果は自分がすべての家事を行うこと，(d) 最悪の結果は2人とも何もしないこととらえていたならば，彼はチキン・ゲームと認知していることになる。

アレヴィらは，これら4つのゲームをさまざまな観点から特徴づけてもいる。たとえば，各ゲームにおける非協力選択の背後にある動機づけに注目すると，利己性に基づく自己宣伝（self-promotion）と，恐怖や不信に基づく自己防衛（self-protection）との2次元上に，4つのゲームが整理される（図8-7）。これによると，囚人のジレンマとチキン・ゲームにおける非協力選択は，いずれも自己利益を大きくすることに強く動機づけられた競争反応といえるが，囚人のジレンマにおける非協力は，チキン・ゲームのそれとは異なり，相手の搾取から自己利益を守ろうとする動機も含んでいる。そもそも利害対立には，多少なりとも競争的な要素が含まれるが，そうした競争性をより強く，つまり状況を囚人のジレンマやチキン・ゲームととらえやすい人は，交渉においても，固定和幻想やごまかし（deception）など，より競争的な認知や行動に陥りやすいことも示されている（Halevy et al., 2012, 研究3, 研究5-6）。実際，統合的交渉課題における利害の不一致を囚人のジレンマやチキン・ゲームと認知する傾向が強い人ほど，固定和幻想も強まった。また，統合的交渉課題をチキン・ゲームと認知するよう操作された被験者は，他の

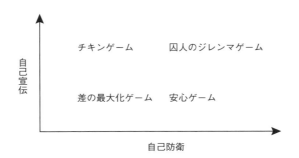

図8-7 非協力選択の動機づけ（自己宣伝と自己防衛）からみた4つのゲームの関係
（Halevy & Katz, 2013 より作成）

ゲームと認知するよう操作された条件もしくは統制条件の被験者より，相手に誤解を与えかねないような，それでいて自分にとっては個人利益を大きくするような選好情報を，交渉相手に多く伝えようとした。これらの結果は，利害対立を4つの相互依存状況のどれと認知するかによって，交渉時の認知や行動が形づくられることを示唆している。

9章 親密な関係における暴力

　青年期の親密な関係のなかで起こる対人葛藤が深刻化し，交際相手からの暴力やストーカー行為という問題に発展することがある。こうした問題は近年，筆者が携わる学生相談の現場においても見過ごせない問題となっている。そこで本章では，青年期の若者，特に大学生の親密な関係のなかで起こる，交際相手からの暴力やストーカー問題に関する研究について概観し，問題への理解を深めていきたい。

　なお，交際相手による暴力を表す言葉として，欧米では，デートバイオレンス（Dating violence）などが用いられており，特にアメリカでは，夫婦間，恋人間の暴力を含んだ，親密なパートナーによる暴力（Intimate Partner Violence: IPV）という言葉で統一されつつあるようである（村本, 2013）。日本では用語は統一されていないが，今のところ，デートDVという言葉が比較的よく用いられているため，この言葉を用いることとする。

1. 大学生におけるデートDV

(1) デートDVとは

　日本では1990年代から，夫婦間で行われる暴力であるドメスティックバイオレンス（Domestic Violence: DV）が社会的に注目を集めるようになり，2001年には「配偶者からの暴力の防止および被害者の保護に関する法律（DV防止法）」が施行された。さらに近年では，恋人間でも暴力が生じていることが注目されるようになり，デートDVとよばれて実態調査や予防啓発活動が行われている。恋人間の暴力であるデートDVは，基本的にはDV防止法の適用対象ではないが，2013

年の改正で，生活の本拠を共にする（同居する）交際相手からの暴力については適用対象となっている。

内閣府の調査（内閣府，2015）によると，交際相手から，身体的暴行，心理的攻撃，経済的圧迫，性的強要のいずれかの被害を受けた経験がある者の割合は，女性の19.1％，男性の10.6％に上っている。大学生を対象とした調査研究においても，デートDVがかなり身近な問題となっていることが示唆されており，被害を受けた経験のある者は20％〜50％程度と総じて高く，なかでも心理的暴力を受けた者の割合が高い（深澤ら，2003; Ohnishiら，2011; 寺島ら，2013）。海外においても同様の傾向が報告されており，たとえば，16か国31大学の大学生男女を対象とする国際調査を行ったストラウス（Straus, 2004）によると，過去1年間に交際相手から身体的暴力を受けていた学生は，17％〜45％（中央値29％）であった。また，大学生において，身体的暴力よりも心理的暴力がより一般的であることも指摘されている（Murray & Kardatzke, 2007）。

「配偶者からの暴力」は，DV防止法では，「犯罪となる行為を含む重大な人権侵害」であり，「配偶者からの身体に対する暴力又はこれに準ずる心身に有害な影響を及ぼす言動」とされている。すなわち，身体的暴力，精神的暴力，性的暴力などが含まれる。内閣府（2015）の調査では，身体的暴行，心理的攻撃，経済的圧迫，性的強要の4つの分類が用いられており，身体的暴行は，「殴ったり，けったり，ものを投げつけたり，突き飛ばしたりするなどの身体に対する暴行」，心理的攻撃は，「人格を否定するような暴言，交友関係や行き先，電話・メールなどを細かく監視したり，長時間無視するなどの精神的な嫌がらせ，あるいは自分もしくは自分の家族に危害が加えられるのではないかと恐怖を感じるような脅迫」と定義されている。また，経済的圧迫は，「生活費を渡さない，貯金を勝手に使われる，外で働くことを妨害されるなど」，性的強要は，「いやがっているのに性的な行為を強要される，見たくないポルノ映像等を見せられる，避妊に協力しないなど」と定義されている。

身体的暴力，心理的・精神的暴力，性的暴力という分類は，DVの形態を表すものとしてよく用いられる分類だが，実際に行われている行為が網羅されているとは限らないなどの問題もある。そのため，デートDVの概念を実証的に把握する試みも行われてきた。たとえば，深澤ら（2003）は，大学生女子を対象に，パートナーからの暴力の内容を項目として提示して被害経験をたずね，数量化Ⅲ類を用いて分類している。この結果，「平手で打つ」「けったり，かんだり，げんこ

つで殴る」などの高直接的暴力，「物をたたくなど大きな音を出して脅す」などの低直接的暴力，「携帯電話やメールを勝手にチェックする」「スケジュールを管理・干渉する」などの低間接的暴力，「言葉でののしる」「刃物で脅す」などの高間接的暴力の4種類に分類している。また，寺島ら（2013）では，大学生男女を対象に，「精神的・身体的・性的に，傷ついた・見下された・怖い・嫌だと感じた恋人の行為」について自由記述を求め，KJ法を用いてカテゴリー化している。この結果，身体的暴力，精神的暴力，性的暴力の各カテゴリーにあたる行動が見いだされ，なかでも，精神的暴力と考えられる内容が全体の4割近くを占めていたことを報告している。精神的暴力と考えられる行為のカテゴリーは，人格の否定などの「見下し」，他の人と付き合うなどの「浮気」，極度の嫉妬や頻繁な電話・メールによる行動の詮索などの「嫉妬・束縛」，冷たい態度や急に連絡を絶つなどの「ないがしろ・放置」であった。

　さらに，笹竹（2014）は，大学生で心理的暴力の被害が多いことを踏まえて，大学生の心理的デートDVの被害経験の実態と被害認識の性差について調査している。この研究によると，心理的デートDVの被害経験が多い項目は，「携帯電話にすぐに出なかったり，メールをすぐに返信しないと怒られた」，「携帯電話のメールの送受信の内容を勝手にチェックされた」などであった。しかしこれらの行為について，被害経験のある者すべてが「許容できない・愛情を感じない」と被害認識をもっているわけではなく，「許容できる」者や，「許容できないが愛情を感じる」とアンビバレントな心情を抱いている者もいることが見いだされた。被害認識の性差に関しては，男子のほうが行為を許容しており，さらに愛情も感じていることが明らかとなり，男子のほうが心理的デートDVを暴力として認識していないことが推測されている。

　これらの知見をまとめると，大学生においてデートDVと考えられる被害は比較的高い割合で起きている。特に心理的暴力となりうる行為が多く，その内容としては，人格を否定するような暴言，極度の嫉妬，電話・メールによる監視・束縛，無視などが含まれる。しかし，それらの行為を暴力として認識するかどうかには個人差があり，デートDVになりうる行為を暴力と認識していない者や，そうした行為をされることに対して，「許容できないが愛情を感じる」とアンビバレントな心情を抱いている者もいる。

　大学生のデートDVで心理的暴力が多いとしても，それらは身体的・性的暴力の前段階である可能性もある。より深刻な暴力を防ぐためにも，心理的暴力にも

注意を向け，防いでいくことが課題となっている。

(2) デートDVの測定尺度

DVの程度を測定するための尺度として最もよく用いられているのは，アメリカのストラウス（Straus, 1979; Straus et al., 1996）による「葛藤戦術尺度（Conflict Tactics Scale: CTS）」と，その改訂版である「改訂版葛藤戦術尺度（Revised Conflict Tactics Scale: CTS2）」である。CTSは，「身体的暴力」「言語的攻撃」「話し合い」の3つの下位尺度から構成されており，CTS2は，「交渉」「心理的攻撃」「身体的暴行」「性的強要」「傷害」の5つの下位尺度から構成されている。日本では石井ら（2002）がCTS2の日本語版の標準化を行っており，さらにそれを土台として，より簡便な，「ドメスティックバイオレンス簡易スクリーニング尺度（Domestic Violence Screening Inventory: DVSI）」を作成している（石井ら，2003）。DVSIは，「心理的攻撃」「身体的暴行」「性的強要」「傷害」の4つの下位尺度，計15項目から構成されており，暴力被害の頻度を8段階尺度で評価する。これらは標準化されたDVスクリーニング評価尺度であるが，心理的攻撃の項目が少ないため，デートDVを把握するうえでは項目や下位尺度の追加が必要と考えられる。

国内の調査研究では，CTSやCTS2を用いた研究，内閣府等の調査項目を尺度項目として用いた研究，独自に作成した項目を用いた研究が行われている。また，デートDVに関する尺度の作成も試みられている。大学での相談における対応策の作成を目的とした，「大学生におけるデートバイオレンス・ハラスメント尺度」（越智ら, 2014）は，「直接的暴力」「間接的暴力」「支配・監視」「言語的暴力」「経済的暴力」「つきまとい」の6つの下位尺度から構成されている。また，予防教育での使用を目的とした，「デートバイオレンス可能性尺度」（小畑, 2013）は，「間接的暴力」「破壊的嫉妬」「直接的暴力」「一方的性」の4つの下位尺度から構成されている。しかしこれらを用いた研究はまだ少ない。

国内外ともに，DV・デートDVの尺度は暴力の内容や頻度を問う項目からなるが，こうした尺度を用いた調査では，必ずしも男性が加害者，女性が被害者という結果が得られているとは限らない。国際調査を含む多数の調査研究を行っているストラウスによると，男女の加害率はほぼ同率であり，多くの場合は相互的暴力であるという（Straus, 2008）。また，性的暴力や深刻な傷害を与える身体的暴力では男性加害者が一般的だが，その他の身体的暴力や心理的暴力では，男女

とも加害者・被害者として関わっているという（Murray & Kardatzke, 2007; 上野, 2014）。しかし，従来の尺度は，暴力の本質である支配－被支配関係を十分にとらえていないため，これまでの調査結果に基づいて，「デート DV では女性の加害者も多い」と短絡的に結論づけるべきではなく，より正確に暴力の実態を把握するため，被害者の被支配の程度（恐怖心，主体性のなさ，逃れられない程度など）を把握するための項目を含んだ，新たな尺度の開発が望まれるという指摘もある（上野, 2014）。現状を踏まえて測定法が統一または新たに開発され，国内でもデート DV に関する実証研究が増えていくことが期待される。

(3) デート DV に関連する要因

　大学生のデート DV 加害にはどのような心理・社会的要因が関連しているのだろうか。マレーとカルダツク（Murray & Kardatzke, 2007）のレビューによると，大学生のデート DV 加害に関連するさまざまなリスク要因は，家族歴，仲間の影響，飲酒の影響，個人的信念や態度，心理的要因に分類される。家族歴には，両親間の暴力の目撃や被虐待経験が，仲間の影響には，仲間内の集団規範の影響が含まれる。また，個人的信念や態度には，敵対的態度，暴力許容態度，非合理的信念などが含まれる。さらに，心理的要因には，低い自尊心，嫉妬，怒り特性，アタッチメント不安などが含まれる。このほか，学生生活上のストレスも，大学生のデート DV に関連していることが見いだされている（Gormey & Lopez, 2010）。国内での実証研究は少ないが，深澤ら（2003）は，パートナーへの暴力を促進する要因について検討した結果，被害者から見た加害者の自己評価の高さ，加害者の印象の移り変わり（優しくいたわり深いときと暴力的なときがある），伝統的性役割観の強さ，暴力許容態度，攻撃性の高さなどが，パートナーへの暴力を促進することを確認している。

　関連要因のうち，パートナーへの暴力の近接的要因に焦点を当てたモデルとして，フィンケルら（Finkel et al., 2012）の I^3（アイキューブド）理論がある。この理論によると，親密なパートナーへの暴力は，挑発（Instigation: 相手の言動など攻撃の引き金となる刺激），推進（Impellance: 攻撃性の高さなど暴力に駆り立てる特性的・状況的要因），抑制（Inhibition: セルフコントロールやストレスの低さなど攻撃的欲求の克服に寄与する特性的・状況的要因）の3つの要因の影響によって促進される。すなわち，パートナーへの暴力は，強い挑発があり，それによって攻撃性が高められ，攻撃欲求を自分で抑制する機能が弱くなっていると

き，起こりやすくなる。反対に，挑発的な刺激がなく，攻撃欲求を自分で抑制することができている場合は，もともとの攻撃性が高い者であっても暴力に至らない。フィンケルらはこれら3つの要因のうち，どれか1つでもその影響を弱められれば，パートナーへの攻撃を減らせることを実証している。この理論の長所は，シンプルであること，攻撃を抑制する要因を取り入れていること，介入可能な要因を扱っており，加害者への対応や再発予防を考えるうえで利用しやすいことだろう。

このモデルに基づき，攻撃抑制要因として，怒りなどのセルフコントロール方略である感情調節（emotion regulation: Gross, 1998）を取り上げ，その効果を検討したマルドナドら（Maldonado et al., 2015）の研究を紹介しよう。感情調節には代表的な方略として，再評価方略と抑制方略があるとされる（吉津ら，2013）。再評価方略とは，感情の原因となる出来事を再解釈することにより，感情の生起そのものを調節する方略である。抑制方略とは，感情が生起した後にその表出を抑える方略である。これまでの研究から，再評価方略はポジティブ感情を増加させるなどの適応的な結果を導くが，抑制方略はポジティブ感情を減少させ，当該エピソード記憶の定着を阻害するなどの非適応的な結果を導くことが見いだされている。

マルドナドらは，親密なパートナーへの加害経験がある学生とない学生において，怒りを喚起された後の感情調節が，その後の攻撃的発言にどのような効果を及ぼすかを検討する実験を行った。この実験では，学生は，学生同士のカップルの言動に関するシナリオを聞き，自分がその登場人物であることを想像し，考えたことや感じたことを発言するように指示された。シナリオには3種類あり，1つはニュートラルな内容，他の2つは恋人への嫉妬や怒りを喚起する内容（恋人が他の異性と仲良く話しているという内容と，恋人が自分の悪口を同性友人に話しているのを立ち聞きしてしまうという内容）であった。

シナリオを聞く前に，感情調節方略に関する操作のため，学生は，認知的再評価条件，感情表出抑制条件，教示なし条件の3つの条件のグループのいずれかに割り当てられた。認知的再評価条件では，「シナリオを聞いてもあまり否定的にとらえず，できるだけ客観的に考えるように」と教示された。感情表出抑制条件では，「シナリオを聞いて何かを感じても，それを表に出さないように」と教示された。教示なし条件では，何の教示もされなかった。学生たちは，これらいずれかの条件操作の後，シナリオを聞かされた。シナリオは8つの区切りに分けられ，

区切りごとに30秒間の中断が挟まれていた。学生は中断の間に感じたことや考えたことを発言するように指示された。

発言はコード化され，攻撃的発言の頻度が数値化された。3種類の感情調節方略ごとの攻撃的発言の量を比較した結果，感情調節方略の違いによる効果が認められた。すなわち，認知的再評価の教示を受けた学生は，感情表出抑制の教示を受けた学生や教示なしの学生に比べて，攻撃的発言が抑えられた。その効果は特に，パートナーへの加害経験のある学生において顕著に認められた。こうした結果から，感情調節の再評価方略が攻撃行動の抑制においても適応的効果を導くと推測されている。すなわち，怒りなどの感情が喚起されやすい状況でも，そうした状況についてのとらえ方を変えることで，加害行動の抑制に役立つ可能性があると考えられる。特に，加害経験のある学生においてその効果が顕著であったことから，加害リスクの高い学生は，認知再構成などの技法に基づく介入を受け入れやすいかもしれないと推測されている。

加害行動の促進要因および抑制要因の検討は，加害・被害を深刻化させないために，どのような認知や対処行動が役立つのかを明らかにするうえでも重要である。

(4) 被害者の心理

親密なパートナーからの暴力は被害者の心身にさまざまな影響をもたらす。身体的暴力の結果，傷，打撲，骨折などが生じることがあり，長期的にわたって反復的に暴力が続くことで，痛みなどの症状が慢性化することもある。内科的症状としては，慢性的な頭痛や腰痛，高血圧症，胸部痛などが生じることがある。精神的症状としては，うつ状態，不安，PTSD症状（再体験，回避，覚醒亢進）に関連しやすい（石井, 2009）。

パートナーからの暴力の被害者の心理状態について，ハーマン（Herman, 1992）は，「心理学的支配」という概念を用いて説明している。すなわち，親密な関係のなかで暴力が起こるとき，そこには「支配－被支配」の関係が生じており，その過程では，加害者による被害者の「無力化」と，すべての対人関係から切り離す「断絶化」が行われている。加害者は被害者に恐怖や孤立無援感を抱かせて心理的にコントロールし，自立性の感覚を粉砕する。被害者は「抵抗しても無駄だ」と思うようになり，他者への助けを求めようとしなくなってしまう。こうした状態が長期化した結果，被害者には慢性的な抑うつ症状，解離症状，自殺念慮や自

殺企図，対人関係の不調などが現れる。こうした心理状態は，児童虐待，いじめ，ハラスメントなどの被害者の心理とも共通するものである。

　被害者が関係を継続したり終結させたりする理由や心理プロセスはどのようなものだろうか。内閣府の調査（内閣府, 2015）によると，交際相手から被害を受けた女性の57.8％，男性の44.0％は相手と別れたが，その他の人は別れなかった。相手と別れなかった理由として選択されていた項目は,「相手が変わってくれるかもしれないと思ったから」（50.0％），「相手が別れることに同意しなかったから」（31.9％），「相手には自分が必要だと思ったから」（27.8％）などであった。また，寺島ら（2013）によると，被害を受けた者が別れない理由として多くあげていたのは，「好きだから」，「自分に非があるから」などであり，関係を維持するために自分さえ我慢すればよいと考えている被害者は，別れを選ばない可能性が推測されている。さらに，武内と小坂（2011）は，デートDV被害女性に面接調査を行い，関係から抜け出す心理的プロセスについて，複線径路・等至性モデルという質的方法を用いて分析している。この結果，デートDV被害が深刻化する要因としては，被害女性の"自己犠牲性"と"恋人への依存の高さ"，デートDV被害が長期化する要因としては，"自己主張力"や"人権意識の低さ"が影響を与えていることが示唆された。一方，"恋人への依存性の低さ"や"緊急時の援助要請力"が，被害の深刻化を防ぎ，早期解決へとつなぐための要因の1つである可能性が示唆されている。被害の深刻化を防ぎ，早期解決へとつなげるための対処については，さらに詳しく検討することが必要である。

　被害者は，怒り，悲しみ，屈辱感，悔しさ，自責，無力感などのさまざまな感情で混乱していることが多い。そのため，相談に来ても，理路整然と話ができるとは限らず，出来事の時系列もあいまいとなっていることが多い。また，被害者は，無表情で淡々と，ときには笑顔で被害状況について語ることもある。さらには，暴力を「たいしたことではない」と過小評価していたり，まったく忘れていたりすることもある。被害者がこのような状態を示すのは，感情麻痺や現実認識の歪みが生じているためと考えられる。時間が経って落ち着き，安全な環境になって初めて，被害の深刻さに気づき，恐怖や嫌悪感を強く自覚するようになることもある。支援に関わる者は，被害者の心理状態を理解し対応することが必要である。

　また，夫婦関係に比べれば恋人関係は，別れにおいて，経済的不安や子どもの養育などの現実的な支障はない。しかし，相手との関係を断つことへの不安は共

9章　親密な関係における暴力

通している。特に,「別れるなら死ぬ」と繰り返し脅されている場合などは, その不安はさらに高くなり, 実際に危険でもある。また, 自分にも非があると思っていたり, 相手に世話になった経験があったりすると, 別れるのは難しいという思いが強くなりやすい。支援の際には, 被害者の抱えている状況や思いを丁寧に聴きながら, 本人がとることができる対処を探っていくことが重要である。

(5) 予防教育

　デートDV予防教育は1980年代からアメリカで始まり, 日本へは2000年頃に導入された（蓮井, 2011）。行政や民間機関により, 学校や地域で予防教育プログラムが実施されている。予防教育プログラムの内容としては, デートDVについての解説, 暴力被害の影響についての心理教育, アサーティブトレーニングなどのコミュニケーションスキルの理解と体験的学習, 相談機関に関する情報などが含まれる。たとえば, 中島ら（2013）は, 民間機関スタッフとして学校に出向き, 中学生・高校生を対象に予防プログラムを実施している。プログラム内容は, デートDVに関する説明（力に差がある関係のなかで, 強い立場の人が弱い立場の人を支配し, 支配を強化する方法として暴力が用いられることや, 身体的暴力だけでなく, 精神的・性的・経済的暴力もあること), 交際相手から支配があるかどうかを知るためのチェック, 相手への尊重のある会話／ない会話について考えるためのロールプレイ, グループ・ディスカッションなどである。チェックリストの活用やロールプレイなど, 生徒が関心をもってプログラムに参加できるような工夫が施されている。

　予防教育プログラムの効果に関する研究は, 欧米でも, 中学生・高校生を対象としたものが大半である（Shorey et al., 2012）。大学生を対象としたプログラムの効果研究はまだ少ないが, いくつかの興味深い報告もなされているので紹介しよう。たとえば, ヘイズら（Hays et al., 2015）は, HEART（Help End Abusive Relationships Today）と名づけられた, 大学生を対象とした関係暴力防止プログラムを実施し, その効果について報告している。このプログラムは, 対人関係暴力に関する知識や気づきを高めることを目的とし, 大学カウンセラーがリードする, 60分×5回のグループ形式で行われた。各回のテーマは,「健康的な関係とは」,「関係トラブルについて友人と話す」,「健康的な関係のためのコミュニケーションスキル」,「安全なキャンパスを作る」,「葛藤を解決するテクニック」であった。プログラム実施の結果, 関係暴力に関する知識の向上に効果があったとし

ている。

　予防教育の方法としては，専門家やカウンセラーが行う方法に加えて，学生自身が主体となって行う方法も注目されてきている。たとえば，シュワルツら（Schwartz et al., 2006）は，デートDVに関する心理教育について訓練を受けた学生が，ピアエデュケーターとしてグループ形式の予防プログラムを行った結果について報告している。このプログラムは，デートDVに関する知識の向上や態度変化を目的とし，デートDVに関する架空のシナリオに基づいて，ピアエデュケーターと学生が話し合う，単回のグループ形式で行われた。プログラム実施の結果，学生のジェンダーステレオタイプを低減させることができたとしている。

　このように，いくつかの注目されるべき取り組みはあるものの，大学生を対象としたデートDV予防教育プログラムの検討は，まだ十分とはいえない。交際し始める人を対象とする一次予防，すでに被害・加害を経験した人を対象とする二次予防のいずれの観点からも，大学生を対象とした予防教育は重要であり，内容・方法およびその効果について検討していくことが必要である。

2. 大学生におけるストーカー問題

(1) ストーカー行為

　恋愛関係の崩壊に伴って，ストーカー問題が起こることがある。日本では，1990年代後半にストーカー事件が立て続けに発生し社会的な注目を集めた結果，2000年に「ストーカー行為等の規制に関する法律（ストーカー規制法）」が施行されている。この法律では，「つきまとい等」と「ストーカー行為」が規制の対象となっている。「つきまとい等」とは，特定の者に対する恋愛感情その他の行為感情又はそれらが満たされなかったことに対する怨恨の感情を充足する目的で，その特定の者又はその家族などに対して行う行為とされ，以下の8つが含まれる。①つきまとい・待ち伏せ・押しかけ，②監視していると告げる行為，③面会・交際の要求，④乱暴な言動，⑤無言電話，連続した電話・電子メール，⑥汚物などの送付，⑦名誉を傷つける内容を告げる・届ける行為，⑧性的羞恥心の侵害。また「ストーカー行為」とは，同一の者に対して，これらの「つきまとい等」を繰り返して行うことと規定されている。事案数は増加傾向にあり，ストーカーは交際相手（元交際相手を含む）が最も多く（51.0%），男性が多く（85.8%），被害者は20歳代が35.9%と最も多い（警察庁, 2015）。ストーキング事案において大学生が占

める割合は少なくないと推測される。

　ストーカー行為は，交際に至っていない相手や有名人を対象として行われることもあるが，元交際相手や元配偶者を対象とするケースが最も多い。ストーカーは動機や形態によっていくつかのタイプに分類されるが，ミューレンら（Mullen et al., 2000）は，元交際相手や元配偶者を対象とするタイプを，別れを切り出されたことをきっかけに行われることから「拒絶型」とよんでいる。そして，「拒絶型」のストーカーは，交際相手や配偶者とよりを戻すための行動から，プライドを傷つけられたことへの復讐へと変化していくことが多く，他のタイプのストーカーに比べて傷害や殺害に至る危険性が高いとしている。

　どのような別れがストーカー被害につながりやすいのだろうか。宮村（2005）は大学生男女を対象に，恋愛における態度や恋愛関係が破たんしたときの行動とストーカー被害との関係を調査した。この結果，女子学生は，恋愛感情をもっていた相手が嫌になったとき，そうした感情の変化を相手に伝えるよりも，電話やメール等すべての接触を避けると答えた者が多かった。逆に男子学生は，感情の変化を相手に伝えると答えた者のほうが多かった。そして女子学生では，感情の変化を伝えた者よりも，接触を避けた者のほうがストーカー被害を受けやすい傾向が見られた。これらの結果から，男女の恋愛に関する考え方の違いがつきまといに影響しており，男子学生は女子学生に比べて，恋愛感情の変化を相手に伝えるべきという信念・期待をもっているが，女子学生は感情の変化を相手に伝えないまま接触を避けてしまうことがあるため，結果として相手の不満を高め，ストーカー被害の一因となってしまうのではないかと推測している。そして，ストーカー被害を避けるためには，相手に感情の変化を一度だけきちんと理性で伝えることが有効であるだろうとしている。また，学生相談でストーカー問題に対応した経験から，加藤（2001）は，大学におけるストーカー問題は常に対人関係の問題であり，相互の認識のズレから起こったつきまとい行為が，ズレを修正できないまま急速に深刻化していくところに問題があると述べている。

　恋愛関係の崩壊やそこからの回復に関わると示唆されている要因には，必ずしも結果が一貫しているとは限らないものの，性差が認められることが多い。たとえば，青年期の恋愛関係において，女性は男性に比べて恋愛関係へのコミットメントの高まりが遅いが，男性は恋愛の初期から関係へのコミットメントを高めていくため，恋愛中期の別れにおいて悲嘆が深く表れやすい（松井，1993）といった関係へのコミットメントにおける性差や，女性は男性に比べて多様なサポート

源から情緒的サポートを受けるが（Burda et al., 1984; 嶋, 1992），恋人がいる男性は恋愛パートナーからのサポートに頼る傾向にある（山下・坂田, 2008）といったソーシャル・サポートの授受における性差である。こうした要因もつきまとい行為になんらかの影響を及ぼしている可能性が考えられる。

(2) サイバーストーキング

近年ではストーキングの手段として，インターネットや携帯電話が用いられることも多く，サイバーストーキング（Cyberstalking）とよばれる。サイバーストーキングは，「電子メールやその他のコンピュータを用いたコミュニケーションを介した，繰り返される恐怖や嫌がらせであり，被害者の安全を脅かし悩ませる行為（Southworh et al., 2007）」などと定義される。サイバーストーキングの実態は従来のストーキングの実態と似ており，ストーカーは元交際相手が最も多く，女性より男性が多い。被害者は女性が多く，被害を受けると心身にさまざまな不調が生じる（Dreßing et al., 2014）。大学生のストーキングにおいても，近年ではほとんどのケースでメールやSNSが使用されている。

行為内容としては，「被害者のメールのやりとりを監視する」「相手を侮辱したり脅したりするようなメールを実名や匿名で送る」「大量のメールを送る」「被害者になりすまし，第三者に誤ったメッセージを送る」「SNSを使って嫌がらせをする」「被害者のプライベートな写真や動画を勝手に公開したり，第三者へ送ったりする」「スパイウェアやウェブカメラなどを使って被害者を監視する」などが含まれる（Miller, 2012; Southworh et al., 2007）。リンドンら（Lyndon et al., 2011）は，元交際相手によるFacebook上でのストーキングについて調査し，つきまとい行動の3因子を見いだしている。すなわち，つきまといかどうかわかりにくい，あいまいなやり方で写真を見たりコメントを投稿したりする「ひそかな挑発」，他の人もわかる形で意図的な嫌がらせをする「公のハラスメント」，不満や怒りを発散させるような書き込みをする「発散」である。

サイバーストーキングには，従来のストーキングとの共通点がある一方で，独自の特徴もある。たとえばメランダー（Melander, 2010）は，交際関係のなかでのサイバーハラスメントの特徴として，「素早く簡単に行われてしまうこと」，「プライベートなことが公にされてしまうこと」の2点を指摘している。実際に学生においても，ごく短時間のうちに大量の攻撃的なメッセージを送りつけられる，悪評や個人情報を友人や不特定多数の人々に向けて流されるといった問題が生じて

いる。行う側にとっては，容易に，心理的抵抗も経済的・身体的負担も少ない状態で，相手に大きなダメージを与えることができる。こうした特徴は，サイバーいじめ（Cyberbullying: Kowalski et al., 2014; 仁平，2012）に関する研究でも指摘されており，行う側にはコスト－ベネフィットがよい反面，行われた側の苦痛は大きい。

　インターネット使用と攻撃性の因果関係は今のところ明確にはなっていないが，一般的には，インターネットを含むメディアの使用が，特に子どもの攻撃性を高める原因となっているという指摘がなされることが多い。因果関係を双方向的に検討した結果から，高比良ら（2006）は，インターネットの使用によって攻撃性が高められるというより，もともと攻撃行動を行いがちな生徒は，仲間から敬遠されがちで学校や家庭で適応できずに疎外感を感じているため，インターネットの活動にのめりこんでいるという推測が妥当であると述べている。大学生のサイバーストーキングにおいても同様の推測が成り立つ可能性はあるだろう。もともと攻撃性が高く，かつ対人関係で不適応感を抱えている者は，交際関係がうまくいかなくなり苦しさや憤りを抱えたとき，手軽に行いやすいインターネット上で感情を吐き出し，相手を攻撃する。しかもそうした行為が，相手にどれほど深刻な影響を与えているかということへの想像が不十分で罪悪感が少なく，継続して行ってしまう。こうした推測が妥当であるならば，攻撃性の高い学生がインターネットとうまくつきあうにはどのようにしたらよいのかに関して知見が積み重ねられ，予防や介入のあり方が改善されていくことも，今後の課題であると考えられる。

3. 学生相談とデートDV・ストーカー問題

　デートDVやストーカー問題のような事態は，大学コミュニティにおける1つの危機状況と考えられ，危機対応が必要となることがある。カウンセラーが行う「危機対応」は，心理的危機への対応を第一義とするが，身体的安全を確保するための対応も含まれ，学内の部署・機関との連携に加えて，警察などの学外機関との連携が必要になる（高石，2010）。たとえば，戸谷（2002）は，学生相談機関へストーカー被害を訴えてきた学生への対応事例を通して，学内の関係部署と連携しながら現実的な危険から学生を保護するという外的機能と，切迫した不安の受け皿となるという内的機能の2つの機能をもつこと，すなわち，現実面と精神面

の両方の問題を視野に入れながら，被害学生に対する保護的環境の整備を中長期的に行っていくことの重要性を指摘している。

　また，デートDVやストーカー行為の行為者も同じ大学の学生であった場合，必要に応じて行為者への介入が行われる場合もある。その場合には，被害学生に対しては学生相談機関のカウンセラーが，行為を行った学生に対しては所属学部の教員が，というように連携しながらも異なる担当者が対応する体制を整えることが必要である。そして，行為を行った学生の言い分を十分に聞き，事実関係を確認し，そのうえで法律への抵触や大学による処分の可能性を伝えながら警告することが望ましい（戸谷, 2002）。さらに，行為を食い止めるという仮の終結を見た後も，行為者側の「加害者にされた」という怒りは簡単にはおさまらず，ストーカー行為の再発やさらなる深刻化につながりかねないことから，長い目での心理的援助や教育的配慮は欠かせない（加藤, 2001）。危機は当事者にとってだけでなく関わる者にとっても多大なストレスとなるが，同時に大学コミュニティ全体の援助機能を向上させる機会ともなると考えられる。危機対応の経験を積み重ね，検討することを通して，よりよい対応や予防活動につなげていくことが重要である。

10章 医療現場でのコンフリクトの予防と対処

1. 医療コンフリクトの増加

　医療現場では多くの専門職がその専門性を生かし，チームを構成して対象者の治療・援助にあたっている。よいチーム・アプローチの体制が整っていてもその過程のなかでは，本来あってはならないものであるが，人が介在するがゆえのヒューマンエラーとも言うべき医療上の問題も皆無とは言えない。そこにはヒヤリ・ハットとよばれるメディカル・インシデントから医療事故まで含まれる。前者は，患者に被害を及ぼすことはなかったが，日常診療の現場で，"ヒヤリ"としたり，"ハッ"とした経験を有する事例で，もし実施されればなんらかの被害が予測される場合や，患者に実施されたが，結果的に被害がなかった場合等を指すものである（厚生労働省, 2000）。後者は患者の死につながるような医療ミスを含むものである。最高裁判所の資料（2005, 2014）によると，医事関係訴訟事件は，1995年には488件であったものがその後増加し続け，2004年には1100件を越すまでとなり，近年は毎年800件前後発生している。

　長谷川（2007）は，多くの医療事故を分析して，エラー，クオリティ，コンフリクトという3つの原因を指摘している。エラーは人の認知判断によって生じるもので，薬物投与ミスや患者誤認など，クオリティは治療技術や診断能力が未熟であるなど医療の質の低さ，コンフリクトは医療に対する不信感や不満足から生じる患者のクレームで，ときに紛争（訴訟）に発展するものである。

2. 医療コンフリクトの予防・対処の体制づくり

(1) 対象者中心医療

　岩崎（2004）によると，アメリカ医療では患者は対象者とよばれ，現在では消費者とすら認識される。このことは，医療が1つのサービスであり，患者は消費者として，いかにしてより良いサービスを最小限のコストで受けられるか，あるいは，自分に良いサービスを提供してくれるのは誰かという観点から医療を選択する時代となったことを意味している。医療が良いサービスであるためには患者との間にトラブルが発生しないよう，医療従事者は治療目的や方針を患者が理解できるよう説明することや，患者の理解能力や障害受容の状態を判断しながら会話することが必要である。病気や治療に関わる用語は専門的であり，医療従事者が平易な言葉で説明したと思っていても，期待しているように患者が理解しているとは限らない。どんなに些細なものであっても理解に齟齬があれば，患者からの信頼は得られず，その結果，患者の治療への動機づけが低下し，治療効果が得られにくく，それが医療コンフリクトの原因となることもある。一般には重篤な医療ミスがあって紛争に発展すると思われがちだが，患者やその家族たちが医療に対して不信感をもっているときにもコンフリクトは生じると考えられる（安藤，2012）。

　多くの医療機関では，患者が納得し安心して治療が始められるよう治療方針等を適切に説明するためのツールを用いるようになってきた。その1つがクリティカル・パスである。これは，良質な医療を効率的かつ安全，適正に提供するための手段として開発された診療計画表のこと（厚生労働省，2006）で，いつどんな治療が行われていくのかなどが簡潔に記載されている。地域連携クリティカル・パスとは1医療機関内での使用にとどまらず，急性期病院から回復期病院を経て自宅に戻るまでの治療計画を患者とその関係者が共有するものである（厚生労働省，2006）。パスの導入とその効果については多くの研究があるが，川本ら（2013）は，虚血性心疾患患者に対する地域連携クリティカル・パスの導入によって関連する多職種の患者指導にどのような変化が生じたかを検討した。たとえば，看護師では情報共有，知識の充実，患者への積極的関わりなどの良い効果が得られた。在宅緩和ケアのために地域連携クリティカル・パスが導入されたケースについて，医師と看護師への調査を実施した小林ら（2013）は患者の症状や日常生活に関する情報が共有できたという回答を得た。

2000年の診療報酬改定より用いられたリハビリテーション総合実施計画書も，リハビリテーションの必要な対象者の主体的参加促進と，医師，看護師，作業療法士，理学療法士らを含む専門家チームの共通認識形成のためのツールである。鈴木（2011）らは家族が専門職者と同様にこの計画書を活用するためには，それが平易な言葉で具体的に記載されていることが必要であると指摘している。

(2) チーム・アプローチ

病院では多くの医療・福祉関連専門職が治療やサービスにあたる。そこでは患者と家族を中心とし，専門職を交えた機能的なチーム・アプローチが欠かせない。なぜなら，患者に対する治療目標や方針の下，関係する専門職が共通の認識をもちながら，異なった視点からの評価と介入を実施し，それぞれが必要な役割をもち，患者の治療にあたらなければ良い効果は得られないからである。さらに，機能的チームによる医療提供は，患者が安心して治療を受けるための前提ともいえる。専門職同士が互いの役割を認識し合いながら患者に関わることで，患者はチームの誰かに不安や不信感を表出できるかもしれない。あるいは，問題が生じた際には専門職間で認識を共有し対策を立てることができるであろう。つまり，機能的なチームの存在は，良い医療の提供に加えて，患者とのコンフリクトの予防と対応にとっても必要なものである。

チームの構成にはいくつかのタイプがある。リーダーとその他のスタッフからなるタテ型や，メンバーがみな対等であるようなヨコ型，あるいは，患者の治療目標をめざしてそれぞれの職種が独自の専門性を生かしたプログラムを実行していくような多職種混合チーム，異なる職種が一緒に1つのプロジェクト内のプログラムを実行していくような職種間連携チームなどがある（吉川, 2004）。従来の日本の企業などではタテ型のチーム構成がなじみ深いものであろうが，医療の現場では多職種によるヨコ型のチーム構成が機能的であると認識されている。もっともその場合にはチームをコーディネートしていく人の存在が重要であり，知識や経験の豊富な医師や年長者がその役割を担うことが多い。

チーム・アプローチの重要性は，医療従事者の養成においても認識されており，専門職連携教育（Interprofessional Education：IPE）は複数の医療職を養成する教育機関で実施され，医師，看護師，作業療法士，理学療法士などをめざす学生が合同でグループ・ワーク等を行うことで，多職種との連携や協業するための知識と態度を身につけることができる（山本ら, 2013）。

(3) 医療メディエーション

医療コンフリクトが生じた際の対処はコンフリクト・マネージメントとよばれるが，和田と中西（2011）によると，これには4タイプがある。まず，コンフリクトを抱える当事者が自己のなかで事態を合理化し，トラブルを避けるような思考や行動を行う対処，次いで，患者と医療従事者が話し合う対処，そして，当事者以外の第三者が関わる対処として，メディエーションと裁判という2つのタイプがある。

医療メディエーションの概念は医療関係者の間で広まりつつある。和田と中西（2011）は，これを「患者側と医療者側の対話を促進することを通して情報共有を進め，認知離齬（認知的コンフリクト）の予防・調整を支援する関係調整モデル」と定義し（p.2），対話の重要性を指摘している。高田（2012）も，医療メディエーションに関する院内研修会参加者の意見から，患者の話を聴くことや理解することが重要であり，臨床場面で患者との対話を大切にすることが医療コンフリクトの予防や重篤化防止につながると述べている。

医療事故やヒヤリ・ハット事例の増加を危惧した厚生労働省は，2002年，医療法に専任の安全管理者の配置を明記し，医療事故防止対策としてリスク・マネジメントの強化を指示した（厚生労働省，2002）。第三者機構の日本医療機能評価機構では，2003年より医療メディエーター養成のためのプログラム開発に着手し，2005年からは研修プログラムを提供して医療メディエーター養成を始めている（厚生労働省，2008）。

医療メディエーターは病院職員として従事しながら，なんらかの医療コンフリクトが発生した場合，ただちに当事者である患者と医療従事者の双方の話を十分に聴くという役割を担う。和田と中西（2011）は医療メディエーターとは，患者側と医療者側双方の語りを，いずれにも偏らない位置で共感的に受け止め，自己の見解や評価・判断を示すことなく，当事者同士の対話の促進を通して情報共有を進め，認知離齬の予防・調整を支援する役割を担う人材であると定義し，医療メディエーターが守るべき4つの行動規範をあげている。それは，①当事者の直接対話を促進させる，②判断・評価・意見の表明や提案をしない，③情報共有と関係構築を目的とする，④分け隔てないケアの姿勢で心を聴く，というもので，病院を背負わない信頼を基礎とする医療メディエーターの立場を「不偏性」にあると説明している。

中西（2007）は十分時間を取って患者と接することができないという職業上の

ジレンマを抱えながら看護実践を行っている看護職は，対話を重視するメディエーターに適していると述べている。確かに，患者は入院治療が始まれば一番多くの時間を病棟で過ごす。看護職との関わりも必然的に多くなり，医師には話せない不満を話すこともあるだろう。看護職の適切な対応は患者の医療への信頼につながるが，反対に，不適切な対応は医療そのものへの不信感につながるという意味で，看護職の役割は重要なものであろう。

荒神と和田（2012）は，医療メディエーションは本来，医療コンフリクトの両当事者とメディエーターの三極構造だが，当事者としての医療従事者の中にメディエーターが存在するようにふるまうセルフ・メディエーションを勧めている。ここで必要とされるスキルは患者の訴えの共感的理解，受け止めと質問を通した対話などで，患者の訴えや表情・態度，感情を意識した対話が重要視されている。ここであげられた対応は，対人援助職に必要な基本的なコミュニケーション・スキルそのものである。

3. 医療コンフリクトへの対処：コミュニケーション・スキル

すでに述べたように，医療コンフリクトは，医療に対する不信感や不満足から生じる患者のクレームが発展したものなので，これを予防するためには，日ごろから患者との適切なコミュニケーションが欠かせない。

医療現場では患者に対する「説明と同意」が重視され，根拠に基づく医療（Evidence-Based-Medicine：EBM）が必要不可欠なものとなった。EBMは1990年代にカナダ・アメリカの臨床医学の領域で提唱されたものであるが，現在は医療関連職種のほとんどで共通に認識されている概念である。斎藤（2013）はナラティブと対話に基づく医療（Narrative-Based-Medicine：NBM）とEBMが対象者中心医療の両輪であるとし，患者の体験を理解し良好なコミュニケーションを保つことと，治療の根拠を明確に示すことの必要性を述べている。

安藤（2012）もまた，医療コンフリクトの予防・対応のためにNBMの重要性を強調する。協調的対話により患者と医療従事者双方が安心感を抱き，自らの体験を振り返ることによって両者のナラティブが変容していく過程こそが医療であると述べている。両者が対話することによって互いの認識や判断を理解する過程を通して治療者－患者の信頼関係が構築され，それが効果的な治療の基盤になるということであろう。

ダグ・ヴォイチェサックら（Wojcieszak et al., 2010）は医療コンフリクトに対して医療者の取るべき心構えとして，ソーリー・ワークス（sorry works）が大切であると述べている。患者に不都合が生じた場合には，まず共感表明として「すみません（I'm sorry）」と発言することが大切であること，その後種々の状況調査を行い医療ミスが明らかであれば，改めて責任を認める謝罪が必要である，というものである。こういった対応に対し，責任の所在が明確にならないうちは「あやまる」べきではない，といった考え方もあるであろう。しかし，前述したように，医療紛争の背景に治療者に対する患者側の不信感があることを考えると，コンフリクトへの対処行動として，われわれが住む日本文化においては謝罪から始めることが望ましい（大渕，2010）。

（1）医師のコミュニケーション・スキル

医師が行う患者とのコミュニケーションとしては，診療時での医療面接があげられる。東田と村木（2009）は，診療時の医師の態度が患者に嘘をつかせることになり，その結果誤診につながった肺炎患者の例をあげている。患者は医師に怒られそうだったため，自分に都合のよい嘘をついてしまい，医師も面倒な検査を回避したために誤診が発生した。その結果，高額な薬物療法の適用になったにもかかわらず，理由を患者に十分説明しなかったので，支払いの段階で患者が驚いてしまったというものである。嘘をつく患者の側にも責任はあるが，患者心理を考えず，医師が何でも言えるような雰囲気づくりを怠っていたこと，患者に治療等の説明を十分していなかったことなどが問題として指摘されている。

大島（2006）が行った婦人科がん患者への調査では，「治療法に関する質問に医師は親切に答えてくれた」など，医師の説明に対する肯定的評価は6割～7割程度で，この結果から大島は，医師たちががん患者に対して十分適切な対応ができているとは言い難いと述べている。また，福地ら（2008）はがんセンターに寄せられる相談の中に，医師が適切に対応すれば防ぐことができる医療トラブルが数多くあると述べている。これらの報告者たちは，医師が患者に対して医学的情報を伝える際，専門用語を使ったり患者の立場に立った伝え方をしていないなどの問題があることを指摘し，医師の医療コミュニケーション・スキルを高める必要があることを強調している。福地ら（2008）は，患者が提供する心身に関する情報と医師が提供する医学的情報を双方が共有することが医療面接であるとして，患者との良好な関係を築くための医師の基本的コミュニケーション技法としてCLASS

(C：physical Context or setting, L：Listening skills, A：Acknowledge emotions and explore them, S：management Strategy, S：Summary and disclosure）を紹介している。この技法は，診療環境を作るための方法，患者の話を効果的に聴くための方法，患者の感情を受け止めたり訊ねたりする方法，患者とともに治療計画を立案する方法，重要な点を要約し診療を終了するための方法の5個の基本的コミュニケーション技法からなる。この技法には，非言語的表現の重視，質問のしかたの考慮，沈黙の意味，共感的理解，わかりやすい説明，患者との共同作業などが含まれている。

　文部科学省（2003）では，医学教育における知識，技術，態度の統合的習得をめざし，2002年以降には医学教育モデル・コア・カリキュラムを導入した。その後数回改訂され，医師として求められる資質として総合的な診療能力，患者中心の視点，チーム医療，コミュニケーションなどを上げ，医学教育カリキュラムにEBMとNBMを含めることが謳われている。このコア・カリキュラムでは，コミュニケーションを通じて良好な人間関係を築くことができる，患者にわかりやすい言葉で対話できる，チーム医療の重要性を理解し医療従事者との連携を図る能力を身につけるなど，医師として必要なコミュニケーション・スキルに関する目標が明記されている（文部科学省，2011）。養成校はその指針に基づいて医師教育を行うことが義務づけられ，臨床実習前に知識，技術，態度が統合され身についているかどうかを測る客観的臨床能力試験（Objective Structured Clinical Examination: OSCE）が実施され，合格できなければ臨床実習に進むことができないといった教育システムとなった（小手川，2007）。

(2) 看護師のコミュニケーション

　入院の際，患者が多く接する機会のある医療従事者として看護師があげられる。臨床現場にいる看護師たちに養成校卒業時に身につけておいてほしいスキルについてたずねた柳原ら（2009）の研究では，接遇やマナー，人間関係，連絡・報告・相談などの社会的スキルを含む看護技術以外の事項をあげた者の割合は，3年以内の看護師は約25％であったのに対し，3年以上の看護師は約75.5％に上った。このことは，新人と経験者では卒業時に必要とされるスキルに関して認識に違いがあったことを示し，経験の少ない看護師は与薬技術，症状・生体機能管理技術などの基本的看護技術を高めることを重視してコミュニケーション・スキル向上への関心は低いが，経験を積んだ看護師たちは，もっとコミュニケーション・スキ

ルの向上をめざしてほしいと思っていた。

　看護師と患者のコミュニケーションを医療コミュニケーション分析システムRIAS（The Roter Method of Interaction Process Analysis System）改訂版を用いて定量的評価を試みた出石ら（2011）は，48組の看護師－患者の録音された会話の分析から，医師よりも看護師のほうは肯定的カテゴリーの発話が45％と多く，一方，患者側の発話には否定的カテゴリーが多いことを見いだした。これを出石らは，看護師は患者の訴えに共感的に同意しながら話をし，患者は看護師に本音で話をしていると解釈している。

(3) リハビリテーション専門職のコミュニケーション

　リハビリテーションとは，障害をもっていてもその人らしく生きていけるようはからう「全人間的復権」をめざす技術，および社会的，政策的対応の総合的な体系を表す概念である。リハビリテーションは医学，教育，職業分野など広範囲で実施されているが，その目標は少しずつ異なっている。対象は脳卒中や骨折といった身体障害，統合失調症や感情障害といった精神障害，脳性まひや自閉症などの発達障害，認知症や廃用性症候群といった老年期障害など，新生児から高齢者まで，さまざまな疾患や障害，年齢の人を含んでいる。リハビリテーションの実施場所は疾患の病期によって異なり，急性期から回復期にかけてはおもに病院内で実施される。病院でのリハビリテーションは，患者と家族を中心に多くの医療・福祉専門職がチームを組み，基礎疾患の治療と並行して，病棟のベッドサイドで開始されることが多い。

　三宮（2014）は，意識混濁状態の軽度認知症患者へのリハビリテーションの実施によって生じた医療コンフリクトを紹介し，患者の意識レベルの低い超早期からの介入には，本人からのリハビリテーション開始の同意を得ることが難しい場合が多いので，家族に対し疾病治療と随伴する症状などを詳細に説明することによって，十分な理解を得る必要があると述べている。こういった家族への説明の際には，前述したように平易な言葉でわかりやすく伝えるなど医療従事者としてのコミュニケーション・スキルが必要である。

　身体障害や老年期障害のリハビリテーションの医療事故を考えたときに多いのが転倒である。舌間ら（2011）は勤務する大学病院での転倒に関するインシデント件数が投薬に関するものと同様に上位を占めていると述べ，転倒予防への取り組みを報告している。彼らの病院での対策として，ベッドや車いすの高さや配置

などの物的・環境的対策，患者や家族へのパンフレットなど視覚的資料を用いた教育，当該患者の転倒リスクをスタッフ間で情報共有することなどがあげられた。江藤（2008）もまた，高齢者のリハビリテーションを行ううえでも転倒が一番多いことをあげ，現在の医療が寝たきりや廃用症候群の回避を目標としているので，リハビリテーションの実施は多くのリスクを抱えていると述べている。これらのリスクへの対処として，介入に際して起こり得る問題を患者や家族へ十分に説明し同意を得ること，関連職種間での情報の共有が必要であるとしている。高齢者のリハビリテーションの場合，身体機能面からの管理だけではなく，たとえば，実際は筋力低下のために立位保持できないにもかかわらずそれを理解できず立ってしまい転倒するなどの，認知機能の低下によっても問題が生じている。専門職はリハビリテーションを実施するうえで生じうる問題を念頭に置きながら，患者や家族との間で適切なコミュニケーションを心がける必要がある。

　理学療法士は，発症後すぐの超急性期からおもに身体障害のリハビリテーションに関わることが多い職種である。上村ら（2008）は，先行研究を基に，理学療法士に望まれる対人関係技能を測る60項目からなる調査票を作成し，554名の理学療法士に自己評定させた。因子分析の結果，「対象者のリスクを想定し，バイタルチェックや転倒防止に努める」などの項目よりなる専門家としての態度因子，「対象者が気持ち良いと思うことを率先して行う」などの受容・共感因子，「自尊心を傷つけるようなことを言わない」などよりなる尊重因子，「対象者の危険な行動が予測されるときには厳しく指導する」などからなる患者教育因子の4因子が得られた。このことから，理学療法士たちが対象者のリハビリテーションを行ううえで，リスク管理やコミュニケーションを重視していることがうかがわれる。

　吉井（2004）は，理学療法士がコミュニケーションについてどのように考えているのかを明らかにするために調査を行い，552名の理学療法士たちから回答を得た。コミュニケーションをとるのが難しい相手として最も多く上げられたのは医師で，以下，家族，看護師，患者，上司PTの順だった。その理由としては，会話の機会が少ないこと，知識の違い，意見の対立などがあげられていた。また，20代は，自分に自信がなく，こうした相手とコミュニケーションをとるのが難しいと感じていた。自分のコミュニケーション能力が良くなったと感じたのは3年目と答えた者が多く，それは「真似をする」，「聞く姿勢をもつ」など改善のための努力をした結果であり，75％の回答者が新人の頃と比べコミュニケーションに良い変化があったと感じていた。これらの結果は，医療コンフリクトを防ぐため

に必要とされる適切なコミュニケーション・スキルの習得に養成校が積極的に取り組む必要を示唆している。

作業療法士もまた理学療法士と共に患者のリハビリテーションを担う専門職で，患者にとって意味のある生活を実現することをめざしている。病院での発症直後の超急性期から維持期としての地域まで，多くの場所でリハビリテーションとしての作業療法が行われる。日本作業療法士協会（2005）では，作業療法士の職業倫理指針において，専門職としての資質向上をあげ，知識や技術の向上だけではなく，患者との信頼と協力関係を形成できる誠実さや良心性等の人格的資質が必要であるとしている。三好（2014）は作業療法の有資格者のほとんどが経験10年未満の若い者たちであることから，職務上のコミュニケーション・スキルの重要性を指摘し，彼らを社会人として教育するための具体的方法を紹介している。

4. 医療従事者のコミュニケーション・スキル教育：作業療法士を例に

(1) 学生のコミュニケーション・スキル教育

医療専門職には適切なコミュニケーション能力が求められるが，しかし，それがもともと備わっている人は少ないので，養成校における教育訓練が不可欠である。医療専門職学生に対するコミュニケーション・スキル教育について，ここでは作業療法士を例に述べる。

作業療法教育ガイドライン（作業療法士協会，2012）では，作業療法士教育は知識，技術，態度・習慣の3領域から成るとしている。このうち，コミュニケーション・スキルは，患者との面接から情報を収集するために必要な専門技術であるとともに，挨拶，報告，連絡，相談を適切に実施するために必要な態度・習慣の一部でもある。これらは医療現場で実施される臨床実習を通して学習が深まるとされている。養成校におけるコミュニケーション・スキル教育に関しては，実習前に模擬患者との面接を実施した近野（2009），患者とのコミュニケーションの基本やチェックポイントを講義した後，ロール・プレイで実施した徳永と石上（2009），コミュニケーションやマナーの講義，自己評価，臨床実習で必要とされる状況への対処を検討するグループ・ワークとロール・プレイ，学外演習と臨床実習指導者の講義といった5個のサブプログラムからなる教育プログラムを提案した渥美ら（2008）の諸研究が見られる。

(2) 教育実習の効果

　渥美（2011）は，作業療法学生が臨床実習で必要とされる判断や行動は，臨床家に求められるものと本質的に同じものであり，違いがあるとすれば専門家として求められる技能水準あるいは完成度の違いであろうと考え，学生が臨床実習で求められるコミュニケーション・スキルの構造を明らかにし，それらを測定するための自己評価尺度（社会的交流技能自己評価尺度：SA（Social Interaction Skill Self-Assessment）尺度）を作成した。SA 尺度 Ver3 は，患者が作業療法を理解し，安心して取り組めるように対応するために必要な対象者効果技能 4 因子，実習指導者を信頼し，誤解が生じない機能的な交流を行うために必要な指導者関係技能 2 因子，医療従事者として身に着けるべき責任や柔軟な対応などの一般的交流技能 4 因子の 3 領域 10 因子よりなる（渥美・大渕，2008）。これら 3 領域は，学生たちが臨床実習の場で患者やスタッフとの良い関係をつくるうえで必要な技能を表す。

　学生たちは臨床実習で患者を担当し必要な評価法や作業療法を実施する。患者は事前に学生たちが担当することを説明され同意もしているが，学生たち自身が患者に評価法や作業療法の実施目的や方法を適切に説明できなければ，信頼関係や治療効果は得られない。一方，指導者と機能的な関係を作ることは，将来，同僚や上司と良い関係をつくり，協働するために必要である。こういった社会的技能のトレーニングの場として臨床実習は重要であり，作業療法養成校では 810 時間以上を臨床実習にあてている。その教育目標には，作業療法の知識や技術の習得だけでなく，臨床家としての態度やコミュニケーションの習得が含まれている。コミュニケーション・スキルは，学生として臨床実習を適切で効果的に遂行するために必要な技能であるが，同時に，臨床実習はそうした技能を習得するための重要な機会でもある。

　渥美（2011）は，臨床実習によるコミュニケーション・スキルの学習効果を検討するために，ある養成校の作業療法学生延べ 170 人を対象に，2 週間の実習Ⅰ，8 週間の実習Ⅱ及び実習Ⅲの 3 回の実習の前後で彼らの技能変化を SA 尺度を用いて測定した。その結果，すべての実習において，実習前より実習後のほうが彼らの SA 得点は有意に高かった。

　ほとんどすべてのスキル因子において実習後に向上が見られたが，特に対象者効果技能の向上が顕著だった。図 10-1 は，そのうち対象者との積極的交流技能における 3 種類の実習効果を示したものである。これは，学生たちが実習を通して

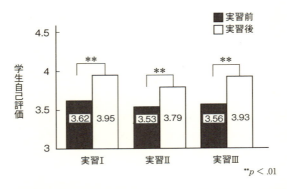

図10-1 対象者効果技能のうち対象者との積極的交流技能に及ぼす実習の効果

　患者や指導者とのさまざまな関わりを通してコミュニケーション・スキルを学習した成果と思われる。しかし，患者の側から見ると，学生の学習のためにリハビリテーションに来ているわけではない。患者を担当するということは，学生といえども医療従事者として，患者の心身の状態変化に臨機応変に対応することが求められる。それができなければ，患者の医療機関への不満を生み出し，医療コンフリクトの原因ともなりうる。その意味で，臨床実習は学生にとって医療コンフリクトの予防と対処を身をもって学ぶ場でもあるといえよう。
　渥美の研究は作業療法士教育についてのものであるが，専門職としてのコミュニケーション・スキルの学習が養成校教育から臨床の現場まで，多くの経験を通し行われるものであることを示唆している。

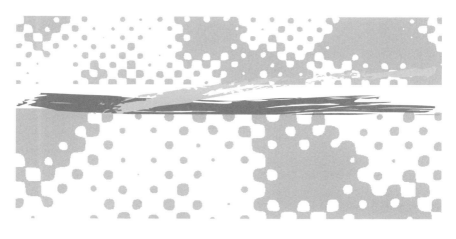

Ⅲ部　　公正と現代社会

11章 組織と公正

　本章は，組織における公正さ（organizational justice）の研究について概観する。組織における公正さの問題は，産業・組織心理学や組織行動において，過去の30年ほどの間，最も精力的に研究が行われてきたものの1つである。本章では，①心理的構成概念としての組織における公正さ，②公正さが個人に与える影響，という2点を中心にこれまでの研究を展望する。最後に，③フェアなマネジメントの実践に向けた提言と今後の研究方向について述べる。

1. 心理的構成概念としての組織における公正さ

(1) 伝統的な多次元公正モデル

　心理学における公正研究の特徴は，個人の主観的公正知覚に焦点を向け，これを多次元概念としてとらえようとしてきた点である。研究者たちは，公正知覚に関与するルールの「種類・タイプ（type）」あるいは内容に従って公正さを多次元に区分した。現在は，分配的公正，手続き的公正，対人的公正，情報的公正という4次元モデルが一般的である（Colquitt, 2001）。分配的公正は，資源配分などが衡平原理（equity principal）に従っているかどうかの程度を表す。手続き的公正は，意思決定プロセスにおいて，一貫性，正確性，偏向の抑制，発言機会の付与といったルールが順守されている程度を意味する。対人的公正は，権限者が尊重さと丁重さといったルールに従って手続きを執行する程度を意味する。情報的公正とは，権限者が説明責任を果たすというようなルールに従っている程度を示す。なお，対人的公正と情報的公正を合わせて相互作用的公正とみなす3次元モデルもよく用いられる（Moorman, 1991）。コルクイット（Colquitt, 2001）やムー

アマン（Moorman, 1991）は，タイプに従った公正多次元モデルを測定する尺度を開発した。そして，複数のメタ分析が，各公正次元と組織コミットメント，信頼性，職務業績，文脈業績（役割外行動の1つ）などの組織における重要なアウトカム変数と関連することを証明した（Cohen-Charash & Spector, 2001; Colquitt et al., 2001; Colquitt et al., 2013）。

一方で，これらのタイプに基づく公正次元は，研究者が学術的な観点から導き出されたものであり，従業員が職場で体験する現実を必ずしも反映していないという批判もある（Rupp, 2011; Weiss & Rupp, 2011; 林・関口, 2014）。こうした批判を受け，分配的公正，手続き的公正などのタイプとは異なる観点から公正さをとらえようという試みも提起されている。次節以降は，これらの取り組みについて紹介する。

(2) 従業員（人）を中心とした多重焦点公正モデル（Multi-Foci Justice Model）

多重焦点の公正モデルは，道義的・道徳的責任をもつ当事者や関係者（morally accountable party）が，公正知覚に強い影響を及ぼすと考える。「どんな（type）」出来事であったかということよりも，その出来事に責任をもつのは「誰か（source）」という事実が，公正知覚に強い影響を与えると考える。

ラップ（Rupp et al., 2014）は，公正知覚の形成（justice perception formation）に関して，規範ルール（normative rule）を重視する立場と道徳的責任や倫理的責任（moral and ethical accountability）を重視する立場という2種類があると主張した。それぞれの考え方は，重複する部分もあるが，以下のような相違点を指摘している。前者の視点は，規範ルール（分配的公正，手続き的公正，対人的公正の各ルール）が守られているか，違反しているかという観点から公正さを知覚する方法である。これはタイプに基づき公正をとらえようとする考え方であり，前節の公正多次元モデルに一致する。後者の視点は，ある当事者たち（specific parties）が，上記の規範ルールの順守や違反にどの程度責任を有しているかという観点から公正さをとらえようとする方法である。特定の当事者とは，職場組織で考えれば，上司，組織全体といった対象である。多重焦点公正モデルは，道徳的責任を重視し，責任が帰属される対象や当事者に対する評価が，公正知覚の形成に重要であると説明する。よって，公正さの種類だけでなく，「誰が（私を）公正に（あるいは不公正に）処遇したか」という「誰が」の要素が公正知覚に与える影響に注目する。この「誰が」の要素は公正の「ソース（source）」とよばれ，公

正の「タイプ」とは区別される。多重焦点モデルは公正知覚に与えるこのソースの役割を重視した。従業員の公正知覚に影響を与えるソースとして，上司，組織，顧客が提起されている（Rupp et al., 2008; Rupp & Spencer, 2006; Skarlicki et al., 2008; Spencer & Rupp, 2009）が，本章は上司と組織に絞って説明を続ける。ラップら（Rupp & Cropanzano, 2002; Lavelle et al., 2007）は，タイプとソースを組み合わせて，公正を多次元にとらえようとした。たとえば，組織に関する分配的公正（organizational distributive justice），上司に関する分配的公正（supervisory distributive justice），組織に関わる手続き的公正，上司に関わる手続き的公正などである。一方で，ラップ（Rupp et al., 2014）は，分配的公正，手続き的公正，対人的公正，情報的公正というタイプと組み合わせずに，ソースのみに基づく公正次元を提起している。すなわち上司に焦点を向けた公正（supervisory-focused justice）と組織に焦点を向けた公正（organizationally-focused justice）である。彼女たちは，「タイプに基づく公正知覚」と「ソースに基づく公正知覚」のどちらがアウトカムに対して高い予測力をもつか，優れた予測的妥当性を有するかをメタ分析によって検討した。結果は，次の2点に集約される。第1点は，公正とアウトカムが示す対象が合致した場合，「ソースに基づく公正知覚」は，「タイプに基づく公正知覚」よりも高い予測力を示した。つまり，上司焦点の公正さは，上

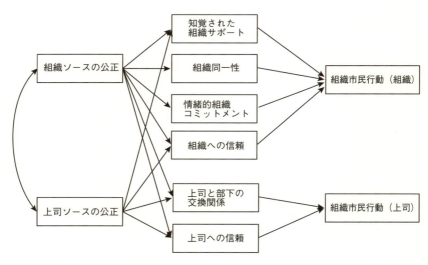

図 11-1　対象類似性モデル（Rupp et al., 2014 をもとに作成）

司を対象とするアウトカム（上司サポート，上司への信頼，リーダー・メンバー交換関係など）に対して，タイプの基づく公正知覚（分配的公正，手続き的公正，相互作用公正）よりも強い関連を示した。一方で，組織焦点の公正さは，組織を対象とするアウトカム（組織サポート，組織への信頼，組織コミットメント）に対して，タイプに基づく公正知覚よりも強い関連を示した。第2点は，公正さとアウトカムの関連は，前述したように対象が類似した場合により強い関連性を示すが，両者の関連は対象に一致した交換関係変数によって媒介されるという結果である。彼女たちはこれを対象類似性モデルとよんだ（図11-1 を参照）。

　職場で実際に働いている従業員は，個々の公正タイプよりも，公正あるいは不公正な処遇に責任をもつ当事者に注目して，公正知覚を形成するのかもしれない。多重焦点公正モデルは，より現実に即した知覚プロセスといえるかもしれない。

(3) 包括的公正（overall justice / fairness）

　2000年代の中ごろから，タイプに基づく多次元の公正知覚だけでなく，全般的・包括的な公正知覚に注目すべきという視点が現れてきた（Ambrose & Arnaud, 2005; Ambrose & Schminke, 2009; Colquitt & Shaw, 2005; Greenberg, 2001）。プリーセムス（Priesemuth et al., 2013）は，タイプに基づく多次元公正知覚では，公正さのヒューリスティックとしての役割を十分にとらえることができないと主張した。

　公正ヒューリスティック理論は，個人の公正判断プロセスを説明するものである。この理論によると，個人は認知的ショートカットを使って情報を処理して公正判断を下す（Lind, 2001; Van den Bos, 2001）。たとえば，賞与や昇進のための手続きを公正だと感じた従業員は，その情報を利用して包括的公正知覚を形成する。包括的公正知覚は，特定の公正次元に対する知覚ではなく，職場環境全体に対する公正知覚である。公正ヒューリスティック理論による包括的公正知覚は，分配的公正や手続き的公正といった個別の知覚よりも，不安感（sense of uncertainty）の低減に役立つ。逆に言えば，働いている状況や環境を理解できたという感覚をもたらす。

　こうした議論から，包括的公正とは，アウトカムに対する近接した要因であると位置づけられた。アンブローズとシュミンク（Ambrose & Schminke, 2009）は，2つの実証研究から，包括的公正が，分配的公正，手続き的公正，相互作用公正と職務満足感，組織コミットメント，転職意思との関連を完全に媒介することを

見いだした。

(4) 社会的に構成される公正知覚

公正知覚は，他者とのさまざまな相互作用を通して形成される側面をもつ。ロバーソンとコルクイット (Roberson & Colquitt, 2005) は，職場における体験を通して生起する感情，認知，知覚といった反応は，複雑で多様な社会ネットワークの文脈のなかで生じると主張した。個人を取り巻く所与の環境が，個人の公正知覚に与える影響を検証する必要がある。集団内のさまざまな体験や相互作用から集団レベルの公正知覚が生じるという考えが生まれてきた。この集団レベルの公正知覚は，公正風土 (justice climate) よばれる。

公正風土とは，集団内の共有化された公正知覚を意味するが，リャオとラップ (Liao & Rupp, 2005) は，公正風土が生成されるプロセスを ASA モデル，社会情報処理モデル (social information processing theory)，伝播公正 (contagious justice)，という3種類の理論から説明した。

ASA モデルとは，魅了 (Attraction) －選抜 (Selection) －減少 (Attrition) という用語に由来する (Schneider, 1987)。このモデルは，組織や集団が等質化するプロセスを説明するものである。個人は自分の価値観やパーソナリティに合致する集団に引きつけられ，そして集団側も集団に適合すると期待される人材を選抜し，参入後もその集団に合わない人間は離脱していく。

社会的情報処理理論に従えば (Salancik & Pfeffer, 1978)，従業員は組織のなかで孤立した存在ではなく，他のメンバーとの相互作用を通して職場内のさまざまな出来事の意味を了解・理解 (make sense) すると考えられている。よって，態度や行動は，個人を取り巻く社会環境から収集された情報によって形成されると説明される。たとえば，職場の同僚が攻撃的なふるまいを示すと，従業員も攻撃的になる (Glomb & Liao, 2003)。つまり職場内の規範や周囲の同僚や上司のふるまいが，個人の行動を導いていくと考える。社会的情報に依拠しながら自分が生活する空間の"現実"を構成していく。ロバーソン (Roberson, 2006) は，社会的情報処理の考えを公正さや不公正さの知覚に応用した。従業員は，職場内の他のメンバーと自分の経験について意見交換したり，ある出来事をどのように解釈するかについて他のメンバーと議論することを通して公正や不公正の知覚を形成する。こうしたプロセスは集団や部署内の公正知覚を均質化させる方向へと作用する。

伝播公正は，公正や不公正の知覚が感情伝染のように伝わっていくと主張するものである（Degoey, 2000）。社会化は，個人が集団の価値観やルールなどを内面化・同一視することによって集団の公正知覚も共有されていくと説明する（Louis et al., 1983）。このように個人は他者の判断や知覚も参考にして社会相互作用と影響を通して公正さを形成していく。

(5) 不公正の知覚について

これまで発表されてきた公正研究は膨大な数に上るが，「公正」と「不公正」の異同について積極的に議論をしてこなかった。公正多次元モデルも含め，公正さを測定する尺度の多くは，基本的に「公正」と「不公正」を一次元連続体（continuum）とみなしてきた。

①不公正さと公正さの連続性を仮定する立場

連続体の立場を基本的に引き継ぎ，公正と不公正の要素を含んだフル・レンジの公正測定（full-range justice measurement）を提起したものが，コルクイット（Colquitt et al., 2015）による研究である。

コルクイットらは，自身が開発した既存の公正4次元尺度（Colquitt, 2001）とは公正ルールの順守（justice rule adherence）を測定していると考えた。なお4次元とは，分配的公正，手続き的公正，対人的公正，情報的公正である。この尺度に公正ルールの違反（justice rule violation）を加えた新たな測定法を提起した。そして，公正ルールの順守（公正）と公正ルールの違反（不公正）を組み合わせ

表 11-1　フル・レンジに基づく公正さの測定項目の例（Colquitt et al., 2015）

手続き的公正
　・Are you able to express your views during those procedures?（順守）
　・Do your views go unheard during those procedures?（違反）

分配的公正
　・Are those outcomes appropriate for the work you have completed?（順守）
　・Are those outcomes inconsistent with the effort you have put into your work?（違反）

対人的公正
　・Does he/she treat you in a polite manner?（順守）
　・Does he/she treat you in a rude manner?（違反）

情報的公正
　・Is he/she candid when communicating with you?（順守）
　・Is he/she dishonest when communicating with you?（違反）

た測定が，まさにフル・レンジの公正測定であると主張した。表11-1の項目例が示すように，既存に公正項目に対応した不公正項目を作成し，不公正項目を逆転処理して既存の公正項目と合成してフル・レンジの公正測定とみなした。

さらに，349人の従業員を対象とした2時点からなる繰り返し測定の調査を行い，フル・レンジの公正測定の信頼性や妥当性を検証した。分析の結果，フル・レンジの測定は，既存の公正4次元尺度に対して増分妥当性（incremental validity）を示すことを確認した。しかしながら，確認的因子分析の結果は，公正と不公正の2次元構造を報告しているのみであった。

上記のように，公正と不公正を連続体とみなすのであれば，フル・レンジの測定においても既存尺度と同様に，分配的公正，手続き的公正，対人的公正，情報的公正という4次元モデルの妥当性を証明すべきと思うが，その点は明らかになっていない。一方で，公正項目のみによって合成された公正変数と不公正項目のみによって合成された不公正変数を生成し複数のアウトカムとの関連を示している。階層的重回帰分析の結果によると，公正変数は，組織市民行動やタスク業績といった正の行動と強く結びつき，不公正変数は，非生産的職務行動といった負の行動と強く結びつくことが示唆された。これらの結果は，公正と不公正が一次元連続体というより，それぞれが独自な作用や性質をもつことを示唆するようにも思われる。彼らの研究のややわかりにくい点は，公正測定に関しては公正と不公正の連続体を仮定しているにもかかわらず，公正さが個人の反応に与える効果については，公正と不公正で異なる効果を仮定している点である。よって，研究結果は，公正と不公正の連続性を必ずしも十分に証明したともいえず問題を含んでいるが，これまでの公正尺度に不公正の要素も盛り込んでフル・レンジの公正測定を試みたという点は新たな試みとして評価できよう。

②公正と不公正の非対称性を仮定する立場

しかしながら，社会心理学におけるネガティビティ・バイアスの考えから示唆されるように（Rozin & Royzman, 2001），公正さと不公正さの非対称を強調する立場も有力である（Bies, 2005; Greenberg, 2011; Gilliland, 2008; Gilliland et al., 1998）。たとえば，クロパンザーノ（Cropanzano et al., 2011）は，「公正さとはなんらかの不具合や問題が生じるまで気づかない平常の状態であり，魚が，海から引き揚げられてはじめて水の必要性に気づくようなものである」と述べた。また，グリーンバーグ（Greenberg, 2011）は，"Injustice is more salient than justice"

と主張した。これらの主張は，「アンフェアである」という感覚が「フェアである」という感覚よりも，個人により強いインパクトを与えることを示唆する。つまり公正さと不公正さが非対称性な関係にあることをうかがわせる（林・佐々木, 2009; 林・関口, 2014）。

たとえば，タビブニア（Tabibnia et al., 2008）は，最後通牒ゲームを用いて，公正な提案を受け入れる交渉と不公正な提案を受け入れる交渉では，脳の活性化する部位が異なることを示した。公正提案を受け入れる交渉では，報酬を司る部位が活性化し，不公正提案を受け入れる交渉では，否定感情を制御する部位が活性化することを示している。

コユハレンコとペイシャント（Cojuharenco & Patient, 2013）は，従業員が思い起こす公正事象と不公正な事象の間に違いがあるかどうかを検証した。その結果，被験者は不公正事象を思い起こすように求められた場合，対人的公正に関連する事象を多く報告した。一方，公正事象を思い起こす教示を受けた場合，対人的公正に関連する事象はほとんど報告されず，分配的公正に関連する事象を多く報告した。

ギリランドら（Gilliland et al., 1998）は，イメージ理論（image theory）を適用し，個人は，不公正さに関してある種の閾値を有しており，この閾値を超えた水準（数）のネガティブなイベントにさらされると，不公正評価を下す。さらに，いったん閾値を超えて下された不公正評価は，その前後に体験する公正体験によって埋め合わされないと証明した。さらにギリランド（Gilliland, 2008）は，ネガテ

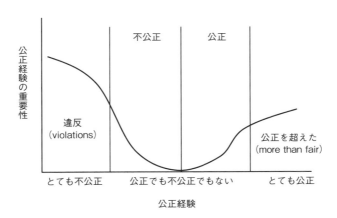

図 11-2 ドミナントな不公正経験（Gilliland et al., 2008 をもとに作成）

ィビティ・ドミナンスの傾向に言及しながら，図11-2が示すように，不公正なエピソードは公正なエピソードよりも際立つ（salient）と主張した。さらに公正でも不公正でもないという中位点から公正さや不公正さへの推移を見ると，公正領域よりも不公正領域のほうが重要度を示す関数の傾きが急である。重要度の絶対値も公正領域よりも不公正領域のほうが大きい。

さらに，フェアネス理論によると直面していると現実と反事実（counterfactual）との懸隔・差異が不公正知覚のソースとなると説明される（Folger et al., 2005）。そして現実と3種類の反事実の間すべてに懸隔が認められた場合，不公正が生じると説明される。フォルジャーら（Folger et al., 2005）は，3種類ある反事実のなかでも"should counterfactual"が，「すべきであったのに（しなかった）」という道徳判断が含まれている点に注目した。そして，個人は自己利益とは関わりなく，道徳違反行為やその行為者を不公正とみなす傾向があると主張した。これは純粋な倫理観に基づく不公正判断であり，彼らはこれを義務的反応（deontic response）とよんだ。また義務的な反応は，道徳を違反した（不公正な）行為者に対して怒りなどの強い情動反応を示すと考えられている。たとえば，義憤といった反応を考えると理解しやすいと思われる。

不公正さが公正さとは異なる性質をもつと考える研究の多くは，不公正さを多次元でとらえるのではなく，期待や道徳ルールの違反や欠落の認知が不公正につながるというロジックをたどる。また，義務的反応に示されるように，不公正の知覚や後続する情動反応は，自動的で直観的な心理プロセスであることが含意されている。

2. 公正さが個人に与える影響

ここまで個人の公正知覚プロセスを概観したが，そのような知覚が個人の反応に与える効果や影響について論ずる。

(1) 個人と組織を結びつける絆としての公正

大渕（2004）は，公正さが個人と組織を結びつける絆としての機能を果たすと主張した。公正さを知覚する従業員は，組織コミットメントや組織市民行動を示す一方で，転職意志，非生産的組織行動などをあまり示さないと考えられている。公正さは組織にとってポジティブなアウトカムに寄与する一方で，ネガティブな

11章 組織と公正

アウトカムを抑制する。結果として，公正さは個人と組織の結びつきを強めると考えられる。絆機能の理論フレームとして，社会的交換理論，心理エンゲイジメントモデルがよく知られている。

社会的交換理論は，個人や集団・組織の間のさまざまな相互作用をさまざまな便益の交換という枠組みでとらえる。社会的交換理論でとりあげられる内容物は，不特定・無定形であることが多く，支援，助言，感謝，愛情，尊敬などが含まれる。社会的交換を支える規範は，互酬性（reciprocity）であり，他者から受けた贈答に対しては同等の返礼をすることが期待される。オーガン（Organ, 1990）は，個人と組織の関係を社会的交換関係ととらえ，組織から公正に取り扱われた個人は，その返礼に組織市民行動を示すと主張した。これまで多くの研究が，公正さと組織市民行動の関連を社会的交換に関わる変数が媒介することを証明してきた。クロパンザーノとミッシェル（Cropanzano & Mitchell, 2005）が指摘したように多くの社会的交換変数があるが，公正研究に関連する社会的交換変数は，図11-1の媒介変数に示されている通りである（Rupp et al., 2014）。

心理エンゲイジメントモデル（psychological engagement model; Blader & Tyler, 2003; Tyler & Blader, 2003）は，関係モデル（relational model; Tyler & Lind, 1992）から発展したものである。関係モデルとは，個人と組織の関係というよりも従業員が公正さに関心をもつプロセスを説明するモデルである。関係モデルによれば，公正さは集団や組織が従業員をどれくらい重視しているかに関わる情報を含んでおり，こうした情報は個人の社会的同一性の確認に寄与する。個人はこうした社会同一性の強化に役立つ公正に注目すると考えられている。これに対して，心理エンゲイジメントモデルは，公正知覚が従業員の態度や行動に与える影響により焦点を向けている。従業員は，公正に処遇されるとリスペクト（respect）とプライド（pride）という感覚を抱く。リスペクトは「集団内」のプロセスに由来する概念であり，組織内で安定した地位を得ているという認識によってもたらされる感覚である。プライドは，「集団間」のプロセスに由来する概念であり，集団の地位やステータスに関する評価である。リスペクトとプライドは，2つの重要な機能がある。第1に，従業員は集団や組織に対する同一視を強め，組織の成功や安定を基盤として自尊心や自己意識を確立しようと努める。逆に言えば，組織の価値が高まると，自尊心の維持や高揚にも役立つ。それゆえ個人は，自尊心を高めてくれるような組織の価値を高めようという動機から組織に対する役割外行動（組織市民行動など）を強めるが，これがリスペクトとプライ

ドの第2の機能である。

(2) 自己制御と公正

　絆機能で紹介した社会的交換理論や心理エンゲイジメントモデルに加えて制御焦点や制御資源（regulatory resources）の観点から公正さが個人に与える影響プロセスを説明しようとする試みも提起されている。

　第1に，予防焦点や促進焦点が公正さとアウトカムの関連を媒介するプロセスを示唆する研究が報告されている。オイザーマンら（Oyserman et al., 2007）は，差別的な（不公正な）扱いを受けた個人は，予防焦点を強め，結果的に回避的行動を強めることを示した。ジョンソンら（Johnson et al., 2012）は，ビジネス系および心理系の専攻に通う学部生を対象とした実験研究を通して，公正さが予防焦点と促進焦点を媒介して実験者に対する信頼や協力行動を促すと報告している。また，林ら（2013）は，看護師を対象とした縦断調査を通じて，促進焦点が手続き的公正とワーク・エンゲイジメントおよびバーンアウトを媒介することを見いだした。一方で，予防焦点に同様の媒介効果は見いだされなかった。

　第2に，自我消耗理論（ego depletion theory）に基づき公正さが従業員の態度や行動に与える影響プロセスを説明する研究もある（Baumeister et al., 1998）。自我消耗理論によると，人間は，制御資源という有限な心理資源を消費することによって自己制御を行っている（Lilius, 2012; Muraven & Baumeister, 2000）。制御資源は，体力やエネルギーのように有限なものであり，消費されるとその量が減衰するような性質であると仮定されている。多くの研究によって，自己統制力や意志力が求められるような作業に従事した個人は，その後の別の作業（やはり自己統制力が求められるような作業）に対するパフォーマンスを低下させることが明らかにされている（Hagger et al., 2010）。一方で，職場における対人的な相互作用は，制御資源を消費するだけでなく，逆に制御資源を充填させる働きがある（Bono et al., 2013; Lilius, 2012）。ジョンソンら（Johnson et al., 2014）は，以上のような自我消耗理論に基づき，手続き的公正と対人的公正と自我消耗の関連について検討した。この研究の特徴は，公正に扱われたかどうかという受け手（recipients）の視点ではなく，公正にふるまうかどうかという行為者（actors）の視点から行われている点である。手続き的に公正なふるまいをすることは，ルール順守という制御資源を消費させる活動を含むので，自我消耗を強めると予想した。一方で，対人的公正は尊重（dignity: 誠実に接して，相手を尊重すること）

と礼節（propriety: 適切で偏見のない言葉遣いをすること）という2種類のルールからなるが，個人にとって明確で直截的な公正さである。よって，対人的に公正なふるまいをすることは手続き的公正ほど制御資源を消費しないと考えられる。さらに，たとえば部下を対人的に公正に扱った場合，その相手からは好意的な反応がフィードバックされると予想される。こうした反応は，制御資源を充填するポジティブな社会的相互作用や社会的報酬を含む（Bono et al., 2013; Baumeister et al., 2007）。よって，対人的公正は，むしろ自我消耗を和らげる（制御資源を充填させる）と予想した。さらに，ジョンソンら（Johnson et al., 2014）は，自我消耗が手続き的公正や対人的公正とOCB（組織市民行動）との関連を媒介すると予想した。彼らは，幹部コースのMBA学生（すべて管理職）を対象とした調査を実施した。この調査は，経験サンプリング法に基づくもので，調査参加者は，連続する10日間の午前6:00と午後4:00に，調査者から質問票を受け取った。午前の調査では，睡眠の質が尋ねられ，午後の調査では公正なふるまい，資源消耗などが測定された。

階層線形モデルによる結果は，基本的に上記の仮説を支持するものであり，手続き的公正は自我消耗と正の関係を示し，対人的公正は自我消耗と負の関係を示した。さらに，手続き的公正は自我消耗を媒介してOCBを低下させることが明らかになり，対人的公正は自我消耗を媒介してOCBを強めることが明らかにされた（なお，自我消耗とOCBの関連はマイナスであった）。

自我摩耗は公正とアウトカムの関連を媒介するというモデルの妥当性が示されたが，このモデルを受け手の立場から検証する研究も期待される。

3. 組織における公正さの実践：フェア・マネジメントの実現

公正さが個人の組織行動を説明する原理として重要であることは，多くの実証研究から明らかにされている。実際，グリーンバーグ（Greenberg, 2006）は，看護師を対象とした準実験を通してフェア・マネジメントに向けた管理者訓練が職場に好ましい影響を与えることを証明した。給与システムが変更されるという看護師にとってストレスフルな出来事にさらされた看護師は，不眠を訴える傾向が全体的に強まった。しかし，看護師長がフェア・マネジメントのトレーニングを受けている場合，その看護師長の下で働く看護師たちは，そうした訓練を受けていない看護師長の下で働く看護師たちよりも，不眠を訴える傾向が低下した。公

正に扱われることは，個人の生理的反応にまで影響を与えること，また，公正さの実現に向けて介入できる可能性が示された点において特筆される。しかし，フェア・マネジメントを実現するために構造化された管理者研修プログラムがあるわけではない。今後はこうした研修プログラムの開発が望まれる。

　ところで，本章において紹介された研究の大部分がおもに米国で実施されたものである。グローバル化の進展や人口減に伴う労働力不足が懸念されるなかで，日本的雇用システムが改めて問い直されている。濱口（2013）は，人と仕事の結び付け方には「ジョブ型」と「メンバーシップ型」の2種類があると主張している。ジョブ型は，米国や欧州を中心とした慣行であり，はじめに仕事をきちんと決めておいて，そこに人を貼り付けていくというシステムである。仕事をきちんと決めるとは，職務分析に基づく職務記述書（job description）などによって特定の仕事に求められる要件や給与水準などが明確にされている状況を意味する。よって企業の採用のやり方の原則は，ある特定の職務に空きが出た場合に，それを充足させる人物を採用するという欠員補充方式である。これに対して，メンバーシップ型は日本に特徴的なシステムであり，人を中心にして管理が行われ，人と仕事の結びつきはできるだけ緩やかにしておいて，いつでも自由に変えられるようにするという方式である。それゆえ，メンバーシップ型は，長期雇用慣行が前提とされており，従業員はジョブ・ローテーションによってさまざまな仕事や職務を経験するなかで企業に固有の職務遂行能力やスキルを高めていく。

　組織における公正さを考えるうえでも，このような雇用慣行の違いを考慮して研究を進める必要がある。しかし，文化次元の違いを考慮した公正研究は発表されている一方で，ジョブ型とメンバーシップ型のような制度面の相違が公正さの知覚，関心，効果に与える影響を論じた研究は極めて不十分である。今後は，制度面の違いも考慮した組織における公正研究も求められよう。

12章 日本社会は公正か
不平等社会における公正感の要因と機能

　「日本社会は公正(公平)な場所だと思いますか」と尋ねられたとき,あなたはどのように答えるであろうか。ある人は,近年話題となることの多い格差問題を思い出して,極端な不平等を生み出す現在の社会システムは不公正であると判断するであろう。一方で,同じように格差問題を思い浮かべたとしても,それが正当な競争の上に生じたものであると考える人にとっては,日本社会は公正に運営されていると映る可能性がある。また,相対的に恵まれた立場にいる人とそうでない人の間では,判断になんらかの違いがあるかもしれない。このように,公正さに関するわれわれの感覚は,社会的な状況に対する認知や評価,さらには社会における個人的境遇といったさまざまな要因から複合的に決まることが予想される。

　公正感はまた,個人の健康や社会的行動と密接に関連している。誰もが公正で公平な社会に住みたいと願っているため,もしそのような理想と現実との間にギャップがあれば人々は不快な感情を抱くことになり,さらにそれは現状を変革しようという行動を促す可能性がある。本章では,まず日本の社会的不平等問題を足がかりとして,社会心理学的な理論と研究に基づいて公正感の要因を探る。さらに,後半ではわれわれが抱く公正や不公正の感覚が社会にもたらす帰結を検討することで,よりよい社会に向けた公正研究の重要性を提起する。

1. 不平等と公正感

(1) 不平等に対する態度

　日本では,近年,社会的不平等(格差)が大きな社会的関心を集めている。社

会的不平等とは，富，勢力，威信，情報といった社会的資源の保有量やそれを得るチャンスの大小のことである（原, 2008）。日本において近年不平等が拡大しているかどうかについてはさまざまな見方があるが（大竹, 2005; 橘木, 2006），国際的に見るならば，日本の相対的貧困率はOECDに所属する国々の間でも高い部類に属する（OECD, 2008）。また，昇進などの機会に関して，たとえば管理的職業従事者に占める女性の割合は日本において増加傾向にあるものの，2013（平成25）年で11.2％と絶対的にはいまだに少ない（内閣府, 2014）。最近では雇用形態に関わる格差も注目されており，日本の非正規雇用者は正規雇用者に比べ，賃金，正規雇用の職に就く機会，結婚といった面で不利な状況に置かれていることが指摘されている（佐藤, 2013）。

それでは，日本人はこういった社会状況をどのように見ているのであろうか。不平等に対する態度には2つの段階があると考えられる。第1の段階は，社会的な状況に対する認知である。具体的には，社会には不平等がどの程度存在しているのか，それは拡大しているのかといった判断がこれにあたる。第2は，社会的な状況に対する評価であり，不平等が許容できる範囲にあるのかどうかという，言うなれば良し悪しの判断である。したがって，格差が拡大していると認知しても，それをあるべき状態として肯定的に評価することもできるし，「適切でない」と否定的に評価することも可能である。

社会的な状況に対する認知を測定した調査として，2002年に実施されたくらしと社会に関するアンケートでは6割以上の回答者が過去5年間で所得や収入の格差が拡大したと回答している（大竹, 2005）。また，国際社会調査プログラム（ISSP）が社会的不平等をテーマとして実施した調査では，社会の上層（エリート）から下層までの分布を示したいくつかの分布図から日本社会に近いと思うものを回答者に選択させている。それによると，1999年と2009年の調査結果を比較して，中間層が多い社会をイメージする人の割合が減少し，下層に位置する人が多い社会であると考える人の割合が増加している（原, 2010）。

一方で，社会的な状況に対する評価としては，先述のくらしと社会に関するアンケートにおいて所得格差の拡大は問題であると答えた人々は全体の約7割であった（大竹, 2005）。また，ISSP国際比較調査においても日本の所得の格差は大きすぎるかどうかをたずねており，この問いに対して大きすぎると回答した人の割合は1999年調査の64％から2009年調査では74％まで増加している（原, 2010）。さらに，世界価値観調査によると，収入はもっと平等にすべきか，それとも個々

人の努力を刺激するようもっと収入の開きを大きくすべきかという質問に対して，後者を選択する日本人の割合は 2005 年調査においては 65.9％であったが，2010年調査では 38.5％と半数を下回った（東京大学・電通総研，2011）。このような意見の変化は，不平等に対する問題意識の高まりを反映したものであると考えられる。調査ごとに実施時期やたずね方等が異なるため，個々の結果を厳密に比較することはできないが，全体としては多くの日本人が格差の存在を認めており，またそれが大きすぎると評価する傾向にあることがわかる。

(2) 日本人の公正観

　不平等が存在するとか，それが大きすぎるといったことは，公正や不公正の感覚とどのように結びつくのであろうか。この問いに答えるためには，そもそも公正とはどのような状態であるか考える必要がある。大渕（2008）は，公正を「個人をその資格条件にふさわしいやり方で処遇すること」と定義している。資格条件にはさまざまなものが想定され，たとえば頑張った人に対して多くの給与が支払われる社会では，公正な処遇を得るための資格条件は努力や実績ということになる。一方で，全員に分け隔てなく一律な賃金を分配するという社会が存在する場合，その社会の一員であることが資格条件となる。

　公正判断においてどのような資格条件が選択されるかは，その社会や集団がもつ目標によって変化する（Deutsch, 1975）。生産性を重視する集団では能力，努力，業績などに基づく衡平基準が，社会的調和を重視する集団では集団成員性に基づく平等基準が，そして成員の福祉を重視する集団では発達段階，困窮度，障害などに基づく必要性基準がそれぞれ用いられる（川嶋・大渕，2013; 大渕，2008）。ただし，現実場面ではこれら 3 つの基準は複合的に用いられることが多い。たとえば，多くの会社では能力給，基本給，その他の手当て（扶養手当，通勤手当など）が組み合わさって全体の給与を構成しているが，これらは順に衡平，平等，必要性の基準に基づいて支給されるものとみなすことができる。一方で，その会社が競争や生産性を重視するのであれば能力給の比重が大きくなるし，集団の調和や福利厚生を重視するのであれば基本給や諸手当が手厚くなるといった形で，集団の目標や理念と資格条件とは強く結びついている。

　それでは，日本人はどのような社会を理想とするのであろうか。すでに述べたとおり，2010 年の世界価値観調査では，個々人の努力を刺激するようもっと収入の開きを大きくすべきと回答する人が全体の半数を下回った（東京大学・電通総

研, 2011)。ただし, この結果のみから, 日本人の間で衡平原理への支持が弱まったと言い切ることはできない。実際, 2000年以降に実施された同調査のその他の項目への回答傾向を見ると,「競争は新しいアイデアを生みだすので好ましい」か「競争は人間の悪い面を引き出し有害である」かを尋ねた項目では7割以上が前者を選択しているし, めざすべきこれからの日本として「働いた成果とあまり関係なく, 貧富の差が少ない平等な社会」か「自由に競争し, 成果に応じて分配される社会」かを尋ねた項目では前者を支持する人が増加傾向にある一方で, やはり半数程度の人々が後者を支持している(東京大学・電通総研, 2011)。

このような二者択一方式に対して, 大渕(Ohbuchi, 2011)はそれぞれの公正基準の重要度を独立して測定した。具体的には, 日本社会はどのような社会であるべきかという問いに対して, 個別の基準がどの程度支持されるか調査したところ, 支持率は衡平基準で79.1%, 平等基準で78.2%, 必要性基準で94.8%であった。これらの結果を総合すると, 多くの日本人が社会の生産性を高めるために努力や能力に基づく衡平基準を導入することを基本的に支持しているといえる。しかし同時に, 社会の成員間にはある程度の平等性が保たれる必要があるし, 弱者に対する救済は特に重要であるとみなしているようである。社会情勢によりこの先日本人の公正観が変化することはもちろんありうるが, 少なくとも現在の多くの日本人は, 社会の調和性と弱者保護に十分配慮したうえでのほどよい競争主義を望んでいると考えることができる。

(3) 公正感の推移

さて, それでは日本人は, 社会の公正さを実際にどのように評価しているのであろうか。すでに見たとおり, 近年の調査では日本人の多くが格差・不平等の存在を認めており, またそれが大きすぎると回答するようである。それゆえ, 日本人の間でゆきすぎた競争主義を不公正ととらえる傾向があるのだとすれば, 現在の社会は不公正であると感じている人が多いはずである。

本章の冒頭で示した質問のように, 日本社会が全体として公正(公平)であるかどうかという質問項目はこれまで多くの社会調査において用いられてきた。1970年代以降に実施されたそれらの調査結果をまとめた間淵(2000)によると, 社会が不公平であると回答する人は1970年代には5割弱, そして1980～1995年まではおおむね6割前後で推移し, 1997年社会的公正感調査(JSJP調査)では7割を超えた。より最近では, 2002年に実施された情報化社会に関する全国調査(JIS調

査)においても7割程度の回答者が社会を不公平な場所と回答した(長松,2004)。また,2009年に読売新聞社とイギリスのBBC放送が共同で実施した世論調査において,日本人の72%が経済的な豊かさが公平に行きわたっていないと回答した(読売新聞,2009)。

このように,少なくとも1970年代には日本人の半数程度が社会を不公正な場所ととらえていたが,その割合は徐々に増加し,近年はおおむね7割程度の日本人が社会を不公正な場所ととらえていることがわかる。もちろん,不公正感は不平等の大きさだけで決まるものではなく,その他の政治・経済的状況や社会的な出来事においても左右されるはずである。しかし,格差と不平等が社会問題化した1990年代後半以降に不公正感を抱く人が増え,その割合が2000年以降も維持されていることを考慮すると,社会的不平等が不公正感を強める要因の1つであると解釈することは可能であろう。その裏には,現状の格差はゆきすぎであり,最低限の調和や弱者保護すらもないがしろにされているという日本人に共通の危機感が存在するのではないだろうか。

(4) 公正感の多元性と社会経済的地位

これまで,ゆきすぎた社会的不平等が多くの日本人の公正観とそぐわないことを,社会心理学的な公正理論と実際の調査データに基づいて考察してきた。しかし,個人的な境遇を考慮に入れるならば,不平等な社会においてより恵まれた人と恵まれない人の間では,公正判断になんらかの差異が出る可能性がある。より具体的には,自分に利益となる状況を公正と判断し,不利益となる状況を不公正と判断する傾向があるかもしれない(木村,1998; 宮野,1998; Umino,1998)。この自己利益正当化仮説が正しいとすれば,収入など社会経済的地位と公正感の間には一定の関連が見られるはずである。

しかし,これまでの研究結果を見る限り,自己利益正当化仮説が明確に支持されているとは言えない。たとえば,1985年と1995年に実施された社会階層と社会移動全国調査(SSM調査)のいずれにおいても,回答者の属性や社会経済的地位と社会全般に対する不公平感との間に明確な関連は見られなかった(織田・阿部,2000; 海野・斎藤,1990)。一方で,2002年に実施されたJIS調査では年収が高い人ほど不公平感が弱いことが示されている(長松,2004)。また,性別,年齢,学歴,所得などの領域別にどの程度不公平が存在するかどうか尋ねたSSM調査の結果によると,個人所得と不公平感の関連は1985年と1995年においてはみら

れなかったが，2005年調査においては高所得者ほど不公平感が弱いという関連が見いだされた（斎藤・大槻，2011）。

社会全般に対する不公正感と社会的境遇の関連が明確でないのは，そのような公正判断を求められた場合，人々は自分が得られる利益とは無関係に社会状況を評価するからかもしれない。ブリックマンら（Brickman et al., 1981）は，公正判断の多元性を論じるなかでミクロ水準とマクロ水準を区別した。ミクロ水準の公正判断とは特定の個人（あるいは集団）の状態に対する判断であり，そこで判断者は自己利益を最大化することに関心をもつのに対し，社会全体の状態に対するマクロ水準の公正判断において自己利益はそれほど重要ではなく，社会や集団の全体的な状況が強調される（Tyler et al., 1997/2000）。

この理論に基づくならば，ミクロ水準の公正判断は自己の利益状態を参照したものとなるから，社会経済的地位と関連することが予想される。この予測を検証するために，川嶋ら（2010）は，社会全体について判断するマクロ公正感に加えて，「私は，この社会のなかで不公正な扱いを受けている（逆転項目）」といったミクロ公正感を測定し，社会経済的地位変数との関連を分析した。結果は予測を支持するものであり，年収が高い人ほどミクロとマクロの両水準の公正感が強いが，その関係はミクロ公正感のほうが強いこと，さらに，年収とマクロ公正感の関連はミクロ公正感をコントロールすると消滅することが示された。

この結果は，自己利益正当化仮説の予測がミクロ水準の公正判断において支持されることを示している。つまり，自分自身の処遇の公正さを判断する際，恵まれない境遇にある人ほど不公正感を抱く傾向にあるようである。一方で，社会全体の公正判断を求められた場合，基本的にはそのような個人の境遇は影響しない。ただし，ミクロ公正感が弱い人ほど社会全体もきっと不公正な場所であると考える傾向があるとすれば，見かけ上，年収からマクロ公正感への効果が認められることはあるだろう（川嶋ら，2010）。先述の通り，社会全体に対する公正判断と社会経済的地位の関連は2000年以降の調査で徐々に見いだされるようになってきているが（長松，2004; 斎藤・大槻，2011），これは，近年の日本社会において相対的に恵まれない立場に置かれている人々の割合が増加し，そのような人々の間でミクロ不公正感がますます強まった結果かもしれない（川嶋・大渕，2013）。

ただし，社会的な利益状態が直接公正感を規定するという結果は，社会心理学的な公正理論に基づく予測と必ずしも整合しない。たとえば，衡平理論（Adams, 1965）や相対的剥奪（Tyler et al., 1997/2000）においては，公正判断にとって重

要なのは個人の絶対的な利益状態ではなく，それがふさわしいものであるかどうかであるとされる。そこで，川嶋（川嶋，2012; 川嶋・大渕，2013）は，衡平，平等，必要性のそれぞれの基準について，自分自身の社会的境遇を決める際に，現実に考慮されていると感じる程度と理想的に考慮されてほしい程度の両方を測定し，その差分（充足度）と社会経済的地位との関連を分析した。その結果，伝統的な公正理論を支持して，高所得者であれ低所得者であれ，充足度が高い人，つまりふさわしい扱いを受けていると感じている人ほどミクロ公正感が強かった。一方，所得水準が低い人ほど平等と必要性の観点から自分がふさわしい扱いを受けていないと感じており，またこれら2つの基準ほど明確ではないものの，衡平基準においても同様の傾向が認められた。

　なぜ，恵まれない境遇にある人ほど自らがふさわしい扱いを受けていないと感じるのであろうか。川嶋（2012; 川嶋・大渕，2013）は，調査結果をさらに分析し，恵まれない人ほど平等や必要性を自らの処遇に関する理想の分配原理として強く求める一方で，現実にそれらが満たされていると感じる程度においては階層差がないことを指摘した。このような要求水準についての違いが不公正感の差異の原因の1つである可能性は高い。また，川嶋らは比較他者の階層差も指摘している。つまり，現在さまざまな情報が容易に入手可能になるなかで，個人が社会における正確な境遇を認識しやすくなった結果，相対的に恵まれない人は自分よりも恵まれた人との比較において不満を感じやすいのかもしれない。今後，公正判断者の社会的境遇，比較対象，用いる公正原理等を複合的に考慮した研究が求められる。

2. 公正感の機能

(1) 精神的健康と公正感

　社会の状態やそこでの自らの処遇が不公正であるという知覚は，人々の感情や行動にどのような影響を与えるのであろうか。われわれは，人はふさわしいものを得ているという公正世界信念を抱く傾向にある（Lerner, 1980）。それゆえ，不公正を知覚した場合，頑張ってもふさわしいものを得られないという不安や，自分が正当に評価されていないといった怒りが生じる。このように，不公正を知覚する人はそうでない人に比べて強い脅威を感じる状態に置かれることとなるため，結果的に心と体の健康を害すると予測される。

不公正感がもたらす脅威の程度は，不公正の水準によって変化する可能性がある。メジックら（Messick et al., 1985）は，不公正な行動は自分自身よりも他者と結びつけられやすいことを見いだした。また，すでに述べたとおり近年では日本人の7割程度が社会を不公正な場所ととらえている一方で（長松，2004；読売新聞，2009），自分自身の処遇については半数以上の人々が公正であると回答する（川嶋，2012）。これらの知見は，人々が自分自身と不公正の関連性を認めたがらないことを示しているが，その裏には，個人的な不公正を認めることに伴う強い脅威を避けたいという動機が存在するものと推測できる。

このように，不公正とそれがもたらす脅威の関連を考えるうえで，不公正と自己との距離を考慮することは重要であろう。自分自身に対する不公正は社会全体に対する不公正に比べて自我関与度が高い（Brickman et al., 1981; Tyler et al., 1997/2000）。それゆえ，ミクロ水準の不公正知覚は自分自身がまさに否定的な評価を受けているとの感覚を生じさせ，それがもたらす脅威も強いことが予想される。一方で，マクロ水準の不公正知覚は，自分も社会の一員であるという意味においては将来不当な扱いを受けるかもしれないという潜在的脅威が生じる可能性があるものの，それは必ずしも直接的で切迫したものではないために，抱かれる脅威は相対的に弱いであろう。実際，ダルバート（Dalbert, 1999）は公正世界信念を個人的公正世界信念（Personal BJW）と一般的公正世界信念（General BJW）の2種類に分類したうえで，前者は後者に比べて自尊心や生活満足度とより強く関連することを見いだした。

不公正感が人々の健康を損なうという考え方は，近年社会疫学などで注目されている相対的所得仮説にも見られる。相対的所得仮説とは，地域や社会の不平等度が高まるにつれてそこに住む人々の健康状態が悪化するというもので，その原因の1つとして他者との比較に基づく心理的要因が想定されている（Kawachi & Kennedy, 2002/2004; 近藤，2005）。結果に対する人々の満足度が比較対象によって規定される現象は相対的剥奪として知られているが（福野，2011），この原理に従うならば，たとえ社会全体の暮らし向きが豊かになっても，不平等の拡大は自他の比較を通した脅威を増大させ，結果として健康は害される。実際，アメリカや日本といった先進諸国において，相対的な格差の大きさが自己報告式の健康度と関連することが示されている（Kondo et al., 2008; Oshio & Kobayashi, 2009; Subramanyam et al., 2009）。

相対的所得仮説を検証した研究には，地域や集団（たとえば，性別，年齢，職

業集団など)についての客観的指標(たとえば,ジニ係数,相対的所得水準など)を用いて剥奪の程度を定め,それらとさまざまな健康指標の関連性を示すものが多いが,健康悪化の原因となる心理的要因を直接測定したものは少ない。しかし,日本の低所得者において相対的に強い個人水準の不公正感を他者との比較に基づく感覚であると仮定すると,それが彼らの健康を特に損ねる要因であると予測できる。実際,川嶋と大渕(Kawashima & Ohbuchi, 2011)は日本人を対象とした調査データを分析し,所得水準が低い人ほど精神的な健康状態が悪いが,その効果の少なくとも一部は,ミクロ水準で不公正に扱われているとの感覚によってもたらされることを示した。これは,比較に基づく心理的要因が個人の健康状態を脅かすという相対的所得仮説を裏づけると同時に,不平等のしわ寄せを特に被るのは恵まれない人々である可能性を示唆している。

(2) 行動への影響

不公正に伴う脅威を解消する方法の1つは,その不公正自体を正すことである。実際,不公正知覚がもたらす不快な感情がその是正を動機づけることは,多くの心理学的研究や理論によって指摘されてきた(Adams, 1965; Tyler & Smith, 1998)。しかし,現実には多くの日本人が不平等はゆきすぎであると感じているにもかかわらず,それはなかなか是正されないように見える。

ゆきすぎた格差や不平等は,なぜ是正されないのであろうか。ジョストら(Jost & Banaji, 1994; Just & Hunyady, 2002)はシステム正当化理論のなかで,人々は基本的に現状を肯定し正当化するように動機づけられていると主張する。なぜならば,正当化は不公正知覚に伴う否定的感情を低減し,一時しのぎな心理的安寧をもたらしてくれるからである(Jost et al., 2010)。社会を公正なものとみなすこのような傾向は,社会的に不利益を被っている人々の間でさえ見られることがある。たとえばジョストら(Jost et al., 2003)は,アメリカで行われた複数の調査の結果を分析し,所得の低い人ほど政府を支持する態度を示したり,能力主義的な信念や経済的な不平等の必要性を肯定的にとらえたりすることを示した。

このようなシステム正当化理論の予測は,日本においても当てはまるのであろうか。学歴に注目した池上(2012)は,日本社会においても学歴に基づく階層システムを正当化しようとする動機が存在することを見いだした。一方で,本章で繰り返してきた通り,より一般的な社会の公正さを尋ねられた際,日本人は全体として社会を不公正な場所であると回答すると同時に,そのような回答に明確な

階層差は見られない。つまり，少なくともマクロ水準において，日本人はその社会的境遇にかかわらず社会全体の不公正さを認める傾向にあるといえる。一方で，自分自身が公正に扱われているかと尋ねられた場合，所得の高い人ほど公正であると回答する傾向はあるものの，相対的に所得の低い人であっても6割程度が自らは公正に扱われていると回答することが示されている（川嶋，2012）。

　ミクロ水準とマクロ水準の不公正感を比較したとき，不公正の是正をより動機づけるのはどちらなのであろうか。これまでの議論に基づくと，自分自身に対する不公正感は社会に対する不公正感よりも自我関与度が高く，喚起される脅威も強いため，行動に与える影響もより強いと予測できる。この予測が正しければ，日本社会において不平等が是正されない理由も説明可能である。つまり，多くの日本人はマクロ水準で不公正感を抱きつつも，自分自身は公正に扱われていると考えているため，抗議行動は生じにくいと考えられる。川嶋ら（2012）が日本人を対象に実施した研究はこの予測と説明を支持するものであり，マクロ不公正感もミクロ不公正感も抗議行動を促す効果をもつが，その程度はミクロ不公正感のほうが強かった。

　一方，相対的剥奪に関する研究は，異なる観点から人々の行動反応を検証してきた。ランシマン（Runciman, 1966）によると，相対的剥奪状況は自分が所属する集団が他の集団に比べて不当な扱いを受けているという集団的な剥奪と，自分自身が他者に比べて不当な扱いを受けているという個人的な剥奪とに分類される。これら2つのタイプの剥奪のうち，個人的な剥奪は抑うつなどの内的反応と関連する一方で，集団的な剥奪は抗議行動などの集合的行為を引き起こしやすいことが知られている（Smith et al., 2012; Tyler & Smith, 1998）。このような集団的な剥奪感の心理的背景には，その集団に対する個人の同一化が存在する（Tyler et al, 1997/2000; Wright & Tropp, 2002）。それゆえ，客観的には不当な扱いを受ける集団であっても，そのメンバーと集団との心理的結びつきが希薄であれば行動は生起しない可能性が高い。

　個人レベルの剥奪感と集合的行為とが結びにくいという点は，ミクロ不公正感が抗議行動を促すことを示した川嶋ら（2012）の知見と整合しないようにみえる。この点については，今後両者の理論的比較に基づく詳細な検討が必要であろう。また，集団レベルの剥奪感は，ミクロ不公正感とマクロ不公正感の中間水準に当たると考えることができる。大渕と福野（2003）は，社会に対するマクロ公正感と同時に自らが所属する職業集団と地域集団に対する公正感を測定し，それらと

国に対する態度との関連を検討した結果，マクロ公正感と職業水準の公正感がともに国に対する親和的態度に影響することを示した．不平等社会における社会経済的状況と関連する属性としては，大渕と福野が用いた職業や地域以外にも所得，学歴，従業上の地位，年齢，性別などが考えられる．人々がこれらによって規定される集団にどの程度同一化しており，どの程度集団的な不公正感を抱いているのか，さらにそれが態度や行動とどのように結びついているのかは，今後検討の必要がある．

　さらに，多水準の公正感の組み合わせは人々の行動に独自の効果をもたらす可能性がある．ミクロ，マクロ，さらに集団水準の公正感を独立した判断ととらえるのであれば，ある水準では公正感を抱いているが別の水準では不公正感を抱くということが起こりうる．実際，本章で確認してきたとおり，日本人の多くが社会を不公正ととらえる一方で，自分自身については公正に扱われていると回答する人が多い．また，川嶋ら（2012）は，ミクロ不公正感の強い人であってもマクロ不公正感の強い人は弱い人に比べて抗議行動を行わないことを示した．この結果は，人々の態度や行動を予測するうえで多元的公正感の組み合わせを考慮することの重要性を示している．

3. 公正な社会に向けて

　本章では，格差問題が叫ばれる日本社会において公正感や不公正感がどのように形成され，それがどのような役割を果たしているのかについて，社会調査や社会心理学的研究の知見に基づいて考察してきた．まず確認されたのは，多くの日本人はその社会的境遇にかかわらず，日本社会を否定的に評価していることである．この評価の背後には，競争主義を基本的には支持しながらも，調和や弱者保護を重視する日本人の公正観が存在するようである．ただし，不公正感が抱かれるのは社会全体をマクロな水準から評価した場合であり，自分自身の状態について尋ねられた場合は異なる様相を呈する．すなわち，低所得者ほどミクロ不公正感を強めるという階層差が認められる一方で，全体としては自分自身が公正に扱われていると回答する人が多い．

　この傾向は，自分が不当に扱われているという感覚がもたらす不快感情を回避したいという動機の現れであると解釈できる．実際，ミクロ不公正感には強い脅威が伴う．しかし，社会変革行動を強く促すのは個人的な不公正感であり，社会

全体に対する不公正感ではない（川嶋ら，2012）。つまり，社会変革のためには個々人が自分自身の境遇の不当性を認識しなければならないのであるが，それを回避する心理的傾向が現状の打破を困難なものにしているといえる。

　では，不公正を是正するためにはどうすればよいのであろうか。社会を不公正ととらえる多くの日本人がそれを自分自身（もしくは，自分と密接に関連する他者や集団）に悪影響を及ぼすものと認識することができれば，あるいは格差是正の具体的な行動が生起するかもしれない。もちろん，不公正と自分の距離を近づける際には多大な心理的負担を伴うことが予想されるが，一人ひとりがそれを避け続ければ，全体としては不公正な社会構造が長期にわたり温存される。このように，社会的公正を達成するのは容易なことではないが，多くの人々が安心して暮らせる公正な社会をつくりあげていくために，公正にまつわる心理学的メカニズムのさらなる解明が求められる。

13章 ジェンダーと不平等
ワーク・ライフ・バランスの視点から

　本章では，仕事と私生活の安定した調和をめざすワーク・ライフ・バランスの阻害要因という視点から，日本におけるジェンダーと不平等について検討する。性別，年齢，未既婚，雇用状況，職位にかかわらず，すべての人々を対象にしたワーク・ライフ・バランスの実現は家庭と雇用制度における分配的公正基準と深く関わり，差別解消や社会経済システムの転換を必要とする。

1. ジェンダーと不平等

　ジェンダーとは，ある社会（文化）において男性と女性それぞれにふさわしいと期待されるパーソナリティや役割や行動などのあり方である（鈴木，2006a）。個人の生き方や働き方の選択，つまりライフコースやキャリア形成の選択はジェンダーに対する態度や価値観と密接に関わる。また，社会規範，社会制度（税制度，社会保障制度等），雇用制度，雇用慣行，法律などにおけるジェンダーの構造も個人の生き方や働き方に大きく影響する。

　近年日本では個人の人権が尊重され，男女の平等意識が高まってきた。しかし，ジェンダーの不平等がいぜんとして存在し，「結果の平等」は言うまでもなく「機会の平等」の実現も道半ばである。経済・教育・健康・政治の4分野における日本の男女平等レベルを示す「ジェンダー・ギャップ指数（Gender Gap Index）」は2014年に142か国中104位であった（World Economic Forum, 2014）。これは男女間格差の大きさを現す結果である。日本にはジェンダー規範が色濃く残り，「男らしさ，女らしさ」のジェンダー・ステレオタイプや「男は仕事，女は家庭」という性別役割分業が，個人だけでなく家庭，企業，社会全体に浸透し，それに

沿った慣行や差別が平等実現の行く手を阻んでいる。

　たとえば正規雇用の既婚男女を例にあげると，女性の就業環境はある程度改善されてきたが，今も子育てや家庭運営の主たる責任を担う。フルタイム勤務の女性はワーク・ファミリー・コンフリクトが最も高く（加藤，2014），仕事との両立は楽ではない。ジェンダー・ハラスメントのような職場の人間関係や組織風土における性差別に直面することもある（小林，2015）。さらに，女性は仕事に関する自分の能力や成果を過小評価する傾向がある。さまざまな理由から離職し，子育て後正規雇用の再就職を望んでも，復帰準備の不足，家族役割による労働時間の制約，雇用慣行，経営者・上司の無理解などがあってハードルが高く，非正規雇用の仕事（パート・アルバイト，契約社員，派遣社員など）に就かざるをえないことが多い。一方，男性の多くは家計責任を担う。長期雇用に基づく安定した給料や昇進を期待され，心身の調子が悪くても長時間労働や休日出勤を続け，家族をおいて遠方に単身赴任する転勤を受け入れることに象徴されるような仕事中心の価値に縛られている。

　ジェンダー化された企業（gendered organizations）（Alvesson & Billing, 2009）で働くかぎり，私生活を犠牲にすることなく就業継続することは，性別や未既婚や雇用形態を問わず困難である。未婚化・晩婚化・晩産化・少子化の進行もこの難しさと無関係ではない。

2. ワーク・ライフ・バランス

　ワーク・ライフ・バランス（Work Life Balance: WLB）とは私生活と仕事の調和である。仕事，家庭生活（結婚，家事，育児，介護など），友人とのつきあい，学習，趣味，スポーツ，ボランティア，地域活動などのバランスが自分の望む形で展開できる生き方に価値を認める。心身ともに健康で楽しく生産的な職業生活を送るためにはこのバランスが欠かせない。WLB実現のためには，男女ともに個人の生き方や働き方の多様性（diversity）を認め，経済的自立，自己決定の自由度・自律度を高めることが前提となる。

　近年若年世代を中心に個人主義や自己実現欲求が高まり，自分のライフスタイルを守って私生活全般と仕事のバランスをとろうとする人が増えてきた。総合職で仕事と家庭の両立をめざす女性，エリア総合職や一般職を選択してプライベートな時間を確保する女性，家事や育児や介護に積極的に参加しながら働く男性，家

族と過ごす時間を優先できる仕事を選ぶ男性など多様である。

　このような個人の意識変化を背景に，企業はWLBが働くうえでのモラール向上に効果を及ぼすことを認め，福利厚生や人材マネジメントに関わる施策の推進を進めることが求められる。長時間労働偏重や頻繁な転勤をやめて柔軟な勤務体制を導入し，男女社員の仕事満足度・健康・メンタルヘルスを重視し，結果として生産性や競争力を向上させるなどである。そのためには職場におけるジェンダーの不平等をできるだけ解消しなければならない。しかし，個人や企業の意識や施策の変化だけで差別や性別役割分業の構造を解消するには限度がある（川口，2013）。そこで2007年にはワーク・ライフ・バランス憲章が策定され，今やWLBは日本社会全体で取り組む社会政策となっている。

3. ワーク・ライフ・バランスの視点からみた日本の就業問題

　日本では急速な少子高齢化が進み，今後労働力不足になることが懸念されている。その対策の3つの大きな柱が，高齢者の就業促進（65歳まで雇用延長等），外国人労働者の活用，そして女性労働者の活用である。女性労働者の活用に関しては女性活躍推進策が政府により打ち出されている。子育て支援（待機児童解消，児童手当の充実等），家庭と仕事の両立支援（育児休業制度の普及，介護負担の軽減，介護休業の整備等），職場復帰・再就職支援（復職・再雇用システムの形成等），役員・管理職登用拡大などである。これら具体策の効果は正規雇用の女性には徐々に現れてきたものの全般的にはまだ十分有効に機能していない。日本的雇用制度の特徴である，長期的な企業内人材育成，正規労働者の中途採用の少なさ，定期的な転勤などがいぜんとして女性の活躍を阻害している（川口，2013）。さらに，男女ともに非正規雇用が増加しているにもかかわらず（表13-1），正規雇用へのコース転換の実現可能性は低いままで，正規雇用とパート（同一企業の一般労働者より1日の所定労働時間または1週間の労働日数が一般の労働者より少ない労働者）の均等待遇も実現できていない。

　とはいえ，雇用制度や雇用慣行に基づく男女間の処遇格差を解消して平等に処遇するためのジェンダー関連の法制度は徐々に整ってきた。男女共同参画社会基本法（1999年），改正男女雇用機会均等法（2007年：性による差別禁止範囲の拡大，妊娠・出産などを理由とする不利益取り扱いの禁止，母性健康管理，セクシュアル・ハラスメント対策およびポジティブ・アクションの推進等），次世代育成

表 13-1　雇用形態別雇用者の構成比（1985 年・2015 年）

		正規職員・従業員	パート・アルバイト	その他
男性	1985 年	92.6　(7.4)	3.3	4.1
	2015 年	78.3　(21.7)	10.7	10.9
女性	1985 年	67.9　(32.1)	28.5	3.6
	2015 年	42.8　(57.2)	44.3	12.8

注）役員を除く．単位：％．データ：1985 年は年平均，2015 年は 2 月．
　　（　）内は非正規職員・従業員の合計．その他：派遣社員，契約社員，嘱託，その他の合計．
　　1985 年：内閣府男女共同参画局（2014）の男女共同参画白書 平成 26 年版 1-2-5 図より作成．
　　2015 年：総務省統計局（2015）の労働力調査（基本集計）平成 27 年 2 月分第 6 表より作成．

支援対策推進法（2005 年～ 2025 年），改正育児・介護休業法（2010 年），短時間勤務の導入（2010 年），改正パートタイム労働法（2015 年）などである．もっとも，男女共同参画を実現する実効的施策であるポジティブ・アクション（雇用慣行などによる構造的な女性差別による不利益を積極的に取り除くため特別の機会を提供する暫定的な改善策）の導入は法律で義務づけられておらず，実際に取り組んでいる企業は 3 割程度である（厚生労働省，2014a）．

しかし，法律の制定だけでは WLB を実現することはできない．法的な基準以上の処遇が企業の社会的責任（Corporate Social Responsibility: CSR）を果たすためのコストとみなされる（二村，2014）．たとえば，労働基準法の女子保護規定が撤廃されて，女性の残業・休日労働・深夜業への規制がなくなり，男女の取り扱いが均等になって，女性の残業が男性並みに増えた．企業が労働時間の上限を自ら制定することで男女ともに労働時間を短縮し，有給休暇取得を義務づけて取得率を高めるなど，個人生活を守りつつ職務満足や労働生産性を高められるような人材マネジメント戦略が求められよう．

一方で，WLB の追求にはマイナスの側面があることを忘れてはならない．たとえば，育児・介護休業取得率を高めると，休業中で労働していない人材の雇用が増加して企業の負担になる．それを避けるためにあえて女性を雇用しない企業が出てくる．また，育児・介護休業者がいる場合，代替要員が認められなければ同じ職場の未婚女性や男性が穴埋めをすることになる．複数の休業者がいるあるいは同じ人が複数回休業するなどの場合，穴埋めをする側の労働時間が延びて WLB を確保することが難しくなるという不公平が発生する可能性がある．このような場合，サポートする側の人々への報酬制度など公平な施策が不可欠になる．WLB の恩恵が子どものいる人にのみ偏らず，どのような立場の人も「結果の平等」の

恩恵を受けることのできる扱いが必要である。

4. ワーク・ライフ・バランスの視点からみた日本人の態度変化

　WLB の視点からみたジェンダーと就業に関わる日本人の態度は過去約 40 年の間におもに次のような変化をとげてきた。

(1) 仕事優先志向から余暇志向へ
　仕事と余暇に関する時系列的調査（NHK 放送文化研究所，2015）では，「仕事優先」の支持が 1973 年の 36％以降男女ともに減少し，2013 年には 21％となった。「仕事・余暇両立」の支持は逆に 21％から 36％に増加した。同期間に「余暇優先」の支持は 20％台半ばをキープしたままである。個人主義が定着し，プライベート時間を大切にし，仕事・経済中心から仕事と私生活のバランスをとることや余暇志向へと価値観が変化したといえよう。

(2) 女性のライフコースは再就職志向から就業継続志向へ
　出産・育児のために離職し，子育て後に再就職するというライフコースを女性の理想の生き方とする傾向が，日本では従来男女ともに強く，他国より顕著であったが（Suzuki, 2007），近年は子どもができても仕事を継続する両立コースが支持されるようになっている。たとえば，既婚女性に望ましいライフコースに関する時系列的調査（NHK 放送文化研究所，2015）では，1973 年から 2013 年の間に「家庭専念（結婚したら家庭に専念）」の支持が 35％から 11％へと急速に減少，「育児優先（子どもができるまで職業継続）」の支持は 42％から 31％へとやや減少，「両立（子どもが生まれても職業継続）」の支持が 20％から 56％へと 2.5 倍以上まで増加した。両立支持の傾向は男女共通であるが，女性のほうがやや支持率が高い。この変化の背景には女性の高学歴化や若年層の就業継続意欲の高まりと共働き志向がある。

(3) 片働き志向から共働き志向へ
　1980 年に 1,100 万世帯を超えていた男性雇用者と専業主婦の片働き世帯は 2012 年には 805 万世帯へと激減し，逆に共働き世帯は 614 万世帯から 1,068 万世帯まで増加した（厚生労働省，2012）。共働きと言っても，夫婦が正社員の共働きより，

正社員の夫とパートの主婦という世帯が多い。共働き志向の理由は，暮らしの余裕を求める経済的欲求だけでなく，男性の所得の低下，成果主義の導入，非正規雇用男性の増加などによる不安である。夫の病気やけがやリストラの心配もある。一方で女性の高学歴化や多様な職種への進出や就業継続の長期化によって妻の賃金や生涯賃金が高まることを考慮すれば，妻の離職による経済的損失は大きい。このような状況では夫の収入に全面的に頼らず妻が仕事を続ける共働きの経済的メリットが片働きに勝る。離婚率の上昇やシングルマザーの貧困という視点からみても女性の経済的自立は必須課題である。しかも，女性個人の経済的地位が向上することは日本の男女平等意識を高める大きな原動力ともなる（山口，1999）。

5. 就業行動のジェンダー比較

　上記のような態度や価値観の変化は実際の就業行動にどのような影響を与えているであろうか。就労における公正（個人をその資格条件にふさわしいやり方で処遇すること）の3つの分配的基準—衡平，平等，必要性（大渕，2008; Ohbuchi, 2011）—を検討しつつ具体的に男女の行動を比較しよう。

(1) 就業率

　2015年2月に15～64歳男性の就業率は81.5％，女性は63.7％であった（総務省統計局，2015）。男性や欧米女性の就業パターンが台形であるのに対して，日本女性は子育て期に就業率が低くなるM字型である。2013年の女性の労働力率は20歳以上の全年齢階級で前年より上昇し，M字の底は35～39歳（69.6％）であった（厚生労働省，2013）。未婚化・晩婚化・晩産化に加えて，就業継続や育児休業取得率の高まりが上昇の背景にある。特に20～30代未婚女性の就業増加，子育て期間に仕事を辞める既婚女性の減少，再就職する既婚女性の増加などの結果，M字型を脱却し台形に近づきつつある。

(2) 労働の二極化：正規雇用と非正規雇用

　非正規雇用の問題は長い間女性だけの問題とされ，社会に広く存在すれども注目されない不可視な（invisible）問題として見過ごされてきた（鈴木，2008）。1990年代以降の長引く経済不況とグローバル化による競争激化に備えた人件費削減によって正規雇用採用が減り，男性の非正規雇用者が急増した結果，男性の正規と

非正規の二極化がはじめて社会問題化し，格差の問題としてとらえられるようになった（鈴木，2008）。女性は正規雇用者の未婚率が高いが，男性は賃金の少なさや不安定さゆえに非正規雇用者の未婚率が高いなど，男性間にも雇用形態によって階層や不平等が存在することが明らかになった。さらに，非正規雇用者は長らく正規雇用者の雇用保障のための調整弁として利用されてきた面がある。そこでようやく非正規雇用者の処遇改善策が検討され始めた。

　2015年2月に役員を除く雇用者に占める正規職員・従業員の割合は男性78.3%，女性42.8%，非正規職員・従業員は男性21.7%，女性57.2%であった（総務省統計局，2015）。1985年と比較すると，男性非正規職員・従業員が3倍に増加し，女性非正規職員・従業員の割合は雇用者総数の過半数を超えて6割近くに達している（表13-1）。また，女性パート・アルバイトの割合44.3%は正規職員の割合より大きく，その他の非正規職員12.8%の3.5倍近くになった（総務省統計局，2015）。

　非正規の職に就く理由としては，男性の場合「正規の仕事がない」が最も多いが，女性は「都合のよい時間に働きたい」および「家計補助」が並んで最も多い（総務省統計局，2014）。日本の年金・賃金・税制度は専業主婦の世帯をモデルにしており，主婦が経済的に自立して働くより，年収103万円あるいは130万円を超えないように働くほうが税金や保険料負担の面で有利である。しかし，正規雇用の希望が強いにもかかわらず，家族役割を果たすため非正規雇用の道を自ら選択せざるをえない主婦も多い。いずれの理由にしろ多くの既婚女性が非正規で雇用され，それが職場と家庭それぞれの性別役割分業を再生産している。正規と非正規雇用間の賃金格差が家庭での夫と妻の性別役割分業を固定化し，家庭内に不平等なジェンダー階層を持ち込んでいる。

　一方で，女性雇用者に占める高学歴女性（大学・大学院卒）の割合が2013年に17.8%（男性35.3%）と急速に高まっている（厚生労働省，2013）。成果主義や能力主義が男女を衡平に扱う契機となって，今後は高学歴女性の正規雇用者や管理職が増加し，女性労働の二極化がますます進むであろう。正規雇用の継続は家庭内での夫婦の役割分担を平等なものにする機運となる。

(3) 育児休業・介護休業取得率

　2011年10月1日から翌年9月末までの出産者（出産前に退職せず働き続けた女性）のうち，2013年10月1日までに育児休業を開始した女性83.0%，配偶者が出産して休業を取得した男性2.03%であった（厚生労働省，2014b）。また，2013

表 13-2　女性管理職比率（1985 年・2015 年）

	部長級	課長級	係長級
1985 年	1.0	1.6	3.9
2015 年	5.1	8.5	15.4

注）単位：％．企業規模 100 人以上．
　　1985 年：21 世紀職業財団，女性労働の分析 2012 年（2014）の付表 32 より作成．
　　2015 年：厚生労働省（2014a）の平成 26 年版 厚生労働白書（資料編）　雇用均等・児童福祉詳細データ②より作成．

年に常用雇用者に占める介護休業者の割合は女性 0.11％，男性 0.02％で，その男女比は女性 82.4％，男性 17.6％であった（厚生労働省，2014b）。育児・介護役割が女性に偏っており，男女平等な分担とはいえない。

(4) 管理職比率

日本の管理的職業従事者に占める女性の割合は，3 〜 4 割を占める欧州・米国などだけでなくアジア諸国に比べても非常に低い。企業の女性役職者は 1985 年以降増加しているが，2013 年には係長級 15.4％，課長級 8.5％，部長級 5.1％（厚生労働省，2014a）で，役職が上がるに連れて割合が少なくなる（表 13-2）。女性管理職が少ないおもな理由は，役職に就く機会や訓練の少なさ，勤続年数の短さ，人事選考過程におけるジェンダー・バイアスなどであるが，女性自身の昇進への意欲や関心の低さも大きな要因である（鈴木，2006b）。仕事と私生活両立の困難さから，労働時間が長く責任の重い管理職に就きたくないという女性が多い。最近では若年男性の間でも管理職に魅力を感じない人が増える傾向がある。残業の多さや責任の重さに比した報酬の少なさを「貢献度とバランスのとれない不衡平な処遇」（熊谷・大渕，2009）とみなすためである。

6. ワーク・ライフ・バランス実現のおもな阻害要因

就業上のジェンダー格差や不平等を招き，WLB の実現を複合的に阻害している具体的な要因は何か，主要なものを以下にあげてそれぞれ検討する。

(1) 統計的差別

統計的差別とは，個人の能力や就労への意欲などについて正確で十分な情報がない場合に，個人の所属する集団の統計上の数値によってその特性を判断するこ

とである。たとえば，2013年の女性正社員・正職員の平均勤続年数は10.1年，男性は14.0年，同年上半期の男性労働者の離職率は6.0％，女性は9.4％であった（厚生労働省，2013）。このような統計上の数値から，企業は女性を男性より離職しやすい人材だとみなし採用しない，採用しても能力開発に消極的であり，補助的な仕事につける，昇進・昇格させないなどの対応をとる。つまり，離職率の高さが企業による女性差別の最大の理由となる（川口，2008）。女性は潜在能力を高める機会を与えられにくく，差別的待遇によって辞めることへのためらいや責任を感じなくなって結局は離職することになり，女性は辞めやすいというステレオタイプを強化する悪循環が起こる（鈴木，2006b）。

(2) 長時間労働

週に60時間以上就業する人の割合は正規，非正規，自営など就業形態を問わず男性のほうが高く，2012年には男性16.8％，女性6.1％であった（内閣府男女共同参画局，2014）。OECD調査では，26か国中日本人（15～64歳）の1日の有償労働（paid work）時間は男性471分と最長（平均330分）で，女性は206分（平均215分）であった（OECD，2014）。

このような男性の長時間労働の理由は，長期の不景気やグローバル化の影響で正規雇用者の数が減少して人手不足のうえに景気回復により残業が増えた，長時間働く従業員への人事評価が高い，従業員が残業による割増賃金を歓迎する，労働市場の流動性が低いため簡単に転職できないなどである。経済的に家庭を支えることが男性の役割とみなされ，経済力が男らしさの1つの指標になっていることもある。これは男性にとってのジェンダーの不平等である。若年世代を中心にWLBが望ましいと思う男性が増えても，男らしさのステレオタイプや仕事中心の価値に縛られて私生活に時間やエネルギーを割くことが困難である。就業環境の悪化が就業者の健康を阻害し，ストレスや過労によるうつ病や過労死や自殺などメンタルヘルス問題の増加を招いている。しかも，長時間働いているにもかかわらず，日本の労働生産性は2013年にOECD加盟34か国中，就業者一人当たりでも時間当たりでも20位程度の水準であった（日本生産性本部生産性総合研究センター，2014）。長時間労働を法律などで規制することを前提に，人的資源の活用や仕事の効率の見直しが必要である。

表 13-3　正社員・正職員および正社員・正職員以外の男女間賃金格差の推移（2005～2013年）

	正社員・正職員	正社員・正職員以外
2005 年	68.7	76.1
2010 年	72.1	74.7
2013 年	74.0	80.2

注）男性 = 100.0.　企業規模 10 人以上.
　男女間賃金格差：女性の所定内給与額÷男性の所定内給与額× 100。
　所定内給与額：決まって支給する現金給与額から超過労働給与額を差し引いた額。
　厚生労働省（2013）の平成 25 年版 働く女性の実情，付表 55 より作成。

(3) 賃金のジェンダー格差

　日本の男女間の賃金格差は近年徐々に縮まってきた。2005 年に正社員・正職員には，所定内給与額で男性 100.0 に対して女性 68.7（正社員・正職員以外 76.1）という格差があったが，2013 年には 74.0（正社員・正職員以外 80.2）と縮小した（厚生労働省，2013，表 13-3）。女性は正規雇用であっても職階が低くかつ勤続年数が短く，学歴，年齢，教育訓練，異動などの面で劣勢で，総合職と一般職コースの区別，職域・職種や企業規模の偏りなどがあることが格差の原因である。40 代後半頃に賃金が頭打ちになることが多く（厚生労働省，2013），終身雇用や年功序列賃金制度の恩恵に浴すことが少ない。同一雇用主のもとで男性と同じスキルと責任と努力をもって仕事をしていても賃金に差が出ることも多く，同一価値労働同一賃金（comparable worth）の原則が守られていない。女性の多いパートの仕事においても，フルタイムと同等の仕事なら時間給を同じにする時間比例賃金が制度化されていない。格差解消のために公正な処遇をするべきであろう。男女間そして正規と非正規雇用間の賃金格差は家庭での男女の性別役割分業を固定化する一因でもある。

(4) 家族役割分担のジェンダー格差

　「夫の台所の手伝いや子どものおもりは当然」とする人は男女合わせて 1973 年の 53％から 2013 年に 89％に増加し（NHK 放送文化研究所，2015），家事・育児・介護などの無償労働（unpaid work）に積極的に関わりたいとする夫も着実に増加した。しかし，男性は仕事を優先的に行うものとする社会全体のジェンダー規範や家庭内性別役割分業意識はいぜんとして強い。そこに硬直化した勤務体制や長時間労働が加わる結果，夫の家族役割分担は非常に少ない。

　子どものいる共働き世帯と片働き世帯における生活時間の 2001 年と 2011 年の

表 13-4　共働き世帯と片働き世帯における生活時間の比較（2001 年・2011 年）

区分	2001 年				2011 年			
	共働き		片働き		共働き		片働き	
	妻	夫	妻	夫	妻	夫	妻	夫
睡眠	7.03	7.32	7.13	7.32	7.01	7.23	7.14	7.23
仕事	4.12	7.13	0.02	7.14	4.05	7.36	0.02	7.22
家事	3.31	0.09	4.49	0.07	3.27	0.12	4.43	0.09
育児	0.25	0.05	1.48	0.13	0.45	0.12	2.01	0.19
自由	3.19	4.00	4.22	3.80	3.05	3.31	4.06	3.25

注）単位：時間，分．
夫婦と子どもの世帯．片働き世帯：妻が無業の世帯．
自由：テレビ・ラジオなど，休養くつろぎ，学習（学業以外）・研究，趣味・娯楽，スポーツ，ボランティア活動，交際の合計．
厚生労働省（2013）の平成 25 年版 働く女性の実情．付表 98 より作成．

比較から明らかになったことは，両世帯ともに夫の家事・育児時間が短くかつ 2011 年には夫の仕事時間がより長くなっていること，共働き妻の自由時間が最も短くかつ 2011 年により短くなっていることである（表 13-4）。同じく 2011 年の正規雇用者の仕事が男性 7 時間 35 分，女性 6 時間 18 分に対して，家事は男性 42 分，女性 3 時間 35 分であった（総務省統計局，2011）。さらに OECD 調査では，26 か国中日本人（15 〜 64 歳）の無償労働は女性 299 分（平均 274 分），男性 62 分（平均 139 分）と大きなジェンダー格差が存在する（OECD，2014）。家庭における男性不在は女性の就業継続を困難にし家庭に留まらせる。父親が育児に参加できないことは親としての経験の機会を奪われるだけでなく子どもの心理的発達にとっても不利である（鈴木，2008）。

(5) 労働市場の流動性の低さ

日本は，いったん離職すると再就職が難しい「硬い社会（hard society）」である。終身雇用，年功賃金，内部昇進などの雇用制度により同一企業に長期間勤め続けることが有利であり，男女ともに中途採用は賃金や昇進における不利を招きやすい。再就職する際には前職より就業条件が悪くなりがちである。

女性が出産により正規雇用の仕事を辞めて失う将来の潜在的収入（機会費用）の額は非常に大きい。フルタイム就労していた大卒女性が育児で仕事を中断し，その後パートで再就職した場合，定年まで就業継続をした場合と比べて億単位の所得の損が出る。いったん離職した女性の再就職環境は厳しく，年齢制限があり，

ブランクの間に仕事内容がより高度になってスキル・経験・資格が不足し再就職先を探すのに苦労することがある。これは長期的キャリア展望にとっては不利である。特に高学歴の女性ほど、再就職後に非正規雇用で低賃金の補助的な仕事をすることを躊躇し、結果としてまったく仕事をしないという選択をしがちである（鈴木，2006b）。

　企業は男女ともに再雇用制度の導入に消極的で、育児休業者に対する職業能力の保持・向上のための措置も不十分である。各企業が再雇用制度を充実させるか、労働市場全般の流動化によって再参入を容易にし、かつ経済的にも人事的にも不公平にならないようにすることが求められよう。

(6) 子育て・介護支援サービスの硬直性

　第1子出産を機に離職する女性が多い理由の1つは、保育サービスなどの子育て支援策が多様なニーズに応えていない点にある。児童福祉法の改正によって、1998年4月から親が自由に認可保育所を選択できるようになり、0〜2歳児向けの保育施設は増えたが、いぜんとして待機児童が多い。2015年4月に始まった子ども・子育て支援新制度によって低年齢児向け保育施設は今後さらに増えるが、3歳以降の預け先を見つけにくいうえに保育士不足の状況が続いており、幼稚園への受け入れが求められている。1999年からは女性の深夜業が解禁になり夜間に働く女性が増加しているが、夜遅くまで子どもを預かる認可を受けた夜間保育所が増えていない。

　子どもが幼稚園や小学校に入っても母親の育児負担は減らない。最善の教育環境で自ら育てたいと望む傾向が強いことから、塾や習い事に費用をかけ、送り迎えをするための時間も必要になる。これも女性の就業継続や早期の再就職を妨げる要因である。しかし、最近は育児休業給付金を受給しながら短時間の在宅勤務をするなど、多様な働き方が徐々に認められるようになってきた。

　男女の働き手の就業時間を制約するのは育児だけでなく介護も同様である。高齢の親だけでなく、けがや病気の妻や夫や子どもの介護という場合もある。常用労働者に占める介護離職の割合は2013年に女性0.23％，男性0.04％で、その男女比は女性80％，男性20％であった（厚生労働省，2014b）。少子高齢化により今後介護役割を求められる労働者が急速に増加するが、離職せず仕事を続けながら介護したいとする男性の増加が予想され、女性だけでなく男性の仕事との両立モデルを示して介護離職をひきとめる努力が必要である。

7. ワーク・ライフ・バランスの実現に向けて

　ワーク・ライフ・バランスの実現をめざすことは公正な社会の実現をめざすことである。家庭内の性別役割分業をなくし男女平等に分担することで女性の離職率を下げること，労働時間の上限を法的に制限すること，正規雇用と非正規雇用の格差を是正すること，税制や社会保障制度など法制度も含めて包括的に変革することなどが実現に向けて急務である。働く男女が主体的に長期的なキャリア形成ができるようサポートする職場環境を築き，メンタルヘルスのサポートを手厚くし，年齢や性別や未既婚や雇用形態にかかわらず，働くことが健康で楽しい幸せな経験になるように，個人，企業，国，地方公共団体など社会全体で衡平，平等，必要性の3条件（大渕，2008）を満たす公正な社会づくりに真剣に取り組むことが求められる。

14章 地域紛争と公正

1. 地域紛争における公正問題

(1) 地域紛争とは

　公共開発では，しばしば開発の是非を巡って激しい議論が生じる。それによって，開発推進派と反対派に地域が二分されることもある。このように，ある地域に暮らす人々の間で生じる公共開発の是非を巡る激しい対立は"地域紛争"[注1]とよばれる。

　地域紛争は，ダムや廃棄物処分場など，大規模な公共開発の際にしばしば生じる。そのような施設の建設では，多くの人々に多大な利益がもたらされる一方で，特定の人々に負担が生じることがある。たとえば，廃棄物処分場の建設では，それによって廃棄物の適正処分が可能になり，処理費用や有害物質の流出リスクも低下することが期待できる。その一方で，周辺地区の地価低下や有害物質の流出，トラック往来よる交通安全性の低下，観光収入の低下，風評被害などのリスクが生じる。このように，これらの施設の建設は，地域としては利益があるが，一部住民に大きなリスクが生じうるため，多くの人が，これら施設の建設の必要性は認めるものの，自分たちが暮らす地区での建設には反対する。そのため，これら施設はNIMBY（Not In My Back Yard）施設とよばれる。公共開発では，程度の差はあるものの，たいていの開発が"開発自体には賛同されるが，開発場所の決定は難航する"というNIMBY的性質をもつ。そのため，公共開発では地域紛争のリスクが高くなる。

注1：本稿では，関係主体の意見が異なり，相手に対して否定的感情をもっているが，誹謗中傷や暴力等を含む攻撃的行為に及んでいない状態を"対立"とし，攻撃的行為が生じている状態を"紛争"とする。

14章　地域紛争と公正

　地域紛争は，ひとたび生じると，解決が難しく，十年以上に渡って対立が続くこともある。また，協議の過程で遺恨が生じれば，解決後も対立が続くこともある。そのような場合，地域住民が共有してきた一体感は損なわれ，地域運営上の致命的損失になりかねない。そのため，公共開発では，地域紛争の回避や円満な解決が重要な課題となっている。

(2) 2つの地域紛争

　地域紛争はその対立構造によって，2つに大別できる。それを理解するため，まず関係主体について整理しよう。

　公共開発に関わる地域紛争では，開発推進派と反対派が対立するため，少なくとも，この2つが利害関係者[注2]として存在する。これに加え，通常の公共開発では，行政が開発主体となることから，行政も利害関係者としてあげられる。このとき，利害に着目すれば，推進派はおもに利益を享受し，反対派はおもに不利益を被るため，それぞれの立場が形成されていると考えられる。行政も広い意味では受益者であることから，行政を推進派に区分することもできる。しかし，公式的には，行政の開発目的は"公共の利益の増進"であり，行政自身の利益増進は目的にはならない。また，行政には紛争の調停役も期待されている。そのため，行政は住民や民間団体とは異なる集団として位置づけるほうが適切である。このように考えれば，地域紛争には，おもに推進派，反対派，行政，の3主体が関与しているといえる。

　次に，対立のパターンを考えよう。一般に，行政は開発を推進する立場なので，推進派とは協働の関係にある。両者は相互扶助の関係ではないが，基本的に同じ方向を向いているため，両者の間に深刻な対立は生じにくい。しかし，これ以外の組み合わせは，めざす方向が互いに異なるため，対立が生じうる。このとき，行政は開発に対する決定権限をもっているため，住民団体とは権限の強さが異なる。そのため，行政と反対派の対立は"縦方向の対立"といえる。一方，推進派と反対派の対立はその権限に差がないため，"横方向の対立"といえる。このように，地域紛争は，その対立関係から，"行政 vs 反対派"と"推進派 vs 反対派"の2つに分けられる。ただし，公共開発では，住民同士または市民同士の対立は互いに好まないため，横方向の対立は生じにくい。そのため，公共開発の地域紛争で

注2：本稿では，利害関係者とは，開発によって利害を受ける一般市民および民間団体を指す。ただし，通常は，開発協議に対して積極的な姿勢をもっている市民や団体のみが協議対象となる。

は，多くが縦方向の対立になっている．

(3) 地域紛争の発生構造と公正の重要性

地域紛争が生じる背景には，図 14-1 に示すように，公共開発が"社会的コンフリクト"と"社会的ジレンマ"という 2 つの状況特性を併せもっていることがあげられる．

社会的コンフリクトとは，開発によって利益を得る集団（受益者）と不利益を被る集団（受苦者）があり，両者の間に対立や紛争が生じている状態をいう（梶田，1988）．受益者とは，負担に比べて圧倒的に大きな利益を享受する人々を指し，受苦者とは，負担に比べて受益が非常に小さな人々を指す．

両者の空間的な位置関係に着目すると，両者が近接している場合と乖離している場合がある．前者では受益圏の中に受苦者が存在するため，受苦者も一定の受益を享受することが多い．一方，後者では，受苦者は受益圏外に存在するため，受苦者の受益は小さいことが多い．近接型の代表としては，廃棄物処分場があげられる．廃棄物処分場の周辺に住む住民は，廃棄物の処理状況が改善されるため，利益も享受するが，負担も被ることになる．しかし，同じ廃棄物処分場の収集圏内には，ほとんど負担のない住民が受益者として存在する．このような場合，両者は物理的に近接しているため，重複型といえる．

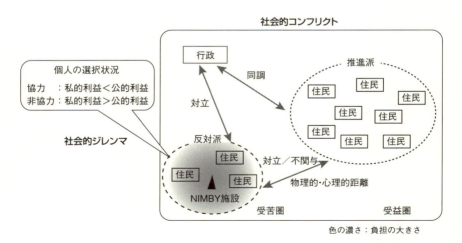

図 14-1 社会的コンフリクトと社会的ジレンマの関係の一般的概念

14章　地域紛争と公正

　一方，乖離型の代表には，ダム建設があげられる。ダムサイトから離れた下流域に暮らす住民は，利水や治水面でダム建設から大きな利益を受ける受益者となる。しかし，ダムの建設地域に暮らす住民は，移転が求められるため，大きな不利益を被る受苦者となる。このような場合，受苦者と受益者が空間的に離れていることから，分離型となる。

　一般に，社会的コンフリクトは近接型か乖離型かによって紛争の深刻度が異なる。そのため，紛争解決には，コンフリクトの型を的確に把握することが重要になる。

　次に，社会的ジレンマについては，さまざまな定義があるが（Dawes, 1980; 山岸，1989 参照），どの定義も概ね同じ状況を指しているといえる。そのなかでも，地域紛争を考えるうえで理解しやすいのは，藤井（2003）による以下の定義であろう。

> 社会的ジレンマ（藤井，2003, p.12）
> 　長期的には公共的な利益を低下させてしまうものの短期的な私的利益の増進に寄与する行為（非協力行動）か，短期的な私的利益は低下してしまうものの，長期的には公共的な利益の増進に寄与する行為（協力行動），のいずれかを選択しなければならない状況

　社会的ジレンマの特徴は，私的利益が強調された選択肢と公的利益が強調された選択肢から，個人が選択を行うという状況にある。社会的コンフリクトが全体的な視点から俯瞰した場合の問題のとらえ方であるのに対し，社会的ジレンマは，個人的視点から選択場面を見た場合の問題のとらえ方だといえる。そのため，個人的視点から公共開発の問題構造を考える場合には，社会的ジレンマに着目することが有効になる。

　公共開発における社会的ジレンマは，転居を伴う用地買収を例に考えるとわかりやすい。ダム建設のために，用地買収と住民の転居が必要になる場合を考えよう。当該住民からみれば，ダム建設に同意することは，「多くの人々（公共）のた

注3：本稿では，積極的支援や好意的態度をもって開発を支持する状態を"賛同"とする。一方，積極的支援や好意的態度は認められないものの，積極的に反対する態度が認められない状態は"同意"とする。たとえば，渋々，要請を受け入れるような場合は同意となる。また，賛同と同意の両方を含めた状態を"合意"とする。これらの定義は，研究者間で必ずしもコンセンサスが得られているものではないが，学会等では上記のニュアンスで議論されることが多いことから，本稿ではこの定義を用いる。

めに，先祖伝来の土地や，愛着のある土地と家屋を手放し，別の場所に転居すること」を意味する。このとき，相応の補償は提示されるが，それは市場価値に基づいて算出されるため，一般的には"個人の想い"に相当する部分は補償されない。そのため，ダム建設への同意は，私的利益以上に公共の利益を尊重することになるため，協力行動に該当する。逆に，ダム建設に反対することは，公共の利益以上に私的利益を重視することになるため，非協力行動になる。

さて，なぜ，社会的コンフリクトや社会的ジレンマが含まれていると地域紛争が生じやすくなるのか。紛争発生の構造を考えるうえで最も重要な点は関係者の利害構造である。なぜならば，多くの社会的行動が合理的選択理論（rational choice theory）によって説明され，それが一定の説得力をもってきたためである。合理的選択理論とは，個人の行動を利益と不利益のバランスで説明するものであり，功利主義的人間像が前提とされている。その概念は，批判も多いが，経済学の期待効用理論をはじめ，多くの行動理論で取り入れられ，一定の説明力が認められている。実際，協力を依頼するとき，協力することで相手が得る利得[注4]が大きければ，相手から協力を得やすくなるという考え方は，直感的にも理解しやすい。このように，利害構造からみると個人の態度は理解しやすくなることから，紛争の発生構造を考えるためには，まずは利害構造を把握することが重要になる。

次に，関係主体の利害に着目すると，社会的コンフリクトの受益者と受苦者の間には，受益と負担のバランスに著しい差があることがわかる。すなわち，受益者は受益ゆえに開発に賛成し，受苦者は大きな負担ゆえに開発に反対するとみることができる。この構図が解決しないため，地域紛争が発生する。

通常，公共開発では，このような利害の差は行政から受苦者への補償によって縮小される。しかし，補償額は市場価値に基づくため，市場での評価が難しい非市場財は補償されにくく，受苦者が満足する補償にはなりにくい。受苦者が，想い出などの非市場財を重視している場合には，受苦者にとっての適正補償額と現実の補償額の乖離は大きくなり，開発に向けた合意は難しくなる。換言すれば，受苦者が考える適正補償額に相当する補償がなされないため，「補償の不適切感」が合意を妨げているといえる。また，受苦者のなかには，自分たちと受益者を比較し，「なぜ自分たちが犠牲になり，不衡平な状況を受け入れなければならないのか？」という疑問が生じ，それが紛争要因になることもある。このような場合に

注4：利得とは，Kelley & Thibaut (1978) の定義に従い，ある行動を行うことによって，獲得が期待される報酬からその行動に伴うコストを差し引いた純利益とする。

は，受益者との平等性が紛争の一因となる。したがって，社会的コンフリクトの根底には，不適切さや不平等さに対する不満があるといえる。

　社会的ジレンマも同様である。協力の際に生じる不利益は補償されるが，それは市場で価値が計れるものに限定される。そのため，地権者は，評価されない非市場財の分だけ補償を不適切だと感じるだろう。また，"なぜ自分たちだけが"という思いも生じるだろう。そのため，ここでも，不適切さと不平等さが不満を募らせ，紛争状態を生じさせるといえる。

　以上より，地域紛争では，不適切さと平等性が重要な紛争要因になることがわかる。ここで，不適切さとは，負担に応じた報酬が配分されていない状況を指しており，通常，この状況は不衡平とよばれる。そのため，地域紛争の根底には，不衡平と不平等の2つがあるといえる。さらに，衡平性と平等性は，必要性とともに，公正評価の3基準にあげられることを踏まえれば（Tyler et al., 1997），公正さが紛争要因であることがうかがえる。先述のように，衡平性とは，負担に応じて適切に報酬が配分されている程度を意味し，平等性とは，関係者全員に均等に報酬が配分されることをいう。必要性とは，必要に応じて報酬が配分されることをいう。これらが適切になされれば，公正さの評価は高まる。これまでの公正研究では，公正さが確保または回復されると，好意的な態度が形成されやすくなることが報告されている（Tyler et al., 1997; Lind & Tyler, 1988 参照）。したがって，地域紛争の解決は，公正さの確保や回復が重要な鍵となる。

2. 紛争改善の方策

(1) 基本的な考え方

　地域紛争は，視点によって社会的コンフリクトと社会的ジレンマのように異なる2つの問題にみえるが，本質的には受苦者から同意が得られないことに起因する。すなわち，社会的ジレンマのなかで，受苦者が非協力行動を選択せざるを得ない状況になっていることが，紛争発生の原因だといえる。そのため，受苦者が適切だと思える補償がなされれば，受苦者は開発を受け入れ，紛争は解決すると考えられる。すなわち，方法はさまざまであっても，"適切"と判断できる水準にまで協力行動の効用が高まれば，個人は協力行動に転じると考えられる。なお，効用とは，経済学の用語で財やサービスの消費によって得られる満足感を意味するが，本稿では，合理的選択を前提とする経済学の理論との整合性に鑑み，満足

179

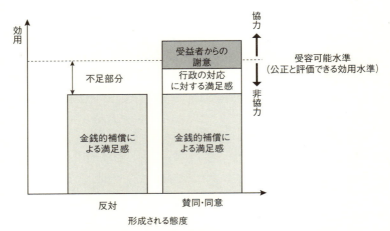

図14-2 個人レベルで協力行動が形成される仕組みの概念

感という用語の代わりに効用という用語を用いる。

さて,効用には金銭的報酬以外の要素も含まれる。これまでの研究では,誠実な対応など,非金銭的補償も効用を高めることが示唆されている(Blader & Tyler, 2003)。そのため,非金銭的補償も含めたトータルとしての利得から得る効用が,受苦者にとっての適正水準を超えた場合に,開発に対する合意が得られるものと考えられる(図14-2)。これに従えば,合意形成で重要になるのは,いかに適正な効用水準を実現するかということになる。

(2) 2つの改善方略と公正研究

適正な利得配分を行うことで,社会的ジレンマを克服し,紛争を解決する方策として,構造的方略と心理的方略があげられる(藤井,2003)。構造的方略とは,補償金増額や税額控除などを用いて,個人的利益を増大させ,社会的ジレンマの構造そのものを変化させる方略を意味する。これにより,協力行動の利得が受け入れ可能水準にまで高まり,受苦者は協力行動に転じることが期待できる。一方,心理的方略とは,信念や態度,道徳意識など,個人の心理に働きかけ,社会的ジレンマの構造そのものは変化させずに,自発的に協力行動を促す方略をいう。換言すれば,補償額を増額させずに,非金銭的補償への評価を高めることで,トータルとしての利得評価が"適正水準"を超えるようにする方法ともいえる。公正が紛争解決の鍵である地域紛争では,これらの方略として,どのような形が考え

られだろうか。

　公正評価が態度や行動に与える影響は公正研究とよばれる分野で研究されてきた[注5]（田中，1998; Lind & Tyler, 1988; Tyler et al., 1997; 大渕，1997 を参照）。公正研究では，裁判結果の受容を中心的な題材であったこともあり，外的に与えられた状況の受容促進について検討されてきた。そのため，公正研究は，公共開発で生じた社会的ジレンマのなかで，協力行動を受容するという紛争解決のコンセプトに適している。特に，資源の配分結果の適切さが態度・行動に与える影響を検討してきた"分配的公正研究"と，配分過程（意思決定過程）の適切さが態度・行動に与える影響を検討してきた"手続き的公正研究"は，社会的ジレンマにおける態度・行動を考えるうえで有用な知見を提供している。以下では，それぞれの概要を紹介する。

(3) 分配的公正と構造的方略

　資源の配分結果の適切さは分配的公正（distributive justice/fairness）とよばれ，その評価視点には，少なくとも衡平性，平等性，必要性の3つがあり，これらは状況に応じて使い分けられている（Tyler et al., 1997）。

　分配的公正の効果は，非常にシンプルである。社会的交換関係において，一方が適正な報酬を得たと認知すれば，報酬を得た側は報酬への満足感を高め（Tyler et al., 1997），報酬を与えた側に対して好意的態度や協力的行動を示すことが知られている（Greenberg, 1988; Alexander & Ruderman, 1987）。

　分配的公正は，個人が受け取る報酬の適切さを意味するミクロ公正（micro justice）と，集団や社会，国家など，個人の集合体が得る報酬の適切さを意味するマクロ公正（macro justice）に分けられる（Brickman et al., 1981; 大渕ら，2008）。公共開発の文脈で言えば，マクロ公正には，当該地域における開発の是非が該当し，ミクロ公正には個人への補償問題が該当する。利害関係者集団に対する補償問題はマクロ公正の問題としてとらえることもできるが，個人によって所有する資産価値や負担内容が異なるため，補償問題は最終的には個人の問題に帰着する。すなわち，地域紛争の問題は，ミクロ公正の問題として定式化できる。なかには，開発の是非が紛争になることもあるが，その多くは環境保護団体など，開発地域外の市民と行政の間の紛争であり，これは"開発地域の住民たちに関わる紛争"

注5：本稿では，地域紛争と公正研究の関係に焦点を絞っているため，公正研究の詳細は省略した。公正研究の詳細については，Tyler et al（1997）や田中（1998）などを参照されたい。

とは異なる。そのため，ここでは，マクロ公正に関わる紛争は割愛する。

ミクロ公正は個人的利得に対する公正評価であるため，利害構造と密接な関連をもつ。そのため，ミクロ公正を改善することは，利害構造そのものを変えることになる。したがって，ミクロ公正の改善による紛争解決アプローチは，構造的方略といえる。

(4) 手続き的公正と心理的方略

公正研究において，最も盛んに研究が行われてきたのは，手続き的公正研究であろう。手続き的公正（procedural justice/fairness）とは，資源配分における意思決定過程の公正さをいう。その評価基準としては，レーベンソール（Leventhal, 1980）の6つの概念，すなわち，一貫性，偏見の抑制，情報の正確さ，修正可能性，代表性，倫理性，が有名だが，実証研究では，発言機会の十分さ，情報開示の適切さ，中立性，尊重感などが手続き的公正の評価基準として検討されてきた（for review, Lind & Tyler, 1988; Tyler et al., 1997）。どの基準が重要になるかは，手続き的公正が求められる理由によって異なる。

これまでの研究では，手続き的公正を重視する動機として功利的関心と関係性関心が報告されてきた。功利的関心によって手続き的公正が重視されるという考え方は，道具的モデル（instrumental model）とよばれる。このモデルでは，人々が自己の利得を高めるために意思決定過程に発言機会や情報開示を求めると考えられている（たとえば，Thibaut & Walker, 1975）。一方，関係性関心を重視した考え方は，集団価値モデル（group value model）とよばれている。このモデルでは，人々は集団価値を高めるために公正な手続きを求めると考える（Lind & Tyler, 1988; Tyler & Lind, 1992）。タイラーとリンド（Tyler & Lind, 1992）の初期の研究では，集団価値は"所属集団を自己の一部かのように好意的にとらえている程度"だと解釈できる。また，タイラーら（Tyler et al, 1996）の集団価値の概念は，"集団への誇りと集団内で感じる自己への尊重感からなる，集団への好意的感情"と解釈できる。いずれも集団価値の規定因として中立性，信頼感，地位尊重，の3つを重視しているため，集団価値モデルでは，集団がもつ誠実さが手続き的公正の規定因だといえる。

上述のように，手続き的公正には道具的モデルと集団価値モデルという2つの考え方があるが，どちらも類似の効果が報告されている。すなわち，公正な手続きを体験した人は，与えられた結果に対して好意的に評価することが報告されて

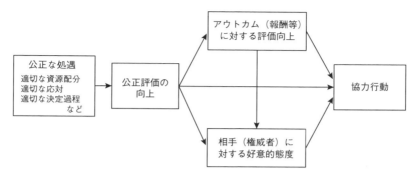

図 14-3　公正効果の発現過程の概念図

いる。その効果は手続き的公正効果（fair process effect）とよばれており，さまざまな文脈でその効果が報告されている（van den Bos et al., 1997）。さらに，公正な手続きを体験することによって，結果への好意的評価のみならず，手続きの提供者に対する好意的態度や協力行動が促がされることも報告されている（Tyler, 2011 参照）。

手続き的公正研究に従えば，意思決定過程を改善することにより，協力的な態度や行動が促されることになる。すなわち，地域紛争において，協議過程が公正に行われれば，人々はより協力的にふるまうと考えられる。このように，手続き的公正によるアプローチは，利害構造そのものを変更するのではなく，協議の進め方を変えることによって協力的態度を高める方略であることから，心理的方略の1つと位置づけることができる。

公正評価を高めれば，好意的評価や協力的態度が高まるという意味では，分配的公正アプローチも手続き的公正アプローチも同じだといえる。これまでの知見を整理すれば，公正体験による効果の発現過程は図 14-3 のようにまとめられる。

3. 構造的方略による紛争解決：分配的公正アプローチ

地域紛争の大きな原因は，負担に対して適切な補償がなされていないため，受苦者が開発を受け入れられないことにある。すなわち，受苦者が分配的不公正の状態にあることが重要な紛争要因だといえる。そのため，分配的公正アプローチにより，受苦者の利得が高まれば，補償への公正評価が高まり，受苦者の態度変容が期待できる。

受苦者の利得を高める方法として，補償額や税制面で控除額を高めるなどの方法が考えられる。民間主導の公共開発であればこういった方法は有効であろう。しかし，行政主導の公共開発では，補償額の大幅増額は難しい。すなわち，行政主体の公共開発では，分配的公正を高める方法は限定されており，大きな効果を望むことは難しい。また，多くの公共開発の実施主体が行政であることを考えれば，公共開発の地域紛争を分配的公正アプローチだけで解決することは難しいと言わざるを得ない。

　ところで，分配的公正アプローチが可能だったとして，それだけで地域紛争は解決できるのだろうか。実務では，この問いは重要な意味をもつ。なぜならば，これは"金銭によって地域紛争は解決できるか"を問うているからである。

　この答えは，ある政治家が放射性廃棄物の中間貯蔵時施設の建設計画の見通しについて問われた際，「最後は金目でしょ」と答え，各方面から非難を浴びたことからわかるように，多くの場合，「NO」であろう。中には金銭補償だけで解決できる場合もあるだろうが，これまでの研究では，協力的姿勢を求めるうえでは，報酬はさほど強い効果をもたず（Whiteley, 1995; Thøgersen, 1994)，それ以上に決定プロセス，特に関係性関心を満たすことが重要であることが示唆されている（Tyler & Lind, 1992)。同様の報告は，環境配慮行動の分析でも報告されている（Webler, 2001)。このことは，札束を積まれても，「土地を売れ」と横柄な態度で言われたら，反発心を覚えることからも容易に想像できる。したがって，地域紛争の解決では，分配的公正アプローチの効果は限定的であると同時に，手続き的公正アプローチのほうが大きな効果をもつことがうかがえる。

4. 心理的方略による紛争解決：手続き的公正と道徳意識の改善

(1) 手続き的公正による紛争解決

　地域紛争で手続き的公正が問題になる場合，行政の対応に問題があることが多い。なぜならば，住民間対立（受益者 vs 受苦者）の場合も，行政と住民の対立の場合も，協議をマネジメントするのは行政だからである。具体的には，行政が利害関係者に十分な発言機会を与えていない場合や情報の公開量が不足している場合，態度が不遜な場合などがこれに該当する。手続き的公正アプローチをもって紛争解決に取り組む場合には，このような点を改善する必要がある。これらが改善されれば，手続き的公正効果が生じ，関係者の態度や行動が好意的に変わるこ

とが期待できる。その際，手続き的公正効果は多岐にわたって影響を及ぼし，最終的に態度や行動の好意的変容を導くのである。たとえば，地権者に対して，移転を伴う用地買収を協議する場面を考えよう。人は判断対象に対して強い関心はあるものの，十分な情報がない状況では，断片的な知識や報道等で得た印象に基づいて態度を形成する（Cacioppo & Petty, 1984）。そのため，公共開発について否定的な報道が多ければ，否定的な態度が形成されやすくなる（羽鳥ら，2009）。しかし，十分な情報公開や質疑を行うことにより，断片的な知識や印象は是正され，メリット・デメリットも含めて関係者間で知識が十分に共有されるようになり，そもそもの開発計画自体に問題がなければ，用地買収は受け入れられやすくなる（青木・鈴木，2008）。さらに，地権者が十分な情報を得ることにより，用地提供が自分の利益になることを理解することもある。高齢の地権者が，ダム建設によって山奥から都市部に移転する場合などはその例としてあげられよう。また，先祖への申し訳なさを理由に先祖伝来の土地を手放なせずにいる場合には，情報提供や協議によって開発意義が十分に理解されれば，地権者は土地を手放す大義名分を得ることになる。その結果，用地買収の進展が期待される。

　手続き的公正の効果はこれに留まらない可能性がある。行政が利害関係者に対して公正に対応するようすを見て，一般市民の行政への信頼が高まり，市民が協力的になる可能性もある（青木, 2006）。住民が地域の現状に強い危機感を抱いている状況であれば，公正な協議の進行により，住民間のソーシャル・キャピタルの向上も期待できる（青木，2014）。

　このように，手続き的公正アプローチでは，多様な効果の波及と最終的な好意的態度・行動が期待できる。これらの効果は効用を高め，それが金銭的補償から得る効用に上積みされることになる。その結果，トータルとしての効用が受け入れ可能水準まで高まれば，開発は受け入れられ，地域紛争は解決に至ると考えられる。

(2) 心理的方略の逆効果

　公正な手続きを実施すれば，地域紛争は必ず解決に向かうかというと，必ずしもそうではない。フォルガー（Folger, 1977）は，公正な手続きの結果として不公正な報酬になる場合には，欲求不満効果（frustration effect）が生じ，結果に対する公正評価が低下することを見いだした。これについて，コーエン（Cohen, 1985）は，配分者も配分に対して利害関係をもっており，配分者の利益を正当化

するために公正な手続きが用いられた場合に欲求不満効果が生じると主張している。これに従えば，地域紛争でも，マネジメント役である行政が，自分たちにとって好都合な案を他の利害関係者に受容させるために公正な手続きを用いたと解釈された場合には，結果の公正評価が低下し，最終的には利害関係者は態度をより硬化させる可能性がある。特に，形式だけの協議のように，手続き上の公正さが弱い場合（Lind & Tyler, 1988）や結果の不公正さに対して他者の支持がある場合（Folger et al., 1979）には，その可能性はより高くなる。そのため，地域紛争の協議では，適切な利得配分に加え，公正な協議をしっかりと行うことの両方に注意が払われる必要があるだろう。

(3) 協力行動理論による紛争解決

　手続き的公正アプローチ以外にも心理的方略はある。その代表例として，アイゼン（Ajzen, 1991）の予定行動理論（Theory of planned behavior）とシュワルツ（Schwartz, 1977）の規範活性化理論（Norm activation theory）に代表される協力行動理論があげられる。これらは協力行動の発生過程を説明しているため，地域紛争の解決にも役立つ。

　予定行動理論では，行動の先行要因として行動意図が設定され，それが目標行動に対する態度（attitude toward the behavior），主観的規範（subjective norm），実行容易性（perceived behavioral control）の3要因に規定されると仮定されている（図14-4）。目標行動に対する態度とは，個人が当該の協力行動をどの程度，好意的にとらえているかを意味する。主観的規範とは，協力行動の実行に対する社会的圧力の知覚を意味する。具体的には，自分が協力することを周囲の人たちが期待していると思う程度を意味する。実行容易性は，知覚行動制御と訳されることもあるが，これは協力行動の実行しやすさを意味する。

　予定行動理論を用いた実証研究では，多くの場合，実行容易性が最も重要な行動規定因になる。これは，手間がかからず，実行が容易な場合に人々は協力することを意味している。そのため，このモデルは，合理的選択理論の発展版としてとらえることもできる。

　一方，規範活性化理論は，愛他的行動（altruistic behavior）の発生過程を説明した理論であり，道徳意識を強調している点に特徴がある。愛他的行動とは，自分の利益以上に，自分以外の人や集団の利益を優先させる行動であり，ボランティアなどが該当する。そのため，愛他的行動は，自己利益が非常に小さな場合の

協力行動だといえる。

規範活性化理論は，それを用いる研究者によってモデル設定の細かさがやや異なるが，概ね，図14-5のように設定される。すなわち，現状の帰結に対する重要性（awareness of consequences）を認知し，責任感（responsibility）を感じると，道徳的義務感（personal moral obligation）が生じて他者を助ける行動に至る，というものである。このモデルでは，節々で心理的抵抗感が生じて愛他的行動が抑制される可能性についても考慮されている。

この理論もまた，環境ボランティア行動をはじめ（Harland et al., 2007），多くの実証研究でその有効性が報告されており，協力行動を説明する有力な理論だといえる。

近年では，ウォールら（Wall et al., 2007）が上記の2理論を統合したモデルを検証し，実行可能性と道徳意識が特に重要な行動規定因である可能性を見いだしている。

これらの研究は公正研究と無関係ではない。実行容易性は協力行動の実行コストを意味するため，利得と関連している。そのため，これは分配的公正アプローチで改善できる可能性がある。また，実行容易性は手続き的公正アプローチで改善される可能性もある。たとえば，地権者が補償額に満足していても，先祖に気兼ねし，用地を提供する気になれないような場合，手続き的公正アプローチによ

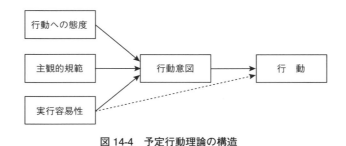

図14-4　予定行動理論の構造

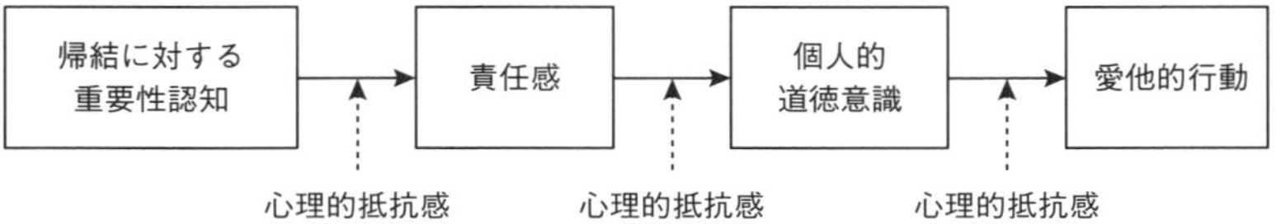

図14-5　規範活性化理論の構造

って用地提供の社会的意義が理解されれば，土地売却の大義名分を得た地権者の心理コストは低下することが予想される。その結果，実行容易性が高まれば，用地買収が合意され，紛争解決に近づく。

　一方，道徳意識は帰結の重要性認知を高めることで活性化することから，手続き的公正アプローチによって"非協力の帰結の深刻さ"を訴えれば，紛争が改善する可能性がある。ただし，"脅迫"に近い説得になった場合，心理的抵抗が生じ，逆に否定的態度が強められる可能性もある（Janis, 1967）。そのため，過度に恐怖心を煽るようなことは控える必要があろう。

　これまで協力行動理論と公正研究の接点は少なかったが，自発的な協力行動や好意的態度の誘発という目標は共通している。また，上記のように両者のリンクも考えられる。そのため，今後は両者を組み合わせた統合フレームによる紛争解決も検討が進むと思われる。

(4) 残された心理的方略

　地域紛争の解決に際して，手続き的公正アプローチは大変有効だが，絶対ではない。手続き的公正アプローチを用いても効用が受容可能水準を超えないこともあるだろう。理論的には，公正なプロセスの下で，適正な報償がなされたとしても，受苦者のトータルとしての効用が受容可能水準に達しない場合がそれに相当する。このような場合，地域紛争としては極めて難しい状況になる。

　これまでの議論では，おもにマネジメント役の行政が採りうる方略について述べてきたが，地域紛争には受益者も含まれることを忘れてはならない。受益者が分配的公正アプローチや手続き的公正アプローチを用いることによって紛争状態を改善することも可能なのである。

　受益者が採りうる分配的公正アプローチとしては，受益の移転が考えられる。すなわち，受益者が，自分たちの受益額に相当する金銭補償を受苦者に提供するというものである。しかし，現実的には，受益者と受苦者は物理的に離れていることが多く，受益者が受苦者に共感し，金銭的補償を行うことは考えにくい。

　一方，受益者による手続き的公正アプローチは，分配的公正アプローチに比べれば，まだ可能性があるかもしれない。受益者による手続き的公正アプローチとしては，受苦者の関係性関心を満たすことがあげられる。すなわち，受苦者も受益者と同じ社会のメンバーであることを訴え，受苦者の自尊感情を満たすことができれば，受苦者の効用は向上し，受容可能水準に達するかもしれない。具体的

には，胆沢ダムの例（青木・鈴木，2008）のように，受益者が受苦者に対して感謝の気持ちを伝えるイベントを開催することなどが考えられる。

このように，受益者も受苦者の公正回復に貢献できることから，受益者も行政と協調し，受益に応じた役割を担えば，紛争の回避や早期解決への期待がより高まるのである。

5. 地域紛争の解決に向けて

地域紛争の解決をめざした研究は国内外ともに少ない。日本では，そのような研究は，社会心理学や土木工学，建築学などで行われている。社会心理学では，理論研究が主であり，実務的視点を備えた研究は少ない。一方，まちづくりに関わる工学分野では，地域紛争が切実な問題であるため，一定の研究蓄積があるが，多くは事例報告であり，理論的研究は皆無に近い。そのため，理論と実用性の両方を兼ね備えた研究の増加が望まれる。

また，地域紛争では，分析されていない紛争パターンも少なくない。たとえば，受益者対受苦者の構図を扱った実証研究はきわめて少ない。また，本章では，個人の心理に着目して紛争構造や解決策について述べたが，実際の地域紛争では，コミュニティ単位で協議に参加することも少なくない。そのような場合，個人で協議する場合とは異なり，集団内に同調圧力が生じるため，単独で協議に参加する場合に比べて，個人の意思決定要因が増える。このように，分析されていない状況も多く残されている。

少子高齢化やグローバリゼーションの拡大など，社会環境は年々変化していく。その流れのなかで，変化に適応し，多くの人が快適に暮らせる環境を早期に整備するためには，地域紛争の回避と短期解決が不可欠になる。実務応用という第2のフェーズに向けて，公正研究がさらに発展していくことを期待したい。

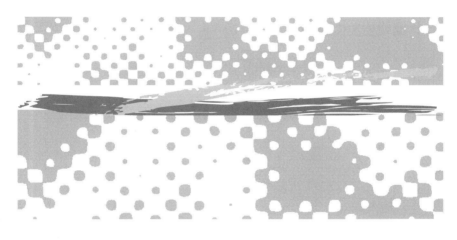

Ⅳ部　　集団・文化と紛争

15章 集団間紛争とその解決および和解

1. 集団間紛争の原因

われわれの社会では，社会階層間対立，国際紛争，人種差別，宗教的迫害，部族対立，警察による市民への弾圧，組織間葛藤などが生じるが，これらはすべて集団間紛争である。ナドラーとシュナベル（Nadler & Shnabel, 2008）によれば，集団間紛争は大きく2つに分類される。1つは現実主義的原因から生じるものであり，国家間紛争では領土などの希少資源を，国内紛争では予算などをめぐって生じる紛争である。キャンベル（Campbell, 1965）によれば，2つの集団が存在し，両集団とも欲しているが一方しかそれを獲得できない資源があるという状況では，必然的に集団は競争的になり，場合によっては暴力を伴った紛争となる。このような紛争は通常交渉を通じて希少資源の分配方法や，相手の潜在的関心を探ることで統合的解決などが模索される。興味深いことに，集団間では実際に資源をめぐる対立が発生していなくても，両集団がそれを予期するだけで紛争が生じる。たとえばブレイクとモートン（Blake & Mouton, 1984, 1986）の実験では，2週間の企業研修において人々は何も言われていないのに与えられた課題を他のグループとの競争課題だと考え，集団間の敵意を強めていた。集団間紛争のもう1つの原因は心理的欲求である。ポジティブな評価，価値あるアイデンティティ，自立性，安全，正義に対する欲求が満たされない場合，人々は脅威を感じる。そしてそのような脅威を与えた者に対して，人々は報復が動機づけられ，集団間紛争は激化する（Frijda, 1994）。

これらの見解が示していることは，個々人によって形成された「集団」には外集団に対する紛争傾向が備わっているということである。しかし現実主義的原因

であれ心理的欲求によるものであれ，紛争は個人間でも生じる。それでは集団間紛争が個人間紛争と異なる点は何であろうか。紛争の規模という量的な点以外に，集団間紛争が個人間紛争と質的に異なる点はどのようなものがあげられるだろうか。本章では人々が集団の成員となることで個人のときとは異なる心理状態となり，それが集団間紛争を引き起こし，さらには成員を紛争へと動員する心理的メカニズムを取り上げる。

(1) 個人間－集団間不連続性

もともと競争的ではない人でも，集団の一員となることで外集団に対して競争的になることがある。言い換えると，集団の競争的傾向はそれを構成する成員一人ひとりの競争的傾向の総和ではなく，成員個人の特性とは無関係ということである。インスコら（Insko et al., 1987）はこのような現象を個人間－集団間不連続性（interindividual-intergroup discontinuity）とよんだ。彼らの研究では，参加者が囚人のジレンマ課題を個人間で行ったところ，競争的反応は6.6％であったのに対して，相互作用可能な3人集団で課題を行った場合，競争的反応は36.2％にまで高まった。さらに3人集団から代表者を選出し代表者のみが外集団と課題を行った場合，競争的反応は53.3％とより高くなっていた。

個人間－集団間不連続性の原因としては，人々は個人よりも集団をより強く恐れ，競争的，攻撃的，傲慢と認知する集団間パラノイア（Kramer, 2004），集団に埋没することによる責任の拡散（Latane & Darley, 1970），集団内での評価を高めたいという動機から，規範的，道徳的選択よりも集団の利益の最大化に基づく選択（Pinter et al., 2007）などがあげられている。これらの要因が複合的に影響することで，集団成員が外集団に対して競争的となる心理状態を生み出している。

(2) 勢力と支配

現実場面での集団間関係は多くの場合平等ではなく，ほとんどの場合勢力の格差が存在する。この勢力差に対するそれぞれの集団の反応が集団間紛争を生む要因となる。シダニウスとプラット（Sidanius & Pratt, 1999）の社会的支配志向（social dominance orientation）に関する研究によれば，集団間に勢力差がある場合，勢力の強い集団は勢力の弱い集団から富，財産，地位などの社会的資源を搾取し，その結果集団間紛争が発生する。インスコら（Insko et al., 1980, 1983）の実験では3つの集団が資源の生産や交換が可能だが，生産能力には差を設けられ

た状況での集団間相互作用が測定された。その結果，いずれの集団も高い生産性を示したが，集団間で生じた問題に対して強制的に解決する能力に差を設けると，いずれの集団も生産性が低下し，強制勢力をもつ集団は他の集団から搾取し，搾取された集団はやる気をなくしてサボタージュやストライキなどの抵抗を示すようになった。このように集団間においては希少資源をめぐる競争がなくても，集団間の勢力差，地位差が紛争の発生を助長する原因ともなる。

(3) 集団間バイアス

個人間－集団間不連続性に示されたとおり，人々はある集団の成員となることで心理的な変化が生じる。そのなかでも特に重要であり集団間紛争に深刻な影響を与えるのは，外集団に対する認知のネガティブな変化である。それは集団成員を紛争へと動員する効果があるため，紛争の規模を拡大させ，紛争の質もより過激で暴力的，ときには残虐なものへと変化させてしまう。

外集団に対するネガティブな認知の強化に関しては，古くはサムナー（Sumner, 1906）が集団成員は内集団を外集団よりも好ましく認知する傾向を指摘しており，このような傾向は集団間バイアス（intergroup bias）とよばれている。たとえば有名なシェリフら（Sherif et al., 1961）の泥棒洞窟実験では，参加した子どもたちは与えられた課題に対する外集団の成果を実際よりも過小に推測していた。また一般的に集団や組織の成員は，自分たちの集団を外集団よりも優れていると評定する傾向がある（Hewstone et al., 2002a; Hinkel & Schopler, 1986）。集団間バイアスは単に能力の優劣判断だけではなく，人間関係の選択にも見られる。泥棒洞窟実験において，子どもたちが内集団成員を友人として選んだ割合は9割以上であった。反対に嫌いな相手を選ばせた場合も，7割以上の子どもが外集団成員を選んだ（Sherif et al., 1961）。これらの認知的な変化は内集団を外集団よりも相対的に優れたものであるととらえることであるが，その有利さの認知が集団間競争での有利さの認知と勝利の可能性評価を高め，その結果，外集団への強制によって自集団の目的を達成しようという態度を強めたり，集団間関係における協力や妥協という選択を抑制したりすることが考えられる。

さらに他人の行動について原因帰属を行う際，人々はそれを状況要因よりもその人の個人的要因により強く帰属する（Jones & Harris, 1967）。集団間の場合はその傾向がより強まり，外集団成員のネガティブな行為は内的に帰属されるが，外集団成員がポジティブな行為をした場合には外的要因に帰属され，例外的なもの

として扱われる（Hewstone, 1990; Pettigrew, 2001）。この現象は究極の帰属のエラー（ultimate attribution error）とよばれ，外集団のネガティブな行為に対する報復に大きな影響を与える。内集団が被害を受けた際に，その被害が内的要因，たとえば外集団の邪悪な性質や意図によるものであると判断されれば，さらなる被害を抑制するためにも報復は相手に対して十分な被害を与えるよう実施される。しかし外的に帰属された場合，たとえば状況によって偶然内集団が被害を受けたと判断した場合は，外集団は危害行為を繰り返さないと推測できるので，報復は弱いものとなる（大渕，1986）。したがって物理的には同じ被害を受けたとしても，究極の帰属エラーによって報復は個人の場合よりも集団間で強くなる性質をもっているといえる。

　集団間バイアスは成員自身が意識して行っているわけではなく，むしろ潜在的に生じる認知過程である（Fiske, 2004）。潜在的連合テストを用いた研究（Greenwald et al., 2008）では，人種，民族，宗教，国籍，年齢，性別といったあらゆる社会的カテゴリーにおいて強い集団間バイアスが生じ，しかも本人がそれを意識的に抑圧しようとしても生じていた（Nosek et al., 2007）。したがって，集団間紛争の当事者は自分の判断に偏りがあることを自覚せず，客観的に見ても自分は公正なふるまいをしていると考える。このことは後述の正当化と同様，集団間紛争の過激化を促進すると考えられる。

(4) 外集団同質視

　集団は基本的に多様な人々によって構成されている。それは内集団であろうと外集団であろうと本来大差はない。しかし人々は外集団に対して類似した人々同士で構成されていると認知する傾向がある。このような認知傾向は外集団同質視（outgroup homogeneity effect, Boldry et al., 2007）とよばれている。それに対して人々は内集団には成員間の多様性と複雑性を認知する。外集団が同質的であると認知されると，外集団の一部成員の敵対的態度や行動が外集団成員同士で共有されていると認知され，その責任は外集団全体に帰属される。そのため加害者本人ではなく，加害者と同じ集団の成員というだけで報復の対象とされてしまい（Sjöström & Gollwitzer, 2015），その結果として報復はより容易になり，また被害も拡大する。ただし，外集団同質視は集団間の勢力関係に影響される。たとえば不利な集団では内集団を同質的と認知することがある（Guinote et al., 2002）。これは内集団成員同士の類似性を強調することで集団のアイデンティティを明確

にし，低勢力から生じる心理的脅威に対処しようとするためである（Haslam & Oakes, 1995; Simon et al., 1995）。

(5) 正当化

　他人に危害を加えることは一般的な社会規範に反する。したがってそのような行為は人々にとってストレスとなるので，紛争は本来抑制されている。しかし集団間紛争ではそのような負担を回避し，外集団に対する危害を容易にする心理過程が集団成員に働く。それは内集団の行いを公正で正当なものであると認知し，規範に違反しているわけではないと解釈することであり，正当化とよばれている。正当化にはダブルスタンダード（double standard）と非人間化（dehumanization）の2つに心理過程がある。

　ダブルスタンダードとは集団間紛争下にある集団成員が，内集団の行為と外集団の行為を判断する際に，同一の基準ではなく異なる基準を用いることである。したがって同一の行為であっても，内集団と外集団では異なる評価が下される（Bar-Tal & Halperin, 2011）。たとえば内集団の行いは公正だが，外集団の同じ行為は不公正とされる。われわれの警告は「要望」だが，彼らの警告は「脅迫」である。われわれは「勇敢」だが，彼らはわれわれを「頑固」と考え，われわれの誇りは「ナショナリズム」だが，彼らのそれは「自民族中心主義」，われわれは「譲歩」を示しているが，彼らはそれを「策略」と解釈する（De Dreu et al., 1995）。ホワイト（White, 1977）の研究によれば，中東戦争においてイスラエルとパレスチナ双方が，攻撃は相手が先に仕掛けたと考えていた。同様のことは大学生に米ソ関係について尋ねた場合（Oskamp & Hartry, 1968）や白人・黒人の双方にそれぞれの人種の人物が行ったあいまいな暴力的行動を判断させた場合（Sagar & Schofield, 1980）にもみられた。このように異なる基準を用いることで，人々は報復の応酬であっても，内集団の報復は正当なもの，外集団の報復は不当なものであると考える。その結果，外集団に対する加害行為から生じる罪悪感は低下し，より過激な攻撃行動へと集団成員を動員しやすくする。

　集団間紛争下において，外集団に対する加害行為を正当化し容易にするものとして深刻な影響をもつのが，非人間化である。激しい集団間紛争の最中にある集団成員は，内集団を外集団よりも道徳的に優れ，反対に外集団は人間以下であるとみなすようになる（Bandura, 1999; Reicher et al., 2008）。非人間化された外集団は人間というカテゴリーの外側に存在し，人間の本質的性質が欠けていると認

知される。外集団は文化や高尚さ，高度な道徳規範，合理的思考能力などの人間固有の性質を備えておらず，内集団だけが人間的な強さ，たとえば温かさ，開放性，自制心，深みを備えていると考えられる（Haslam, 2006）。感情面に関しても，外集団は粗雑で原始的な感情，たとえば怒りや幸福などは感じるが，より人間的な感情である愛情，賞賛，誇り，自負，自責の念，罪悪感，羨みなどは感じないと考えられる（Leyens et al., 2003）。

　人々は非人間化された人々を，汚染や不純の源として嫌悪し不快に感じる（Maoz & McCauley, 2008）。fMRIを用いた研究によれば，単なる人々を見たときには内側前頭前皮質（Medial Prefrontal Cortex: MPC, 社会的情報処理に関する脳部位）の賦活がみられたが，極端な外集団（ホームレスや麻薬中毒者）のイメージを見たときには，MPCの賦活はみられず，その代わり嫌悪や軽蔑といった感情を経験した際に反応する島と扁桃体の賦活がみられた（Harris & Fiske, 2006）。

　非人間化は外集団に対する攻撃も強める。バンデューラら（Bandura et al., 1975）の研究によれば，課題成果が悪い場合は電気ショックを与えるという状況で（実際にはショックを受ける者は存在しないが），参加者にはショックを受ける相手が好ましい人物か，「獣じみた，不潔なやつら」か，いずれかの説明をした。予測通り，非人間化された場合には，好ましく紹介されたときより，相手に対して強い敵意を示し，より強い電気ショックを与えていた。また田村と大渕（2006）のテレビゲームを用いた実験において，対戦相手の名前に非人間的ラベリングを行ったところ，相手に対する配慮が低下し，相手の敵意知覚が強まることが示された。このように非人間化は相手に対する攻撃行動を容易にする効果があるといえる。ただし，非人間化は集団間紛争とそれに伴う加害行為に先だって生じるというよりも，すでに紛争状態にあり，外集団成員に対して危害を加えたあとで生じると考えられる。他集団を征服した集団はそれに伴う外集団への暴力を被害者の行動，意図，特徴に帰属し，暴力を正当化することで心理的負担を軽減しようとする。したがって非人間化はストレスからの解放という強力な誘因を備えており，それに抵抗することは多くの人にとって困難であるだろう。特に集団間紛争下では指導者やメディアといった周囲からの扇動によって非人間化が促進されるので，人々の抵抗はより弱くなると考えられる。

(6) 紛争から解決へ

　ここまで論じてきたとおり，人々が集団を形成することは紛争を激化させる心

理過程を生じさせる。それらは集団を形成することで新たに生じる集団間関係から生じるもの（資源獲得競争，勢力差）と，成員としての集団アイデンティティが外集団に対する認知を変化させるもの（集団間バイアス，非人間化）の2つに分類することができるだろう。そしてそれらが人間に備わった基本的な心理的性質であるならば，集団間紛争を激化させてしまう心理的システムはわれわれすべての人間と社会が備えているということになる。しかし一方でわれわれはそのような集団間紛争への傾向を抑制し，解決する心理メカニズムと社会システムも備えている。次にこの集団間紛争解決と和解について述べる。

2. 集団間紛争解決

集団間紛争は永遠に続くわけではなく，対立集団による自発的停止，あるいは第三者による調停や強制によって解決の段階に至る。この集団間紛争解決は，大きく分けて2つの段階が存在する。集団間紛争から生じる報復の連鎖を解消し，互いに傷つけ合うことを止めるという鎮静化（settlement）の段階と，鎮静化によって紛争が停止した状態を持続させる和解（reconciliation）の段階である。

(1) 鎮静化：競争的態度の抑制と報復の抑止

集団間紛争解決の最初の段階は，紛争の鎮静化である。鎮静化では紛争の当事者同士が紛争の原因を探り，アイデンティティ，安全，権威，正義に関する不一致の解決を図る。その際，交渉とそれによる相互の妥協を通じて合意に達し，その関係が長期的に維持されることで,平和が実現される（Kelman, 2008）。鎮静化では対立してきた者同士の態度を変えさせて，ともかくお互いに対する加害行為を停止することが重要となる。

ナドラーとシュナベル（Nadler & Shnabel, 2008）によれば，紛争の鎮静化は紛争の原因と同様，現実主義的アプローチと心理的欲求アプローチの2つに分類できる。集団間紛争解決の現実主義的アプローチでは領土などの希少資源や予算などをめぐり，交渉を通じて解決が図られる。交渉ではパイの分配方法や，相手の潜在的関心を探ることでの統合的解決などが模索される。それに対して心理的欲求アプローチでは，交渉を通じて心理的脅威を取り除き両集団の心理的欲求を満たす必要がある。従来の紛争解決研究では，現実主義的アプローチが重視されてきたが，最近では理論的にも実践的にも心理的欲求アプローチが重視されてき

ており,特に加害者による謝罪 (Nadler & Liviatan, 2004; Ohbuchi et al., 1989; 大渕, 2010) や被害者の寛容性 (Darby & Schlenker, 1982) などの効果が報告されている。また加害者の集合的罪悪感 (Branscombe & Miron, 2004) や被害者の集合的被害意識 (Roccas et al., 2004) が与える影響なども検討されている。

　鎮静化の過程において特に重要な役割を果たすのが遵守の精神である。鎮静化が実現するためには,交渉による協定が必ずしも紛争当事者にとって納得のいくものではないとしても,その協定自体は遵守する必要がある。この遵守の精神は交渉によって見いだされた利得計算,つまり紛争を続けることによる自集団の損失と,鎮静化によって得られる利益についての計算から導かれる,合理的判断によって支えられている(Kelman, 2008)。また受けた被害に対する報復に関しても,本心はどうであれ交渉結果に対する遵守の精神は相手に対する報復欲求を抑制すると考えられる。

(2) 和解

　集団間紛争解決において鎮静化はその最初の段階として重要であるが,集団間紛争の最終的な目標は集団間の和解にある。和解とはかつてあるいは現在も敵対的な集団のメンバーがお互いを受容し,双方の関係の発展維持に取り組むことである (Staub & Bar-Tal, 2003)。ケルマン (Kelman, 2008) によれば,和解には以下の5つの条件が必要となる。つまり,①相手の国民性および人間性の相互承認,②平和に対する共通道徳基盤の発展,③歴史との直面,④責任の認知,⑤協力のパターンと制度的メカニズムの創設である。これらの5つの条件が示唆することは,集団間の和解にはまず集団成員がかつて対立し,非人間化した外集団成員を再人間化すること,すなわち外集団のアイデンティティを見直し,尊重し,集団間バイアスを解消し,ポジティブなイメージを形成する必要があるということである。続いて外集団との関係を再構築し,互恵的で相互依存的な関係を形成する。そして最後に,そのような相互依存的な関係とそこから導かれる上位概念に基づき,外集団を内集団のアイデンティティの一部として内面化し,平和的協調的な集団間関係を維持することである。ではこれらを実現するためにはどのような取り組みが必要だろうか。ここでは社会心理学の観点からどのような取り組みがなされてきたかを紹介する。

(3) 集団間接触による再人間化

　和解の第1段階は外集団成員の再人間化（rehumanization）である。これは集団間紛争を通じて生じた外集団に対する非人間化を解消し，自分たちと同じ人間であるという認識をつくり出すことである。外集団を非人間化する過程において最も基本的な要因はカテゴリー化であり，「われわれ」と「彼ら」という認知がその基本にある。したがってカテゴリー化というメカニズムを利用することで再人間化が可能になると考えられる。集団間紛争解決のためにカテゴリー化のメカニズムを応用した研究としては脱カテゴリー化（decategorization），共通内集団アイデンティティモデル（common ingroup identity model），二重カテゴリー化（dual categorization）の研究があげられる。これらはすべて接触仮説（contact hypothesis, Allport, 1954; Amir, 1969）に基づき，集団間での接触が外集団に対する態度を変えると仮定している。

　脱カテゴリー化では，他者に対する社会的カテゴリー化が集団間紛争の原因となるのであれば，それを弱めることで敵対的態度も弱められると仮定している。ブリューワーとミラー（Brewer & Miller, 1984）によれば，ユニークな個人同士として外集団成員と接触することは，相手をある集団の一員ではなく，一個人として認知するようになるので集団間バイアスは低下すると仮定している。この脱カテゴリー化では長期的取り組み，自己開示的態度，そして共通目標の存在が重要となる。長期的な接触によってさまざまな外集団成員と出会い，ステレオタイプの情報的価値を低下させ，その結果外集団に対する態度を好転させる。

　共通内集団アイデンティティモデルでは2つの集団のカテゴリーという認知を解消するのではなく，新しいカテゴリーのもとで2つの集団の成員を同一集団の成員として扱うことで集団間バイアスを低下できると考えている（Gaertner et al., 1994; Gaertner & Dovidio, 2000）。その際，もとのカテゴリーは保持しつつ，それを包含する上位カテゴリーが用いられる。共通内集団アイデンティティが形成されると，集団間協力が促進され（Brewer, 2000），結果として現実的脅威は低下する。また上位カテゴリーから導かれる共通の価値を強調することで，集団間の象徴的脅威も低下する（Riek et al., 2008）。

　共通内集団アイデンティティの最も高次のものは「人間」であるが（Allport, 1954），これは環境問題などで実現する一方，現実には人々はさまざまな欲求があり，それに基づいてカテゴリーをつくり直すので，多くの場合「人間」を共通内集団アイデンティティとして用いることには困難を伴う。しかし実際に外集団の

再人間化が和解に対して与える効果は報告されており，たとえばウォールとブランスコム（Wohl & Branscombe, 2005）がユダヤ人を対象に行った調査では，ドイツ人も同じ人間であると考えている人は，ドイツ人とユダヤ人はまったく異なると考えている人よりも，ホロコーストを赦そうという気持ちが強かった。

　かつて対立していた集団同士を共通のアイデンティティへとそれを統合することは難しいことから，単一の社会的アイデンティティを集団間で共有させつつ，それぞれの集団のアイデンティティも保持させることで集団間バイアスを低下させるという，二重アイデンティティという考え方も提案されている。二重アイデンティティでは，集団間で共有可能な上位アイデンティティとそれぞれの集団独自の下位アイデンティティの両方を，それぞれの集団が同時に保持することで集団間バイアスが低下すると考える（Gaertner & Dovidio, 2000）。この方法は，下位集団が自分にとって重要である（たとえば宗教など），あるいは不可避である（性別，人種）ときに特に有効である。ガートナーら（Gaertner et al., 1994）によれば，多人種からなる高校では，アメリカ人であると同時に自分の民族に同一化している学生のほうが，自分の民族にだけ同一化している学生よりも外集団に対するバイアスが弱かった。

　このような二重アイデンティティの効果を十分に発揮するためには，単にそれらのアイデンティティを強調するだけではなく，その状態での集団間接触，特に協力的集団間接触の重要性が指摘されている（Hewstone & Brown, 1986; Brown & Hewstone, 2005）。相互依存的協力を通じて，お互いの集団の勝る点，劣る点を認識し，共通目的の達成を図る。それによって自分のアイデンティティを保持しつつ，外集団との比較と差異化を回避するのである。この二重アイデンティティによる和解への取り組みは，現実場面において特に有効と考えられる。歴史的に対立していた集団同士では，相互に独自のアイデンティティを保持するほうが，新しい共有アイデンティティをつくるよりも容易である。相互に独自のアイデンティティを保持したまま協力関係を続けることで，将来的には共通アイデンティティが形成され，その結果協力関係は不要になると考えられる。

　和解へのこれらの取り組みは，そのどれが最も優れているかというものではなく，また単独でうまくいくというものではない。現実に和解を達成するためにはこれらの研究の適切な組み合わせによる，長期的な取り組みが必要となるだろう。まず和解への取り組みの初期段階では脱カテゴリー化が有効であると考えられる。和解の初期段階では集団間の紛争は激しいので，まずは個人レベルでの関係構築

と，集団境界による分離を弱めることが重要である。個人的関係を通じて外集団成員に対する脅威を低下させ，そこから共通内集団アイデンティティの形成を許容する文脈や状態を形成する。たとえばヒューストンら（Hewstone et al., 2002b）の研究では，外集団成員との個人的な友情関係と，内集団に対する成員性の強さが共に外集団に対する寛容性を強めていた。そのような寛容性は集団間の和解の際に大きな効果を発揮するだろう。

　集団間接触とそれに伴うカテゴリー認知の変化が外集団成員の再人間化を促す過程において，尊敬の感覚も重要な役割を果たしている（Nadler, 2002）。現実の集団間紛争解決では，「敬意の表明」となる儀式的行為が大きな効果を発揮することがある。相手に対して敬意を示すような手続きは，相手の尊敬に対する欲求を満たすだけではなく，外集団成員は道徳性と社会規範を十分に備えた「人間」であるという認識を生む。また謝罪は紛争解決において効果的であるが（Ohbuchi et al., 1989; 大渕，2010），その際，謝罪は尊敬のシグナルとして機能する（Janoff-Bulman & Werther, 2008）。

(4) 現実の集団間和解への応用

　集団間接触が和解プログラムとして実際に効果をもつ点について，ロウハナとケルマン（Rouhana & Kelman, 1994）は，中東でのイスラエル－パレスチナ問題の各集団代表者を集め，5日間のワークショップを開催し検証している。ワークショップでは参加者が和平について話し合い，そこでは相手に対する敵意や反感，相手の知識，経験，誠実さに対する尊敬を自由に表明できるように注意を払った。その結果，それぞれの代表者は個人的接触を通じてお互いを尊敬するようになった。一方で，このような活動は敬意を伴いつつも外集団を強く意識するようになり，協力的相互依存を求めるようになり（正の相互依存関係），共通の上位目標ももつようになった（共通内集団アイデンティティ）。

　このように集団の代表者がかつて対立した集団の代表と接触機会をもつことの重要性は，それがそれぞれの国民にもポジティブな影響を与えるという点にある。拡張接触仮説（Wright et al. 1997）が指摘するように，内集団成員が外集団成員と友人であるという知識が，集団間態度を好転させる。したがって国の代表が対立国の代表と友好的につき合っているという知識も同様の効果をもつことが予想される。このことは，最終的な権力を一般国民がもっている民主国家にとっては重要な問題となるだろう。

3. 最後に

　本章では集団間の紛争が発生する心理的メカニズムと，それを解決し和解を達成するのに必要な要因について議論した。戦争や民族紛争などが人間社会の「病」であるならば，それを解決することは「治療行為」であるといえる。言うまでもなく病に苦しむ社会を治療することは重要であるが，しかしより重要なのは治療によって社会が回復した後，それを維持するためのリハビリと生活改善であり，それが集団間和解であるといえる。当事者は解決後にこの和解の重要性を認識し，もっと多くの労力を払うべきであり，また集団について研究する社会心理学者は今後もっと多く，この点において貢献できるだろう。

16章 集団間葛藤の低減

　現代社会では，宗教，国籍，人種，民族，性別，社会階層といった異なる社会的・文化的背景をもった人々の間の接触機会が増加している。その理由の1つは，移動の容易化，国際的な市場開放などの社会変化によって，国境を越えた人々の移動が活性化したことにある。OECDが刊行する2014年版の報告書によれば，加盟国における移民人口は1億1500万人を超え，総人口の約10％を占めている（OECD, 2014）。世界的にみても，移民人口は上昇傾向にある。さらに，こうした物理的移動だけではなく，社会的な意味での移動も増加している。たとえば，人々の権利の保障に関わる社会制度や法律の整備，世界的な意識の変化は，女性や障がい者，種々の社会的マイノリティの社会参加を促し，他の社会集団との交流機会の増加をもたらした。

　このように人々の"多様性"が高まった社会を安定へと導くには，異なる社会集団に所属する人々が互いに信頼し，協調することが求められる。しかし，集団の垣根を越えた協調的な人間関係の構築は必ずしも順調に進展するわけではなく，偏見や差別，排斥といった問題が生じたり，対立的な集団間関係が築かれることも多い。本章では，こうした集団の間で起こる葛藤の心理的背景を概観したうえで，集団間葛藤を低減し，非対立的な関係の構築を促す方略について議論する。

1. 集団間葛藤の心理的背景

　古典的な理論では，集団の間で生じる現実的な利害葛藤が相手への敵意や偏見，敵対的行動を生みだすとされてきた（現実的葛藤理論，Campbell, 1965; Sherif, 1966）。これは，たとえば移民集団とその受け入れ国の人々の間で生じる，仕事

や住居，社会保障費などに関する利害の対立が互いへの敵意や偏見の源泉となっているとの考えである。多くの実証的研究においても，集団間関係が競争的である場合には，両者が共通目標に向かって協力的関係にある場合よりも，相手集団に対して非好意的な態度や行動が生じることが示されている（e.g., Sherif et al., 1961; Doise, 1978; Turner, 1981）。しかし，人々は所属集団と葛藤状態にない集団に対しても，否定的な態度や行動をとることも多い。最小条件集団パラダイムとよばれる手法を用いた実験研究では，たとえ恣意的で些細な基準（たとえば絵画や写真の好みの違い）で振り分けられた集団であっても，また集団内および集団間のやり取りが一切ないような状況であっても，人は所属集団をより好意的に評価したり，優遇することが明らかになっている（e.g., Doise et al., 1972; Tajfel et al., 1971）。つまり，集団間の利害の対立は互いへの偏見や差別行動を引き起こす必要条件でなく，一見，合理的理由のない状況でも，こうした態度や行動が現れるのである。その原因を考えるうえで鍵となるは，タジフェルとターナー（Tajfel & Turner, 1979）が唱えた社会的アイデンティティ理論である。

(1) 社会的アイデンティティ理論

人々にとって所属集団は，社会における自分自身の位置づけと意味を与えるものであり，「どのような集団の一員であるか」は自己概念を規定する基盤の1つである。集団成員性に基づく自己概念は社会的アイデンティティとよばれ，所属集団（内集団）とその他の集団（外集団）という区別が存在する状況，すなわち集団間の文脈において顕在化する（Turner et al., 1987）。社会的アイデンティティ理論によれば，人々は肯定的な自己概念を確立・維持したいという動機をもっているため，集団間の文脈では，素晴らしい集団に属しているとの自己認知を求め，内集団を外集団よりも「相対的に優れている」と知覚しようとするという。この理論に基づくと，内集団と外集団に利害の対立がなくとも，相対的に外集団を低く評価したり，差別的な扱いをする傾向（内集団びいき）が生じることを体系的に説明づけることができる（Tajfel & Turner, 1979; Brewer, 1979）。さらに，「われわれ（内集団）」と「彼ら（外集団）」というカテゴリー化が生じるだけでも，同じカテゴリーに属する成員同士の類似性および異なるカテゴリーに属する成員間の差異は実際以上に高く知覚される（Tajfel & Wilkes, 1963）。前者はカテゴリー内の同化効果，後者はカテゴリー間の対比効果とよばれる現象である。「彼ら」はみな似ており，「われわれ」と「彼ら」では異なるのだという極化された認知も，

集団間葛藤を生じさせる一因と考えられる。

　ただし，最小条件集団パラダイムを用いた諸研究の結果を概観すると，内集団を相対的にひいきするという形式での偏見や差別は繰り返し見られているものの，外集団への積極的な攻撃は必ずしも観察されるものではない（Hodson et al., 2003; Otten et al., 1996）。外集団への直接的な攻撃が特に顕在化するのは，所属集団の地位や社会的価値が脅威にさらされるといった，集団間関係に関する社会的かつ否定的な文脈に人々が置かれた場合である（e.g., Branscombe & Wann, 1994; Otten et al., 1996）。このことに鑑みると，先に言及した集団間の現実的な利害の対立，あるいは集団の間で往々にして生じる世界観や規範，価値観といった意味システムの相違という象徴的脅威は，外集団への直接的な攻撃反応を引き起こし，集団間葛藤を激化させる要因と位置づけることができるだろう。

(2) 集団間感情

　社会的アイデンティティ理論は，集団の間で互いに対する偏見や差別が生じるに至る動機的過程を説明したものである。一方，ステファン，W. G. とステファン，C.（Stephan & Stephan, 1985）やスミスとマッキーら（Mackie et al., 2009; Smith, 1993）は，集団の垣根を越えた人間関係の構築を阻害する要因として「感情」の重要性を指摘している。

　対人コミュニケーションを円滑に進行させるためには，人々の間で知識やコミュニケーション規範が共有されていることが求められる（Clark, 1996; Hall, 1976; 石井・北山，2004）。こうした知識や規範には集団を超えて普遍的なものもあるが，集団内でのみ共有されているものも多い。また，現実には知識や規範が集団を超えて共有されていても，カテゴリー化の影響により，内集団と外集団では知識や規範に違いが存在するはずであるという錯覚が生じることもある。そのため，人は，外集団成員と接する際に，どのように行動し，どのように会話すればよいのかがわからないといった経験をする。外集団成員について知識がないゆえに，自分の行動に対する相手の反応を予測することも困難である。外集団成員とのコミュニケーションにおけるこうした不確実性は人々の不安やいらだちをかき立て，ストレスを与える（Stephan & Stephan, 1985）。

　加えて，外集団との交流時には，自らが心理的に不快な体験（困惑，混乱，いらだち，脅威）をしたり，実際的な被害（拒絶，差別，身体的被害，嫌がらせ，搾取，疾病などによる汚染）を受けるのではないかという具体的な懸念や，自らの

行動が差別や侮辱といった否定的な意味で受け取られるのではないか，また外集団と自分が交流することを内集団成員がよく思わないのではないかといった他者からの評価懸念に伴う強い不安が経験されることも珍しくない (Stephan, 2014)。

このように人々は，異なる集団に属する人と交流する際，もしくは交流すると考えた際に否定的感情，特に不安を抱きやすい (e.g., Stephan, 2014; Stephan & Stephan, 1985)。集団間文脈に特異的な不安は「集団間不安」とよばれており，外集団に対する人々の認知，行動を規定する重要な要因である（集団間不安理論 ; Stephan, 2014）。たとえば，外集団成員との接触時に，不安といった否定的感情が繰り返し経験されると，"外集団自体"と否定的感情とが認知的に結び付くようになる。これは古典的条件付けのメカニズムによるものである。外集団と否定的感情の連合がひとたび成立すると，外集団成員を見ただけで，あるいは外集団について考えただけで，否定的感情が喚起されるようになり，外集団成員との接触を回避したり，彼らを本質的に嫌悪の対象であるかのようにみなすようになる (Olson & Fizio, 2002)。さらに，集団間不安は，人々の情報処理能力を制限することで，ステレオタイプ的な対人判断を引き起こすと指摘されている (e.g., Schwarz, 1990; Stephan & Stephan, 1985; Wilder, 1993)。そして，外集団成員間の多様性の認知を減じたり，集団間の対比効果や内集団びいきを促進するといった効果もある (e.g., Stroessner & Mackie, 1992; Pagotto et al., 2010; Barlow et al., 2010)。集団間の接触および接触の予期に伴う集団間不安は，外集団への画一的で否定的な認知や行動を生み出す要因となっているのである。また，集団間不安によって生み出された否定的な外集団認知は，さらに強い集団間不安を喚起し，外集団認知の固定化をもたらすという，負のスパイラルをも生じさせると考えられる (Stephan, 2014)。

2. 偏見や葛藤の低減

これまで議論してきたように，集団の間で生じる偏見や葛藤は，人々がもつ心理的過程の避けがたい副産物として生じると考えられる。したがって，偏見や葛藤の解消を考える際に重要になるのは，こうして形成された偏見をいかに「低減」するかという視点である。

(1) 接触仮説

　社会心理学をはじめ，集団間の偏見や葛藤といった問題を取り扱う研究領域では，偏見低減の有力な処方箋として，集団間の対人接触があげられてきた。集団間接触が偏見を低減させるとする考えは，接触仮説（Contact hypothesis, Allport, 1954）とよばれている。この仮説の基本的な前提は，偏見は対象集団に対する無知や誤解に基づくものであり，接触を通じて相手の「実際の姿」を知ることで改善される，というものであった。

　ただし，現実には，偏見の対象と接触しさえすれば，偏見が低減されるというわけではない。たとえば，集団の間に現実的な利害の葛藤が存在する場合には，集団の垣根を越えた接触機会を設けても，かえって偏見や敵意を激化させてしまうことがわかっている（e.g., Sherif et al., 1961）。集団間接触が偏見低減効果をもつためには，いくつかの条件を備えている必要がある（e.g., Pettigrew, 1971; Hewstone & Brown, 1986）。なかでも最適条件とされているのは，地位の対等性，親密な接触（十分な頻度と期間），互いの協同（目標の共有と協力），集団間接触に対する社会的および制度的支持（法律や制度，規範による支持や強制）である（e.g., Allport, 1954; Brown, 1995; 詳しくは 浅井, 2012 を参照）。これら4つの条件は偏見低減の必要条件ではないものの，条件を満たした接触のほうが効果は高いことが，接触仮説を検討した諸研究のメタ分析から明らかになっている（Pettigrew & Tropp, 2006）。

　集団間接触によって偏見や集団間不安が低減されるに至る媒介過程はさまざま存在するが，主要な過程としては以下の3つがあげられる。第1の過程は，接触仮説の基本的な前提でもある，外集団に関する情報の獲得を介した偏見や不安の解消過程である。接触により外集団について正確で豊富な情報が得られると，ステレオタイプや偏見が誤解であることに気づいたり，お互いの類似性を発見して共感や好意を抱くようになる（類似性−魅力仮説：Byrne, 1971）。また，外集団に関する理解が進むことで，相手との接触事態における不確実性（e.g., 外集団成員の行動等の予測不可能性）が軽減され，集団間不安の低減，ひいては外集団への否定的認知や行動の抑制が生じるのである（e.g., Dovidio et al., 2003; Stephan, 2014）。

　第2の過程は，集団間接触時の行動を介した偏見・不安の軽減である。人々は，対象への行動と認知・感情に齟齬（不協和）が生じると不快な緊張状態を経験する。この不快感を避けるために，なんらかの行動がなされた場合には，行動と合

致する方向で対象への認知や感情が調整される（認知的不協和理論，Festinger, 1957）。これと同様に，ルール（規範，制度）等によって集団間接触時に肯定的に行動するように促されると，行動に沿って外集団への肯定的な態度や感情が形成されるようになり，肯定的な集団間行動が習慣化すると指摘されている（e.g., Dovidio et al., 2003; Miller & Brewer, 1986）。一般に，現代社会では，特定の集団や個人に対して否定的にふるまうことは社会的規範に反する行動とされているため，人々は他者からの否定的評価を恐れて，偏見の表出を抑制しようとする（e.g., McConahay, 1986; Plant & Devine, 1998）。こうした規範が十分に機能する状況で集団間接触を繰り返すことが，外集団への偏見や不安の軽減につながると考えられる。

　第3の媒介過程は，集団間接触に伴う内・外集団という枠組みの変化が偏見や集団間不安に影響を与えるというものである（詳しくは 浅井，2012を参照）。この媒介過程はさらに2種類の過程に大別できる。異なる集団の成員同士であっても，共通の目標をもち，協力し合わなければならない状況に置かれると，人々は相手と自分の関係を従来の内集団と外集団という枠組みではなく，仲間，つまり目標に向かう1つの集団としてとらえるようになる（e.g., Sherif et al., 1961）。集団間接触を通じて，内集団と外集団を内包する新たな内集団意識（共通内集団アイデンティティ〈common in-group identity〉）が芽生えることで，従来の内外集団という枠組みに基づく偏見や差別，不安感は低減される。こうした偏見の低減過程は再カテゴリー化（reategorization）（Gaertner et al., 1993）とよばれている。

　また，再カテゴリー化とは逆に，外集団成員と所属集団を離れた個人的存在として関わること，すなわち個人と個人として接触することによっても，偏見や差別は低減されるといわれている（Brewer & Miller, 1984）。こうした「個人化された（personalization）」接触状況では，集団成員性に基づく判断や情報処理は抑制され，相手の個人的な特徴に注意が向きやすくなる。そうして，外集団成員の多様性を学び，彼らが自らの先入観と合致しない面をもっていることに人々が気づくようになると，集団成員性に基づく判断が相手を知るための有効な認知方略ではないことが学習されていく。人々にとって，内集団と外集団の間に線を引く意味がなくなり，内集団成員も，外集団成員も，同じように「個人」として認識される「脱カテゴリー化（decategorization）」状態に至ると，外集団への偏見や不安が成員個人に向けられることはなくなるのである。

　ただし，再カテゴリー化にせよ，脱カテゴリー化にせよ，内・外集団という従

来から使われてきた枠組みの使用を恒常的に止めることは困難である。外集団に対する認知や感情の真の改善には，接触によって集団を越えた仲間意識を繰り返しもたせたり，集団を離れた個人としての接触経験を積むことで，内外集団成員の類似性や内外集団という枠組みの恣意性の理解を促進したり，外集団成員に対する信頼を醸成することが重要と考えられる。

このように集団間接触はさまざまな過程を経て，偏見や差別の解消を促すと考えられる。しかし，ここで問題となるのは，そもそも集団間接触には，偏見や集団間不安がつきまとうために，人々は集団を越えた親密な対人接触を避けようとするという点である。たとえば，内集団成員と外集団成員が存在するような状況では，必要でない限りあえて外集団成員と接触しようとは思わないだろう。また，たとえ外集団成員との個人的接触が生じたとしても，そのなかで得た知識が，外集団に関する情報（偏見や不安を解消する事例，集団成員の多様性を示す事例）として処理されるためには，少なくとも接触相手を外集団成員の一員として意識する必要がある（カテゴリーの顕現化: salient categorization; Hewstone & Brown, 1986）。前項で議論したように，互いの所属集団の別を明確化したうえでの接触は，内集団びいき傾向や集団間不安を喚起しやすく，外集団との親密な接触を阻害したり，緊張や不安を伴うネガティブな接触経験をもたらす可能性が高い。すなわち，カテゴリーを顕現化したうえでの外集団成員との接触は，先入観の確証をもたらし，外集団への偏見や不安感情をかえって強めてしまうことも考えられるのである。接触仮説が抱えるこうしたジレンマを解決し，外集団全体に対する認知と感情の改善を図るには，集団間接触の肯定的効果を支える最適条件および媒介過程を踏まえ，あらかじめ集団間接触の内容を構造化し，積極的に統制と介入を加えていくことが重要である（Pettigrew, 1998）。

(2) 拡張接触仮説

近年は，効果的に偏見の低減をもたらす方略として「拡張接触仮説（Extended contact hypothesis）」あるいは「間接的接触仮説（Indirect-contact hypothesis）」とよばれる新たな知見にも注目が集まっている。この仮説は，内集団成員に外集団に所属する友人がいると「知ること」や両者が友好的に接触するようすを「見聞きすること」でも，集団間の態度が改善されることを指摘したものであり，その効果は多くの実証的研究で確認されている（e.g., Wright et al., 1997; Turner et al., 2007）。

外集団成員との間接的接触を介した偏見低減方略は，接触仮説が抱える問題とはほぼ無縁である。まず，間接的接触は内集団成員との対人関係のなかで偶発的に生じることが多いため，意図的に避けることが困難である。すなわち，直接的接触が避けられるような非友好的な関係にある外集団であっても，間接的接触を通じた情報の獲得が期待できる。さらに，外集団成員との間接的接触は，直接的接触と比較して，不安や恐れを喚起する度合いが非常に弱く，情報処理能力の制限が生じない。そのため，人々は先入観にとらわれずに自らの得た外集団成員に関する情報を詳しく処理し，外集団に対する態度やイメージに反映させることができると考えられる（Stephan & Stephan, 1985）。また，内集団成員が経験した集団間接触について見聞きする際には，接触相手が外集団成員であることが視覚的あるいは言語的に明確であることが多く，外集団に関する情報に触れているという自覚が伴いやすい。つまり，内集団成員を介した外集団成員との間接的接触によって得られる情報は，単なる個人に関するものではなく，外集団に関するものとして処理されやすく，外集団全体への態度やイメージの修正につながる一般化効果が高いと期待できるのである（e.g., Wright et al., 1997）。以上のように，外集団成員との直接的接触と比較すると，間接的接触を通じた偏見の低減は，効果的かつ効率的であることが示唆される。

加えて，人々は，内集団成員と外集団成員の関係について見聞きするなかで，集団を越えた友人関係を仮想経験（代理的友情経験）したり，内集団成員と外集団成員の関係性のあり方を学習する（Bandura, 1977）。間接的接触によってこうした経験が繰り返されると，外集団の人々と関係を構築することへの不安が低減したり，友人関係を互いに結ぶべきだという規範が知覚されるようになる（Turner et al., 2008; Paolini et al., 2004）。また，外集団側にも，集団の垣根を越えた対人関係の構築を受け入れるような規範があるとの知覚が促される（Turner et al., 2008）。間接的な集団間接触は，外集団成員を偏見の対象から，潜在的な友人として認識するよう促すことでも，偏見を改善すると考えられる。

もちろん，外集団成員との直接的な接触が，外集団に関する詳細な情報を得るために重要なことはいうまでもない。しかし，間接的接触を事前に重ねて，外集団との関係構築に対する不安を取り除いたり，集団を超えた友情の確立可能性の認識を促すことで，直接的な集団間接触の効果をより高めることができるであろう。また，直接的接触を促すことが難しい集団（たとえば分離的居住環境）の間の関係改善を考えるうえでは，拡張接触仮説は非常に有用といえる。

ただし，拡張接触仮説に関する検証が，ヨーロッパ諸国における他の民族集団への態度を中心的題材として行われてきたことには注意する必要がある。ヨーロッパは，人口流動性が高く，他の民族や国民との接触機会も多いため，そうした外集団成員との間に友情が結ばれることも珍しいことではない。それに対して，外集団との接触機会が限られた人口流動性の低い社会に暮らす人々の場合，外集団成員の友人をもつ人物は特別な存在である。このような社会では，外集団との間接的接触がなされたとしても代理的友情が経験されたり，内集団の中に外集団を受容するような規範があると知覚される程度が低くなっても不思議ではない。浅井と大渕（2011）は，この問題について，ヨーロッパと比較すると他国からの人口流入が盛んではない中国で実施した調査のデータから検証を加えている。その結果，従来の研究と同様に，日本人との間接的接触の機会（親しい日本人がいる中国人の友人および親族の数）が多い中国人ほど，日本人一般を好ましくとらえており，この効果の一部は日本人との関係構築に対する不安感の軽減を媒介したものであることが明らかになった。浅井と大渕（2011）の知見は，間接的接触の効果が社会構造の制約を越えて一般可能であることを示すものとも解釈できるが，今後のさらなる検証が必要であろう。拡張接触仮説に関する研究は，現在，盛んに行われており，その限界や効果を高める条件は徐々に明らかになっていくと予測される。

(3) 内集団成員との関係性

集団の壁を越えた直接的・間接的な対人接触が，外集団への偏見や不安を緩和する有効な方略であることは先行研究のなかで繰り返し実証されてきた。それでは，内集団成員との関係性は外集団に対する認知にどのような影響を与えるのであろうか。

人々にとって内集団成員は，重要な社会的資源である。特定の集団の一員であるとの意識や所属集団から受容されているとの認知は，自己価値の確認，自己概念の安定，他の内集団成員からのサポートの予期をもたらす（e.g., Correll & Park, 2005; Branscombe et al., 1999; Spears et al., 2006）。実際，内集団からの受容感や集団同一視は，外集団による排斥や差別が個人に与える心理的被害を緩和することが明らかになっている（e.g., Branscombe et al., 1999）。これらの知見からは，充実した内集団成員との関係性が，内集団成員という社会的資源の利用可能性の知覚を高め，自己価値および自己概念の安定やサポートの予期をもたらすことで，

自尊心の高揚を意図した内集団びいき的認知や集団間不安が生じる程度を軽減すると予測できる。

浅井と大渕（2012）は，内集団成員との関係性が外集団認知に与える影響を，日本人の中国人に対する態度に関する社会調査のデータから実際に検討している。その結果，中国人と日本人を本質的に異なる存在としてとらえている人ほど，中国人との接触に強い不安を感じているものの，この効果は回答者自身が内集団から尊重されていると知覚している程度によって調整されることがわかった。すなわち，外集団成員を異質なものと認識し，脅威を感じやすい人々であっても，内集団成員から尊重されていると知覚しているほど，外集団成員との関係構築に対する不安感は軽減されていたのである。その一方で，日本人から尊重されていると感じる程度は，中国人に対する一般的な態度には直接的な影響を与えていなかった。集団内尊重が，集団間接触時の不安のみを軽減したのは，外集団成員と具体的な関わりをもつような状況では，特に精神的安定やサポートの源となる内集団成員という社会的資源の有無の重要性が高まるためと考えられる。このように，集団内尊重には，外集団への否定的態度を直接的に改善する効果は認められないものの，集団間不安の緩和という効果があることを浅井と大渕（2012）の研究結果は示している。

ただし，上述の知見は，集団内尊重に関する近年の研究結果とは必ずしも一貫しない。ブランスコムら（Branscombe et al., 2002）をはじめとする実験手法を用いた研究では，内集団成員に尊重されているとの認知は，自己定義における集団の重要性を高め，かえって外集団に対する脅威の知覚や偏見を生じさせることが実証されている（e.g., Branscombe et al., 2002; Ellemers et al., 2004; Jetten et al., 2005）。集団内尊重の集団間認知への影響に関する知見に，齟齬が生じた理由はいくつか考えられるが，以下の2つの可能性は，新たな仮説に繋がる重要な視点と考えられる。第1に，集団内尊重が集団間関係に否定的効果を与えることを示した研究では，尊重の有無が独立変数として操作されており，状況的な集団内尊重を扱っていたことがあげられる（e.g., Branscombe et al., 2002; Simon & Stürmer, 2003）。これと比較すると，浅井と大渕（2012）の社会調査で扱われた集団内尊重は，日常的に人々が感じている内集団成員から尊重されている程度であり，特性的あるいは長期的なものといえる。各研究が扱う集団内尊重の質的差異が，その効果の違いをもたらしたとも考えられる。第2に，集団内尊重による否定的効果は，集団間の地位的格差や能力差を顕現化した状況で特に認められている。この

213

ことに鑑みると，集団間格差や対立が明確化した状況，つまり人々が内集団を守らなければならない対象として認識しているような状況では，集団内尊重の認知は，内集団の一員としての自覚や内集団への忠誠心を高め，内集団びいき的な認知や行動を促し，結果として集団間関係の悪化を導くと考えられる。

以上の議論をまとめると，集団内尊重が集団間関係に肯定的効果を及ぼすのは，人々が日ごろから内集団を自分を守る「安全基地（精神的安定やサポートの源）」として認識しており，内集団と外集団の関係性がある程度安定している状況であることが予測される。集団間葛藤の軽減方略に関する従来の研究では，集団内の対人関係の効果はあまり重視されてこなかったが，本節でも概観したように近年ではさまざまな研究成果が示され始めている。こうした新たな試みを通じて，社会における集団間葛藤の低減への道が広がることが期待される。

3. まとめ

社会心理学の領域では，偏見や葛藤の低減に関する研究が広く行われ，多くの理論やモデルが提唱されてきた。さまざまな知見を統合すると，従来の研究で注目されてきた，集団間の直接的な接触だけではなく，集団の垣根を越えた対人ネットワークをもつ内集団成員との接触や所属集団内での良好な対人関係の構築も，外集団への態度や認知の改善の重要な要因であることが示唆される。

近年の技術革新は，TwitterやLINE，Facebookといったインターネットを利用した非対面接触を盛んにし，他者とのコミュニケーション手段を多様化させている。インターネットの世界では，人種や民族といった社会集団の枠を越えて，趣味や興味を共有する人々が直接的に，また間接的に気軽に繋がり合い，互いに対する理解を深めている。その一方で，インターネットは，同質性の高い人々とのネットワークの強化，つまり人間関係のタコツボ化をもたらしたり，集団内の意見の先鋭化をもたらすとの指摘もあり，利用方法によっては集団間葛藤の激化につながることも予測される（e.g., 小林, 2012）。現代社会の多様な対人接触のあり方を考慮したうえで，集団間葛藤の低減方略に関する知見を統合し，新たなモデルを構築していくことが，本領域の研究の今後の課題であり，集団の垣根を越えた協調的な人間関係の構築に繋がるものと考える。

17章 文化間葛藤と価値観

　急速なグローバル化のなかで国境を越えて多くの人々の移動が容易になった。日本に住む外国人登録者数も上昇の一途をたどり，30年前に比べると，2.8倍になっている。2013年末の外国人登録者の国籍・地域数は191で，中国，韓国・朝鮮，フィリピン，ブラジル，ベトナム，アメリカ，ペルー，タイ，台湾，ネパール，インドネシアが上位を占めている（法務省入国管理局，2014）。また，外国人が多い地域は東京，大阪，愛知，神奈川など首都圏に集中しており，多い市町村では住民の2割以上を占める地域もある。このように地域社会では，構成する住民の人々がここ数十年で変化しており，日本社会が多文化化してきている。こうしたなかで，地域社会や大学キャンパスにおいてもマクロレベルからマイクロレベルにいたるまで，さまざまな葛藤が生じることが考えられ，その背景にある多様なエスニック集団の人々の価値観を検討する必要がある（加賀美，2013）。葛藤と価値観の研究は，グローバル社会に生きる人々の多様性，複合性を理解するうえでも，隣人として多文化間の教育，研究支援に携わる者としても重要である。

1. 葛藤と文化間葛藤

(1) 葛藤とは

　葛藤は人間社会のなかで避けられないものである。特に，異なる文化的背景をもつ人々は，相手の期待やコミュニケーション方略，取り巻く状況が理解できないために，さまざまな葛藤が生じる。ここでいう葛藤とは，期待していることが妨害されていると，関係者が認知する状態のことである（Thomas, 1976）。葛藤には，一般的に個人と個人の間で生じる対人葛藤と集団と集団の間で生じる集団

間葛藤がある。シェリフ（Sherif, 1962）は，集団間関係を，2つないしそれ以上の集団およびそれぞれの成員間の関係のことを指し，1つの集団に属している個人が，集合的あるいは個々に，別の集団あるいはその成員とその集団のアイデンティティをもって相互作用している場合は，集団間行動であるという。したがって，集団間葛藤とは，2つ以上の集団と集団の衝突という側面だけでなく，社会的カテゴリーの差異が存在するとき，または顕著であるとき，ある集団に所属しその集団に同一視する個人と，別の集団に所属しその集団に同一視する個人という人間同士で生じた認知的不一致の状態という側面ももつ。

ランディスとボーチャー（Landis & Boucher, 1987）は，集団間葛藤の特徴を次のように述べている。第1に，集団間葛藤は社会的アイデンティティやステレオタイプを活性化させる集団の認知した差異に関連する。第2に，集団間葛藤はしばしば領土への要求に関連する。第3に，集団間葛藤は勢力と資源における集団の差異に関連する。第4に，集団間葛藤は言語使用や言語政策の不一致に関連する。第5に，集団間葛藤は好まれる解決過程が集団により異なることから悪化する。第6に，集団間葛藤は宗教的違いによって悪化する。以上のような集団間葛藤の特徴は，集団を文化に置き換えると文化間葛藤の特徴とも考えられる。ティン・チューメイ（Ting-Toomey, 1998）は，異文化間葛藤を，内容（contents），アイデンティティ，関係的問題，手続き的問題において，価値観，規範，過程，目標が2つ以上の文化集団の間で相反すると知覚された状態，または，現実に相反する状態と定義しているが，この定義は異文化間葛藤を包括した見解と考えられる。

シェリフ（Sherif, 2003）は，葛藤の生起過程に関してドナヒュー（Donohue, 1993）を引用し次の4側面から論じている。第1に，葛藤がいったん生じるとすでに関連する人々と問題があるときにはそれが継続され，うまく対処しないとさらに葛藤を生むことになる。第2に，葛藤は文脈のなかで起こるが，見知らぬ人々との葛藤ではどのように文脈が関連するか気づいていないため，葛藤対処においては文脈を理解しなければならない。第3に，葛藤が終結すると，当事者の関係は変化する。葛藤に対しどのように対処するか，葛藤が関係者にどのように影響を与えるのかが重大だということを人々は認識していないことがある。第4に，顕在化された葛藤がわれわれの人生に多くの肯定的機能をもたらすことを認識していないために，葛藤を制御できなくなることがある。このように，葛藤の生起過程においては，関連する人々，集団間における過去の問題の有無，葛藤発

生における文脈の理解，葛藤の終結後の関係への影響，顕在化された葛藤の肯定的機能など多様な側面からの理解が必要である。

(2) 葛藤方略と原因認知と帰属

　葛藤方略は，多様な対立する相互作用の状況における一般的傾向，または類型化された反応の型を示すものである（Ting-Toomey, 1998）。また，自己と他者の人間関係の調整を行うとともに，体面（face）を保護するために使われる重要なコミュニケーションの行動の１つでもある（Ting-Toomey & Oetzel, 2003）。

　葛藤方略を規定する心理学的要因として認知的なものがある。葛藤状況の原因をどのように知覚するか，葛藤相手の動機をどのように帰属させるかによって，方略の選択は影響を受ける。原因の認知について，大渕と小嶋（1998）は，葛藤原因を日本人学生とアメリカ人学生で比較し，日本人学生は意思疎通の不足が，アメリカ人学生は個人的攻撃・軽視が主要な葛藤原因であると見いだした。このことから，著者たちはアメリカ人学生が葛藤に含まれている対決的要素に敏感で，相手が加害者，自分が被害者という二項対立的な見方をする傾向があるが，日本人学生は対決的な見方を避け，葛藤の発生においてお互いに責任があるという責任の共有意識をもつ傾向があると解釈している。また，アメリカ人学生は日本人学生よりも意見・慣習の不一致を原因とする葛藤の経験が相対的に多く，日本人学生はアメリカ人学生より身体的危害，生理的不快を含む葛藤を経験することが相対的に多かった。

　葛藤の原因帰属について，加賀美（1997）は，日本語教育の葛藤場面のシナリオから日本人教師と在日アジア系留学生（中国，韓国，台湾，マレーシア）との葛藤の原因帰属様式の差異を検討した。場面ごとに教師と学生との内的帰属度（教師は教師に，学生は学生に原因を帰属させる傾向を示す度合い）と外的帰属度（教師は学生に，学生は教師に原因を帰属させる傾向を示す度合い）の差異を分析した結果，発音矯正や母国に関する例文を提示する場面では，教師は学生より内的帰属傾向が高く自己批判的であった。一方，プレースメント試験結果の判定のように，客観的な基準がある場面以外において，学生は教師より外的帰属傾向が高く教師に対し批判的であった。これは，学生が自国の理想的な教師像と比較し日本人教師を評価する傾向があること，職業経験をもつ高学歴な成人学生が多いことなどが理由ではないかと考えられる。

　加賀美と大渕（2004）は，日本人日本語教師84名，中国人学生214名，韓国人

学生154名を対象に，日本語教育場面における葛藤の原因帰属と解決方略の関連を検討した。階層的重回帰分析の結果，留学生は葛藤原因を教師要因に帰属させたときは対決方略を選択し，学生要因に帰属させた場合には協調方略を選択していた。このことから，文化要因への帰属は，中国人学生には協調や服従といった宥和的方略を促したが，韓国人学生は回避方略を用いない傾向が見られた。また，日本人教師の予測は学生の反応と一致せず，特に対決方略についての認識にズレが大きく，これが異文化間葛藤の解決を困難にする一因と思われる。

(3) 葛藤方略の規定因としての文化差

葛藤方略の規定因は文化や状況によっても異なる。ホール（Hall, 1976）は，文化を文脈という用語を用いて低文脈文化（low context culture）と高文脈文化（high context culture）に分類した。文脈とはある事柄や個人などを取り巻く全体的な状況，背景のことを指している。低文脈文化では，成員間の価値が多様で相手に関する情報が少ないため，言語によるメッセージや意味内容の依存度が高く，論理的で明瞭なコミュニケーションとなる傾向があるという。一方，高文脈文化におけるコミュニケーションは，成員間の情報の多くが相互に内在化されており，その場の状況や制度，社会的関係，言外の意味などの文脈に依存する度合が高い。したがって，高文脈社会では言語によるメッセージの使用が少なくても相手のことが理解できるので，間接的で婉曲的なコミュニケーションを多く用いる傾向があるという。チュアとグディカンスト（Chua & Gudykunst, 1987）の研究では，出身国により高文脈群，低文脈群に分け，葛藤方略を比較した。高文脈群は低文脈群に比べて，間接的，婉曲的コミュニケーションである回避方略を用いる傾向があり，低文脈群は直接的なコミュニケーションである統合的方略を使用する傾向が見られた。また，個人主義社会と集団主義社会における葛藤方略の比較でも同様の傾向があり，個人主義者は積極的，直接的，主張的，対決的方略を選択する傾向があるのに対し，集団主義者は消極的，対立回避的，協調的方略を選択する傾向があることが支持されている（Ting-Toomey, 1994）。

大渕ら（1995）は，葛藤方略の選択に関して，文化的価値仮説と文化的機能仮説の検証を行った。文化的価値仮説は異なる集団が異なる価値や目標によって動機づけられ，その結果，葛藤の方略選択が異なるといわれる（Ohbuchi & Takahashi, 1994）。一方，文化的機能仮説は集団主義者と個人主義者では基本的には同じ価値を志向するが，それを実現するのに適切だと知覚される方略が異なることによっ

て，対処方略に文化差が生じるというものである（Leung, 1987）。大渕たちの研究結果では文化的価値仮説が支持され，方略の選択は文化的差異が動機づけの違いによってもたらされていることを示唆している。

(4) 葛藤に関する比較文化研究

葛藤と文化的価値観の比較文化研究のなかには，文化的差異を集団主義・個人主義という理論的枠組みで説明しているものが数多くある。そこでは，欧米社会の文化に属する人々のなかでの葛藤と東洋社会の文化に属する人々のなかでの葛藤を比較することが多かった（Hofstede, 1980; Triandis, 1995）。たとえば，シュワルツ（Schwartz, 1994）は，集団主義者が保守と調和を重視し，個人主義者は独立と自律を重視することを見いだした。自己概念の観点から，マーカスと北山（Markus & Kitayama, 1991）は日本人がアメリカ人よりも集団主義的で人々の間の相互依存性が高い傾向があることを見いだし，人間関係維持に動機づけられていることを示唆した。このような枠組みを用いた日本人を含む比較文化的な葛藤方略研究としては，上述した大渕と高橋（Ohbuchi & Takahashi, 1994）のものがあり，この研究では日本人のほうがアメリカ人より葛藤を潜在化させる傾向が見られた。これについて著者たちは集団主義的傾向の強い日本人は，個人主義的なアメリカ人より社会的な調和や秩序を重視するために，葛藤の顕在化を反規範的であるとみなしているからではないかと解釈している。同様に，大渕ら（Ohbuchi et al., 1999）は，アメリカ人と日本人の対人葛藤に対する反応を比較し，個人主義者（アメリカ人）は公正を実現することに，一方，集団主義者（日本人）は人間関係を維持することに強く動機づけられているとした。また，日本人はアメリカ人より葛藤方略として回避を多く用い，主張をあまり用いなかったことを報告している。

以上のように，葛藤の比較文化研究では，これまで集団主義と個人主義の枠組みから葛藤方略の違いを説明するという研究が主流であった。これらの研究では，ほとんどの場合，同文化葛藤間の比較研究で，同じ文化圏の人々同士の葛藤対処を異なる文化間で比較するというやり方が行われてきた。

しかし，葛藤の比較研究のもう1つの意義は，異文化間葛藤，すなわち異なる文化的背景をもつ人々の間で起こる葛藤の分析である。こうした観点から，アメリカにおける日本人滞米者の葛藤の内容分析をした大渕と潮村（1993）は，彼らが市民生活で知覚する葛藤を人種差別，言葉の不自由さに対する不寛容と侮辱，不

親切・粗野，怠慢，責任回避，不当な要求，価値観や生活文化の違い，批判と嫌疑，無理解のカテゴリーに分類した。同様に，アメリカにおける日本人留学生の葛藤の内容分析を行った潮村と大渕（1994）は，人種差別，言葉の不自由さに対する不寛容と侮辱，不親切・粗野，軽視，怠慢，責任回避，不当な要求，習慣や生活文化の違い，批判と嫌疑，ルール違反，激しい自己主張に分類し，日米の異文化間葛藤の内容を整理している。この背後には日本人学生が人間関係維持を重視する集団主義的な文化的価値観をもち，一方，アメリカ人学生が自己主張を重視する個人主義的な文化的価値観をもつことを彼らは理由として説明している。

一方，大渕ら（1995）は，日本における日本人教師と外国人英語教師（以下，ALTとする）の同文化葛藤と異文化間葛藤に関して調査し，同文化葛藤より異文化間葛藤において，日本人教師は対決的にはならないことを見いだした。また，方略行動の変化はALTのほうが顕著で，ALTは異文化間葛藤において同文化葛藤より主張を減少させ同調を増加させた。これは，ALTがマイノリティであるという日本社会のなかでの地位を反映したものであり，自文化圏での葛藤とは異なり異文化圏では葛藤を回避しようとしたのではないかと解釈した。この研究から，異文化間葛藤における葛藤解決方略は文化的背景と葛藤状況における勢力関係の両要因によって規定されることが示唆された。

日本における異文化間葛藤に関する研究はあまり蓄積されているとはいえない。しかし，数少ない葛藤研究の特徴としては，日本人（マジョリティ）と外国人（マイノリティ）との行動規範の不一致を扱ったものが多い。たとえば，マジョリティはマイノリティにマジョリティと同じ行動規範を期待しているにもかかわらず，マイノリティはマジョリティの期待する行動規範から外れる場合に生じた葛藤を扱った研究などである。このような研究例として，混乗船（日本人と外国人が混ざって同じ船で職務を行う場合）における日本人幹部のクルーと外国人クルーとの対人葛藤を扱ったものがあげられる（青木，1992）。青木は，混乗船の就労場面における葛藤を自由記述させたところ，彼らは生活関連トラブルとして，2国間対立，個人的対立，規則・規律違反，金銭・配分トラブル，食事・食糧トラブル，外国人クルーの性格・態度不良，日本人の性格・資質不良などを，仕事関連トラブルとして，外国人クルーの低い仕事能力，日本人の仕事管理能力，仕事環境トラブルをあげていた。また，青木はこうした葛藤に対する終結過程を分類し，仕事課題をめぐって発生した課題が個人の人格の問題へと変容していく過程が最も多く見られることを見いだした。

また，加賀美（2003）は大学および日本語教育関連機関の日本人日本語教師 84 名を対象とした自由回答の調査を行った結果，日本人教師が認知する留学生との葛藤内容には，学生の抗議・主張，授業不参加，教室内規範違反，学習困難，暴力行為，学習意欲の欠如，明白な不正行為，教室場面以外の問題があった。それに対して，教師が認識している葛藤の原因（複数回答）は，学生の個人的問題，文化的問題，教師の個人的問題，教育環境という結果で，多くの教師は学生に原因を帰属させている傾向が見られた。また，葛藤解決方略については，対話（協調），説得，対決，回避，服従（受容），第三者（教師）介入，第三者（学生）介入，解決不可という結果となり，対話や説得といった双方向的で共同的な解決行動が多く見られた。葛藤解決行動の際に生起される教師の情動については，学生への不可解な感情，学生への否定的感情，教師自身への自罰的感情，精神的安定維持への努力という結果であった。このように，回答した教師が日本語教育現場で多くの葛藤や悩みを抱えている状況が認められた。このような分類は，日本語授業場面における葛藤内容が，マナー違反や社会的関係性など文化的要因に基づくことを示唆している。

　加賀美（1999）は，学位取得を目的とする留学生を指導する教員（以下，指導教員）を対象に専門教育場面における異文化間葛藤の事例収集を行い，その実態を内容，原因，解決方略などの点から内容分析を試みた。その結果，25 名の指導教員が指摘した頻繁に発生する事例は，専門教育における葛藤と社会経済・制度的側面に大別された。前者は，専門分野での指導上の困難，日本語力・コミュニケーション上の意思不疎通，常識・ルールの不遵守，異文化間ギャップなどで，後者は，経済的困難，卒業・修了後の問題，受け入れ審査の問題，宿舎・制度上の問題などであった。このように，指導教員は異文化間ギャップの解消と対処，教育指導の難しさ，社会経済・制度的側面の援助の必要性をあげていた。また，指導教員は，葛藤の原因を留学生側および状況に帰属させる傾向が強く，解決方略として直接一方向方略を選択していた。以上のようなことから，受け入れ審査が未整備で，基礎学力および日本語力を未判定のまま研究活動へ導いた結果，さまざまな教育指導上の困難を招き，指導教員が留学生に対し否定的な感情を抱くなど，大学内の受け入れ体制の不備が指導教員と留学生との対人関係に影響をもたらすことが示唆された。また，指導教員は認知面では大学の国際化の重要性を熟知しつつも，専門教育場面での留学生との異文化接触体験によって情動面では否定的となり，行動面では自己防衛的，消極的な受け入れをしている様相が認めら

れた。

　以上のように，日本における留学生と日本人ホスト側の異文化接触では，前提となる受け入れ態勢などの環境整備，日本人（マジョリティ）が外国人（マイノリティ）に期待する行動規範の不一致，社会的地位や役割による勢力差と関連があり，集団主義と個人主義の文化的価値観の差異だけでは説明できない現状が示唆された。

2. 文化的価値観とは

　ティン・チューメイ（Ting-Toomey, 1998）は，文化をコミュニティの成員が相互作用することによって，世代から世代へ引き継がれ，さまざまな形で集団成員の共有された伝統，信条，価値，規範，シンボルから成る学習された意味体系としている。一方，価値観は他の状態よりある状態のほうが好ましいとする傾向で，それは善悪や正誤に関する判断や評価を伴うものである。加賀美（2007）は文化的価値観をあるコミュニティで人々によって学習され内在化され共有されたもので，当該のコミュニティの人々によって望ましいとする特有な価値観と定義した。文化的価値観の主要部分は家庭や学校における社会的発達の過程で形成される（東，1994; 塘，1995; 恒吉・ブーコック，1997）。箕浦（1997）は学校や家庭を文化的実践が行われている共同体だとし，11歳から15歳までに対人関係領域での文化的意味が自らの内面的世界に組み込まれると述べている。また，ホフステード（Hofstede, 1980）は，家庭における親子関係は，教育における教師と生徒間の勢力関係に類似すると述べているが，こうした上下の勢力関係の文化的意味の内在化は，幼少時から家庭，学校，社会において学習され強化されている。したがって，文化的価値観はある文化圏で社会化され，その価値観を内在化した人々と，別な文化圏で社会化され，別な価値観を内在化した人々とでは異なることが考えられる。言い換えれば，文化的価値観はあるコミュニティにいる人々にとっては重要であるが，別のコミュニティにいる人々にとっては必ずしも重要であるとは限らないのである。

(1) 価値観の社会心理学研究

　価値観の社会心理学研究はロキーチ（Rokeach, 1973）がその基礎となっており，多くの心理学者に影響を与えてきた。ロキーチは価値観とはある行動様式や存在

の最終的状態がまったく反対の行動様式または存在の最終的状態よりも，個人的または社会的に望ましいとする継続的な信念であると定義し，人間の中核に位置し優先順位によって人間の行動が影響されることを示している。

ホフステード（Hofstede, 1980）は，40か国のIBMの社員を対象に価値観調査，因子分析を行った結果，文化に関連する4つの価値次元を見いだした。権力格差（大小），個人主義・集団主義，男性らしさ・女性らしさ，不確実性の回避（高低）である。その後，著者は東洋と西洋の違いを導入し5番目の次元として長期志向性・短期志向性を付加している。

シュワルツとビルスキー（Schwartz & Bilsky, 1987）は，個人の価値タイプを示す研究を行い，人類が直面する普遍的なニーズが明らかにされたときにのみ，すべての価値次元が見いだされるかどうか判断できると述べている。その普遍的なニーズとは，生物学的ニーズ，社会的調整のニーズ，生存・福利のニーズである。これをもとにシュワルツ（Schwartz, 1992）は44か国の97対象群の回答の中から56種類の価値を抽出し，対象者に各価値がどれだけ人生の道標として役立っているかを質問紙調査で尋ねた。そのデータに対する最小空間解析（SSA: Smallest Space Analysis，ルイ・ガットマンによる各項目の平均値を多面的な空間に位置づけ，2つの価値の統計的距離によって心理的距離の測定を行う方法）によって，シュワルツは10個の価値タイプを見いだし個人レベルの価値とした。シュワルツの個人レベルの10価値タイプは，勢力，達成，快楽主義，刺激，自己志向，普遍主義，思いやり，伝統，同調，安全である。これらの個人レベルの価値タイプから，彼はさらに価値観の構造や価値次元を探求した（Smith & Bond, 1998）。

一方，中国人の価値尺度には，中国文化コネクション（Chinese Culture Connection, 1987）がある。中国文化コネクションは中国人や中国の文化や伝統についての基本的な40の価値を収集し，中国人価値尺度（Chinese Value Scale）を作成した。その価値尺度を用いて，22か国の中国に文化的背景をもつ学生を対象に価値観を測定した。学生対象群の反応に対し因子分析を行った結果，統合，儒教的な仕事への原動力（confusian work dynamism），人情，道徳的規律の4因子が抽出された。

多様なエスニック集団を抱えるアメリカ社会では，概してメンタル・ヘルスサービスが個人主義志向に偏っていると批判されてきた（Leong et al., 1995; Pedersen, 1987）。このような問題に対しキムら（Kim et al., 1999）は，アジア系アメリカ人のアジアの文化的価値観の固執度を測定するために，アジア価値尺度（Asian

Values Scale: AVS)の開発を試みた。彼らはヨーロッパ系アメリカ人とアジア系アメリカ人の第一世代を区別した36の項目を作成し，303名のアジア系アメリカ人に因子分析を行った。その結果，有効な24項目から規範への同調，業績による家族の承認，情動的な自己制御，集団主義，謙遜，親孝行の6因子が抽出された。

日本に滞在する留学生の価値観調査については，ホフステードの価値観を分析軸に，漢字圏アジア，非漢字圏アジア，欧米・オセアニア，中南米，中近東，アフリカという地域ごとの留学生を対象に比較を行った関（2003）の調査がある。加賀美（2013）は，中国，韓国，台湾，マレーシア，タイ，アメリカ，日本の大学生を対象にシュワルツの個人レベル価値尺度を用いて1,441名を対象に調査を行った。その結果，10価値タイプ（勢力，達成，快楽主義，刺激，自己志向，普遍主義，思いやり，伝統，同調，安全）において国ごとに平均値の違いが見られた。高得点に着目すると，韓国学生は勢力，達成，同調，台湾学生は刺激，日本学生は快楽主義，アメリカ学生は自己志向，普遍主義，タイ学生は思いやり，伝統，マレーシア学生は安全が重視されていた。中国学生は突出した価値タイプは示されなかった。このように日本においても体系的な一般的な価値観研究が行われている。

(2) 教育価値観研究

教育に関する価値観については，加賀美と大渕（2002）および加賀美（2007）は教育価値観として概念化し，望ましい教育について人々が抱く信念の集合体と定義した。それは理想的教師観，理想的学生観，理想的教育観から構成される。理想的教師観とは，教師，学生，父母から見た好ましい教師観であり，理想的学生観とは彼らから見た好ましい学生観である。また，理想的教育観とは，教育方法と教育目標を示す教育そのもののあり方を反映する教育観を意味する。

加賀美（2004）は上述した理想的教師観，理想的学生観，理想的教育観の3領域から成る教育価値観尺度を開発したが，領域別因子分析では，理想的教師観には専門性，熱意，学生尊重，教師主導の4次元，理想的学生観には学習意欲，規則遵守，従順の3次元，理想的教育観には文化的視野，人材教育，社会化，自主独立，創造性の5次元が見いだされた。さらに，この教育価値観尺度を用いて中国人留学生，韓国人留学生，日本人教師，日本人学生の4群間で比較を試みた。2要因分散分析の結果，群別に日本人教師は学習意欲，自主独立，文化的視野を重視し，創造性をあまり重視しない傾向が見られた。日本人学生は規範遵守や社会

化という保守性を重視しつつ，自主独立や創造性という革新性を重視するという複合的な教育価値観をもち合わせていた。中国人学生は熱意，従順，社会化，人材教育を重視しており，明確で整合した教育価値観をもっていた。韓国人学生は教師主導が重視され，理想的学生観，理想的教育観では他の三群の中間に位置していた。

　加賀美と大渕（2006）は，31項目の短縮版教育価値観尺度を開発し，この尺度を使用し判別分析によるデータ解析を行ったところ，日本人学生は自己実現的価値と自由主義的価値を重視し，中国人学生は伝統権威主義的価値を重視し，韓国人学生は日本と中国の中間に位置することが認められ，ほぼ同様の傾向が認められた。このことは異なる社会文化的状況が学生の教育価値観形成にも影響を及ぼすことを示している。

　このように学生集団によって葛藤解決方略が異なることは，その背景に教育価値観の違いがあるのではないかと考えられる。そのような仮説のもとで，加賀美（2007）は葛藤解決と教育価値観との関連を検討した結果，教師主導，学生の従順，規則遵守を含む伝統（権威）的価値観をもつ学生は，教師に対し対決方略を用いる傾向が見られた。一方，教師の専門性と技能の向上を追い求め，学生の潜在的能力を引き出すように熱意をもって支援しようとする自己実現的価値をもつ学生は，協調方略を用いる傾向が見られた。その理由には第1に自己実現的価値を重視する学生は自分に内的帰属することが考えられる。学生は専門家としての教師を尊敬しているので，問題が起こったときは教師よりは自分の側に非があると考えるためではないかと推測できる。第2に，自己実現的価値には学生自身の学習意欲を重視する面も含まれているため，教育場面で自分自身の学習上の努力が重要であると感じている学生は，教師との葛藤においても問題を自分自身の努力不足によるものとみなす傾向があるのではないかと考えられる。

　一方，伝統（権威）主義的価値を重視する学生が対決方略をとる傾向については，彼らが葛藤原因を教師に帰属させることが考えられる。その理由には，第1に，教師の威厳と教室規範を重視する伝統（権威）主義的価値は権威主義的な態度を含んでいるため，権威主義的な態度を有する人は外集団成員に対して批判的である傾向がある（Scodel & Mussen, 1953）。そのため，この価値を重視する学生は文化的背景の異なる日本人教師を外集団成員とみなし，その結果，問題の原因が教師側にあるという批判的認知を強くもち日本人教師の指導に対し異文化への同化を強いていると感じた可能性がある（加賀美，2007）第2に，伝統（権威）

主義的価値を重視する学生は，教師に対して保護や依存を求める傾向がある。教師との対立は，彼らのそのような期待に反する出来事なのでより強く反発することが考えられる。教師との間で葛藤が起こると，学生たちは自分たちが教師に対し恭順であるにもかかわらず，教師は自分たちを十分に保護してくれないと感じ，これが教師への原因帰属となり，対決方略をとったのではないかと解釈できる。

　教師に対して対決的な姿勢をとる学生は，主観的には追い詰められている気持ちになっていることが多いので，教師がそれを適切に受け止められないと葛藤はこじれ，教師と学生との関係は悪化する可能性もある。また，葛藤に対し対決的な行動を取る学生で個人的問題を含む場合は，秘密保持と教師の対処の限界を知り，専門家との連携をとること，何よりも教師が葛藤に対し感情的にエスカレートさせないことが重要である。このように，異文化間の教室内活動や教育指導が，いかに自国と外国，同文化と異文化，外集団と内集団という対立的図式を喚起しやすい状況になるかを示すものである。

　以上のとおり，葛藤と文化的価値観，とりわけ教育価値観の関連を見てきたが，葛藤の背景に文化的価値観が影響していることが示された。しかし，葛藤は，必ずしも否定的な側面だけがあるわけではない。葛藤がもたらす新たな発見や組織の活性化などの肯定的，自己成長的機能に注目し，協調的解決に活かすことも重要であろう。上述した教育価値観尺度は文化的背景の異なる人々（留学生，外国籍児童生徒や父母など）の価値観を測定する１つの基準となり，教師が学生の多様性理解に貢献してくれる道具となりうる。また，グローバル社会にあって多くの人々の移動が日常化している現在，人々は多様な価値にさらされ，そのなかで揺さぶられている。移民や難民など移動のもたらす文化的価値観の違いによる葛藤は，国際社会のなかでますます深刻になるだろう。われわれは対立する文化的価値をどのように考え，文化と個人のもつ多様性を理解していくかが肝要であろう。価値観研究はグローバル社会に生きる人々とその文化的空間，状況を多面的に理解するうえで貢献できるものである。

18章 偏見と差別

　人々は，自分とは肌の色，性別，信仰する宗教，生活習慣が異なるというだけで，ある集団やその集団に所属している個人を蔑視し，彼らに排斥や攻撃を加えてきた。ときには，それらが激化し，民族間や地域間の紛争に発展することもあった。こうした差別や紛争を引き起こす心理的基盤の1つとなっているのが偏見である。このため，偏見は社会心理学の領域においても古くから研究の対象となってきた。とりわけ，偏見研究の嚆矢である『偏見の本質（*The Nature of Prejudice*）』（Allport, 1954）が出版されて以降，偏見とは何か，偏見はどのように生成されるのか，偏見を低減するにはどのような手法が最適かといった問題に対して多くの知見が積み重ねられてきた。本章では，現代に続く偏見研究の基盤となったオルポートの偏見の理論について概説したうえで，それを発展させる形で登場した近年の偏見の理論について紹介していくこととする。

1. オルポートによる偏見の定義

(1) 2つの本質的要素

　オルポートは，偏見を定義するにあたり，偏見には2つの本質的要素があると主張した。それは「間違った一般化」と「否定的感情」である。1つ目の「間違った一般化」とは，十分な客観的根拠や事実に基づかず，ある集団の一部から導かれた性質や特徴が他の成員にも当てはまると考えることである。たとえば，ある人がメディアへの接触や自らの経験を通して，大阪の人を「陽気」や「派手好き」とみなすイメージをもっていたとする。しかしながら，大阪人とは大阪で生まれ育った人々全体を指すものである。出生地は文化的風土を通して，その個人の

発達に多少の影響を及ぼすことはあっても，その影響力は個人の全人的特徴を左右するほどのものではないであろう。それゆえ，一口に大阪人と言っても，その中には前述のイメージに反する陰気で地味な大阪人も数多く含まれているはずである。人々はそのことを十分に意識しながらも，個々人の個性を鑑みず，その人物が大阪生まれであるという理由だけで「陽気」で「派手好き」と判断してしまうことがある。これが間違った一般化であり，これを含んだ過程をオルポートは偏見であると主張している。なお，彼の偏見の理論を厳密に適用するのであれば，一般化が間違ったものであるだけでは偏見とはならない。「人々がある集団の一員であるという理由だけで抱いてしまった間違った判断を，新しい情報を得ることによって修正できるのであれば，それは偏見ではない」と述べていることから，オルポートは間違った一般化を変えることのできない柔軟さの欠如（inflexible）もまた，偏見を偏見たらしめる重要なポイントとみなしていることがうかがわれる。

　人々は大阪人以外にも，ある社会集団に特定の性質や特徴を結びつけたイメージを抱くことがある。それらのイメージのうち，多くの人々によって共有されているものがステレオタイプである（McGarty et al., 2002）。そして，このステレオタイプには，ある集団に対して肯定的な性質や特徴を帰属した内容のものもあれば，否定的な内容を含んだものもある。電通（2012）が世界16地域を対象に実施した調査によれば，55.9％の外国人回答者が日本人を勤勉さと結びつけたイメージを抱いていた。これは日本人に対する肯定的なステレオタイプであると解釈される。これに対して，カッツとブレイリー（Katz & Braly, 1933）は黒人と怠惰さを結びつける否定的なステレオタイプが存在していることを見いだしている。ある集団に対して結びつけられる特徴の内容や評価の方向性がそれぞれ異なるのであれば，人々がその集団に所属する個人に対して抱く感情や態度も当然異なってくるはずである。オルポートも「偏見には好意的な方向性をもつものと非好意的な方向性をもつものがある」として肯定的偏見が存在することは認めていた。しかし，「人々に民族的偏見の内容について記述するように求めると，否定的偏見を書けと命じるまでもなく，否定的な内容の偏見ばかり書く」ことを根拠に，オルポートは外集団に対する否定的感情が偏見の本質であるとし，否定的偏見のみを偏見として扱う限定的な定義を採用した。

(2) オルポートによる偏見の定義

これまでの議論から，オルポートは，一般的な偏見については「ある集団に所属しているある人が単にその集団に所属しているという理由で，その集団のもっている嫌な性質をもっているとみなされ，その人に嫌悪や敵意の態度を向けられること」と定義した（Allport, 1954）。また，2つの偏見の本質をより強く反映させた民族的偏見の定義については以下のように表現している。

　　「民族的偏見とは，間違った，そして，柔軟性に欠けた一般化に基づいた反感である。それは意識されたり，表明されたりする。それはまた集団全体に向けられるか，もしくは，その集団のメンバーであるという理由で，ある個人に向けられるかもしれない」

そして，この間違った一般化と否定的感情を偏見の本質的要素として仮定したオルポートの偏見理論は，現代に続く偏見研究の理論的枠組みとして長らく利用されてきた（Brewer & Brown, 1998）。

2. オルポートの偏見理論からの展開

(1) 偏見は間違った一般化なのか？

オルポートは，偏見を間違った一般化に基づいた判断であると主張したが，そう断定することに懐疑的な研究者も少なくない（Brown, 1995; Crandall & Eshleman, 2003）。間違った一般化とは，十分な客観的な根拠や事実もなく，集団の一部から導かれた性質を個人の評価に利用することであったが，これは裏を返せば，事実を反映した客観的かつ十分な根拠に基づいた一般化であれば，それは偏見にはならないということになる。しかしながら，一般化の妥当性を示す客観的かつ十分な証拠を揃えることは難しい。まずは，根拠の客観性であるが，ある集団の性質や特徴について，それを正確にかつ客観的に測定できる指標というものはなかなか存在するものではない（Brown, 1995）。身長や体重のように物理学的に測定できるものであれば可能かもしれないが，心理学的な特徴の測定となれば，客観性の高い指標で測定を行うことはかなり困難な作業となるであろう。また，そのような客観性の高い指標が利用可能であり，ある集団が他の集団と比較してある否定的な特徴や性質をもっていることを示す証拠が用意できたとしても，

人々はそれでもなお，その集団に所属しているという理由で，ある人物に対して一般化された評価を抱くことを偏見とみなすのではないであろうか。女性の採用を例に考えてみると，結婚や出産を機に離職する女性は今もなお多い。このことは，総務省の就業構造基本調査（2007）や国立社会保障・人口問題研究所の出生動向基本調査（2011）などの各種の統計調査からも明らかにされている。国立社会保障人口問題研究所の出生動向基本調査（2011）によれば，2005年から2009年の間に結婚した女性の結婚前後の就業状況を見ると，結婚前には86.6％であった就業率が結婚後には61.0％に低下する。第一子の出産後はその値はさらに低下し，26.8％となる。これは女性就業者が結婚する場合，約6割が結婚もしくは出産を機に仕事を辞めることを意味するものである。しかしながら，これらの事実を根拠として，ある企業が未婚の女性を採用しても結婚したら辞めてしまうのであろうと否定的に評価し，女性求職者の採用を見送ったとしたら，どうであろうか。多くの人々は企業のそういった対応を偏見や差別であると判断するのではないであろうか。このことから，偏見の本質は，一般化の正誤ではなく，その集団に所属しているという理由だけで個人の性質を無視する一般化過程そのものにあるように思われる。

　さらに，オルポートによる『偏見の本質（*The nature of prejudice*）』は，民族的偏見を念頭に執筆されたものであったために，一般化の正誤を本質に加えた定義を民族的偏見の枠を超えて，それ以外の多く社会集団に対する偏見全般に適用しようとすると，ある1つの問題にぶつかる。それは，民族集団とは異なり，成員の等質性が高い集団が存在するということに起因する問題である。民族的偏見では，偏見の単位となる社会的カテゴリーが集団成員の能力や性格とは直接的に関連しない「民族」であった。それゆえ，民族的偏見においては，集団全体の特徴と一致しない特徴をもった個人も多く含まれており，集団に対して抱かれている特徴を成員個人の評価に用いることは間違った一般化であると言えるであろう。しかし，偏見の単位となる社会的カテゴリーの中には，ある性質の違いに基づいて選抜された人々によって構成されるものも少なからず含まれている。学歴の違いに基づく集団はまさにこれにあたるものであろう。学歴に関して言えば，入学試験という選抜システムが機能している以上，偏差値の高い大学に通う大学生たちは勉強がよくできるという性質を共有している人物であるということになる。また，イスラム過激派やKKKのように特定の信念や思想を共有する人々が自発的に集まって形成される集団も存在する。それゆえ，集団としての特徴に一致する

個人が選抜されて，あるいは，それに一致する個人が自発的に集合している以上，その特徴をその集団に所属する個人の判断に利用することは間違った一般化であるとまでは言えないであろう。

偏見を定義する際に，一般化に基づく間違った判断であるかどうかを強調するかどうかは研究者のなかでも意見が分かれている。オルポート以外の研究者でも，ジョーンズ（Jones, 1997）は「事実を無視した」，ドゥヴィディオ（Dovidio, 2001）は「不当な」という表現を含んだ形で偏見を定義している。これに対して，一般化の正誤を排除する形で偏見を定義しようと試みる研究者も少なくない。その代表的な研究者がブラウン（Brown, 1995）や，クランダルとエッシュルマン（Crandall & Eshleman, 2003）である。ブラウン（Brown, 1995）は，偏見を「ある集団の成員であるという理由で，その集団の成員に対して軽蔑的な社会的態度や認知的信念の保持，否定的感情の表明，敵意や差別的行動を誇示すること」と定義している。クランダルとエッシュルマン（Crandall & Eshleman, 2003）もまた，偏見における判断の妥当性や合理性に関する表現を排除すべきであると述べたうえで，偏見を「ある社会集団に向けられた否定的評価もしくは，ある個人の集団成員性に基づいて向けられる否定的評価」と定義している。

(2) 偏見の本質的要素からの批判：偏見は否定的感情成分なのか？

ブラウン（Brown, 1995）やクランダルとエッシュルマン（Crandall & Eshleman, 2003）の定義に至ってもなお，まだ1つ解決すべき問題が残されていた。それはオルポートの定義に含まれる「嫌悪」や「敵意」を踏襲する形で，否定的感情を伴う偏見のみを研究対象に限定してきたことである。このため，否定的偏見と比較して，肯定的偏見に関する実証的研究は近年になるまでほとんど行われてこなかった。そして，肯定的偏見に関する知見の不足は，肯定的偏見の研究から研究者をさらに遠ざけるという悪循環を生み出した。クランダルとエッシュルマン（Crandall & Eshleman, 2003）も，研究対象を否定的偏見に限定する理由の1つとして，否定的偏見が有害で解決すべき課題であることに加えて，肯定的偏見に関する実証的知見の不足をあげている。

否定的偏見のみが長らく注目されてきたが，「愛憎渦巻く」という言葉があるとおり，人々は同一の人物や集団に対して否定的な感情を抱くこともあれば，肯定的な感情を抱くこともある。ある集団に関する特徴を個人に当てはめることで生じる感情や評価が否定的なものであれ，肯定的なものであれ，何かしらの感情

や評価を抱く心理過程はまったく同一である。そこで，近年では，否定的偏見に限定しない定義を採用し，より広範な観点から偏見をとらえようとする定義への転換が進んでいる (Dovidio et al., 2010; Plant, 2007)。プラント (Plant, 2007) は，偏見を「ある集団に所属しているという理由に基づいて人々に向けられる態度」と定義し，ドゥヴィディオら (Dovidio et al., 2010) は，偏見を「ある集団もしくはその集団の成員に対して主観的に肯定的もしくは否定的な態度を抱くことである」と定義している。本稿でもこれらの制限の少ない偏見の定義を支持する。

3. 偏見研究における近年の動向

オルポートの提唱した理論が長らく偏見研究の理論的枠組みであった (Brewer & Brown, 1998)。このため，肯定的偏見がそうであったように，その枠組みに合致しない偏見は研究者たちから検討の対象としてみなされてこなかった。さらに，オルポートは否定的偏見が反感，嫌悪，恐怖，軽蔑といったさまざまな感情成分から成り立っている可能性に触れつつも，それらを区別しなかったために，否定的偏見を構成する感情の多様性に関する議論も長らく行われてこなかった (Cottrell & Neuberg, 2005)。しかしながら，感情とはそれぞれに対応する固有の行動傾向を誘発するためのシグナルである (Frijda, 1988)。否定的偏見を構成する中心的な感情が違えば，偏見の対象となる人物に対する行動反応，すなわち，差別のタイプも変わってくると予想される。人々がある集団とその成員に対して恐怖を覚えるならば，恐怖をできるだけ遠ざけるための行動を選択するし，憎しみを覚えるならば，その憎しみを晴らすような攻撃行動を選択するであろう。しかしながら，偏見を構成する感情成分と行動反応としての差別の対応関係については，回避主義的民族差別 (Gaertner, 1973) などの知見を通して断片的には知られていたものの，それらに関する体系的な検討は行われてこなかった。それゆえ，近年，人々が偏見を向ける集団に対してどのような感情を抱き，どのようなふるまいを示すのかに関する体系的な研究に関心が集まるようになった。こうした観点から提唱された偏見の理論が，ステレオタイプ内容モデル (Fiske et al., 2002) や社会的機能論アプローチ (Cottrell & Neuberg, 2005) である。

(1) ステレオタイプ内容モデル

ステレオタイプ内容モデルは，ある集団に対するステレオタイプを有能さ

（competence）と心の温かさ（warmth）の評価の組み合わせによって表現できるとする理論である（Fiske et al., 2002）。そして，ステレオタイプ内容モデルの偏見研究における最大の貢献は，その集団に対するステレオタイプに基づいた有能さと温かさに対する評価によって，その集団に対して抱かれる偏見を構成する中心的感情が異なることを明らかにした点にある。

では，それぞれの集団に対するステレオタイプはどのように決定されるのであろうか。ある集団に対するステレオタイプは，その集団が内集団と競争状態にあるのかどうかによって決まるとされる（Fiske et al., 2002）。内集団と競争状態にある社会集団は，内集団に対して非協力であり，内集団が保有する資源や地位を脅かす「意図」をもった集団であると知覚される。このため，自分たちと競争状態にある集団ほど，心の冷たい人々としてステレオタイプ化されやすくなる。これとは逆に，自分たちに危害を加える意図をもたない集団は心温かい人々としてステレオタイプ化される。ただし，危害を加える意図だけが重要なわけではない。たとえ，ある集団が内集団に危害を加える意図をもっていたとしても，彼らにそれを実行する能力がなければ，内集団に何かしらの現実的な危害が及ぶことはない。それゆえ，その集団が危害を加える能力を持ち合わせているかどうかも，ある集団に対する評価の方向性を決定づける重要な指標として利用される（Fiske et al., 2002）。それが有能さの評価であり，その評価はその集団が社会のなかでどのような地位にいるのかによっておおまかに決定される。有能さに対する評価と心温かさに対する評価は独立したものではなく，しばしば相補的な関係を示す。無力とされる集団は内集団の地位や資源を害するのに十分な能力を有してはいないため，人々は彼らと競争状態に陥っても地位や資源が奪われる危険性が少ないと見積もることであろう。こうした推測が働くため，人々は無能とされる集団ほど心温かいとしばしばステレオタイプ化する。これに対して，有能と評される人々ほど，その心の温かさを否定的に評価される傾向にある。

有能さの高低と心の温かさの高低の組み合わせによって，人々がその集団に向ける感情も変化する。無能で心温かいと評価される集団に対して，人々が抱く感情が「憐み（pity）」である。このカテゴリーに含まれる代表的な集団は高齢者や主婦である（Adams-Price & Morse, 2009; Cuddy et al., 2005; Fiske et al., 2002）。これとは対照的に，有能で冷たいと評価する集団に対して向けられる感情は「妬み（envy）」である。アメリカ人を対象にしたフィスクら（Fiske et al., 2002）の知見によれば，このカテゴリーに当てはまるのは，ユダヤ人，裕福層，キャリア

ウーマンである。社会のなかには有能さも温かさも両方低いと評価される集団もある。それは生活保護受給者や薬物依存者である（Fiske et al., 2002）。彼らは社会的地位が低いことに加えて，他者の利益を搾取しようとする意図や反抗的な態度をもっているとみなされるため，その温かさまで低く評価される。両方低い集団に向けられる感情は「軽蔑（contempt）」の感情であり，彼らには怒りや嫌悪も含んだ厳しい偏見が向けられることになる。ちなみに，どの集団に対してどのような評価を抱くのかは，その集団と内集団が競争状態にあるのかどうかによって変わるため，ステレオタイプを生成する者の立場や所属集団によっても変わってくる。フィスク（Fiske et al., 2002）は，ユダヤ人を妬み感情を抱かれる集団として例示しているが，これはアメリカ社会においてアメリカ人とユダヤ人が何かしらの競争状態にあることを意味するものであって，日本人がアメリカ人と同様にユダヤ人に妬み感情を抱くということを意味するものではない。

　最後に，温かさと有能さの両方とも高く評価される集団に対して向けられる感情は「誇り（pride）」である（Fiske et al., 2002）。しかし，有能であるということは内集団に対する危害を及ぼす能力を有しているということであり，人々は有能な集団を一般的には非協力で冷たいと評価するはずである。それゆえ，有能さと心の温かさを両方高く評価され，誇らしいと思われる集団は限られる。多くの場合，それは知覚者にとっての内集団である（Fiske et al., 2002）。内集団が有能であることは人々にとって不快なことではない。むしろ，栄光浴がそうであるように，人々には内集団に対する肯定的評価を自分に対する称賛として喜ぶ傾向さえある。それゆえ，内集団に対する肯定的評価が自己高揚に寄与することから，人々が彼らの有能さと人間的温かさを共に肯定的に評価し，誇りという感情を向けると解釈されている。

　以上の議論から，人々は有能さと温かさの組み合わせによって，それぞれの集団に妬み，憐み，軽蔑，誇りを覚える。喚起される感情が異なれば，彼らに対して示される行動反応も異なってくるであろう。老人や女性といった集団に対して援助が提供されやすいが（Cuddy et al., 2005; Glick & Fiske, 1996），これは人々がその集団に対して憐れみの感情を抱いているからであろう。また，アメリカ人参加者がユダヤ人の失敗に対してシャーデンフロイデ（他人の不幸を喜ぶこと）を示すことを明らかにした研究も行われているが（Cikara & Fiske, 2012），これはユダヤ人が妬みの対象であることを支持するものであろう。それゆえ，ステレオタイプの構造に伴って多様な偏見感情が生じること，そして，その感情に基づ

いてそれぞれの集団に異なる差別的反応が引き起こされることを明らかにする研究の基盤となった点で、ステレオタイプ内容モデルの知見は有益であったといえよう。

(2) 社会的機能論アプローチ

　外集団は人々にさまざまな脅威をもたらす。社会的機能論アプローチ（Cottrell & Neuberg, 2005）は、外集団からもたらされる脅威を知覚することで生じる感情がその集団に対する偏見や差別の内容を特徴づけると仮定する理論である。コットレルとニューバーグ（Cottrell & Neuberg, 2005）によれば、外集団からの脅威によって喚起される感情は、怒り、嫌悪、恐怖、憐み、妬みの5つであり、これらが偏見を構成する中心的感情成分とされる。

　怒りは内集団の資源に対する脅威をもたらす集団などに対して向けられるものであり、人々を攻撃行動へと駆り立てる（Cottrell & Neuberg, 2005）。資源をめぐる争いが怒りと攻撃行動を生み出すことは、サマーキャンプ実験（Sherif et al., 1954）などを通して古くからも知られてきた。シェリフら（Sherif et al., 1954）は、別々の場所でキャンプをしていた2つの少年チームに報酬をかけたさまざまな競技を行わせたところ、少年たちは相手チームを自分たちと報酬を奪い合う敵対的集団とみなし、彼らの旗を燃やしたり、彼らと殴り合いのケンカをしたりと攻撃的な行動を見せることを明らかにした。

　嫌悪は集団の価値体系に害を及ぼす可能性のある集団に対して向けられ、その集団を社会から排斥しようとする動機づけを高める。この関係は移民や異民族に対する排斥においてよく見られてきた。現代社会においては、生物学的な違いに基づいて、ある民族に排斥を加えることは、社会正義に反する行為とされる。このため、人々は異民族に対する道徳的な優越を強調することで彼らへの排斥を正当化しようとするのだが（Edlund & Heider, 2008）、その際に利用されるのが、彼らがその社会が大切にしてきた伝統的価値観をないがしろにしているという主張である（Henry, 2010）。また、移民に反対する理由を調査した野呂（2002）も、54.1％の人々が移民との間に生じる文化・宗教的な価値観の違いをあげることを明らかにしている。これらのことから、異民族や移民は自分たちの価値体系を汚染する脅威として認識され、それが人々に彼らに対する嫌悪に基づいた排斥を動機づけているものと思われる。

　差別は外集団に対する攻撃や排斥となって現れるだけではない。脅威をもたら

す集団と積極的に関わりあうことを避けようとする差別もある。この回避行動を動機づける感情が恐怖である (Cottrell & Neuberg, 2005; Gaertner & Dovidio, 2005)。恐怖は身体的安全を脅かす相手に向けられるとされるが (Cottrell & Neuberg, 2005)，身体的安全に対する脅威はその被害を受けることが生命維持に対する重大なリスクであるため，人々は実際に脅威を引き起こした集団だけでなく，身体的脅威を引き起こす可能性のある集団に対しても恐怖や不安を感じる。それゆえ，人々はある集団に対して漠然とした恐怖を感じた時点で，回避行動が動機づけられる。黒人からの救助要請の電話を受け取った白人参加者がその要請を受けるかどうかを検討したガートナー (Gaertner, 1973) は，電話をかけてきた相手が黒人だとわかった時点で，内容さえ聞かず電話を切ってしまう白人参加者が数多く見られることを明らかにしている。電話を用いたコミュニケーションである以上，白人参加者が話し相手の黒人から何かしらの危害を加えられる可能性はない。それにもかかわらず，電話を切ったということから，黒人からの現実的な脅威ではなく，彼らに対する漠然とした不安や恐怖が回避行動を動機づけたものと解釈できるであろう。さらに，黒人との接触を回避する反応は保守的な白人だけでなく，平等を重んじるリベラルな政治信条を支持している白人にも見られた。これは，怒りや嫌悪に基づく差別とは異なり，恐怖に基づく回避を伴う差別が抑制されにくい差別であることを示唆している。

　互恵的な関係性を破綻させる危険性をもった集団に向けられるのが憐みの感情である (Cottrell & Neuberg, 2005)。とりわけ，互恵性を全うすることができない無力な集団に抱かれる。憐みの感情は，ステレオタイプ内容モデルで見いだされている通り，人々を援助や保護の提供といった向社会的行動へと動機づける。なお，互恵的関係性に関しては，その義務を全うできない人物と交流をもつことだけでなく，その義務を意図的に果たそうとしない人物と交流することもまた脅威であるが，そのような人物に対して向けられるのは，憐れみではなく，怒り感情である (Cottrell & Neuberg, 2005)。

　妬み感情もまた偏見を構成する感情成分の1つである。これは自分の成功を阻害する集団に対して抱かれる感情であり，その集団からの資源や地位の強奪を動機づけるとされる (Cottrell & Neuberg, 2005)。妬ましい集団が何かしらの失敗をすることにしばしばシャーデンフロイデを示す人も多いが (Cikara & Fiske, 2012; Smith et al., 2006)，これはシャーデンフロイデによって彼らに感じていた妬みの感情が発散されるためだと推察される。

では，偏見を構成する中心的な感情成分がその集団からもたらされる脅威によって異なるとして，人々はそれを的確に区別し，彼らに対して異なる感情を抱いているのであろうか。そこで，コットレルとニューバーグ（Cottrell & Neuberg, 2005）は，ヨーロッパ系アメリカ人を対象に，アフリカ系アメリカ人，キリスト教原理主義者，ゲイ，ネイティブアメリカンなどのさまざまな集団にどのような感情を抱いているのか尋ねた。実験の結果，向けられていた感情はそれぞれに集団によって大きく異なっていた。ゲイの男性には強い嫌悪が向けられ，アフリカ系アメリカ人には強い恐怖と憐れみが向けられていた。これらの議論から，人々はある集団に対して漠然とした否定的な感情を抱いているのではなく，その集団の自分や内集団に対する影響を十分に考慮したうえで，彼らに対して抱く感情の種類を変容させていたことが明らかとなった。

また，偏見を構成する中心的感情成分は，怒り，嫌悪，恐怖，憐れみ，妬みの5つであるとされるが（Cottrell & Neuberg, 2005），それら5つに加えて，信頼感もまた偏見を構成する中心的感情成分であると主張する研究者もいる（Gervais et al., 2011）。そして，彼らは無神論者に対する偏見を検証し，無神論者に対する偏見の中心的感情成分が不信感であることを見いだした。さらに，無神論者と記述された人物が，参加者からデイケア福祉従事者（高い信頼が求められる仕事）よりも，短期的な関係で特に信頼を求められない仕事であるとされるウェイトレスに向いていると判断されることを見いだした。

また，社会的機能論アプローチによって，脅威の種類と偏見内容の関連が明らかになったことは，偏見を低減するためのプログラムの策定に重要な示唆を与えるものであった。オルポート（1954）は接触仮説を唱え，集団間の接触が偏見の提言を促進すると主張し，この仮説を支持する知見も数多く見いだされている。北アイルランドのベルファストにおいて，カトリック住民とプロテスタント住民に調査を行った研究者たち（Schmid et al., 2008）は，カトリック系の住民とプロテスタント系の住民が混在している地区では，両者が分かれて住んでいる地区と比較して内集団バイアス（内集団を外集団よりも好意的に評価すること）や外集団に対する攻撃的行動が弱いことを見いだしている。しかし，対立し合い，偏見を抱き合っている2つの集団をやみくもに接触させたとしても，人々がその集団に偏見を抱く理由を正しく理解していなければ，偏見を低減させるどころか，集団間の亀裂を深め，偏見を悪化させることにもなりかねない。前出の研究（Schmid et al., 2008）においても，外集団からの暴力経験や彼らとのアイデンティティや価

値観の違いから生じる葛藤によって脅威が喚起される場合には,接触しても,対立し合う集団がお互いに偏見を強めることを明らかにしている。こうした知見から,偏見の低減には,多様な価値観を認容できるように人々を教育していくことや,接触を通してお互いに感じている恐怖や緊張を緩和していく作業が必要であることが示唆される。社会的機能論アプローチは,接触した集団の偏見を実際にどのようにすれば低減させられるのかという疑問に答えるものであり,偏見低減における具体的かつ有益な知見を提供するものであったといえるであろう。

19章 ステレオタイプ研究再考

1. はじめに

　私が大渕憲一先生のもとで，大学院生となった頃，最初に印刷物として刊行された（印刷物として世に出た）業績は，『現代のエスプリ』誌に掲載された「偏見研究再考」と題する論考で，このときの喜びを今も鮮明に覚えている。そして，tenure（終身在職権）を得てはじめて研究職に就いた地方国立大学・人文学部の大学院での初年度の授業が，履修院生が1名だけで，CiNiiデータベースの前身と位置づけられるNACSISデータベースで「ステレオタイプ」研究を検索し，その論文を大学院生と2人で読み進めていくというものであった。

　今回改めて，2015年2月に，CiNiiデータベースで「ステレオタイプ」というキーワードで，論文・論考を検索すると670件がヒットした。大学院での最初の授業を担当した20年ほど前（1995年9月頃）には，同じ「ステレオタイプ」キーワードでのヒット数が数十件だけだったように記憶していることと比較して，飛躍的な進展であった。そのため，この20数年間に，対象領域の広範化を遂げるとともに研究成果報告が飛躍的に増加したステレオタイプ研究について再考し（「ステレオタイプ研究再考」），今後に向けたステレオタイプ研究の整理を行い，本書全体の目的に照らして，（ステレオタイプ研究の）視野の拡大に貢献しうる資料としたい。

2. 全体的な俯瞰

　本論考のもととなる資料は，2015年2月にCiNiiデータベース上で，「ステレオ

タイプ」という検索語にて論文（および登録されている雑誌記事）の検索を行い，ヒットした論文（および雑誌記事）リストである。そのため，書籍については基本的には対象としないが，ステレオタイプ研究の進展を論じるうえで特筆に値するものについては，書籍であることを記したうえで言及しているものもある。また，基本的に社会科学研究者によるものに限定しており，たとえば英文学研究者による研究論文であることが明らかな研究などは，研究上のスタンスが大きく異なることから取り上げていない。

ステレオタイプに関する最も古い時期の研究論文は 1960 年代のものであり，これらの研究が日本における最初期のステレオタイプ研究・偏見研究と考えられる。（参考までに，「実験心理」というキーワードで検索をすると，1910 年代以降の論文が 334 件ヒットする）。したがって，今回のレビューの対象となった研究論文は，わが国における最初期の研究から今日までのステレオタイプ研究を網羅しているものということができるだろう。

全体を俯瞰すると，日本国内で刊行されている学術雑誌等におけるステレオタイプ研究は，大きく 5 つに分類できるのではないかと考えられた。

第 1 のグループは，「対人関係論のなかでのステレオタイプ研究」と位置づけられる研究群である。第 2 のグループは，「ナショナルステレオタイプ／民族ステレオタイプ研究」と位置づけられる研究群である。第 3 のグループは，「ジェンダーステレオタイプ」に関する研究群である。第 4 のグループは，「認知科学論的なステレオタイプ研究」に関する研究群である。そして第 5 のグループは，「さまざまな各論的なステレオタイプ研究」とまとめられる研究群とした。

(1) 対人関係論のなかでのステレオタイプ研究

「印象形成」研究に始まる対人知覚・対人認知に関する研究は，現在でも社会心理学研究の中核的なテーマと言えるだろう。「自己認知および他者認知」とも言い換えることができるような，この中核的で広範囲に及ぶ研究テーマにおいて，印象形成研究，自己ステレオタイプ（化）・他者ステレオタイプ研究，という形でのステレオタイプ研究が進められてきた。ここには，外見的ステレオタイプや身体的魅力の影響（身体的ステレオタイプ）というテーマも含まれる。

注1：2015 年 2 月 18 日付けで CiNii データベース上にて，「ステレオタイプ」という検索語でヒットした研究論文（雑誌記事）数は 670 件である。ただし CiNii データベースの特徴として，同一の論文（雑誌記事）が 2 回リスト化される（同一の論文がヒット数としては 2 とカウントされる）ことが一定の割合で生じる点に留意が必要である。

ステレオタイプ研究に関する概説的（総論的）な論考も，このグループに含めることが適切と考えられるだろう。ここで紹介する概説的な論考の著者は，いずれも社会的認知（social cognition）とよばれる研究領域の代表的な研究者でもあり，第4のグループとしてまとめた「認知科学論的なステレオタイプ研究」のグループに含めてもよいとも考えられるが，いずれも包括的な論考となっていることから，この第1のグループである「対人関係論のなかでのステレオタイプ研究」グループに含めることとした。具体的には，特に優れた概説的な論考として，池上（2014）「差別・偏見研究の変遷と新たな展開―悲観論から楽観論へ」，北村（1998）「ステレオタイプの社会心理学（1）」，池上（1995）「ステレオタイプの認知モデル」をあげることができ，わが国でステレオタイプについて学んだ学徒の多くがこれからの論考を参考にしてきたものと思われる。

　また，印象形成に関連するステレオタイプ研究として，次のような代表的な研究を指摘することができるだろう。唐牛と楠見（2009）「潜在的ジェンダーステレオタイプ知識と対人印象判断の関係」，菅と唐沢（2006）「人物の属性表現にみられる社会的ステレオタイプの影響」，大野と長谷川（2001）「「いじめ」の被害者に対する外見的ステレオタイプ」，森（1997）「対人判断における社会的カテゴリー適用可能性の効果とその個人差」，外山（1986）「人物情報の処理におけるステレオタイプの影響」などが対人関係論に関わる優れたステレオタイプ研究としてあげられるだろう。

(2) ナショナルステレオタイプ／民族ステレオタイプ研究

　社会的ステレオタイプや偏見の問題は，北米やヨーロッパ諸国を中核とする海外の心理学研究においては，Race and Ethnic Relations（人種・民族関係論）という領域を中心にして進められてきた経緯がある。これは，北米やヨーロッパ諸国において，人種問題や移民問題が社会のなかで大きな問題として存在し続けてきたことに由来しているといえる。それに比して日本国内においては，もちろんさまざまな民族関係問題も存在してはいるものの，北米やヨーロッパ諸国に比べるとそのウェイトが小さいことから，Race and Ethnic Relations（人種・民族関係論）に属する研究が必ずしも多いわけではない。

　1960年代に始まる「創生期」とも言える時代には，欧米の心理学界の影響を受けたものと思われるが，人種・民族ステレオタイプを扱った研究がこの頃の代表的なテーマと思われる（主要な研究として，原谷ら（1960）を指摘できるだろう）。

その後は，外国人イメージや，カルチャーステレオタイプ（特定の文化に対するステレオタイプ）をはじめ，「日本人論」に関する研究，異文化間コミュニケーションや異文化間ステレオタイプという研究テーマに属すると考えられる研究が産出されている（ただし，「日本人論」と総称される膨大な研究群の多くは，ステレオタイプという語を積極的に用いてはいないため，検索でヒットする研究論文は少ない）。
　加えて，在日外国人の問題について扱った研究や，日系企業が抱える諸問題を扱った研究も比較的多い。近年では，異文化理解や多文化関係（学）といったような広範な枠組みと考えられる視点に立つ研究や，「文化心理学」という新しい研究パラダイムに属する研究論文が増えてきている。ただし，急速に興隆してきている「文化心理学」的なスタンスの研究の多くも，ステレオタイプという用語は積極的に採用していないようであり，近年になって多くの研究論文が刊行されていることに比すると，検索でヒットする研究論文数は数多くはないと言える。
　なお，この「ナショナルステレオタイプ／民族ステレオタイプ研究」とよんでいるカテゴリーの研究群は特に多岐にわたっており，より細分化を行うことのほうが適切かもしれない。たとえば今後数年のうちに,「文化心理学」的な研究を中心とした新しい枠組み（グループ）を設定することが適切になることも考えられる。多岐にわたるゆえに，代表的と言えるような研究をあげることは難しい面があるが，奥西と田中（2009），坂西（2002），岩男（1993）などをあげることができるだろう。

(3) ジェンダーステレオタイプ

　国家や人種・民族ステレオタイプに次ぐ代表的なステレオタイプは，ジェンダーステレオタイプ（性別ステレオタイプ／性的ステレオタイプ／性ステレオタイプなど多様な表現がある）といえるだろう。
　特に日本社会においては，単一民族性が高く（ただし，けっして単一民族社会ではない），欧米社会に比べて人種や民族的ステレオタイプの問題が必ずしも身近で顕現的な問題ではないことから，ジェンダーステレオタイプがステレオタイプ研究の対象として取り上げられやすい側面があることも指摘できるだろう。
　もちろんそれだけではなくジェンダー論の視点からも，ジェンダーステレオタイプはきわめて重要な概念の1つといえる。ジェンダーステレオタイプと性役割観（伝統的性役割観）とは，不可分な概念といえるであろうが別個の概念である。

性役割観が男女それぞれに一般に割り当てられている(と考えられている)性別の役割分業についての意識であることに対して，ジェンダーステレオタイプは，「ステレオタイプ的知識」として，社会のなかで男女それぞれに付与されていると考えられているステレオタイプであるといえる。

ジェンダーステレオタイプに関する研究は量的にも多く，内容も多岐にわたっている。比較的最近のジェンダーステレオタイプに関する研究のなかで代表的といえる研究として，高林（2007），野寺と唐沢（2004），伊藤（2001）などを指摘することができるだろう。特に，伊藤（2001）による「性差覚醒状況におけるジェンダー・ステレオタイプ」研究は，ジェンダーステレオタイプの「内容」を探求するというような伝統的スタイルの研究からの転換期の研究として特筆することができるように思われる。

(4) 認知科学論的なステレオタイプ研究

1960年代から2015年までのステレオタイプ研究を振り返ってみると，認知科学論的なステレオタイプ研究の重要性（プレゼンス）がきわだっているように思われる。

実験的研究を中心とする実証的社会心理学の研究，なかでも認知科学の影響を受けた認知社会心理学に属すると位置づけられる（基礎的な）社会心理学研究は，分量的な側面のみならず，その知見が与えたインパクトも大きい。

この広義の「認知科学論的なステレオタイプ研究」としては，社会的カテゴリー化研究や，仮説確証傾向（予期確証傾向）に関する研究をはじめとして，ステレオタイプ活性化や，プライミング研究（閾上プライミングおよび閾下プライミングの双方を含む），また二過程モデルを中心とした時代を経て，近年では，潜在認知・潜在的ステレオタイプ研究にまで，その射程が拡がってきている。その間，ステレオタイプの低減や抑制について最も精力的に取り組んできたのが，この「認知科学論的なステレオタイプ研究」に属する研究群でもある。また，ステレオタイプ脅威の問題や，ステレオタイプ変容についての解明を積極的に進めてきたのもこの研究群であるといえるだろう。

広範な研究のなかで，代表的な研究をあげることは容易ではないが，より近年の認知論的な志向性が強い代表的な研究として，田戸岡ら（2014），河野ら（2010），石井と沼崎（2009）を指摘することができよう。また，相対的に伝統的でオーソドックスな研究としては，上瀬と松井（1996），潮村（1995），村田と木下（1993），

亀田（1986）などをあげることができるだろう。

(5) さまざまな各論的なステレオタイプ研究
①高齢者に対するステレオタイプ

　国家や人種・民族とジェンダーに次ぐ代表的なステレオタイプは，高齢者ステレオタイプと言うこともできるかもしれない。しかしながら，高齢者に対するステレオタイプを扱った研究は非常に少なかった。代表的な研究として，田中と坂手（1999），奥山（1999）などがあり，評価に値する論考であると考えられるが，その後も高齢者を対象としたステレオタイプ研究は多く産出されてはいない。もちろん，社会老年学や老年学，老年医学といった高齢者に関わる研究領域は多様に存在し，高齢者に対する研究自体は多く存在しているわけであるが，高齢者に対する「ステレオタイプ」研究は少ないといえる。

　その理由としては，「エイジズム（ageism）」という用語が高齢者に対する偏見的・ステレオタイプ的見方を指し示す用語として幅広く定着しており，高齢者ステレオタイプや老人ステレオタイプといった用語をあまり用いないことが関係しているものと思われる。参考までに，「エイジズム」という語で検索を行ってみると，80件近くの論文がヒットすることから，この理由には一定の説明力があるものと考えられる。

②地域ステレオタイプ

　地域ステレオタイプは，広義には国家ステレオタイプやナショナルステレオタイプを含むと考えられるかもしれないが，国家ステレオタイプやナショナルステレオタイプは，いわゆる「プリンストン・スタディ（Princeton Study）」の時代から，ステレオタイプ研究の代表的な研究トピックであったことから，国家や国民に関する研究とは別の分類として，地域ステレオタイプとして整理されている。また民族は，国家や国籍とは別個の概念であるが，ステレオタイプ研究としては同じような意味として用いられてきており，ここでは，民族（的）ステレオタイプ研究も含めていない。なお海外においては，国家と民族は複雑に交差しており，また日本も単一民族国家ではないことから，そもそも国家ステレオタイプ（ナショナルステレオタイプ）と，民族ステレオタイプを区分すること自体が困難というべきかもしれない。

　日本国内では，地域ステレオタイプとして最も念頭に抱きやすい「地域」とは，

「関西地方」や「東北地方」といった「地域」であろう。特に関西地方は，関東地方とは対比的なイメージをいだかれている地域であると一般にとらえられていることから，地域ステレオタイプとして取り上げられやすいようである。代表的と考えられる研究として，松尾と吉田（2012）「出身地ステレオタイプ喚起情報が対人魅力に及ぼす効果：形容詞による人物刺激を用いて」，黒田（1994）「外国としての「関西」（2）：テレビ番組における「大阪」ステレオタイプ表現とその読解」などがある。

③障がい者に対するステレオタイプ

障がい者に対するステレオタイプは社会的に重要な問題であるが，ステレオタイプという語を用いた研究のヒット数は多くない。

代表的な研究として，栗田と楠見（2014）「障害者に対する潜在的態度の研究動向と展望」，栗田と楠見（2012）「障害者に対する両面価値的態度の構造」などがあり，栗田と楠見による一連の研究は障がい者に対するステレオタイプ的認識を，意識化可能な顕在的指標と，意識化することができない潜在的指標の両面から探求していく先進的なものである。

これまで基礎系の心理学研究は全体としては，障がい者に対する認知について必ずしも十分な取り組みをしてこなかった面があるかもしれない（ただし，国立精神・神経センター精神保健研究所客員研究員（刊行当時）を務めておられた坂本真士氏の論考（坂本，1999）は特筆に値する）。しかし近年では，テレビ番組などにおいて障がい者に対するオープンな視点が展開されてきており，今後の研究の進展が期待される。

④職業ステレオタイプ

職業に対するステレオタイプが明確に存在していることは一般に広く認識されているものと考えられるが，研究として職業ステレオタイプを扱った研究は少ない。代表的な研究としては，上瀬（2011）「職業スティグマと偏見」，上瀬（2008）「大学生が抱く社会人・サラリーマンステレオタイプに関する予備的研究」を指摘することができるだろう。

なお，書籍であるため CiNii データベースには収録されておらず今回の論考の対象外とはなるが，わが国における職業ステレオタイプに関する代表的な研究成果として，山本（1994）『ソーシャルステイタスの社会心理学—日米データにみる

地位イメージ』がある。

社会学領域においては，職業に対する分類枠組みはきわめて詳細に整理され，非常に細かく分類された職業それぞれに対して「職業威信スコアー」が付与され，職歴研究，職業アスピレーション研究などに活用されている。この「職業威信（職業威信スコアー）」も，具体的な個々の職業に対していだかれているステレオタイプと考えられる面もあるだろうが，「職業威信」を扱った研究では，ステレオタイプという語は用いられてはおらず，社会的不平等の研究（現代社会においては，社会的不平等が縮小しているのか，それとも実は不平等は拡大しているのかに関する研究）や，職業アスピレーションの分析を通じた教育に関わる研究に活用されているように考えられる。

⑤学歴ステレオタイプ

学歴ステレオタイプも，確かに存在していると多くの人が肯定するようなステレオタイプと言えるだろう。「学歴」という社会的階層を越えて，特定の「大学ステレオタイプ」や，地域社会においては特定の「高校ステレオタイプ」が明確に存在しているということもけっして珍しくはないだろう。われわれは，ある人物の出身学校（所属学校）や学歴によってかなり明示的なステレオタイプをいだいているといえるだろう。

代表的な研究として，池上と斎藤（1999）「学歴ステレオタイプの構造とその影響に関する一考察」，池上（1999）「学歴ステレオタイプ」などがあり，ステレオタイプ研究の射程の拡がりとして興味深い。

しかし，人々の間で学歴に対するステレオタイプが広く共有されている一方で，学歴という言葉を付したステレオタイプ研究は，池上氏による論文以外には検索でヒットしない。その理由は明確ではないが，大学や研究所等に勤めるわれわれ研究者が一般に「高学歴」とよばれる学歴であることもその一因として関連をしているのかもしれない。

⑥血液型ステレオタイプ

いわゆる「血液型性格関連説」を対象としたステレオタイプ研究は，わが国において長い研究の歴史を有している。しかし，そもそも「血液型性格関連説」は世界的に見ればまったく一般的ではなく，アジアの一部地域においてのみ存在しているステレオタイプであることが指摘されている。

血液型ステレオタイプについては，なぜこのステレオタイプが信じられやすいのかに関する考察（4つのタイプの血液型の比率が，日本においてはおおむね4：3：2：1であるというような指摘もある）や，なぜ反証事例が示されてもこのステレオタイプを信じ続ける傾向があるのかということや，講義や説得的な資料呈示による説得過程によっても説得効果が十分に持続しないことなどについて取り上げられてきた。

ちなみに，血液型と性格が関連しているという科学的根拠は存在しないが，いわゆる"血液型性格占い"が日本社会においてあまりにも広く流布して来たために，自己ラベルという形（言い換えると，自己に対する主観的なステレオタイプ化）としては，たとえば「血液型が○○型である自分は，几帳面な性格だ」というような関連が生じているという指摘もある（山崎・坂元，1992）。なお，この研究報告は，CiNii データベースに登録されていない時代の学会発表論文である。

代表的な研究として，佐久間（2002），樋淵ら（1999），坂元（1995），松井と上瀬（1994）などがあり，なかでも松井と上瀬（1994）は，日本の血液型ステレオタイプ研究の優れた先駆的研究として位置づけられる研究である。

⑦法と心理学領域におけるステレオタイプ

「法と心理学」という研究領域におけるステレオタイプ研究は，「量刑判断」に関する研究が多い。他者に対する判断や評価ということから，広い枠組みでの「対人関係論のなかでのステレオタイプ研究」項に含まれるとも位置づけられるであろうが，対象としている場面が明示的で特定的であるため，独立したグループとして整理している。海外においては（日本に先立って）確立した研究テーマとして形成されていたテーマであるが，わが国に「裁判員制度」が導入されたことが契機となって応用的なニーズの高まりからも日本国内でも研究が増えてきているようである。

「法と心理学領域におけるステレオタイプ」研究として代表的と考えられる研究として，猪八重ら（2009），藤田（2005），山岡と風間（2004）などがあげられる。

⑧日本語教育学領域におけるステレオタイプ

日本語教育学領域におけるステレオタイプ研究は比較的多い。ここには，日本語教師に関するステレオタイプ研究や，「日本事情」などの留学生教育に関する授

業科目に関わる研究が含まれる。加えて,「日本人論」とよばれる大きな研究領域も一部分含まれるものの,ステレオタイプという用語は「日本人論」研究のなかで用いられることは一般的ではないようで,「日本人論」と位置づけられるような研究のヒット数は少ないといえる。

この領域における研究は,おもにこの15年ほどの間に刊行されてきており,日本語教育学の拡がりに対応しているものと推測される。この「日本語教育学領域におけるステレオタイプ」研究は比較的新しい研究群であり,ステレオタイプ研究の新たな応用的射程とも位置づけられる研究群で,今後の進展が期待される。

このグループにおける代表的な研究として,名嶋(2006),倉地(2004),細川(2002)などをあげることができ,いずれも日本語教育学に関わる学術雑誌に掲載された研究論文である。

⑨メディア研究領域におけるステレオタイプ

メディアに関する研究領域は特に広大な研究領域であるが,メディアに関するステレオタイプ研究としては,心理学者・社会心理学者によるものと考えられる研究は,「テレビ・コマーシャル(テレビ広告)」に関する研究に集中している傾向がみられた(具体的には,下條と柏木(2004),坂元ら(2003),有馬(2001)などである)。

テレビ・コマーシャル以外を扱った研究としては,「ゲーム」内で描かれているジェンダーステレオタイプについて検討した野口(2008)や,特定のテレビ番組内で描かれているナショナルステレオタイプ(具体的には日本人ステレオタイプ)について分析した有馬と山本(2003)などがある。

このように,いくつかの論文を取り上げることはできるものの,「メディア研究」という膨大な研究が行われてきている研究領域としては,ステレオタイプという用語を付した研究はかなり少ないといえる。とりわけ,社会学者によるものと思われる研究はほとんどヒットせず,そのようなスタンスの研究では,ステレオタイプという概念とは別の概念枠組みが用いられているものと考えられる。

3. 結　語

ここでは,全体的な特徴(傾向)のまとめ,ならびに今後のステレオタイプ研究への期待について記しておきたい。

①全体的な特徴

全体的な特徴(傾向)として特筆すべき点は,実証的で「心理学的な社会心理学」の研究が一定のウェイトを占め続けており,ステレオタイプ研究の進展に大きな役割を果たし続けていると考えられることである。

特に1980年代の「認知革命」の影響を受けた「認知科学論的なステレオタイプ研究」は,日本国内においても多くの研究が産出されてきている。なかでも,ステレオタイプ研究の金字塔ともいえる出版は,1999年に刊行された現代のエスプリ第384号「偏見とステレオタイプの心理学」(岡ら,1999)であり,質と量の両面において,これ以上の出版は今日までにない。内容的にもかなり高度な内容であり,このような刊行物が一般書店の本棚に並べられていたことは特筆に値するだろう。

それに比して,「社会学的な社会心理学」的な研究は多くはないといえる。もともと,ステレオタイプ(stereotype)という用語は,ジャーナリスト出身の研究者であるリップマン(Lippmann, 1922)がつくり出した造語であることを考えると,この点は興味深い進展かもしれない。また「社会学的な社会心理学」研究が少ないこととも関連し,いわゆる「メディア研究」に属する研究が比較的少なかったことも特筆されるだろう。

②今後のステレオタイプ研究への期待

ステレオタイプ研究が今後どのように進展していけるかに関して論じることは本論考の第1の目的ではないものの,今後への「期待」という形で述べることで本論を締めくくることとしたい。

期待の1つ目は,「現実問題解決への志向性の推進」である。研究活動を取り巻く近年の傾向性として一般に志向されていると言えるような方向性のものであるが,ステレオタイプ研究はもともと現実の社会問題から生まれてきた概念であることから,なおさら重要であると考えられる。

元来,心理科学の研究は,認知志向・プロセス志向を中心としてきているということが指摘できるだろう。この認知志向・プロセス志向は,社会科学のなかでも心理科学研究が有するアドバンテージの1つで,重要な志向性である。また,これまでに認知過程の探求として多くの優れた成果を生み出してきた(特に「認知科学論的なステレオタイプ研究」項を参照のこと)。また,日本国内でステレオタイプ研究を進めていくうえでは,人種・民族的な異質性の低い日本社会において

はステレオタイプの対象テーマ（トピック）を設定しにくいという側面も加わり，結果的に現実問題解決志向が低かった側面もあるかもしれない。

しかし，「多文化」化や国際化がさらに急速に進むことになるであろう今後の日本社会においては，文化的ステレオタイプ（広義の「文化」に対するステレオタイプ）を扱うことが，時代のニーズにも合致し，われわれを取り巻く現実の諸問題の解決に効率的な貢献をなすのではないだろうか。また，「各論的なステレオタイプ研究」項として論じた研究テーマの多くは，研究の層がけっして厚くはないテーマも多く，研究には必須の「新規性」のシーズはまだまだ多く残されているものと考えられる。

期待の2つ目は，「方法論的なブレークスルー」である。筆者自身もさまざま機会に紹介してきた「潜在的連合テスト（Implicit Association Test: IAT）」（Greenwald et al., 1998）は，ステレオタイプ研究のなかで方法論的なブレークスルーという観点から大きな役割を果たしてきたものと評価されているだろう。本論考での対象となった諸研究の中にも潜在的連合テスト（IAT）を用いた研究も少なくなく，ステレオタイプの潜在性という論点を深めることに貢献してきたといえる。潜在的連合テスト（IAT）を越えるような大きなブレークスルーの胎動は今のところ見受けられないように思われるものの，「接触理論（接触研究）」と潜在的連合テスト（IAT）の融合ともいうべき新しい方法論が考えられるかもしれない。

「接触理論（接触研究）」は，かつて一時代を築いたほどの影響力のある方法論であり，その際には「直接接触」がその基本的な方法論であった。また，直接接触を扱った研究は現在でも精力的に研究が進められている。近年では，接触理論（接触研究）は直接接触のみならず，現実的に大幅に接触機会が増大しているマス・メディアや各種のパーソナル・メディアを通じた接触効果の研究や，「想像型接触（Imagined Contact）」（Crisp & Turner, 2009）とよばれる新しいタイプの接触効果研究が積極的に進められてきている。この広義の接触理論（接触研究）の効果測定に，潜在的連合テスト（IAT）をはじめとする潜在指標を用いた研究はすでに存在してはいるものの，潜在指標をさらに積極的に活用していくことが，接触理論（接触研究）と潜在的連合テスト（IAT）の双方にとって新たなブレークスルーになりうるのではないだろうか。さらには，典型的な効果測定のみにとどまらず，継時的あるいは日常的に潜在指標を用いた測定を組み込んでいくことで，接触理論（接触研究），そしてステレオタイプ研究の新たな研究枠組みを展開していくことも可能になるのではないだろうか。

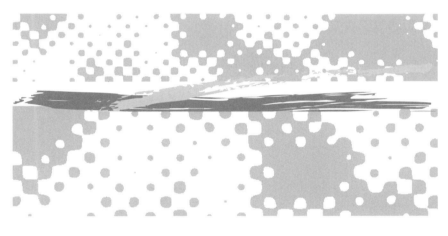

Ⅴ部　犯罪

20章 犯罪リスクと暴力

1. 犯罪リスクを巡る社会情勢

　近年，犯罪者の再犯が大きな社会問題として注目を集めている。わが国では，この20年ほどの間に，犯罪被害者の立場をもっと尊重すべきであるとの考えが社会的に強まりを見せるようになった。たとえば，犯罪により害を蒙った者である被害者の権利拡充が議論され，2005（平成17）年には犯罪被害者等基本法が施行されるに至っている（市野，2007）。こうした被害者の立場を重視するという姿勢が強まるにつれて，犯罪者を処遇するうえで再犯を防ぐことが重要であるという考え方が社会に広まるようになった。特に，奈良県で2004年11月に発生した女児誘拐殺害事件で，逮捕された被疑者が過去に子どもに対する性犯罪により服役していた経歴を有していたことから，犯罪者の再犯防止対策の必要性が強く主張されるようになった（平山，2007）。近年，わが国では一般刑法犯により検挙された者のうち，再犯者の占める割合が上昇を続けている。図20-1に見られるように，再犯者率は平成9年には27.9％であったものが，その後，一貫して上昇し続け，平成25年には46.7％となっている（法務省法務総合研究所，2014）。

　こうした社会情勢を背景に，2012（平成24）年には犯罪対策閣僚会議において「再犯防止に向けた総合対策」が策定され，再犯防止対策は「世界一安全な国，日本」復活の礎ともいうべき重要な政策課題となった。そこでは，矯正施設への2年以内再入率の低下に係る数値目標が初めて掲げられた。すなわち，過去5年間における2年以内再入率の平均値（刑務所については20％，少年院については11％）を基準とし，これを2021（平成33）年までに20％以上減少させることが目標とされた。犯罪者の再犯リスクをいかに低減できるか，この課題がわが国の刑

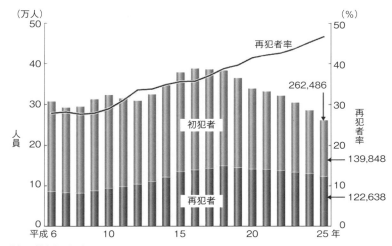

図20-1　一般刑法犯検挙人員中の再犯者人員・再犯者率の推移（平成26年版犯罪白書から引用）

事政策において重要な位置を占めるようになったのである。

2. 犯罪リスクとは何か

(1) 犯罪リスク

　犯罪リスクとは，端的には「ある人が犯罪に及ぶ可能性」である。犯罪リスクと似た言葉に，犯罪性（criminality）という用語がある。犯罪性は，ある個人について犯罪性が高ければ犯罪に走る可能性が高く，犯罪性が低ければ犯罪に走る可能性が低い，という個人が有する傾向を指すので，ほぼ犯罪リスクと同義である。また，再犯リスクという用語があるが，これはある犯罪者が再び犯罪に及ぶ可能性のことであり，犯罪リスクの一種である。

　人は，誰であれ犯罪を起こす可能性を有する。生涯に一度も犯罪に及ぶことがないままでいるということは，きわめて珍しいだろう。たとえば，車の運転をしたことがある人であれば，一生の間に一度も制限速度を超えることなく運転し続けるということは，まず考えられないのではないだろうか。また，集団について統計を取ると，人は10代初めから犯罪行動を開始して，しだいに単位人口あた

りの犯罪発生数を増加させ，10代半ばから後半でピークに達した後，犯罪行動を減少させていくことがわかる。思春期には数多くのものが犯罪に及ぶのである。こうした現象は犯罪学上で確立された知見となっている（Hirschi & Gottfredson, 1983）。

　もちろん，人によって犯罪に走る可能性，すなわち，犯罪リスクは異なる。これまでさしたる犯罪をしたことがない大学生や会社員と，何度も暴力事件を繰り返して刑務所に入っている暴力団関係者とを比べれば，後者のほうが犯罪リスクは高いということになる。少年鑑別所に収容されている非行少年は多くの者が万引きをした経験を有するが，それと比べれば，ほぼ同年代である大学1年生の万引き経験は低いものになるであろう。明らかに少年鑑別所に入所した非行少年のほうが，大学生よりも犯罪リスクが高いのである。犯罪リスクの違いということでは，他に，男性は女性よりも犯罪に走りやすいということが犯罪学上の確立した知見となっている（Siegel, 2008）。

　犯罪リスクは確率を用いることで具体的な数値として示すことができる。この場合，期間を考慮する必要がある。たとえば，ある20歳の成人男性が，25歳までに犯罪をする確率は10％程度である，といったような表し方をする。期間を長く取れば，当然，犯罪をする確率は増えることになる。別の例として，先にあげた再犯リスクについて考えてみよう。再犯リスクとは「犯罪をした犯罪者がその後，再び犯罪に及ぶ確率」と定義できる。窃盗を行った犯罪者がいたとして，この犯罪者がその窃盗を行った後，1年以内に再びなんらかの犯罪に及ぶ確率が0.7だとすれば，この確率0.7が1年以内の再犯リスクを示す数値となる。再犯率70％ということである。これはある人が疾病にり患して治療を受けた後に，疾病が再発するかどうかを表す概念である再発リスクと同じ考え方である。疾病の場合には，1年以内の再発率が20％，2年以内の再発率が30％などと表されるが，再犯リスクも考え方は同じである。

　犯罪者の再犯を防止する試みとは，再犯リスクを減らすために行うなんらかの働きかけである。ある犯罪者の再犯リスクが60％であったとき，教育・矯正を実施することでこれを40％まで低減させることができたとすれば，再犯防止の働きかけが一定の効果をもったということになる。

(2) 犯罪リスクの実例

　犯罪リスクについて，受刑者の再犯を取り上げ，実際のデータを用いて具体的

20章 犯罪リスクと暴力

表 20-1 刑務所釈放者の再入者数と再入率（平成26年版犯罪白書を一部改変して引用）

前刑出所事由	平成17年出所者数	再入年別累積再入者数				
		17年	18年	19年	20年	21年
総数	30,025	1,736（5.8%）	6,519（21.7%）	9,590（31.9%）	11,395（38.0%）	12,522（41.7%）
満期釈放	13,605	1,383（10.2%）	4,434（32.6%）	5,976（43.9%）	6,823（50.2%）	7,343（54.0%）
仮釈放	16,420	353（2.1%）	2,085（12.7%）	3,614（22.0%）	4,572（27.8%）	5,179（31.5%）

な分析を見ていくことにする。表20-1は，わが国の刑務所から釈放された受刑者が再び犯罪に及んで刑務所に再度入所してくる人数と，その割合を示したものである。総数の行を見ると，平成17年に刑務所から釈放された者が30,025人おり，そのうち1,736人が平成17年の内に刑務所に再入していることがわかる。割合にすると5.8%が1年に満たない期間で再入していることになる。この割合が，釈放された受刑者の1年未満における犯罪リスク，再犯リスクを示すことになる。刑務所に入ることを「入所」，「受刑」などとよぶので，再入リスク，再受刑リスクともよばれる[注1]。平成17年に刑務所を出所して平成21年までの5年間に刑務所に再入した者は12,522人であり，割合にすると41.7%である。半数近くの者が刑務所を出所後，再び刑務所に戻っていることになるが，この数を多いと見るか，少ないと見るかは，個人の主観によって異なるかもしれない。この話題は，後でもう少し論じる。

ところで，表20-1の上から2行目は前刑出所事由が満期釈放，3行目は仮釈放となっている。この意味を解説すると，まず，満期釈放は裁判所で実刑判決を受けて言い渡された刑期の間，刑務所で服役することである。懲役2年という刑が言い渡された場合には，刑務所に2年間服役してから釈放されることを満期釈放とよぶ（実際には，裁判所の判決が下されるまでの間に拘置所などに収容されていた期間が未決通算として差し引かれるので，完全に2年間ということはないが，それに近い期間は服役することになる）。これに対して，仮釈放とは刑を執行している途中で刑務所から釈放されることをいう。刑法第28条には「懲役又は禁錮に処せられた者に改悛の状があるときは，有期刑についてはその刑期の3分の1を，

注1：再犯リスク，あるいは，再犯について論じるときには，何をもって再犯としているのかを，明確に定義して論考を進める必要がある。再び犯罪を起こした，という事象をどのようにとらえるかには，さまざまなやり方があるからである。本稿では，刑務所への再入所を再犯として取り扱っているが，他には，警察への逮捕，少年鑑別所への入所，家庭裁判所への事件の送致，少年院への入院，自己申告による犯罪報告といったものがある。

無期刑については十年を経過した後,行政官庁の処分によって仮に釈放することができる」という規定があり,「本人の資質,生活歴,矯正施設内における生活状況,将来の生活計画,帰住後の環境等を総合的に考慮して(刑法第31条)」仮釈放が決定されることになる。通常は刑務所において行刑成績が良好,すなわち,通俗的な言葉で言えば模範囚である者が仮釈放の対象となる。また,犯罪の態様が悪質であったり,刑務所に何度も入所しているような受刑者は仮釈放にはなりにくい。

さて,2005(平成17)年に刑務所を満期釈放になった者は,13,605人で,このうち5年後の2009(平成21)年までに7,343人,すなわち54.0%が刑務所に再入している。半数以上が再び犯罪に走るのである。満期釈放者は,一般に刑務所内生活での行状が悪かったり,刑務所への入所を繰り返している者であったり,事案の悪質性が高い者であったりするので,満期釈放者の再犯リスクは高くなるのである。一方,平成17年に仮釈放となった者は16,420人,そのうち,5年後の平成21年までに刑務所に再入した者は5,179人であり,割合は31.5%となる。満期釈放に比べて仮釈放対象者の再犯リスクが低いことがわかるであろう。簡単に言えば,質の良い受刑者を選んで仮釈放にしているので,再犯リスクが低くなるのである。

(3) 再犯リスクと生存関数

再犯リスクを分析するための方法として,生存時間分析とよばれる統計手法がある。生存時間解析は再犯が発生したという事象と,再犯が生じるまでの時間を同時に取り扱うことができるため,再犯データを分析するのに適した手法とされる(Grieger & Hosser, 2013)。図20-2は生存時間分析において基本的な道具立てである生存関数(survival function)[注2]を示したものである。生存関数は,横軸が刑務所から出所した後の経過時間(この場合は年単位),縦軸は再犯をしなかった出所者の割合を示す。このグラフは再犯をしなかった者の割合が時間の経過とともに減少していく,すなわち,時間の経過とともに再犯者が増加していく過程を表している。

再犯をしなかった者の割合は,たとえば,満期釈放者の平成19年時点での再犯

注2:再犯までの期間を表す非負の実数値確率変数をTとする。tを非負の実数とし,確率測度をPとすると,$S(t) = P(T \geq t)$が生存関数である。これはある1人の犯罪者が施設釈放後に時間tを越えて再犯をしないでいる確率,と解釈できる。通常の統計学でよく用いられる分布関数(cumulative distribution function)は,$P(t \leq T)$であるから,生存関数は1から分布関数を引き算したものである。

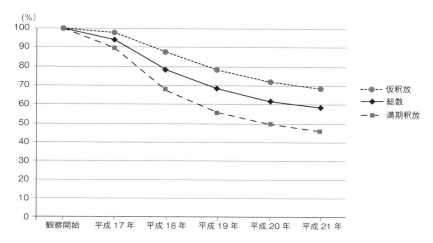

図20-2 刑務所への再入所をイベントとした受刑者の生存関数

率は43.9％であるから，100％から43.9％を引いて56.1％となり，これがグラフに示されている。厳密には，通常，生存関数の縦軸は確率で表されるので，「.561」と表記されるのが数学的には一般的であることに留意されたい。この確率は，生存率，生存確率，あるいは累積生存率，累積生存確率などとよばれる。「累積」という言葉は，時間の経過に伴って生存率が低減していく過程が積の形で計算できることから，その名前がある。

図20-2には，仮釈放，総数，満期釈放の3つの生存関数がプロットされているが，これらはグラフの上方から下方に向けて順番に並んでいる。仮釈放と満期釈放とを比べると，仮釈放のほうが満期釈放よりも時間が経過しても生存率の下がり方が少ないことがわかる。これは，仮釈放よりも満期釈放のほうが早く，数多くの者が再犯していくことを示している。すなわち，満期釈放者の再犯リスクが高いことが示されたわけである（総数は2つの群を合わせたわけであるから，再犯リスクはその中間に位置することになる）。

図20-2の生存関数は，統計的にはカプランマイヤー推定法という方法で推定されたものである。カプランマイヤー推定量は生存関数の推定値として最もよく用いられている（Aalen et al., 2008）。この推定値は対象者の観察期間の長短の情報を加味して生存率を推定するというやり方で算出される。カプランマイヤー推定量は正規分布に従うことが知られており，表20-2に示したように95％信頼区間

表 20-2　刑務所の満期釈放者と仮釈放者の生存率と 95% 信頼区間

時間（年）	生存率（%）	95% C. I.（%）	再犯者数	リスク集合の数
満期釈放者				
1 年	89.8	89.3 〜 90.3	1383	13605
2 年	67.4	66.6 〜 68.2	3051	12222
3 年	56.1	55.2 〜 56.9	1542	9171
4 年	49.8	49.0 〜 50.7	847	7629
5 年	46.0	45.2 〜 46.9	520	6782
仮釈放者				
1 年	97.9	97.6 〜 98.1	353	16420
2 年	87.3	86.8 〜 87.8	1732	16067
3 年	78.0	77.4 〜 78.6	1529	14335
4 年	72.2	71.5 〜 72.8	958	12806
5 年	68.5	67.8 〜 69.2	607	11848

注）リスク集合の数とは，その時点で再犯をしなかったことが確認できている人数のことを示す。次の時点の再犯者は，このリスク集合の中から出現することになる。この数は，リスク保有者数ともよばれる。

（Confidential Interval: C. I.）を算出することができる。

　さて，満期釈放者と仮釈放者はともに 2 年目に一番再犯者の数が多いことに注目されたい。たとえば，満期釈放者では，1 年目は 1,383 人であった再犯者が，2 年目には 3,051 人と大きく増加する。ところが，3 年目には 1,542 人と再犯者は大幅に減り，その後は減り続ける。釈放されて一定期間は再犯が抑制された後，いったん，再犯者の数が増えるようになり，その後は再犯者の数が減っていくのであるが，これは初期加速（initial acceleration）とよばれており，再犯リスクの分析において一般的によく見られる現象である（Gruenewald & West, 1989）。初期加速現象が生じる原因としては，1 つには刑務所を釈放された直後は刑務所での矯正教育の効果が持続しており，ある程度の緊張感をもって生活していたものが，一定の期間を経ると教育効果が低減してしまい，緊張感が緩み，再犯が増えてしまうといったメカニズムが考えられる。そして，その後は再犯をしやすいタイプの者が概ね再犯をし終えてしまうことで，後に続く年月では再犯者が漸減していくのである。もう 1 つの原因としては，刑務所を出所した直後に再犯をしたとしても，捜査，逮捕，起訴，裁判手続きといった過程を踏んでから刑務所への再入所が行われる。このような再入所へのタイムラグが原因で最初の 1 年目には再入者数が抑制され，その後 2 年目から再犯者年目から再犯者が増える，というメカニズムが考えられる。

表 20-3　刑務所を仮釈放で出所することが再犯に及ぼす影響
　　　　（Cox の比例ハザードモデルによる分析）

独立変数	β 係数	オッズ比	オッズ比の 95% C. I.	p 値
仮釈放	-0.76	0.47	0.45 ～ 0.48	$p<.001$

　ところで，この満期釈放者と仮釈放者の 2 つの生存関数に有意差があるかどうかを検定することができる。これはログ・ランク検定とよばれる方法であり，満期釈放者と仮釈放者の生存関数が等しいという帰無仮説を設定して検定が行われる。今回のデータを用いて検定を実施したところ，2 つの生存関数は有意に異なっていることが示された（$\chi^2(2)=1833, p<.001$）。ただし，サンプルサイズが大変大きいので，有意性が検出されやすくなっていることには留意したい。
　最後に，回帰モデルを用いた分析例を紹介する。生存時間解析の線形回帰モデルとしては Cox（1972）の比例ハザードモデルが一般的によく用いられる。このモデルはある瞬間に犯罪者が再犯に及ぶ確率（ハザード確率とよばれる）に，独立変数が与える影響を推定している。表 20-3 には，独立変数に仮釈放者であるか否かを示す 2 値変数を投入した分析結果を示した。分析結果を見ると，仮釈放で出所することは再犯に負の有意な影響を及ぼしていることがわかる。Cox の比例ハザードモデルでは，オッズ比とよばれる β 係数の自然対数を取った値を解釈する。ここではオッズ比は 0.47 であるので，仮釈放で出所した受刑者は満期釈放で出所した受刑者よりも，再犯確率は 0.47 倍となることが示された。

(4) 受刑者の犯罪リスク

　満期釈放者では刑務所を出所した後，5 年以内に 54％と半数以上の者が再び刑務所に受刑している。一般市民の感覚からすると，この数値を高いと感じる方々も多いのではないだろうか。しかしながら，刑務所に収容される受刑者というものは犯罪リスクがきわめて高い者であり，こうした結果は刑務所での勤務を経験した筆者から見ればそれほど驚くべき数値ではない。
　2013（平成 25）年 1 月 1 日現在のわが国の 15 歳以上の人口は 1 億 1,092 万人であった（総務省統計局人口推計）。このうち，平成 25 年に刑法犯に及んで検挙された者は 884,540 人であり，さらに平成 25 年に刑務所に入所した人員は 22,755 人であった。かなり荒っぽい計算になるが，刑法犯に及ぶのは人口の約 0.8％にすぎず，そうして検挙された犯罪者も 97.4％は刑務所に入らないことに

なる。比較的軽微な事案を単一で起こした程度では，刑務所には収容されない。わが国の刑事司法制度には，微罪処分，起訴猶予，執行猶予など，犯罪者が刑務所へ収容されることを回避する制度があり，刑務所に入るには余程のことをしないと収容されない。たとえば，覚せい剤を一度自己使用して警察に検挙されても，多くの場合は刑務所に収容されることはなく，2回目の検挙で初めて実刑判決が下され，刑務所に収容されるといった運用が通常なされている。

したがって，刑務所に入ってくる犯罪者は，犯罪を繰り返していたり，事案が悪質であったり，暴力団に所属するなど反社会的な集団に所属しているといった犯罪リスクの高い犯罪者が多いことになる。犯罪リスクの高い犯罪者を，いわば選りすぐって刑務所に収容しているわけであるから，再犯率が高くなるのもある程度は当然ということになる。もちろん，刑務所では，再犯を防止するための取り組みとして矯正教育が行われ，認知行動療法を基盤とした性犯罪再犯防止指導が推進されるなど（山本，2012），各種の再犯防止プログラムが実施されている。しかしながら，そうした働きかけをもってしてもなお約半数程度が再犯をしてくるという実態の原因としては，こうした受刑者のもともとの犯罪リスクの高さが指摘できるのである。

(5) 犯罪リスクと罪種

表 20-4 は，罪種ごとの再犯率を示したものである。これをみると，覚せい剤の再犯率が高い。背景には，薬物への依存性や覚せい剤の入手が容易であるといった要因が考えられる。次いで高い罪種は窃盗である。盗みは発生件数も多く，また，常習化しやすいという一面を有していることが要因として考えられよう。一方で，傷害・暴行といった粗暴犯は，薬物犯や財産犯より再犯率が低い傾向があ

表 20-4　罪種と再犯率（平成 26 年版犯罪白書から得られた資料を用いて作成した）

	殺人	強盗	傷害・暴行	窃盗	強姦	強制わいせつ	放火	覚せい剤
満期釈放	14.5%	36.5%	43.6%	57.0%	25.6%	37.1%	27.7%	60.2%
仮釈放	5.0%	13.4%	26.0%	36.9%	10.5%	22.2%	15.3%	41.2%
総数	9.6%	21.5%	37.5%	47.4%	16.9%	29.1%	22.0%	49.8%

注）いずれの罪種も，平成 21 年に刑務所を出所した者のうち，平成 25 年までに刑務所に再入所した割合を示している。

注3：この計算は，厳密なものではないことに留意されたい。実際には1人の人間が繰り返し犯罪に及ぶこともあるし，また，検挙された犯罪者のすべてが有罪であるわけではなく，また，裁判手続き等に時間がかかるので，その年の内に刑務所に入ってくるわけでもない。また，本来考慮されるべき検挙人員は刑法犯に限られない。

ることがわかる。また，強制わいせつ，強姦といった性犯罪は，それよりは再犯率が低い。

なお，これらの数値は，あくまで刑務所への再入所の割合を示したものであり，裁判の過程で刑務所まで入ってこない犯罪についての考慮はされていない。また，刑務所を出所後，再犯に及んだものの，警察には逮捕されなかった等の暗数が存在していることに留意しておくことが必要である。さらに，対象が再度の受刑であるから再犯をしたときの罪種が何であるかについての情報は含まれていない。性犯罪者が再び性犯罪に及んだかどうかはこの資料からは不明である。

3. 犯罪リスクを高める要因

(1) 静的リスク要因と動的リスク要因

犯罪リスクを高める要因のことを犯因論的リスク要因（criminogenic risk factor）とよぶ。この犯因論的リスク要因は，省略されてリスク要因とよばれたり，リスク・ファクターとよばれたりすることがある。ここでいう「犯因論的」とは犯罪が引き起こされる原因になるという意味である。犯因論的リスク要因は，犯罪者処遇において改善の目標にならない静的リスク要因（static risk factor）と目標になる動的リスク要因（dynamic risk factor）の2種類に分類される。

静的リスク要因は，犯罪リスクを高める犯因論的リスク要因のなかでも，後から変化させることが不可能な要因のことである。過去の犯罪歴，性別，初発犯罪年齢等の要因がこれにあたる。一方，動的リスク要因は，犯罪リスクを高める犯因論的リスク要因のなかで，後から変化させることが可能な要因のことを指す。家庭環境の問題や自己統制力の低さ，過去半年の薬物使用，不就労等の要因が動的リスク要因に当たる。

(2) 何が犯罪リスクを高めるか

犯因論的リスク要因のなかには，特に強い影響力をもつ4つのリスクがある。それは，1. 犯罪経歴，2. 反社会的人格パターン，3. 反社会的態度・認知，4. 不良交友である。アンドリューとボンタ（Andrews & Bonta, 2010）はこれらをビッグ4とよんでいる。加えて，ビッグ4よりは小さいが，一定の影響力をもつリスクがさらに4つある。それは，5. 家庭環境・婚姻状況，6. 学校・職場，7. 余暇・娯楽，8. 物質乱用である。これら8個のリスクをセントラル8とよんでいる。

犯罪経歴とは過去の犯罪歴，初発逮捕年齢，家庭裁判所係属回数といったもので，静的リスク要因の典型であり将来の再犯との結びつきは強い。

反社会的人格パターンとは，衝動性，リスク・シーキング，対人トラブルの反復，攻撃的言動等，犯罪に結びつく人格傾向のことである。これらは動的リスク要因で，処遇や介入の目標となる。

反社会的態度・認知は，犯罪に親和的で肯定的な態度，価値観，信念，それに合理化の程度および自己を犯罪者とみなす自己認知などである。具体的には，法律，警察，司法制度への否定的な感情，犯罪は割にあうといった考え方などがこれにあたる。これらも動的リスク要因である。

不良交友は，不良仲間，不良者とのつき合いに関するものであり，動的リスク要因として介入の目標となる。少年院における矯正教育では不良交友の絶縁という教育目標がしばしば在院生に対して設定されている。

家庭環境・婚姻状況は，家庭と婚姻に関連する犯因論的リスク要因である。少年の場合には家庭環境に，成人の場合には婚姻状況に犯罪行動を促進する影響を与える要素が含まれていることがある。青年期になると親からの直接的な影響は，仲間集団からの影響力にとって代わられ，家族に関連したリスク要因は影響力を失っていくとされる（Surgeon General, 2001）。青年期をどこで区切るのかという問題や個別の家庭事情を考慮する必要はあるが，少年のほうがもともとの家庭環境から親の規範やしつけを通して受ける影響が大きく，一方，成人では原家族からの影響は小さくなる。

学校・職場では，そこでの対人関係や適応状況が犯因論的リスク要因となる。学校や職場に満足できない状態であったり，成績や業績を上げることができなかったり，学校や職場を休んでばかりいたりといった内容がこれに当たる。これらの内容はハーシ（Hirschi, 1969）の統制理論（control theory）ではインボルブメントやコミットメントに該当していると言える。

余暇・娯楽は仕事や職場以外の時間に，反社会的ではない趣味や娯楽をもって生活しているかどうかに関する項目である。具体的には，学校や地域でスポーツやクラブ等のメンバーになっているかどうか，余暇時間に何か活動をしているかどうかを鑑別する。これらはハーシ（Hirschi, 1969）の統制理論ではインボルブメントに該当するものである。少年院処遇規則第23条には少年院における教育指針として「余暇の善用」という文言が規定されており，わが国の矯正教育では古くから重視されてきた項目である。これらは，向社会的な方向で社会と関わる機

会を提供することで行動改善が期待できるので，介入目標として設定しやすいものである。

　物質乱用は，アルコールや薬物使用の問題に関する要因である。過去の薬物乱用よりも，現在の薬物乱用が動的リスク要因として重要になる。

(3) 犯罪リスクを減らす処遇・教育

　静的リスク要因は，処遇・教育によって変化させたり，改善させたりする余地はない。取り消すことができない要因が，犯罪リスクを高めるということは，犯罪者の再犯防止教育には困難が伴うことを意味している。犯罪者に対する処遇・教育においては動的リスク要因に働きかけることが介入の指針となる。たとえば，劣悪な家庭環境が再犯リスクを高める要因になっているのであれば，処遇は対象者の家庭環境を改善することを目標にすればよいわけである。

　リスク要因の有無を確認することで，犯罪者の犯罪リスクを測定したり，どのようにしたら再び犯罪に走ることを防ぐことができるか，その処遇方針を実証的な根拠に基づいて定めることが可能となる。諸外国においては，再犯防止の効果を上げるために，実証研究に基づいた治療教育的な介入の推進が求められている（MacKenzie, 2000）。わが国においても，近年，非行少年を対象としたリスク・ニーズアセスメントツールの開発など，実証的な根拠に基づいた刑事政策が展開されるようになってきている（西岡，2013）。

21章 非行集団と暴力犯罪

　平成 23 年度版犯罪白書（法務省法務総合研究所, 2011）によると，1989 年から 2010 年までの間，一貫して成人よりも少年の共犯率が高いことを示している。詳細にみると，成人の共犯率はおよそ 6％から 19％の間で上昇と低下を繰り返し，少年の共犯率は 24％から 28％の間を推移している。これは少年犯罪の特徴の 1 つとして，集団性を示すものである。特に，暴力を伴う集団非行は他者に対して直接的に身体または生命の危険が及ぶという点において非常に深刻である。そこで本章では，非行集団と暴力犯罪の関係について心理学的観点からレビューを試みる。

1. 非行集団とは何か

　集団に関する研究は青年期集団のような小集団から国家のような大規模な集団まで幅広い文脈においてなされている。それゆえ，集団とは何かという議論は壮大なテーマであり，どの文脈にも十分に適合するような統一的な定義は未だに存在しない。集団を定義するうえで焦点となる要素は数多く存在するが（たとえば，相互依存性やコミュニケーション），このような特徴を杓子定規に適用し，集団かそうでないかを区別することは重要ではない（Levine & Moreland, 2006）。集団を定義するうえで重要なことは，人々の集まりがどれほど集団らしさ（groupiness）をもっているかということである（Moreland, 1987）。マックグラス（McGrath, 1984）によると，集団らしさを含む要件として，ごく少数の成員がさまざまな活動のなかで自由に相互作用を行うこと，将来的な相互作用を予期していることをあげている。この要件に基づくと，青年期の少年が形成するような仲間集団は集団らしさをもつということになる。これらの知見から，集団の定義を 2 人以上で

構成され,相互作用のある人間の集まりとする。そのなかでも特に,集団成員が共有する価値観や規範に従って行動した場合,非行が必然的に生じるような社会的集団を非行集団とする(星野ら,1995)。

2. 集団による暴力事件の現状と問題点

それでは,集団による暴力非行の現状はどのようなものだろうか。ここでは,暴力非行に該当する罪種を殺人,傷害,暴行としたうえで,過去10年間の共犯関係を伴う暴力非行の推移を概観する(図21-1)。共犯関係を伴う殺人の件数は図中に示していないが,過去10年間において2件から5件の間で推移しており,きわめて少数であることがわかる。また,傷害と暴行は過去10年間の推移をみると緩やかに減少しており,2013年は傷害が878件,暴行が185件となっている。こうした暴力を伴う集団非行は社会に与える衝撃が大きく,新聞やテレビをはじめとするマス・メディアに大々的に取り上げられるが,集団による暴力が問題視される理由は大きく分けて次の2点に集約される。第1に,複数の人間で犯罪に関与する場合,その加害行為がエスカレートしやすく,被害者に甚大な損害を与える可能性が高まる(家庭裁判所調査官研修所,2001)。第2に,集団で暴力に関与した少年は,責任の分散が生じるため被害者に対する罪悪感が薄い(Deschenes & Esbensen, 1999)。これらの心理的機序を通じて,単独の場合では考えられないような凄惨な結果が引き起こされることがあるが,非行集団と暴力の関係は古くから関心を向けられてきた研究領域である。

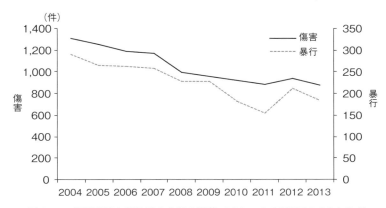

図 21-1　共犯関係を伴う暴力非行の推移(平成26年度版犯罪白書より作成)

3. 非行集団と暴力を説明する理論的研究

(1) 非行集団が暴力行為に及ぼす影響：選択効果か，それとも社会化か

　非行集団に加入する少年は非行集団に所属しない少年と比べて反社会的行為に関与する頻度が高いことが知られているが（Decker & Van Winkle, 1996），その因果関係は不明瞭であった。つまり，非行傾向が強い少年がギャング集団に加入するため，非行関与頻度が高くなるのか，それとも，ギャング集団に加入し，反社会的な価値観や規範を学習した結果，非行関与頻度が高くなるのかという問題である。これを検討するため以下の3つのモデルを検討した。

　彼らが提案した第1のモデルはいわゆる選択効果を示すものであり，選択・個人特性モデル（the selection or kind of person model）とよばれている。このモデルでは，すでに非行傾向のある少年がギャング集団に加入し，非行に関与するということを仮定している。第2のモデルは社会的促進・集団特性モデル（the social facilitation or kind of group model）であり，ギャング集団に加入する少年の特性は本質的に非ギャングメンバーとは異ならないと仮定されている。しかし，少年たちが一度ギャング集団に加入すると，ギャング集団内での社会化によって非行に関与するようになるであろうとされている。第3のモデルは選択・個人特性モデルと社会的促進・集団特性モデルの2つを取り入れたものであり，強化モデル（the enhancement model）とよばれるものである。このモデルでは，非行傾向のある少年がギャングメンバーに加入するが，ギャング集団内での社会化を通じて，さらに少年の非行傾向が強化されると仮定している。これらの3つのモデルを検討するため，彼らは調査参加者をギャング加入経験者と未経験者の2群に分け，ギャング加入経験者については「加入前」「加入」「離脱」の3つの時間相を設け，各時間相での暴力非行への関与頻度を比較することで，どのモデルが妥当であるかを検討した。

　図21-2は縦軸に少年がギャングに加入していた時期をとり，横軸に調査対象者が関与した非行頻度をとっている。また，彼らの研究は4年間にわたる追跡研究であるが，グラフパターンはその調査時期を示している（1年目は調査開始時点から1年後に取得したデータであることを示している）。結果を時系列的にみると，1年目にギャング集団に加入した少年は調査時期1年目の非行関与頻度のみが高くなっている。その他についても同様の結果であり，調査対象者がギャング集団に加入している時期に非行頻度が高くなり，加入前と離脱後では加入期より

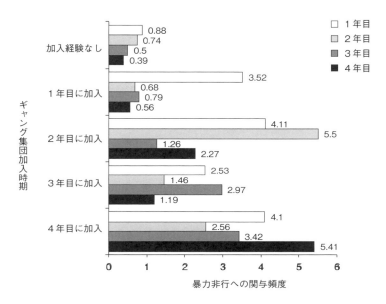

図21-2　ギャング集団が暴力非行に及ぼす影響

も非行頻度が低くなっている。したがって，第1の選択・個人特性モデルは棄却される。さらに，ギャング加入経験群とギャング加入経験なし群で非行頻度を比較すると，ギャング加入経験群がギャング集団に加入している時期はギャング加入経験なし群よりも非行頻度が高いが，それ以外の時期は両群の非行頻度に有意な差はほとんど見られなかった。これらの結果は，おおむね第2の社会的促進・集団特性モデルが妥当であることを示すものであるが，部分的に強化モデルを支持している。つまり，ギャング集団に所属することで少年は反社会的な規範や価値観を学習し，非行に関与するということを示すものであるが，加入経験がない少年に比べてギャング集団に加入する少年はもともと反社会性が強い可能性があることを示唆している。

(2) 非行集団による暴力行為の発生過程

　これまで非行集団が犯罪に至る過程は分化的接触や非行下位文化のような社会学的理論から検討されてきたが，それらは非行集団に内包される下位文化の学習という比較的マクロな要因を軸に分析がなされたものであった。ソーンベリーら (Thornberry et al., 2003) は非行集団に所属することによる社会化の効果を明ら

かにしたが，そのなかで少年たちがどのような過程を経て非行に至るのかということは不明瞭なままであった。

一方，社会心理学では集団に関する研究の蓄積が豊富であるが，特に，集団内・集団間相互作用過程を包括的に説明するための優れた理論として社会的アイデンティティ理論をあげることができる（Tajfel & Turner, 1979参照）。この理論は非行や犯罪行為を説明するために提唱されたものではないが，非行集団に所属する少年たちが相互作用過程を通じて暴力犯罪が生じるという点を考慮すると，非行集団と暴力行為の理論的基盤として社会的アイデンティティ理論を適用することができるだろう。社会的アイデンティティ理論の基本仮定は，社会は多様な社会的カテゴリー（たとえば，日本人や公務員など）から成立しており，所与の状況において活性化するカテゴリーが異なるというものである。さらに，特定のカテゴリーが活性化すると，そのカテゴリーに内包される規範や価値観に沿った行動をとり，内集団に有利な次元で外集団との差異を最大化することによって肯定的な社会的アイデンティティを獲得しようとする。

こうした理論的仮定に則り，中川ら（2007）は集団過程モデルを提唱し，集団非行に至るまでの過程を分析した。集団過程モデルはおもに3段階から構成されているが，特に重要とされるのは第2および第3段階の部分であり，これらは社会的アイデンティティ理論に依拠したものである（図21-3, 図21-4）。仲間集団が非行に及ぼす影響を理解するには，少年個人と仲間との関係の強さに注目する必要があるとされてきたが（Tremblay et al., 1995），第2段階の集団同一化はこれに注目するものである。集団同一化とはある社会的アイデンティティ（情緒的に重要な社会的カテゴリーや集団から派生する自己概念の一部）が自己にとってどれほど重要であるかという個人差を示すものであり，集団や集団成員に対するコミットメントと愛着からなる。前者は自集団への関与度などの認知的要素を，後者は自集団やその成員に対する愛着や信頼などの情緒的要素を表す。集団に対する同一化が強まると，その集団に内包される集団目標や集団規範に基づく集団志向性が促進されるだろう。第3段階の集団志向性は2つの動機からなる。1つは集団内評価で，集団内の他の成員たちから尊敬や評価を得たいとする動機であり，もう1つは集団間地位で，集団自体の価値や地位を高めたいとする動機である（Emler & Reicher, 1995）。それぞれに順社会的次元（真面目や勤勉など）と反社会的次元（権威への反抗や腕っ節の強さなど）を仮定しており，一般少年は順社会的次元を求めて集団非行を抑制するが，非行少年は反社会的次元を求めて集団

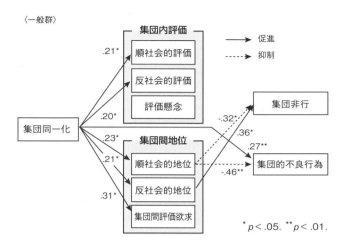

図 21-3 一般群における集団過程モデルの分析結果（図中の数値は標準化回帰係数）

非行に関与すると予測した。

　中川ら（2007）は集団過程モデルの妥当性を検討するために，少年鑑別所に入所中の少年 69 名（非行群）と専門学校生 104 名（一般群）を対象に回顧的調査を実施した。調査にあたって，非行群は非行に関与した際の仲間関係についてたずね，一般群は高校時代に最もよく行動を共にした仲間についてたずねた。分析の結果，予測したように，一般集団に強く同一化する少年は順社会的次元での集団内評価や集団間地位を求め，集団非行を抑制したが（図 21-3），非行集団に強く同一化する少年は反社会的次元での集団内評価を求め，集団非行に関与することが示された（図 21-4）。これらの結果は，非行集団への同一化が集団非行を促す重要な役割を担っているということを示すものである。一方，一般群では予測しなかった結果も見られ，集団同一化が高まることによって反社会的次元での集団間地位を獲得しようという動機づけが高まり，これが集団非行を促した。モフィット（Moffitt, 1993）によると，非行の発生率は 17 歳ごろをピークとしており，この時期は多くの少年が非行に関与する可能性がある。ただし，こうした傾向は永続的なものではなく，それ以降，多くの少年は非行から離脱していくことも指摘されている。本調査は調査対象者の高校時代についてたずねたものであり，モフィットが指摘するように一般少年であっても反社会性が強い時期であると考えることができる。それゆえ一般群においても集団非行の促進過程が示されたのではないだろうか。

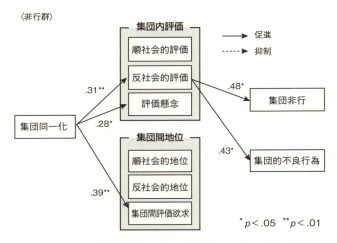

図21-4　非行群における集団過程モデルの分析結果（図中の数値は標準化回帰係数）

　中川らの研究は暴力を含む包括的な集団非行を扱っていたが，非行集団による典型的な暴力行為の1つは外集団との抗争である。バスケスら（Vasquez et al., 2015）は集団間抗争の発生過程を検討するために，ロンドンの学校に通う11歳から16歳までの358名を対象にシナリオ調査を実施した。調査対象となった学校がある地域は経済的に貧しい地域であり，ギャングに関連する問題を抱える地域であった。彼らは敵対関係にあるギャング集団への報復行動を規定する要因として少年たちが所属するギャング集団への同一化と敵対関係にあるギャング集団の実体性（entitativity）を仮定し，集団同一化が強く，さらに敵対関係にあるギャング集団の実体性を強く知覚する少年は報復行動意図が強いだろうという交互作用仮説を立てた。集団実体性とは，ある集団が独立した個人の集まりではなく，実在しているとみなされる程度のことである。集団実体性が高いということは集団成員が互いに類似していたり，密接な相互作用が行われていたりするということを意味する。仮説を検討するにあたり，調査参加者が所属するグループの友人が敵対しているグループのメンバーから攻撃されるというシナリオを提示したうえで，その人物に報復をするかどうかということをたずねた。分析の結果，ギャング集団と関わりをもつ回答者に関しては，集団同一化が強く，集団実体性を強く知覚している場合，報復行動をするだろうという攻撃意図が高かった（図21-5）。しかしながら，ギャング集団と関わりをもたない回答者にはこれらの効果が見

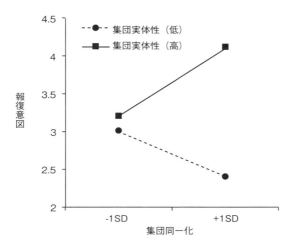

図 21-5 ギャング集団への同一化と敵対関係にあるギャング集団の実体性知覚が報復意図に及ぼす影響（ギャング集団と関係をもつ回答者を対象とした場合）

られなかった。彼らの結果は，集団間抗争のような暴力犯罪は集団同一化に加え，敵対関係にある外集団を集団としてまとまりをもつ存在であると認識するかどうかが重要であるということを示している。

(3) なぜ，非行集団に同一化するのか

集団過程モデルやバスケスらの知見は，非行集団への同一化が非行への関与を促すという点において共通しているが，そもそも非行集団に同一化するのはなぜだろうか。その背景には，仲間からの好意や援助を受けるといった心理的報酬（Nakagawa et al., 2005; 岡邊, 2008）や互いに友人として認知していることを示す仲間からの相互指名（Keisner et al., 2002）のような集団内要因があげられている。しかしながら，これらは非行集団だけではなく，部活仲間や友人集団などの合法的な青年集団への同一化を高める要因でもあるため（Nakagawa et al., 2005），集団内要因だけでは，なぜ少年たちが非行集団へ同一化するのかということを十分に説明することはできない。

そこで，中川ら（2015）は非行集団と一般集団の関係に着目した。非行少年は一般少年に比べて，地域住民からの差別を受けやすいが（日本弁護士連合会, 2002），これはどのような結果を招くであろうか。ブランスコム（Branscombe et al., 1999）が提唱した拒絶－同一化モデル（rejection-identification model）によ

ると，マイノリティに属する人々はマイノリティであるがために差別されたと感じると，ウェルビーイングが低下するが，これを保護するためにマイノリティへの同一化を強めると指摘している。非行少年もその社会的立場から，差別的な扱いを受けやすく（Emler & Reicher, 2005)，一種のマイノリティとしてみなすことができる。それゆえ，非行集団の一員であるという理由で差別されていると少年が感じれば，非行集団への同一化をかえって強めてしまう可能性がある。しかしながら，非行集団に所属する少年のなかには，非行集団のメンバー以外にも付き合うことができる仲間をもつ者もいる。このように，ある集団成員が所属集団から他の集団へ移行することが可能であると期待できる程度のことを集団境界透過性（permeability of group boundaries；以下，透過性）とよぶ（Brewer, 2003）。透過性を強く知覚している少年は，非行集団に所属しているという理由で差別を受けていると感じていたとしても，他の集団に移行することで，ネガティブな心理状態を避けることができる可能性があるため，非行集団への同一化は高まらないだろう。一方，透過性の知覚が弱い場合，非行集団に所属しているという理由で差別を受けていると感じた場合，ネガティブな心理状態に対処するための手段として，非行集団への同一化を高めるだろう。

この仮説を検討するために，少年鑑別所の男子少年96名を対象に横断調査を実施した。分析の結果，少年が非行集団に所属しているという理由で同級生や権

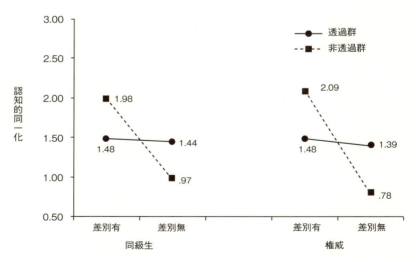

図21-6　非行集団に所属する少年への差別と集団境界透過性が認知的同一化に及ぼす効果

威(教師や警察など)から差別を受けたと感じると,集団の一員であるという感覚(認知的同一化)が高まるが,この関係は非行集団のメンバー以外につきあえる仲間がいない少年(非透過群)において顕著であった(図21-6)。この結果は,少年が非行集団に同一化する背景には,同級生や権威のような一般集団のメンバーから受ける差別的扱いが関係していることを示している。ただし,少年が差別を受けていると感じていたとしても,非行集団のメンバー以外に付き合える仲間がいた場合は非行集団への同一化は高まらない。

4. 非行集団による暴力犯罪の予防

上述した先行研究が示していることは,非行集団への同一化が犯罪を促す重要な役割を果たしているということである。つまり,いかにして非行集団への同一化を低減しうるかということが,暴力犯罪を予防する鍵となる。中川ら(2015)は集団境界透過性が非行集団への同一化を低減することを示したが,これは非行集団とは別に少年自身の居場所を確保することによって,非行集団への同一化を低減し,ひいては暴力犯罪に関与することを予防できる可能性を示している。

それでは,非行集団へのプログラムや活動として実際にどのようなものが策定されているのだろうか。警察庁(2005)によると,非行集団への加入予防や離脱を促すために警察と民間機関が協同して介入を実施しており,その介入方法は3つに分類される。第1に,警察が暴走族をはじめとする非行集団や,その背後で活動する暴力団を取り締まることによって,非行集団の解体をめざすものである。第2に,学校やその他の関係機関,ボランティアなどの地域住民と連携をはかり,中学生や高校生を対象とした暴走族加入防止教室を開催している。第3に,非行集団から離脱した少年に対して,社会奉仕活動など地域の実情に即した居場所を提供することで立ち直りを支援し,非行集団へ再び加入することを阻止している。このような活動によって,少年たちが非行集団に加入することを未然に防ぐだけでなく,非行集団に加入している少年の離脱を促している。こうした活動の実践的な取り組みとして,NPO法人セカンドチャンス!(2011)をあげることができるが,この組織は少年院出院者が集まり,互いの経験を分かち合い,共に成長することを目的としており,非行少年の立ち直りに貢献している。こうした組織が少年にとって非行集団以外の居場所となれば,非行集団への同一化を低減するうえで有効であろう。

22章 犯罪者への処罰

1. 犯罪者への処罰：刑罰とは

　古くから，犯罪者は一般市民の安全と財産を脅かす存在としてみなされ，人々はあらゆる手段を使い，犯罪者を社会から排除し，隔離しようとしてきた。そのなかでも，最も効果的な手段は犯罪者の命を奪うこと，または犯罪者を一般市民の住んでいる町から離れた場所へ追放することである。また，犯罪者の逸脱行為によって生じた損害は犯罪者が自分自身の責任において賠償すべきであると一般に考えられている。

　以上のような考えは，よく知られているように世界で2番目に古い法典であるハムラビ法典の第196条，197条で「目には目を，歯には歯を」という条文にも記載されている。また，中国の歴史から見ると，秦帝国の終焉の混乱をいち早く収束するために，その次の朝廷である漢の皇帝様劉邦は，秦の首都である咸陽を占領した際，住民に対し「殺人を犯した者は死を，人を傷つける者および窃盗を働く者などはその損害に応じた賠償を」という3つの約束を公表した。これは歴史上，非常に有名な「約法三章」という物語である。

　こうした犯罪者の処罰は単に犯罪者を一般市民から隔離するだけでなく，個人が加害者に対して復讐をすることを防ぐと考えられている。現代では，犯罪者の逸脱行為に関わる罪状とそれに該当する処罰の上限について，すべて法律（刑法）で定められ，罪状に相当する処罰を犯罪者に与え，犯罪者の人権を守るという「罪刑法定主義」の形式をとっている。

　刑罰はその国の事情や内政，地域の歴史や宗教の影響によって，多様な形式をもつ。よく議論されているのは石投げの刑，笞刑など残虐な方法で犯罪者の命を

表 22-1　日本の現行法における刑種

	刑種	内容	分類
主刑	死刑	刑事施設内において絞首（刑法第 11 条）	生命刑
	懲役	刑事施設に拘置して所定の作業を行わせる（刑法第 12 条）	自由刑
	禁錮	刑事施設に拘置する（刑法第 13 条）	
	罰金	原則一万円以上の財産刑（刑法第 15 条）	財産刑
	拘留	一日以上三十日未満刑事施設に拘置する（刑法第 16 条）	自由刑
	科料	千円以上一万円未満の財産刑（刑法第 17 条）	財産刑
	（労役場留置）	罰金・科料を完納することができない者は一定期間労役場に留置する（刑法第 18 条）	（換刑処分）
付加刑	没収	一定の物件の没収（刑法第 19 条）	財産刑
	（追徴）	没収物件の全部又は一部を没収することができない場合，その価値を追徴することができる（刑法第 19 条の 2）	

(出典：http://wpedia.goo.ne.jp/wiki/刑罰)

奪う刑（生命刑），またはその体に傷を与える刑罰（身体刑）である。しかし，人権などの問題を考慮し，現代の日本におけるおもな刑罰は刑法や特別刑法によって，自由刑（犯罪者の身体の自由を奪う刑罰）と財産刑（犯罪者の財産を奪う刑罰）の 2 種類がある。

日本の現行法による刑罰の種類については表 22-1 に示す。

台湾では，中華民国刑法により刑罰の手段として，日本と同様に，生命刑，自由刑，財産刑があるが，執行の内容については多少異なる部分もある。たとえば，台湾では自由刑のなかに出国制限，住居制限（引越しに対する禁止令），労働を科すといった種類がある。また，従刑のなかに犯罪者の政治権力である選挙権や参政権を制限する（褫奪公權）刑罰も含まれる。

犯罪者の逸脱行為に対し，犯罪被害者とその家族は犯罪行為によって，命や財産が奪われ，大きな損害に遭って，苦しい生活を強いられるため，自らの手で犯罪者を制裁しようと考えられる。個人による復讐を避けるため，人々は犯罪者への処罰を国家特有の権力としてみなす。また，犯罪への威嚇，社会規範の表出，被害者および社会感情の修復，社会的結束・動員のツールなど，さまざまな機能が期待されている。

2. 厳罰化の流れ

　上述したように，刑罰は犯罪への威嚇，社会規範の表出などの機能が期待され，一般市民が生活している社会の安全を維持する象徴であるともいえる。しかし，ひとたび衝撃的な犯罪事件が発生すれば，一般市民は自分の身の安全に危機感を抱えるため，厳罰化への期待が高揚するが，これが世論が厳罰化を支持する基本的な背景である（Andrews & Bonta, 2010）。「乱世用重典」（混乱した社会を治めるには厳罰を用いるべき）という中国のことわざも同様な考えを示唆している。

　厳罰化とは，法律に則り，犯罪者により厳しい刑罰を科すものであるが（de Keijser et al., 2007），これがどのように表れるかは多様である。たとえば，実刑判決の増加，頻繁な死刑判決とその執行，罰則の強化（陳, 2013），仮釈放基準の厳罰化，執行猶予判決の減少，刑務所定員数の増加，新しい刑務所の設置などがあげられる（Hutton, 2005）。

　このように，厳罰化は単なる一般市民の世論にとどまるものではなく，法体系にもその影響が及ぶが，特に議論されるのは少年法体系に関する厳罰化である。一般的に，犯罪者は裁判で判決を言い渡され，さまざまな刑罰を受けるが，多くの国は少年の健全育成を期し，未成年の犯罪者（非行少年）に対して少年法を設けている。こうした，保護を目的としている法体系は日本のみならず，欧米諸国においても19世紀末期から，非行少年に対する保護及び更生を目的とする少年法体系を構築している。しかし近年，非行少年に対し，厳罰を望む声が高まりつつあることが示されている（Levesque & Tomkins, 1995; Hutton, 2005）。Hutton (2005) は1980年代から欧米諸国において，急激に増加している少年非行事件が一般市民に多大な衝撃を与え，市民生活に悪影響を及ぼしており，少年非行を防ぐため，少年法体系の厳罰化が求められていると推察している。一方，日本では，1990年代から凶悪な少年犯罪の発生が相次ぎ，そうしたなかで，1997年に神戸で発生した児童連続殺傷事件が世間に大きな衝撃を与え，少年犯罪に対する厳罰化の傾向が高まった（石井ら, 2001）。この世論の厳罰化傾向の影響を受けて，日本政府は少年法の改正に着手し，2000年11月28日に，改正少年法が可決され，2001年4月1日から施行されてきた。改正少年法において，厳罰化に関する内容は以下の4点である。

　改正1：刑罰の適用が可能な非行少年の年齢を16歳以上から14歳以上に引

き下げる。

改正2：故意に殺人を犯した16歳以上の少年は，原則として検察に送致しなければならない。

改正3：無期懲役相当の罪を犯した少年を必ず有期刑に減刑する規定を廃止し，裁判所が無期か有期か判断する。

改正4：死刑を減刑して無期懲役になった場合，仮出所可能期間を七年としている特例の適用を廃止し，成人と同じ十年とする。

その後も，少年法体系の厳罰化が続き，2007年の改正では，少年院送致の対象年齢は「おおむね12歳以上」とした。法務省は「おおむね」の幅を「1歳程度」としているため，11歳の少年も少年院収容の可能性がある。最新の改正では，18歳未満の少年に対し，無期懲役に代わって言い渡し可能な有期懲役の上限を15年から20年に引き上げ，不定期刑も「5年〜10年」を「10年〜15年」に引き上げた。

厳罰化の世論をより正確にとらえるために，戴（2006）は日本の一般市民を対象に，非行の原因認知が改正少年法の厳罰化措置への支持に及ぼす影響に関する実証研究を行った。分析の結果，回答者は改正少年法の厳罰化措置に対して一般的に強い支持を示したが，欧米での研究と異なり，非行の原因を学校が非行に十分に対処できていないためと考えている回答者，社会全体の道徳性が低下しているためと考えている回答者は日本人の厳罰化態度を促進した。また，戴（2006）は台湾の一般市民を対象としているが，そこでも同様の結果が見られた。

この結果を戴（2006）は「集団主義・個人主義」という文化的次元から考察を行った。集団主義とは，集団の統制と個人の自律性欲求が衝突する葛藤関係において，集団全体の統制を優先する考え方であり，個人主義は個人の自律性の主張のほうを優先する考え方である（中島ら編，1999）。個人主義の浸透した欧米諸国と対比して，集団主義は日本と台湾を含む東アジアの特徴的な特性といわれている。こうした文化的次元から見ると，少年非行などの逸脱行為に対して罰を考量する際，個人主義者は集団主義者よりも行為者個人の責任を重視すると考えられる。プフェファー（Pfeffer et al., 1996, 1998）は個人主義傾向が強いとみなされるイギリスの高校生は非行の原因として，少年の人格の欠陥を強く認知しているのに対し，集団主義傾向が強いとみなされるナイジェリアの高校生は環境の影響を強く認知していると指摘している。同様に，タイソンとヒューバート（Tyson &

Hubert, 2002)は個人主義傾向が強い回答者は少年の人格問題を非行原因として重視しているのに対し,集団主義傾向が強い回答者は環境要因を重視していることを見いだした。こうした非行の責任判断においては,逸脱の主たる原因の在処が問題である。つまり,行為者個人の側に逸脱の原因がある場合には個人の責任は大きいとみなされ,個人主義者はこうした場合には厳しい罰がふさわしいと判断する。一方,逸脱の原因が環境側にある場合では,個人の責任は軽いとみなされ,個人主義者は厳しい罰は必要でないと判断するであろう。このように,個人的責任と罰の程度を一致させようとする欧米人に対して,集団主義文化の強いアジアの人々は必ずしも罰の考量において個人的責任だけに注目するわけではない。したがって,アジアの人は必ずしも非行の原因帰属と罰を一致しないと思われる。

また,別の視点に立つと,厳罰化を支持するかどうかを考慮する際,逸脱の予防,すなわち,行動統制に基づいて決定される。個人主義者が罰を決定する際,逸脱者の個人的責任を重視するのは,行為の主たる原因は行為者の意志にあるという個人的統制に対する強い信念があるためであろう。個人主義者は,罰によって行為者の内的統制を強めることができると考えており,これによって逸脱の抑止を図ろうとする。それゆえ,行為者の側に責任があるときだけ厳しい罰を与える必要があると判断する。

一方,集団主義者は,逸脱行為は個人の意志だけでなく,個人を取り巻く環境側の条件によっても強く影響されると考えるため,逸脱は環境整備やその働きかけによって防ぐべきとする社会的統制志向をもっている。日本や台湾の回答者が非行の環境要因を認めながらも,厳罰化を望むのは,環境が本来果たすべき逸脱に対する社会的統制機能が弱体化していると感じており,この社会的統制を法規制によって補強しようと考えるためであると思われる。

以上のように,逸脱に対する内的統制を重視する欧米人は,個人的責任がある場合にのみ個人に厳罰を課すべきであると考える。一方,社会的統制を重視する東アジア圏の人々は,逸脱に対して社会的統制機能を強化することを優先し,法による厳罰化をその一環とみなし,支持を強めているのではないかと推察される(戴,2006)。

厳罰化に関する世論はさまざまな法体系に影響を与えるが,最も深刻なのは刑務所の運営であると考えられる。厳罰化により,より多くの受刑者が刑務所に収容されることになる。また,仮釈放基準の厳罰化や刑期の長期化により,刑務所の過密収容は大変深刻な問題になりつつある。近年,日本の刑務所の収容率が115

％に上昇し，台湾でも同様の問題を抱えている。2014年末，台湾の刑務所の収容率は121％に上昇し，そのなかでも高雄第2刑務所は155％まで上昇した。こうした過密収容は刑務所にさまざまな悪影響を与えると考えられる。まずは刑務所内の生活環境の悪化である。過密収容のため，受刑者はより狭い空間での生活を余儀なくされた。たとえば，定員8名の寝室で10名以上の受刑者が一緒に収容されており，プライバシーの侵害，騒音，生活環境の不備などが受刑者にストレスを感じさせ，人間関係の衝突を引き起こすことも考えられる。ストレスは怒り，憎しみ，恐怖，不安などの負の感情を喚起し，攻撃行動に繋がる可能性が高いとされる（DeWall et al., 2011）。特に受刑者のなかには神経質な人格やネガティブな感情の持ち主がよく見られ，彼らは非常にストレスに弱く，挑発されやすく，暴力などの問題行動を起こす可能性が高いと考えられる。また，過密収容によって，刑務所の運営にも多大な影響を与えている。受刑者の数の急増により，刑務所職員の仕事の量が増え，職場ストレスも増えると考えられる。戴（2010）は台湾の刑務所職員を対象に面接調査を行ったところ，台湾のTC刑務所職員が過密収容を深刻なストレスとみなしているが，その背景には受刑者の生活管理，刑務所の運営，刑務作業の分配などの難しさがある。そのため，刑務所職員の3分の1が離職の意志があると回答した。

　一方，刑の長期化を伴う厳罰化は受刑者にも悪影響を及ぼすことがある。すなわち刑務所化（prisonization）である。刑務所化とは，受刑者は刑務所生活に関する文化や習慣などが徐々に身に染み込み，社会から疎外され，いわゆる「刑務所ボケ」ともなる。服役中の受刑者は24時間，刑務所職員の監視と管理の下で生活しなければいけない。また，受刑生活にはさまざまな規制があり，けっして自分の意思で自由に生活することができない。それゆえ，受刑者は管理職員の顔色を見ながら彼らが望むことを推測し，無個性で，活力が見られない人間に変わっていく。また，長期間の収容生活により，受刑者は出所後の生活に対して，期待しつつも不安を抱くようになるを指摘することができる。特に，めまぐるしく変化する現代社会へ適応するためには，さまざまな新しい技能が求められるが，変化のない受刑生活に慣れた受刑者にとっては，大きなストレス源となりうる。

　前述のように，一見すると法体系の厳罰化は犯罪を食い止める有効な方法としてみなされるが，そこにはさまざまな問題が存在しており，単純に犯罪者を刑務所に追いやり，目の届かない場所で生活させればいいわけではない。法体系の厳罰化体制を含み，犯罪者の矯正，社会への適応促進，再犯を防止する環境の整備

など,さまざまな方法を用い,犯罪に対応すべきであろう。

3. 死刑の存廃に関する論争

　犯罪者に対する刑罰のなかで,最も重い刑は死刑である。死刑は生命刑であり,法律が定める手順に則り,犯罪者の生命を奪う。死刑は古い時代から現代社会まで存在し,最も歴史の古い刑罰ともいわれるが,国別に見ると,死刑の存廃やその執行方法などは,国によっておおいに異なる。アムネスティ・インターナショナル（Amnesty International：国際人権救援機構）は,2014年に世界の198か国に関する死刑の存置,執行などについて分析した。すべての犯罪者に対し死刑を廃止しているのは98か国であり,おもな国はヨーロッパ諸国,豪州,カナダなどがあげられる。戦時の特定の犯罪行為に対してのみ死刑を設けているが,それ以外の罪状では死刑を適用しないのは7か国である。また,法律上においては死刑を適用しているが,10年以上死刑の執行がない,または死刑を執行しないと公約を掲げているのは35か国である。一方,アメリカ,中国（香港,マカオを除く）,インド,日本,台湾などを含む58か国は2014年の時点で,死刑制度を維持していることが明らかになった（アムネスティ・インターナショナル,2014,p.64）。これらの結果は,死刑の存廃が国の事情によって大きく異なることを示している。ジャン（Jiang et al., 2007, 2010）は過去10年の間に死刑を執行した国々（アメリカ,日本,中国）の大学生を対象に死刑に関する考えについて,実態調査を行った。その結果,死刑の維持と執行について,最も支持的な態度を示したのは中国の大学生であり,日本,アメリカの順となった。また,死刑の存在意義については,日本と中国の大学生はアメリカの大学生より「新たな犯罪への抑止効果」を重視するが,アメリカの回答者は死刑の「応報効果」を重視することが明らかになった。死刑に反対する理由については,アメリカの大学生は「死刑は政府による蛮行である」という点を重視することが明らかになったが,日本と中国の大学生は「冤罪の可能性が否定できない」点を重視し,法体系への不信感を読み取ることができる。こうした結果について,ジャンら（Jiang et al., 2010）は文化的差異の観点から解釈を試みた。それは先述したように,日本と中国は集団主義志向が強い文化圏に属し,環境や身の安全を確保するため,新たな犯罪行為の発生は環境や身の安全を脅かす存在とみなし,死刑を支持することが考えられる。一方,欧米文化は個人主義志向が強く,加害者への死刑は被害者感情を晴ら

し,「目には目を,歯には歯を」という意味合いが強いのではないかと推察している。

前述のように,死刑の執行は犯罪者の生命を奪い,犯罪者を永遠に社会から排除することと等しい。しかし,犯罪者であっても,その命の尊さは一般人とまったく同じである。冤罪事件は稀であるものの,無実の人間を死刑囚として収監し,その命を奪うこともある。それゆえ,死刑の存廃はたんなる司法の問題にとどまらず,社会問題,あるいは政治問題にまで発展したことがある。

台湾も日本と同様に,死刑の執行を維持している。死刑の存廃について,さまざまな世論調査が行われたが,最も代表的な調査は台湾の法務部(日本の法務省に相当する)が定期的に行った20歳以上の成人に対する大規模な世論調査である。2005年から2012年まで,死刑判決の維持と死刑執行に関する支持割合は8割に上り,その後,徐々に減少傾向が示されたが,死刑を完全に支持している世論は5割強程度であることが示された。また,死刑囚についてたずねたところ,回答者のなかには「真摯な反省の意があれば,死刑の代わりに,無期懲役を科すべき」という意見もみられ,死刑に関する世論も対立していることがうかがわれる。

4. 高齢犯罪者への処罰

人口の高齢化に伴い,近年,日本では高齢犯罪者が急増している。日本の高齢者犯罪をより正確にとらえるために,警察庁・警察政策研究センターと太田(2013)は日本の高齢者犯罪の特徴と犯罪要因に関する調査を行った。彼らが警察庁の犯罪統計白書が公表した資料を分析したところ,日本の高齢者犯罪は1989(平成元)年から増え始め,特に1998(平成10)年以後は顕著な増加傾向がみられた。また,平成元年から2006(平成18)年までの間に,65歳以上の高齢犯罪者は人員数にして7倍以上に増えたことが明らかになった。高齢犯罪者に関する人員数の増加だけみると,単純に日本の高齢化社会を反映していると考えることもできるが,年齢別刑法犯の犯罪者率の推移をみると,平成元年を100とした場合,65歳以上の高齢犯罪者は400弱に上る一方,他の年齢層の犯罪者率は200にも届かず,高齢犯罪者が急増している現状がうかがわれる。罪種構成からみると,窃盗と離脱物横領に関する財産犯罪が8割に上ることが明らかになった。また,高齢犯罪の特徴の1つは他の年齢層の犯罪者より単独犯の割合が顕著に高く,95%以上の高齢犯罪者は一人で犯罪に関与したことが示された。

高齢者犯罪の急増を背景に，高齢受刑者の人員数も急増している。平成20年度版犯罪白書（2008）は，「高齢犯罪者の実態と処遇」に関する特集を出版した（http://www.moj.go.jp/content/000010212.pdf）。特集において，高齢受刑者の犯罪動機や原因を検討したところ，生活困窮などの経済難による財産犯罪が顕著に見られ，高齢者の経済的な立場の弱さが反映されている。また，多くの高齢受刑者は心身ともに持病をもっており，人間関係から疎外されていることも多い。それゆえ，高齢受刑者は他の年齢層の受刑者より，処遇や受刑生活について，特別な配慮が必要だと考えられる。たとえば，刑務所の中の高齢者向きの設備や環境の整備，出所後の生活支援，地域福祉施設との連携などがより重要であると考えられる。

日本と同様に，近年台湾でも高齢犯罪者と受刑者が急増している。また，前述したように，法体制の厳罰化により，受刑者は刑務所でより長い時間を過ごすようになった。台湾法務部矯正署（犯罪白書，2014）の資料によると，2002年から2013年までの10年の間に，50歳以上の高齢受刑者は受刑者全体の8.7%から19.0%に上昇し，受刑者数も2,358人から6,496人へと，およそ3倍になった。

台湾では「敬老尊賢」（高齢者と賢い人を尊敬すべき）という伝統的な考えがあるため，高齢者に対して，さまざまな優遇措置が設けられている。また，台湾では親への報恩を重視するため，多くの高齢者は自分の家族と同居し，平穏な暮らしをしている。高齢者が自分の人生の最後の段階において，「私は自分の人生を当てにできるか」や「私は私でいてよかったか」といった自分の存在や人生の意味に関する問題に関心をもっているようである。しかし，高齢受刑者は受刑生活によって，家族や地元の人間関係から切り離され，家族から疎外される生活を余儀なくされる。また，受刑生活では高齢者に対する優遇や敬意が一切なく，逆に若年受刑者から軽蔑のまなざしを向けられることがある（Tai, 2014）。このような状態は高齢受刑者の自尊心を傷つけ，彼らに多大なストレスを与えることが考えられる。このような背景を受けて，戴（Tai, 2014）は台湾における高齢受刑者の受刑生活および自分の人生に対する考えに焦点を当て，質問紙調査を行った。デモグラフィック特性に基づく分析結果から見ると，累犯者，高齢者，子どもがいないといった要因が，高齢受刑者の生きがい感や死に対する態度にネガティブな影響を与えることが示された。モフィット（Moffitt, 1993）は生涯の間に，犯罪に繰り返し関与し，刑務所に何度も収容される累犯者は生涯継続型（life-course persistent）とよばれる。このような生涯継続型は社会への不適応が著しく，自分

を人生の失敗者とみなすことがよくある。特に，高齢者は身体と心理的な機能の低下に伴い，さまざまな持病があっても珍しくないため，自分の人生に対してネガティブな評価をするのではないだろうか。また，エリクソンのアイデンティティ理論に基づくと，子どもがいない高齢者は「生殖・継承」という心理的課題に直面し，人生を自棄することが考えられる。

　パーソナリティ特性が「生きがい感」と「死に対する態度」に及ぼす影響について分析した結果，情緒不安定性は自分の人生に対して消極的，ネガティブ，そして自滅的な思考を促すことが示された。情緒不安定性が高い者は精神的なバランスが不安定であるため，衝動的であったり，抑うつ傾向が高かったり，他人に対して閉鎖的である。このような不安定的なパーソナリティ特性をもっている高齢受刑者に対して，刑務所職員らはより多くの関心や注意を払わなければいけない。

　これまで述べてきたように，高齢者犯罪は高齢化社会において避けられない，大きな問題であると考えられる。刑務所の中に収容される高齢受刑者が増えるなかで，高齢受刑者に対して，より人道的な処遇を実施することが今後の重要な課題であると考えられる。

5. 結　語

　本章は「犯罪者への処罰」と題しているが，最も重要な問題は「犯罪者に最も適した処罰とは何か」，「われわれは犯罪者を処罰することによって，何を求めているか」，「処罰を行うことで，どのような効果を期待しているか」ということであろう。人類の歴史を振り返ると，犯罪者に対して，さまざまな処罰を行ってきた。たとえば，死刑の執行，犯罪者の体を傷つけること（刺青，鞭打ちなど），犯罪者を隔離し，過酷な労働を科し，軍隊への加入を強要するなど，犯罪者への処罰はときに，野蛮なものであったかもしれない。現代社会では，法律によって犯罪者への処罰を刑法に則り，明確に定めているが，一般市民は刑罰の効果に疑問をもち，厳罰化や死刑を支持する世論が高まりつつある。「法体系は犯罪者に寛容すぎる」，「加害者には人権を主張する資格がない」，「悪質な犯罪者はもはや人間ではない」という世論と法体系の間に，埋めがたい隔たりがよくみられる。これは一般市民が法体系，特に判決を下す裁判官に対して，強い不信感をもっていることを示している（St Amand & Zamble, 2001）。また，一般市民が刑罰の効果

に対して疑問をもつ理由の1つは，再犯率の高さにあると考えられる。一般市民は刑罰に対して，犯罪者の逸脱行為を矯正し，再犯を抑制する効果を期待している。刑務所も受刑者の再犯を防ぎ，出所後，円滑に社会復帰が成功するよう，さまざまな処遇（たとえば，心理療法）と訓練（たとえば，職業訓練）を受刑者に提供している。しかしながら，犯罪が生じる原因は多様であり，多くの犯罪者はもともと社会的に弱い立場にあるというのが現状である。再犯を抑制するためには，刑罰だけではなく，社会全体で犯罪者の更生問題に真正面から向きあうことが，今後最も重要な課題であると考えられる。

23章

少年による殺人
殺人少年の量的・質的変化の検討

1. はじめに

　近年，少年による殺人等の凶悪重大事件が起こるたびに，加害少年の病理性や親の養育態度の問題などがセンセーショナルにマスコミ等で取り上げられ，国民の注目を集めている。刑事司法の分野では，少年による凶悪重大事件の続発や犯罪被害者保護の高まりを背景に，2001年4月から少年に対する刑罰適用年齢の16歳以上から14歳以上への引き下げ，原則逆送制度（故意の犯罪行為により被害者を死亡させた事件を犯し，その罪を犯すときに16歳以上の少年に係るものについては，家庭裁判所は原則的に検察官に送致する決定をしなければならないという制度），少年審判の被害者傍聴制度などを取り入れた改正少年法が施行され，2006年には少年院送致年齢の引き下げなどが実施されている。さらに，2014年には18歳未満の少年に対し，無期刑に代わって言い渡せる有期懲役の上限が15年から20年に引き上げられている。

　このように少年による殺人に対する一般国民の関心は高く，多くの人々に治安に対する不安や子育て不安を引き起こしたり，法律改正を促したりするほど，社会的影響も大きい。特定の少年による家庭内殺人や連続殺人事例等を取り上げ，青少年や社会全体の変質の兆しを読み解き，社会に警鐘を鳴らそうとする論評も数多い。しかし，犯罪統計や実証的研究を見ると，少年による特異な殺人事件は，戦前にも数多く見られ，量的にも少年による殺人は1980年代以降，低いレベルで推移している。

　本章では，こうしたわが国における殺人少年の動向や実証的研究の成果を踏まえながら，なぜ少年による殺人が減少したのか，殺人少年にどのような質的な変

化が生じているのかに焦点を当てた検討を行いたい。

2. 少年による殺人の動向とその背景

(1) 殺人少年の動向

図 23-1 に示すように，戦後，少年非行は 4 つの大きな波を描きながら経過し，近年は沈静時期に入っている（近藤，2010）。

これに対し，殺人による少年検挙人員は，少年非行の第 1 の波と第 2 の波の時期には，少年非行全体の動きと連動するように 400 人を超える時期もあったが，1965 年以降減少している（図 23-2）。薬物非行や万引きなどの遊び型非行が中心であった第 3 の波の時期にも，強盗や粗暴犯が増加した第 4 の波の時期にも，殺人の検挙人員の目立った増加は見られない。

こうしたわが国で見られる，殺人少年の減少は，世界的にも珍しい現象である。この現象の原因，背景については，進化心理学や社会病理学などの観点からさまざまな仮説が提示されてきている。

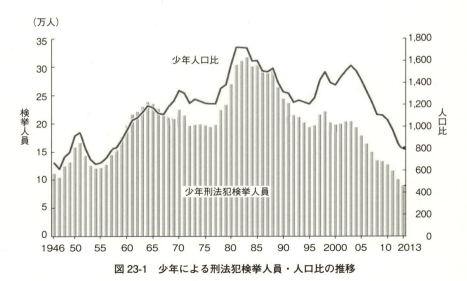

図 23-1　少年による刑法犯検挙人員・人口比の推移

注）犯罪白書による。
　　人口比とは，10 歳以上の少年 10 万人当たりの刑法犯検挙人員である。

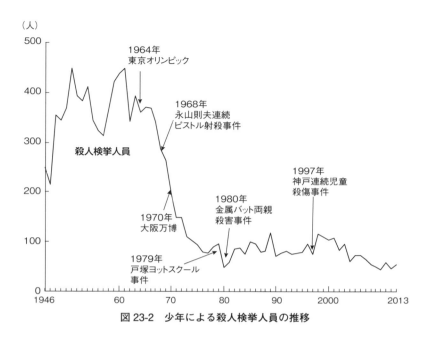

図 23-2　少年による殺人検挙人員の推移

(2) 何が殺人少年を減少させたのか

　長谷川と長谷川 (2000) は，進化心理学の立場から戦後日本の殺人の動向には，他文化と共通の普遍的なパターンとともに，日本社会に固有の変形が見られると指摘する。

　長谷川らによれば，男性の殺人率は世界的にみればほとんどの国々で20代の前半に鋭いピーク (「ユニバーサル・カーブ」と言われる) を見せる。進化心理学的な観点からは，10代後半から20代前半の時期に男性がどれだけ自分の地位を確立し，どのくらい多く資源を確保できるかが，その後の繁殖の可能性に大きな影響を及ぼすと考える。そのため，この時期に男性の繁殖戦略 (異性の争奪，より高い地位や金銭の獲得をめざした競争など) が活発化し，強い競争心やリスキーな行為への没入が生じ，その結果として若年成人男性の殺人率が高まるという。

　しかし，図 23-3 に示すように，わが国における年齢別の男性による殺人検挙人員率の推移は特異な経過をたどっている。20代前半の男性の人口10万人当たりの殺人検挙人員は，1955年には20人を超えていたが，徐々に低下し，1974年には20代後半の検挙人員が多くなっている。それでも1974年ころまでは20代が検

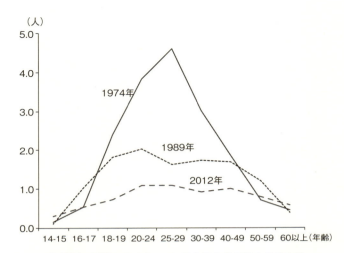

図 23-3　年齢別の男性による人口 10 万人当たりの殺人検挙人員

挙人員のピークを形成していたが，その後，20 代のピークも目立たないものになっている。

　こうした 20 代前半の殺人者の減少と同じように，18, 19 歳の年長少年の殺人発生率も低下している。犯罪白書は，欧米 4 か国との少年非行の発生状況の比較を掲載している（法務省法務総合研究所，2005）が，それによれば，近年のわが国の殺人少年の検挙人員人口比は，米国，英国，フランスなどと比較して 1/4 〜 1/10 以下（年齢や国ごとの比較で異なる）で推移している。こうした状況は，欧米諸国と比較してわが国の年長少年の殺人発生率が大幅に低下したことによるところが大きいといえる。

　わが国における 20 歳前後の男性の殺人率の低下について，長谷川らは進化生物学的説明要因だけでなく，わが国独自の社会的要因に着目する必要があると指摘する。長谷川らによれば，1960 年代以降の急激な高学歴化が殺人率の低下に大きな影響を及ぼしたとする。すなわち，高学歴であるほど先の生活が保障され，リスクを冒すと将来失うものが大きくなる。失うものが大きいと認知する人は同じ葛藤状況下でもリスクは冒さない。若い男性による殺人の急減は，将来を見通す期待予期のレンジが長くなったことと関連していると主張する。図 23-2 に示すよ

うに，1964年の東京オリンピック開催，1970年の大阪万博開催にかけて，わが国は高度経済成長を続け，1人ひとりの生活は豊かになり，その結果として急激な高学歴化も進行したものと思われる。

しかし，高学歴化と青少年の非行との関連については，異なる見方が存在する。土井（2013）は，米川（1996）の研究を引用しつつ，1990年代前半ころまでのわが国の中高校生の間には学歴アノミーとよぶべき心性が広く共有されていたとする。大学進学率は1960年以降，急激に上昇しているものの，1990年ころでも30％弱の水準であった。米川の調査によれば，進学が難しいと思っている高校生であっても，その約72％の男子，約45％の女子が大学進学を希望し，大学進学目標の達成が困難であっても，なおその目標に固執する状況が見られた。そして，進学目標への関与が達成可能性の有無に関わりなく強調されるなかで，その目標達成を現実には放棄せざるを得なくなった中高生たちが非行への接近可能性を高めていたとする。すなわち，1960年代以降の急激な高学歴化は，一部の恵まれた環境の青少年の「将来を見通す期待予期のレンジ」を長くしたかもしれないが，大学進学目標を放棄せざるをえなかった多くの青少年に対しては，社会構造への不満や否定的な自己認知をもたらし続けていたものと考えられる。

土井によれば，現在は1990年代前半ころと異なり，大学さえ選ばなければ希望者全員が進学できる状況にあり，米川の指摘した学歴アノミーは衰退しているという。むしろ，近年の経済が停滞し，社会の流動化が進みつつある状況下において，頑張ったところで報われないという宿命主義的な心性が強まってきていると解釈する。そうした心性の若者たちは，野心をもたない代わりに不満ももたないので，反社会的な価値志向が弱まり，全体的な非行量も近年，急激に減少してきているとする。

こうした考察を踏まえると，高学歴化が青少年に及ぼす意味合いは時代によって異なってきており，わが国における高学歴化の進行は，殺人の増減に直接的な影響を及ぼす要因というよりは，図23-1に示したような非行量全体の変動に対して大きな影響を及ぼす社会的要因といえる。したがって，1960年代以降の殺人少年の急激な減少の主要な原因を高学歴化に帰属させることは困難と考えられる。

そもそも殺人は，滅多に生起しない異常な人間行動である。体力的に未熟で，武器の入手も容易ではない少年にとっては，さらに殺人に踏み切るまでのハードルは高い。津島（2013）は，殺人と関連する社会的要因に関する国際比較研究の動向を紹介している。それによれば，殺人率と有意な関連が見いだされてきている

のは,貧困の程度(指標としては乳児死亡率など),不平等の程度(指標としてはジニ係数など),絶対的剥奪の程度(指標としては食費予算をもとに設定された最低水準の生活費以下の世帯で暮らしている人々の全人口に占める割合など),相対的剥奪の程度(当該社会の標準的生活を考慮して定められた最低生活水準を満たしていない人口の全体人口に占める割合など)などである。ここからも生きるか死ぬかのぎりぎりの経済的生活状況において殺人がより引き起こされやすいことがうかがわれる。

わが国においては,戦後の混乱期以降,経済的社会的基盤が崩壊し,まさに日々の生存のために殺人も多発する状況が続いたが,1960年代における高度成長期において経済的な基盤が安定したことに伴い,津島が殺人と関連すると指摘した多くの社会的要因の指標が大幅な改善を示している。たとえば1965年の乳児死亡率は18.5%であったが,1985年には5.5%にまで低下している。ここからは,多くの日本人が極貧の生活状況から抜け出すことができた結果,殺人少年の急減ももたらされたと解釈することが妥当と考えられる。

3. 殺人少年の質的変化

では,この大きな社会変動に伴って殺人少年にどのような質的変化が生じたのであろうか。以下では,その点について検討していく。

斎藤(2008a)は,社会病理学的視点から戦後のわが国の殺人少年の質的変化について読み解いている。彼によれば,生き残るためには殺人をも躊躇しない反社会的な若者たちは1960年代の豊かな社会の到来とともに減少し,その一方で非社会性の強い若者たちが増加し,不登校,フリーター,オタク,ニートなどが若者たちを象徴するキーワードとなったという。1979年に不登校の訓練生が死亡した戸塚ヨットスクール事件は,こうした非社会性の強い若者たちの増加とそれに対する社会の準備不足が露呈した象徴的な出来事であったし,1980年の金属バット両親殺害事件は,家庭内にドロップアウトした非社会的な若者が殺人へと至った典型的事件であったとする。

斎藤は,古典的(反社会的)な少年による殺人が減少し,非社会型不適応少年による殺人が増加したと主張するが,その背景には,わが国における高度経済成長に伴う社会の成熟化とその半面での個人の未成熟化が大きく影響していると考える。欧米先進諸国でも同様に,若者の成熟困難性が強まっているが,20歳を超

えたら家から出ていくことが当たり前となっているイギリスやアメリカでは若年ホームレスとなりやすく，反社会的行動に走りやすいが，わが国では，一人前になったら親孝行が期待され，家に同居することについての違和感が少なく，不適応の若者が家の中にドロップアウト（ひきこもり）しやすいという。さらに，わが国特有の対人恐怖の文化や母子密着型の家族形態が，不適応の若者を「反社会」の方向ではなく，「非社会」の方向へと導きやすくしてきたとする。

斎藤（2008b）は，古典的（反社会的）な非行少年と非社会型不適応少年の質的な違いについて，図23-4のように説明する。すなわち，自分の行動に責任がとれるか，社会システムに適応できるかといった成熟に必要な能力として，コミュニケーション能力と欲求不満耐性という2つの軸が重要とする。コミュニケーション能力は，単なる情報伝達能力ではなく，たとえば相手の感情を理解する，自分の感情を適切に伝えるといった情緒的コミュニケーションの能力を意味する。欲求不満耐性は，欲求の実現を待つことができる，あるいは実現しない欲求をあきらめることができるといったことを意味し，いわゆる若者のキレやすさは，この欲求不満耐性の低さと考える。古典的（反社会的）非行少年は，コミュニケーション能力が高く友人関係や異性関係は豊富にあるが，欲求不満耐性が低い。一方，ひきこもりやニートのような非社会型不適応少年は，コミュニケーション能力は低いけれども，欲求不満耐性は高いとする。斎藤は，この2つの軸で青少年の未成

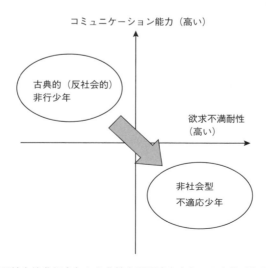

図23-4 反社会的非行少年から非社会型不適応少年への変化（斎藤, 2008b）

熟化に伴う，質的な変化をとらえることが有効とし，欲求不満耐性は高いが，コミュニケーション能力が低い非社会型不適応少年に対する適切な社会政策が遅れたことによって，彼らが困難な状況に追い込まれやすくなっているという。彼らは不満の表出を適切な形で小出しにできないために慢性的に不満をため込みやすく，最後の最後に殺人等の激しい行動化による暴発をしやすくなっているとする。

わが国の殺人少年の推移に関する斎藤の仮説は，殺人少年を一括りに同質の集団とせず，類型化することによって，殺人少年を生み出す類型の変化に伴う現象ととらえたことが画期的であったといえる。ただし，彼の仮説は，豊富な臨床経験と特異な大事件に基づくものであり，実証的なデータに裏づけられたものでないことに留意する必要がある。殺人少年の類型については，犯罪心理学の分野で多くの実証研究が積み重ねられてきており，次に，それらの実証研究を踏まえた検討を行いたい。

4. 殺人少年に対する類型化アプローチ

少年による殺人の生起には，社会・文化的背景，生得的な器質特徴などがなんらかの形で間接的影響を及ぼし，その時代ごとの量的な変動を引き起こしていると考えられるが，心理学をはじめとする実証的な立場からは，なぜその少年がその殺人を犯したのかの心理的要因の解明を中心に多くの研究が積み重ねられてきている。ハードウィックとロートン・リー（Hardwick & Rowton-Lee, 1996）は，少年殺人の多くの文献で見いだされてきたさまざまな領域のリスク要因を図23-5のようにまとめている。

しかし，そもそも，どのような行為を殺人と認定するかは法律家によるラベルづけであり，人を殺した少年すべてが行動面においても心理面においても同じような「殺人に至る特質」をもっていることを意味しない。少年による殺人には，親殺し，嬰児殺，暴走族抗争による殺人，強姦や強盗など他の犯罪を隠蔽するための殺人など広範囲の形態が含まれ，殺人を犯した少年を同じような特質をもつ1つのグループとみなすことはできない。当然，殺人少年すべてに当てはまるような効果的な働きかけや予防方策があるわけでもない。

こうした殺人少年内の特徴の差異に着目し，類型化したうえで，それぞれのサブグループごとに，殺人に至る機制を明らかにする試みが類型的アプローチであり，類型間のリスク等の差異を比較検討することによって，効果的な犯罪予防の

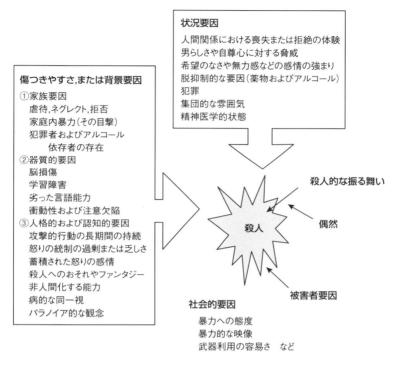

図 23-5　殺人少年のリスク要因 (Hardwick & Rowton-Lee, 1996)

策定をめざす数量的・統計的研究が積み重ねられてきている。

　コーネルら (Cornell et al., 1987) は，犯行時の少年の精神状態や動機などをもとに，殺人少年を犯罪群，葛藤群，精神障害群の3群に分け，その類型の妥当性を検討している。犯罪群は，侵入盗や強姦のような他の犯罪を遂行する途上で証拠隠滅などの目的で殺人を犯した少年，葛藤群は，精神障害がなく，個人的な葛藤（口論またはケンカ）が被害者との間にあった末に殺人に至った少年，精神障害群は，幻覚や妄想など明確な精神病的徴候を犯行時に呈していた少年である。コーネルらが分析の対象としたのは，1977年から1985年にかけてミシガン司法精神医学センターで取り扱った殺人少年72人で，コントロール群として窃盗少年35人についても分析を加えている。分析資料は，殺人少年に関する警察からの情報，学校記録，センターで作成した生育史・精神状況・テスト結果などである。コーネルらは，その資料を読み込むことによって，殺人少年をあらかじめ設定した3

群のうちのいずれかに分類するとともに，各少年の犯行場面の5つの特徴（被害者との関係，武器の使用の有無，酩酊／薬理作用の有無，共犯者の有無，犯行後の行動）および8つの背景領域の特徴（家庭的な機能不全（両親の離婚，DV，虐待など）の程度，児童期の問題（出生時障害，大病など），非行歴，精神障害歴，学校適応，暴力歴，物質乱用歴，犯罪前の大きなストレス事態）について評定した。類型別の人数は，犯罪群37人（51％），葛藤群30人（42％），精神障害群5人（7％）であり，従来指摘されていたよりも殺人少年中の精神障害の比率がかなり低いことが明らかとなった。コーネルらは，従来，殺人少年に精神障害の者が多いという主張は，精神科医が診断した少数のサンプルから導かれたもので，殺人少年全体から見れば精神障害群は一般にはかなり少ないとする。窃盗群と比較すると精神障害群は，過去の犯罪歴は少なかったが，精神医学的な問題は多かった。

わが国においても，家庭裁判所調査官研修所（2001）が「重大少年事件の実証的研究」において，1997年から1999年までの3年間に起きた少年による殺人事件および傷害致死事件を取り上げ，単独で重大事件を起こした少年（10事件10人）について，①幼少期から問題行動を頻発していたタイプ，②表面上は問題を感じさせることのなかったタイプ，③思春期になって大きな挫折を体験したタイプの3類型を抽出している

これに対し，近藤（2009）は，2001年から2006年までの5年間に殺人を犯して少年鑑別所に収容された男子少年73人のデータに多変量解析を適用し，殺人少年の類型化を行っている。家庭環境，学校適応，問題行動歴などの発達過程での特徴から外在化型（41.1％），内在化型（23.3％），遅発型（35.6％）の3類型を導いている。

外在化型は，早期から窃盗や暴力などを繰り返していたグループであり，不良交友関係を背景とした集団による殺人に至る者が多かった。内在化型は，家庭や学校場面における不適応状態が慢性化していたグループであり，単独犯や親族殺が多く見られた。遅発型は，本件直前までなんとか表面的な適応状態を維持できていたグループであるが，集団追従的または状況圧力に耐え切れずに殺人に至っていたとする。

大渕と近藤（Ohbuchi & Kondo, 2015）は，殺人少年の類型に関する研究をレビューした結果，内容的にほぼ類似した3つの類型（反社会型，精神病理型，低対処力型）が共通して抽出されていると指摘する。反社会型は，早期から問題行

23章　少年による殺人：殺人少年の量的・質的変化の検討

動が出現し，非行がエスカレートする過程で殺人にまで至ったものである。コーネルらの犯罪群，家庭裁判所調査官研修所の幼少期から問題行動を頻発していたタイプ，近藤の外在化型がこれに該当する。精神病理型は，犯行時に精神障害に罹患していた，または不登校，ひきこもりなどの社会的不適応状態が深刻化していたなかで殺人を生起したものである。コーネルらの精神障害群，家庭裁判所調査官研修所の表面上は問題を感じさせることのなかったタイプ，近藤の内在化型がこれに該当する。なお，コーネルらの精神障害群が狭義の精神障害に限定しているのに対し，近藤は慢性的な不登校，引きこもり，家庭内暴力等の非社会的な問題行動を出現させていた少年も含めていることから，この類型に属する者の比率に差異が生じている。低対処力型は，目立った反社会性も精神障害も見られない少年たちによる殺人事件である。コーネルらの葛藤型，家庭裁判所調査官研修所の思春期になって大きな挫折を体験したタイプ，近藤の遅発型がこれに該当する。いずれも性格面での弱さや対処スキルの不足によって思春期の諸課題をうまく乗り越えることができず，重大な危機場面においても葛藤や恐れといった感情

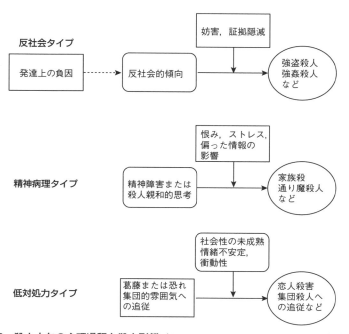

図 23-6　殺人少年の心理過程と殺人形態（Ohbuchi & Kondo, 2014 の Fig.2 の一部を修正）

に適切に対処できなかった結果として，殺人という極端な行動に出ている。

　図23-6は，各類型の心理過程と殺人形態の違いを模式的に示したものである。反社会タイプは，発達上の負因が基底にあって成長とともに反社会的傾向を強めてきていたところ，侵入盗の際に家人に顔を見られた，強姦の被害者に訴えると言われた，暴行を加えていた相手からひどく反撃されたなど，犯行遂行過程において少年が自らの欲求充足に対して外部からなんらかの妨害を加えられたと認知した場合に，証拠隠滅等の理由で殺人にまで至る事例が多い。精神病理タイプは，家族や元同級生のような親密な関係のなかで生じた恨みなどが慢性的なストレス下で殺人にまで発展したり，病的な認知の歪みゆえにネット等の情報の影響を過大に受けて殺人妄想を膨らませ，通り魔殺人へと結びついたりする場合が見られる。低対処力タイプは，葛藤や脅威場面で，情緒不安定や衝動性の強さといった性格面での問題や社会的な未成熟さゆえに，うまく問題解決を図ることができず，暴力という不適切な形でその場を切り抜けようとした結果として殺人にまで至りやすい。異性との別れ話のもつれや親の暴力への反撃，共犯者からの強引な誘いや集団的雰囲気に流されるままに暴力行動がエスカレートして被害者を死に至らしめた事例などが見られる。

5. 殺人少年類型を用いた，わが国の殺人少年の質的変化の検討

　では，1965年以降に最も大きく減少したのは殺人少年のどのタイプであろうか。

　モフィット（Moffitt, 1993）は，非行研究に発達的視点を導入し，非行の発達経路として生涯持続タイプと青年期限定タイプの2つの発達類型を提唱した。生涯持続タイプの反社会的行動は，神経発達過程のなんらかの問題に原因の起源をもち，児童期早期から始まり，以後悪化し続ける。このタイプの者は男子の5〜8％程度と推測され，変化しにくく，精神病理的な特徴をもつ。これに対し，青年期限定タイプの反社会的問題は，青年期における社会化の過程で多くの若者に生じ，成人に達する時期に収束する（図23-7）。

　大渕と近藤（Ohbuchi & Kondo, 2015）による殺人少年の3類型のうち，早期から問題行動が頻発し始めているのは反社会タイプと精神病理タイプであり，この2類型はモフィットの生涯持続タイプに類似しているといえる。これに対し，問題行動の初発年齢が遅い低対処力タイプは，青年期限定タイプと類似している。図23-7と図23-3で示した年代別殺人発生率のグラフを比較すると，1970年代以降，

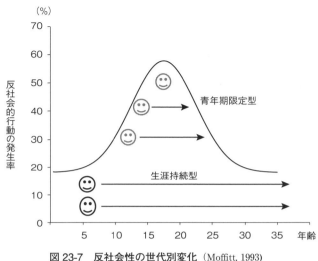

図 23-7　反社会性の世代別変化（Moffitt, 1993）

殺人発生率が減少しているのは，20代前後に問題行動が多発しやすい青年期限定タイプの殺人であることが推察される。ここからは，1970年代以降，わが国の殺人少年のうち急減しているのは低対処力タイプの少年たちではないかと考えられる。すなわち，周囲からのきめ細やかな支援を受けることができるなどの恵まれた状況であれば，なんとか適応的な生活を営んでいけたかもしれない。このタイプの少年にとっては，戦後の社会的混乱等による生き辛さは相当深刻な状態であったと思われ，生きるか死ぬかの苦境のなかで殺人を犯す者が相当数いたと考えられる。経済状況の好転とともに，逆境的状況が徐々に緩和され，周囲からの物的・心理的支援も得られるようになるとともに，殺人という最悪の選択に至ることなくその前の段階で問題に対する手当てが加えられるようになったのではないかと推察される。これに対して，反社会タイプおよび精神病理タイプは，反社会的問題行動の生起が多少社会的要因によって緩和されたとしても，根深い資質的問題ゆえに，いつの時代でも一定数の殺人少年を生み出し続けているのではないかと考えられる。

　これらの類型別の殺人発生数の増減を仮説的に図示したのが図23-8である。この図では，横軸にコミュニケーション能力，縦軸に不適応性を設定し，3類型を位置づけている。なお，1970年代以降の3類型の比率は，近藤（2009）で得られた3類型の比率を用いている。

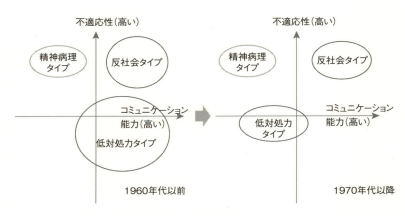

図 23-8　殺人少年 3 類型の増減の推移

　1970 年代以降と比較すると，1960 年代以前は，反社会タイプおよび低対処力タイプともに殺人少年の数が多かったと思われる。混乱した社会状況のなかで，反社会タイプは殺人をも辞さない犯罪行為に走りやすかったであろうし，低対処力タイプも就学や就職で望みをかなえることができずに大きな挫折を味わい，それが反社会的な問題行動へと走る動機になっていたと思われる。しかし，1970 年代以降，社会の安定化とともに，反社会タイプは殺人以外の別の犯罪によって欲求充足が図られやすくなり，低対処力タイプも殺人に至る前になんらかの手当てが加えられやすくなったと考えられる。また，図 23-4 で示した，斎藤（2008b）が主張する，古典的（反社会的）非行少年から非社会型不適応少年への移行は，低対処力タイプの者に多く生じているのではないかと思われるが，社会環境の変化によって反社会的傾向が強められる場合よりも非社会的傾向が強められる場合のほうが生活空間，対人接触が狭められるなどにより殺人の生起率は低下するのではないかと推察される。一方，個人の資質的な問題に起因する部分が大きい精神病理タイプの数はそれほどの増減なく推移してきていると考えられる。

6. まとめ

　本章では，わが国における殺人少年の推移に焦点を当てながら，進化心理学，社会病理学，犯罪心理学の諸成果を踏まえて，その量的・質的変化についての考察を行った。

23章　少年による殺人：殺人少年の量的・質的変化の検討

　わが国における少年非行は戦後4つの大きな波を描いてきているが，その一方，殺人少年の推移は1960年代を境に急減し，以後，諸外国と比較しても低い水準を保ったまま推移してきている。1970年代以降に急減したのは20歳前後の殺人であり，この理由についてわが国の高学歴化が進行し，20歳代前後の若者がリスクを冒さなくなったためという仮説がある。しかし，高学歴化と非行との関連を調査した研究によれば，高学歴化は非行の全体量の増減に大きな影響を及ぼし，戦後の少年非行の第3の波や第4の波に影響を与えてはいるが，殺人の増減への影響はほとんど見られないと考えられた。

　むしろ殺人と社会的要因に関する実証研究によれば，貧困の程度や不平等の程度といった，生きるか死ぬかのぎりぎりの生活状況が殺人と密接に関連することが示されている。ここからは，わが国においては，戦後の混乱期以降，経済的社会的基盤が崩壊し，まさに日々の生存のために殺人も多発する状況が続いたが，1960年代における高度成長期において経済的な基盤が安定し，多くの日本人が極貧の生活状況から抜け出すことができた結果，殺人少年の急減ももたらされたと解釈することが妥当と考えられた。

　では，殺人少年の急減に伴って，殺人少年にどのような質的変化が生じているのであろうか。社会病理学の観点からは，1960年代を境に，青少年の反社会的な殺人が減少し，非社会的な殺人が増加しているとの指摘がある。こうした質的変化に関する指摘は重要ではあるが，実証的な根拠となるデータは不足している。

　犯罪心理学の領域においては，殺人少年の類型に関する実証的な研究が活発に行われてきた。そこでは，殺人少年についてほぼ共通する3類型（反社会タイプ，精神病理タイプ，低対処力タイプ）が抽出されてきている。モフィットの発達的類型論と対比すれば，低対処力タイプが青年期の一時期のさまざまな発達課題の乗り越えに失敗した結果，20歳代前後に殺人に走りやすいと考えられるが，わが国における1970年代以降の殺人少年の急減は，年長少年ほど大きく，ここからは低対処力タイプの殺人少年が経済基盤の安定に伴い，殺人という最悪の手段を選ぶ前にそのほかの問題解決方法を見いだす確率が高まったのではないかと考えられた。ただし，こうした解釈も1960年代以前の殺人少年の質的分析などの実証的データに基づく補強が今後必要なのは言うまでもない。

　以上の考察から，わが国の殺人少年のうち，状況要因の影響を大きく受けて殺人に至りやすい低対処力タイプの者が減少し，早発型の慢性的な問題を抱えた反社会タイプおよび精神病理タイプの比重が相対的に高まってきており，彼らによ

る殺人がマスコミなどの注目を集めやすい結果となっていると考えられる。少年による殺人事件が法制度の変更を促すほどに大きな影響を及ぼす現状を踏まえると，実証的なデータに基づく冷静な議論が今後さらに重要となってくると考えられる。

引用文献

● I部　攻撃と感情

【1章】

Anderson, C. A., Buckley, K. E., & Carnagey, N. L. (2008). Creating your own hostile environment: A laboratory examination of trait aggression and the violence escalation cycle. *Personality and Social Psychology Bulletin, 34*, 462-463.

Bain, P. G. (2014). The structure and content of the human category, and its implications for understanding dehumanization. In P. G. Bain, J. Vaes, & J. P. Leyens (Eds.), *Humanness and dehumanization* (pp. 227-255). New York: Psychology Press.

Bandura, A. (1986). *Social foundations of thought and action: A social cognitive theory*. New Jersey: Prentice-Hall.

Bandura, A. (1990). Selective activation and disengagement of moral control. *Journal of Social Issues, 46*, 27-46.

Bandura, A. (1999). Moral disengagement in the perpetration of inhumanities. *Personality and Social Psychology Review, 3*, 193-209.

Bandura, A., Underwood, B., & Fromson, M. E. (1975). Disinhibition of aggression through diffusion of responsibility and dehumanization of victims. *Journal of Research in Personality, 9*, 253-269.

Bastian, B., Denson, T. F., & Haslam, N. (2013). The roles of dehumanization and moral outrage in retributive justice. *PLoS ONE, 8*(4): e61842. Doi:10.1371/journal.pone.0061842.

Baumeister, R. F. (1997). *Evil: Inside human violence and cruelty*. New York, US: Freeman and Company.

Baumeister, R. F. (2012). Human evil: The myth of pure evil and the true causes of violence. In M. Mikulincer, & P. R. Shaver (Eds.), *The social psychology of morality: Exploring the causes of good and evil* (pp. 367-380). Washington, DC: American Psychological Association.

Baumeister, R. F., Smart, L., & Boden, J. M. (1996). Relation of threatened egotism to violence and aggression: The dark side of high self-esteem. *Psychological Review, 103*, 5-33.

Brandt, M. J., & Reyna, C. (2011). The chain of being: A hierarchy of morality. *Perspectives on Psychological Science, 6*, 428-446.

Carnagey, N. L., Anderson, C. A., & Bushman, B. J. & (2007). The effect of video game violence on physiological desensitization to real-life violence. *Journal of Experimental Social Psychology, 43*, 489-496.

Castano, E., & Giner-Sorolla, R. (2006). Not quite human: Infrahumanization in response to collective responsibility for intergroup killing. *Journal of Personality and Social Psychology, 90*, 804-818.

Cehajic, S., Brown, R., & Gonzalez, R. (2009). What do I care? Perceived ingroup responsibility and dehumanization as predictors of empathy felt for the victim group. *Group Processes & Intergroup Relations, 12*, 715-729.

Demoulin, S., Rodriguez, R. T., Rodriguez, A. P., Vaes, J., Paladino, P. M., Gaunt, R., Cortes, B. P., & Leyens, J. P. (2004). Emotional prejudice can lead to infra-humanization. *European Review of Social Psychology, 15*, 259-296.

DeWall, C. N., & Anderson, C. A. (2011). The general aggression model. In P. R. Shaver, & M. Mikulincer (Eds.), *Human aggression and violence: Causes, manifestations, and consequences* (pp.15-34). Washington, DC: American Psychological Association.

Dodge, K. A., Coie, J. D., & Lynam, D. (2006). Aggression and antisocial behavior in youth. In N.

引用文献

Eisenberg, W. Damon, & R. M. Lerner (Eds.), *Handbook of child psychology: Vol. 3, Social, emotional, and personality development* (6th ed., pp.719-788). New Jersey: John Willey & Sons.
Fiske, S. T., Cuddy, A. J., Glick, P., & Xu, J. (2002). A model of (often mixed) stereotype content: Competence and warmth respectively follow from perceived status and competition. *Journal of Personality and Social Psychology, 82*, 878-902.
Graham, J., & Haidt, J. (2012). Sacred values and evil adversaries: A moral foundations approach. In M. Mikulincer, & P. R. Shaver (Eds.), *The social psychology of morality: Exploring the causes of good and evil* (pp. 11-32). Washington, DC: American Psychological Association.
Graham, J., Haidt, J., Koleva, S., Motyl, M., Iyer, R., Wojcik, S. P., & Ditto, P. H. (2013). Moral fondations theory: The pragmatic validity of moral pluralism. In P. Devine, & A. Plant (Eds.), *Advances in experimental social psychology* (vol. 47, pp. 55-130). San Diego: Academic Press.
Graham, J., Haidt, J., & Nosek, B. A. (2009). Liberals and conservatives rely on different sets of moral foundations. *Journal of Personality and Social Psychology, 96*, 1029-1046.
Graham, J., Nosek, B. A., Haidt, J., Iyer, R., Koleva, A., & Ditto, P. H. (2011). Mapping the moral domain. *Journal of Personality and Social Psychology, 101*, 366-385.
Gray, H. M., Gray, K., & Wegner, D. M. (2007). Dimensions of mind perception. *Science, 315*, 619.
Haidt, J. (2012). *The righteous mind: Why good people are divided by politics and religion.* New York: Pantheon/Random House. 高橋　洋（訳）(2014). 社会はなぜ左と右にわかれるのか—対立を超えるための道徳心理学　紀伊國屋書店
Hamlin, J. K., Wynn, K., & Bloom, P. (2007). Social evaluation by preverbal infants. *Nature, 450*, 557-559.
Harris, L. T., & Fiske, S. T. (2006). Dehumanizing the lowest of the low: Neuroimaging response to extreme out-groups. *Psychological Science, 17*, 847-853.
Harris, L. T., & Fiske, S. T. (2011). Dehumanized perception: A psychological means to facilitate atrocities, torture, and genocide? *Zeitschrift für Psychologie/Journal of Psychology, 219*, 175-181.
Haslam, N. (2006). Dehumanization: An integrative review. *Personality and Social Psychological Review, 10*, 252-264.
Haslam, N. (2014). What is dehumanization? In P. G. Bain, J. Vaes, & J. P. Leyens (Eds.), *Humanness and dehumanization* (pp. 34-48). New York, US: Psychology Press.
Haslam, N., Bastian, B., Laham, S., & Loughnan, S. (2012). Humanness, dehumanization and moral psychology. In M. Mikulincer, & P. R. Shaver (Eds.), *The social psychology of morality: Exploring the causes of good and evil* (pp. 203-218). Washington, DC: American Psychological Association.
Huesmann, L. R., & Kirwil, L. (2007). Why observing violence increases the risk of violent behavior by the observer. In D. J. Flannery, A. T. Vazsonyi, & I. D. Waldman (Eds.), *The Cambridge handbook of violent behavior and aggression* (pp. 545-570). New York: Cambridge University Press.
金井良太（2013）. 脳に刻まれたモラルの起源—人はなぜ善を求めるのか—　岩波科学ライブラリー 209　岩波書店
Keen, S. (1986). *Faces of the enemy: Reflections of the hostile imagination.* San Francisco: Harper & Row. （キーン，S.（著），佐藤卓己・佐藤八寿子（訳）(1994). 敵の顔—憎悪と戦争の心理学—　柏書房）
Kelman, H. C. (1973). Violence without moral restraint: Reflection on the dehumanization of victims and victimizers. *Journal of Social Issues, 29*, 25-61.
Laham, S. M. (2009). Expanding the moral circle: Inclusion and exclusion mindsets and the circle of moral regard. *Journal of Experimental Social Psychology, 45*, 250-253.
Leyens, J. P., Demoulin, S., Vaes, J., Gaunt, R., & Paladino, M. P. (2007). Infra-humanization: The wall of group differences. *Journal of Social Issues and Policy Review, 1*, 139-172.
McCullough, M., Kurzban, R., & Tabak, B. A. (2011). Evolved mechanisms for revenge and forgiveness. In P. R. Shaver, & M. Mikulincer (Eds.), *Human aggression and violence: Causes, manifestations, and consequences* (pp. 221-240). Washington, DC: American Psychological Association.
Moshman, D. (2005). Genocidal hatred: Now you see it, now you don't. In R. J. Sternberg (Ed.), *The psychology of hate* (pp.185-210). Washington, DC: American Psychological Association.

Moshman, D. (2007). Us and them: Identity and genocide. *Identity: An International Journal of Theory and Research, 7*, 115-135.
中山留美子 (2011). 自己愛の誇大性と過敏性—構造と意味— 小塩真司・川崎直樹（編著） 自己愛の心理学—概念・測定・パーソナリティ・対人関係— (pp. 54-69) 金子書房
大渕憲一 (1993). 人を傷つける心—攻撃性の社会心理学— セレクション社会心理学9 サイエンス社
大渕憲一 (2000). 攻撃と暴力—なぜ人は傷つけるのか— 丸善
大渕憲一 (2011). 新版 人を傷つける心—攻撃性の社会心理学— セレクション社会心理学9 サイエンス社
Opotow, S. (1990). Moral exclusion and injustice: An introduction. *Journal of Social Issues, 46*, 1-20.
Osofsky, M. J., Bandura, A., & Zimbardo, P. G. (2005). The role of moral disengagement in the execution process. *Law and Human Behavior, 29*, 371-393.
Ostrowsky, M. K. (2010). Are violent people more likely to have low self-esteem or high self-esteem? *Aggression and Violent Behavior, 15*, 69-75.
Pettit, G. S., & Mize, J. (2007). Social-cognitive processes in the development of antisocial and violent behavior. In D. J. Flannery, A. T. Vazsonyi, & I. D. Waldman (Eds.), *The Cambridge handbook of violent behavior and aggression* (pp.322-343). New York: Cambridge University Press.
Solomon, R. L., & Corbit, J. D. (1974). An opponent-process theory of motivation: I. Temporal dynamics of affect. *Psychological Review, 81*, 119-145.
Staub, E. (1990). Moral exclusion, personal goal theory, and extreme destructiveness. *Journal of Social Issues, 46*, 47-64.
Staub, E. (1996). Cultural-societal roots of violence: The examples of genocidal violence and of contemporary youth violence in the United States. *American Psychologist, 51*, 117-132.
Staub, E. (1999). The roots of evil: Social conditions, culture, personality and basic human needs. *Personality and Social Psychology Review, 3*, 179-192.
Staub, E. (2010). *Overcoming evil: Genocide, violent conflict, and terrorism*. New York: Oxford University Press.
Staub, E. (2012). Psychology and morality in genocide and violent conflict: Perpetrators, passive bystanders, and rescuers. In M. Mikulincer, & P. R. Shaver (Eds.), *The social psychology of morality: Exploring the causes of good and evil* (pp. 381-398). Washington, DC: American Psychological Association.
田村 達 (2015). 認知のゆがみと攻撃行動 吉澤寛之・大西彩子・G. ジニ・吉田俊和（編著） ゆがんだ認知が生み出す反社会的行動—その予防と改善の可能性— (pp.77-97) 北大路書房
田村 達・大渕憲一 (2006). 非人間的ラベリングが攻撃行動に及ぼす効果—格闘TVゲームを用いた実験的検討— 社会心理学研究, *22*, 165-171.
Van Leeuwen, F., & Park, J. H. (2009). Perceptions of social dangers, moral foundations, and political orientation. *Personality and Individual Differences, 47*, 169-173.
Vasiljevic, M., & Viki, G. T. (2014). Dehumanization, moral disengagement, and public attitudes to crime and punishment. In P. G. Bain, J. Vaes, & J. P. Leyens (Eds.), *Humanness and dehumanization* (pp.129-146). New York: Psychology Press.
Viki, G. T., Osgood, D., & Phillips, S. (2013). Dehumanization and self-reported proclivity to torture prisoners of war. *Journal of Experimental Social Psychology, 49*, 325-328.
Waytz, A., Epley, N., & Cacioppo, J. T. (2010). Social cognition unbound. *Current directions in Psychological Science, 19*, 58-62.
Wood, P. (2014). Islamic State: Yazidi women tell of sex-slavery trauma. http://www.bbc.com/news/world-middle-east-30573385 (2015年4月5日アクセス).
Zabel, S., Zimmermann, A., Viki, G. T., & Doosje, B. (2008). Dehumanization and guilt as distinct but related predictors support for reparation policies. *Political Psychology, 29*, 193-219.

引用文献

【2章】

Batson, C. D., Kennedy, C. L., Nord, L.-A., Stocks, E. L., Fleming, D. A., Marzette, C. M., Lishner, D. A., Hayes, R. E., Kolchinsky, L. M., & Zerger, T. (2007). Anger at unfairness: Is it moral outrage? *European Journal of Social Psychology, 37*, 1272-1285.

de Quervain, D. J.-F., Fischbacher, U., Treyer, V., Schellhammer, M., Schnyder, U., Buck, A., & Fehr, E. (2004). The neural basis of altruistic punishment. *Science, 305*, 1254-1258.

Eisenberger, R., Lynch, P., Aselage, J., & Rohdieck, S. (2004). Who takes the most revenge? Individual differences in negative reciprocity norm endorsement. *Personality and Social Psychology Bulletin, 30*, 787-799.

Frijda, N. H. (1994). The Lex Talionis: On vengeance. In T. H. M. Van Goozen, N. E. Van de Poll, & J. A. Sergeant (Eds.), *Emotions: Essays on emotion theory* (pp. 263-289). Hillsdale, NJ: Erlbaum.

福野光輝・大渕憲一 (2001). 最終提案交渉における受け手の拒否動機の分析―同一性保護の観点から― 社会心理学研究, *16*, 184-192.

Funk, F., McGeer, V., & Gollwitzer, M. (2014). Get the message: Punishment is satisfying if the transgressor responds to its communicative intent. *Personality and Social Psychology Bulletin, 40*, 986-997.

Gollwitzer, M., & Denzler, M. (2009). What makes revenge sweet: Seeing the offender suffer or delivering a message? *Journal of Experimental Social Psychology, 45*, 840-844.

Gollwitzer, M., Meder, M., & Schmitt, M. (2011). What gives victims satisfaction when they seek revenge? *European Journal of Social Psychology, 41*, 364-374.

Gouldner, A. W. (1960). The norm of reciprocity: A preliminary statement. *American Sociological Review, 25*, 161-178.

Gromet, D. M., & Darley, J. M. (2006). Restoration and retribution: How including retributive components affects the acceptability of restorative justice procedures. *Social Justice Research, 19*, 395-432.

Knutson, B. (2004). Sweet revenge? *Science, 305*, 1246-1247.

Montada, L. (1994). Injustice in harm and loss. *Social Justice Research, 7*, 5-28.

大渕憲一 (2011). 新版 人を傷つける心―攻撃性の社会心理学― セレクション社会心理学9 サイエンス社

Orth, U. (2004). Does perpetrator punishment satisfy victims' feelings of revenge? *Aggressive Behavior, 30*, 62-70.

Regan, D. T. (1971). Effects of a favor and liking on compliance. *Journal of Experimental Social Psychology, 7*, 627-639.

Smith, R. H. (2013). *The joy of pain: Schadenfreude and the dark side of human nature.* New York: Oxford University Press.

Uehara, S., Nakagawa, T., & Tamura, T. (2014). What leads to evocation of moral outrage? Exploring the role of personal morality. *International Journal of Psychological Studies, 6*, 58-67.

Walster, E., Walster, G. W., & Berscheid, E. (1978). *Equity: Theory and research.* Boston, MA: Allyn & Bacon.

Wenzel, M., Okimoto, T. G., Feather, N. T., & Platow, M. J. (2008). Retributive and restorative justice. *Law and Human Behavior, 32*, 375-389.

Zitek, E. M., Jordan, A. H., Monin, J. B., & Leach, F. R. (2010). Victim entitlement to behave selfishly. *Journal of Personality and Social Psychology, 98*, 245-255.

【3章】

Alexander, F. (1939). Emotional factors in essential hypertension: Presentation of a tentative hypothesis. *Psychological Medicine, 1*(1),173-179.

Barefoot, J. C., Dahlstrom, W. G., & Williams, R. B. (1983). Hostility, CHD incidence, and total mortality: A 25-yr follow-up study of 255 physicians. *Psychosomatic Medicine, 45*(1), 59-63.

Chida Y., & Steptoe, A. (2009). The association of anger and hostility with future coronary heart disease: A

meta-analytic review of prospective evidence. *Journal of the American College of Cardiology, 53*(11), 936-946.
Cook, W. W., & Medley, D. M. (1954). Proposed hostility and Pharisaic-virtue scales for the MMPI. *Journal of Applied Psychology, 38*(6), 414-418.
Costa, P. T., Zonderman, A. B., McCrae, R. R., & Williams, R. B. (1986). Cynicism and paranoid alienation in the Cook and Medley HO-scale. *Psychosomatic Medicine, 48,* 283-285.
Davidson, K. W., & Mostofsky, E. (2010). Anger expression and risk of coronary heart disease: Evidence from the Nova Scotia Health Survey. *American Heart Journal, 159*(2), 199-206.
Dembroski, T. M., MacDougall, J. M., Williams, R. B., & Haney, T. L., & Blumenthal, J. A. (1985). Components of Type A, hostility, and anger-in: Relationship to angiographic findings. *Psychosomatic Medicine, 47*(3), 219-33.
Everson, S. A., Goldberg, D. E., Kaplan, G. A., Julkunen, J., & Salonen, J. T. (1998). Anger expression and incident hypertension. *Psychosomatic Medicine, 60*(6), 730-735.
Everson S. A., Kauhanen J., Kaplan, G. A., Goldberg, D. E., Julkunen, J., Tuomilehto, J., & Salonen, J. T. (1997). Hostility and increased risk of mortality and acute myocardial infarction: The mediating role of behavioral risk factors. *American journal of Epidemiology, 146*(2), 142-152.
Friedman, M., & Rosenman, R. H. (1959). Association of specific overt behavior pattern with blood and cardiovascular findings: Blood cholesterol level, blood clotting time, incidence of arcus senilis, and clinical coronary artery disease. *Journal of the American Medical Association, 69*(12), 1286-1296.
Friedman, M., & Rosenman, R. H. (1971). Type A behavior pattern: Its association with coronary heart disease. *Annals of Clinical Research, 3,* 303-312.
Golden, S. H., Williams, J. E., Ford, D. E., Yeh, H., Sanford, C. P., Nieto, F. J., & Brancati, F. L. (2006). Anger temperament is modestly associated with the risk of type 2 diabetes mellitus: The atheroslcerosis risk in communities study. *Psychoneuroendocrinology, 31*(3), 325-332.
Gross, R., Groer, M., & Thomas, S. P. (2014). Relationship of trait anger and anger expression to C-reactive protein in postmenopausal women. *Health Care for Women International, 35*(5), 580-595.
Hart, K. E. (1999). Cynical hostility and deficiencies in functional support: the moderating role of gender in psychosocial vulnerability to disease. *Personality and Individual Differences,* 27(1), 69-83.
早野順一郎 (1990). 敵意性と冠動脈疾患—文化的特性の反映— 医学の歩み, *152*(12), 772.
Haynes, S. G., Feinleib, M., & Kannel, W. B. (1980). The relationship of psychosocial factors to coronary heart disease in the Framingham Study. III. Eight-year incidence of coronary heart disease. *American Journal of Epidemiology, 111*(1), 37-58.
Hearn, M. D., Murray, D. M., & Luepker, R. V. (1989). Hostility, coronary heart disease, and total mortality: A 33-year follow-up study of university students. *Journal of Behavioral Medicine, 12*(2), 105-121.
Hecker, M. H., Chesney, M. A., Black, G. W., & Frautschi, N. (1988). Coronary-prone behaviors in the Western Collaborative Group Study. *Psychosomatic Medicine, 50,* 153-164.
Helmers, D. C., Ragland, D. R., & Syme, S. L. (1991). Hostility and coronary artery disease. *American Journal of Epidemiology, 133,* 112-122.
Ishihara, S., Makita, S., Imai, M., Hashimoto, T., & Nohara, R. (2003). Relationship between natural killer activity and anger expression in patients with coronary heart disease. *Heart and Vessels, 18*(2), 85-92.
井澤修平・野村　忍 (2003). シニシズム尺度の作成と妥当性の検討　行動医学研究, *10*(2), 66-72.
Izawa, S., Eto Y., Yamada, K. C., Nakano, M., Yamada, H., Nagayama, M., Kikuchi, T., & Nomura, S. (2011). Cynical hostility, anger expression style, and acute myocardial infarction in middle-aged Japanese men. *Behavioral Medicine, 37*(3), 81-86.
Kawachi, I., Sparrow, D., Spiro, A. III., Vokonas, P., & Weiss, S. T. (1996). A prospective study of anger and coronary heart disease. The Normative Aging Study. *Circulation, 94*(9), 2090-2095.
László, K. D., Janszky, I., & Ahnve, S. (2010). Anger expression and prognosis after a coronary event in

women. *International Journal of Cardiology, 140*(1), 60-65.
Leiker, M., & Hailey, B. J. (1988). A Link between hostility and disease: Poor health habits? *Behavioral Medicine, 14*(3), 129-33.
Lisspers, J., Nygren, A., & Söderman, E. (1998). Psychological patterns in patients with coronary heart disease, chronic pain and respiratory disorder. *Scandinavian Journal of Caring Sciences, 12*(1), 25-31.
MacDougall, J. M., Dembroski, T. M., Dimsdale, J. E., & Hackett, T. P. (1985). Components of type A, hostility, and anger-in: Further relationships to angiographic findings. *Health Psychology, 4*(2), 137-152.
Maruta, T., Hamburgen, M. E., Jenings, C. A., Offord, K. P., Colligan, R. C., Frye, R. L., & Malinchoc, M. (1993). Keeping hostility in perspective: Coronary heart disease and the hostility scale on the Minnesota Multiphasic Personality Inventory. *Mayo Clinic Proceedings, 68*, 109-114.
松島たつ子・道場信孝・日野原重明・Williams, R. B., Jr.・篠田知秋璋 (1983). 冠動脈性疾患における行動型A, および敵意評価の検討 心身医学, *23*(4), 321-328.
Matthews, K. A., & Glass, D. C. (1977). Competitive drive, pattern a, and coronary heart disease: A further analysis of some data from the Western Collaborative Group Study. *Journal of Chronic Diseases, 30*(8), 489-498.
Matthews, K. A., Gump, B. B., Harris, K. F., Haney, T. L., & Barefoot, J. C. (2003). Hostile behaviors predict cardiovascular mortality among men enrolled in the multiple risk factor intervention trial. *Circulation, 109*(1), 66-70.
McCann, B. S., Russo, J., & Benjamin, G. A. H. (1997). Hostility, social support, and perceptions of work. *Journal of Occupational Health Psychology, 2*(2), 175-185.
McCranie, E. W., Watkins, L. O., Brandsma, J. M., & Sisson, B. D. (1986). Hostility, coronary heart disease (CHD) incidence, and total mortality: Lack of association in a 25-year follow-up study of 478 physicians. *Journal of Behavioral Medicine, 9*(2), 119-125.
Mendes de Leon, C. F. (1992). Anger and impatience/irritability in patients of low socioeconomic status with acute coronary heart disease. *Journal of Behavioral Medicine, 15*(3), 273-284.
Miller, T. Q., Smith, T. W., Turner, C. W., Guijarro, M. L., & Hallet, A. J. (1996). Meta-analytic review of research on hostility and physical health. *Psychological Bulletin, 119*(2), 322-348.
Mittleman, M. A., Maclure, M., Sherwood, J. B., Mulry, R. P., Tofler, G. H., Jacobs, S. C., Friedman, R., Benson, H., & Muller, J. E. (1995). Triggering of acute myocardial infarction onset by episodes of anger. *Circulation, 92*(7), 1720-1725.
Niaura, R., Todaro, J. F., Stroud, L., Spiro, A. III., Ward, K. D., & Weiss, S. (2002). Hostility, the metabolic syndrome, and incident coronary heart disease. *Health Psychology, 21*(6), 588-593.
大芦 治 (2007). Cook-Medleyの敵意スケール (Ho) に関する心理学的研究についての覚え書き 千葉大学教育学部研究紀要, *55*, 13-20.
大芦 治 (2008). Cook-Medleyの敵意スケール (Ho) の因子構造と構成概念妥当性の検討 千葉大学教育学部研究紀要, *56*, 261-265.
大渕憲一・小倉左知男 (1984). 怒りの経験 (1) ―Averillの質問紙による成人と大学生の調査概況― 犯罪心理学研究, *22*, 15-35.
Player, M. S., King, D. E., Mainous, A. G. III., & Geesey, M. E. (2007). Psychosocial factors and progression from prehypertension to hypertension or coronary heart disease. *Annals of Family Medicine, 5*(5), 403-411.
Rosenman, R. H., Brand, R. J., Sholtz, R. I., & Friedman, M. (1976). Multivariate prediction of coronary heart disease during 8.5 year follow-up in the western collaborative group study. *American Journal of Cardiology, 37*(6), 903-910.
Shekelle, R. B., Chicago, I. L., Gale, M., Ostfeld, A. M., & Paul, O. (1983). Hostility, risk of coronary heart disease, and mortality. *Psychosomatic Medicine, 45*(2), 109-114.
Shekelle, R. B., Hulley, S. B., Neaton, J. D., Billings, J. H., Borhani, N. O., Gerace, T. A., Jacobs, D. R.,

Lasser, N. L., Mittlemark, M. B., & Stamler, J. (1985). The MRFIT behavior pattern study. II. Type A behavior and incidence of coronary heart disease. *American Journal of Epidemiology, 122,* 559-570.

Siegler, I. C. (1994). Hostility and risk: Demographic and lifestyle variables. In A. W. Siegman, & T. W. Smith (Eds.), *Anger, hostility, and the heart* (pp.199-214). New Jersey: Lawrence Erlbaum. (シーグマン，A. W.（著）．福西勇夫・保坂　隆・秋元倫子・尾崎　進（訳）(1996). 敵意と危険性　ストレスと心臓 (pp.259-279)　星和書店)

Siegler, I. C., Costa, P. T., Brummett, B. H., Helms, M. J., Barefoot, J. C., Williams, R. B., Dahlstrom, W. G., Kaplan, B. H., Vitaliano, P. P., Nichaman, M. Z., Day, R. S., & Rimer, B. K. (2003). Patterns of change in hostility from college to midlife in the UNC Alumni Heart Study predict high-risk status. *Psychosomatic Medicine, 65*(5), 738-745.

Siegman, A. W., Townsend, S. T., Blumenthal, R. S., Sorkin, J. D., & Civelek, A. C. (1998). Dimensions of anger and CHD in men and women: Self-ratings versus spouse ratings. *Journal of Behavioral Medicine, 21*(4), 315-336.

Smith, T. W. (1994). Concepts and methods in the study of anger, hostility, and Health. In A. W. Siegman, & T. W. Smith (Eds.), *Anger, hostility, and the heart* (pp.23-42). New Jersey: Lawrence Erlbaum. (シーグマン，A. W.（著）．福西勇夫・保坂　隆・秋元倫子・尾崎　進（訳）(1996). 怒りや敵意と健康に関する研究の概念と方法　ストレスと心臓 (pp.29-55)　星和書店)

Smith T. W., & Frohm, K. D. (1985). What's so unhealthy about hostility? Construct validity and psychosocial correlates of the Cook and Medley Ho scale. *Health Psychology, 4*(7), 503-520.

Smith, T. W., Glazer, K., Ruiz, J. M., & Gallo, L. C. (2004). Hostility, Anger, Aggressiveness, and coronary heart disease: An interpersonal perspective on personality, emotion, and health. *Journal of Personality, 72*(6), 1217-1270.

Smith, T. W., & Pope, M. K. (1990). Cynical hostility as a health risk: Current status and future directions. *Journal of Social Behavior & Personality, 5*(1), 77-88.

Spielberger, C. D., Jacobs, G., Russell, S., & Crane, R. S. (1983). Assessment of anger: The state-trait anger scale. In J. N. Butcher, & C. D. Spielberger (Eds.), *Advances in personality assessment* (Vol. 2, pp.161-189). Hillsdale, New Jersey: Lawrence Erlbaum Associate.

Spielberger, C. D., Johnson, E. H., Russell, S, F., Crane, R, J., Jacobs, G. A., & Worden, T. J. (1985). The experience and expression of anger: Construction and validation of an anger expression scale. In M. A. Chesney, & R. H. Rosenman (Eds.), *Anger and hostility in cardiovascular and behavioral disorders* (pp.5-30). Wahington: Hemisphere.

Sukhodolsky, D. G., Golub, A., & Cromwell, E. N. (2001). Development and validation of the anger rumination scale. *Personality and Individual Differences, 31*(5), 689-700.

鈴木　平・春木　豊 (1994). 怒りと循環器系疾患の関連性の検討　健康心理学研究, 7, 1-13.

Tennant, C. C., & Langeluddecke, P. M. (1985). Psychological correlates of coronary heart disease. *Psychological Medicine, 15*(3), 581-588.

Williams, J. E., Nieto, F. J., Sanford, C.P., & Tyroler, H. A. (2001). Effects of an angry temperament on coronary heart disease risk. *American Journal of Epidemiology, 154*(3), 230-235.

Williams, J. E., Paton, C. C., Siegler, I.C., Eigenbrodt, M. L., Nieto, F. J., & Tyroler, H. A. (2000). Anger proneness predicts coronary heart disease risk: Prospective analysis from the atherosclerosis risk in communities (ARIC) study. *Circulation, 101*(17), 2034-2039.

Williams, R. B., Jr. (1994). Basic biological mechanisms. In A. W. Siegman, & T. W. Smith (Eds.), *Anger, Hostility, and the Heart* (pp.117-125). New Jersey: Lawrence Erlbaum. (シーグマン，A. W.（著）．福西勇夫・保坂　隆・秋元倫子・尾崎　進（訳）(1996). 基礎的な生物学的メカニズム　ストレスと心臓 (pp. 155-167)　星和書店)

Williams, R. B., Barefoot, J. C., & Shekelle, R. B. (1985). The health consequences of hostility. In M. A. Chesney, & R. H. Rosenman (Eds.), *Anger and hostility in cardiovascular and behavioral disorders* (pp.173-185). Wahington: Hemisphere.

Williams, R. B., Haney, T. L., Lee, K. L., Kong, Y., Blumenthal, J. A., & Whalen, R. E. (1980). Type A behavior, hostility, and coronary atherosclerosis. *Psychosomatic Medicine, 42*(6), 539-549.

【4章】

Batson, C. D., Batson, J. G., Slingsby, J. K., Harrell, K. L., Peekna, H. M., & Todd, R. M. (1991). Empathic joy and the empathy-altruism hypothesis. *Journal of Personality and Social Psychology, 61*, 413-426.

Berkowitz, L. (1989). The frustration-aggression hypothesis: An examination and reformulation. *Psychological Bulletin, 106*, 59-73.

Coke, J. S., Batson, C. D., & McDavis, K. (1978). Empathic mediation of helping: A two-stage model. *Journal of Personality and Social Psychology, 36*, 752-766.

Darby, B. W., & Shelenker, B. R. (1982). Children's reactions to apologies. *Journal of Personality and Social Psychology, 43*, 742-753.

Darwin, C. (2006). *The expression of the emotions in man and animals*. New York: Oxford University Press (original work published 1872).

Dodge, K. A. (1980). Social cognition and children's aggressive behavior, *Child Development, 51*, 162-170.

Eisenberg, N., & Miller, P. A. (1987). Empathy and prosocial behavior. *Psychological Bulletin, 101*, 91-119.

Feinberg, M., Willer, R., & Keltner, D. (2012). Flustered and faithful: Embarrassment as a signal of prosociality. *Journal of Personality and Social Psychology, 102*(1), 81-97.

Fulmer, I. S., & Barry, B. (2004). The smart negotiator: Cognitive ability and emotional intelligence in negotiation. *International Journal of Conflict Management, 15*, 245-272.

Keltner, D., & Buswell, B. N. (1997). Embarrassment: Its distinct form and appeasement functions. *Psychological Bulletin, 122*, 250-270.

Keltner, D., & Gross, J. J. (1999). Functional accounts of emotions. *Cognition and Emotion, 13*, 467-480.

Lorenz, K. (1963). Das sogenannte Böse. Wien: Borotha-Schoeler Verlag.
　（コンラート・ロレンツ（著）　日高敏隆，久保和彦（訳）(1970). 攻撃—悪の自然誌—　みすず書房）

百瀬智雄 (1999).「抑うつ反応」中島義明・安藤清志・子安増生・坂野雄二・繁桝算男・立花政夫・箱田裕司（編著）心理学辞典 (p.867) 有斐閣

Mosher, D. L. (1979). The meaning and measurement of guilt. In C. E. Izard (Ed.), *Emotions in personality and psychopathology* (pp.105-129). New York: Plenum Press.

大渕憲一 (1993). 人を傷つける心—攻撃性の社会心理学—　セレクション社会心理学9　サイエンス社

大渕憲一 (2010). 謝罪の研究—釈明の心理とはたらき—　東北大学出版会

Ohbuchi, K., Ohno, T., & Mukai, H. (1992). Empathy and aggression: Effects od self-disclosure and fear appeal. *Journal of Social Psychology, 133*, 243-253.

大貫敬一・佐々木正宏 (1998). 適応と援助の心理学：適応編　培風館

佐々木美加 (2005). 協調か対決か—コンピューターコミュニケーションの社会心理学—(p.187) ナカニシヤ出版

佐々木美加 (2007). 対人関係における宥和とことば　岡本真一郎（編著）ことばのコミュニケーション—対人関係のレトリック—(pp.209-222)　ナカニシヤ出版

佐々木美加 (2009). 社会的違反の行為者が表出する感情の宥和機能　日本社会心理学会第50回大会・日本グループ・ダイナミックス学会第56回大会合同大会, 186-187.

佐々木美加 (2012). 感情の対人的影響に関する実験研究のレビュー　明治大学教養論集, 482, 33-56.

Sasaki, M. (2012). Interpersonal effects of emotions in negotiations: Emotional intelligence in decoding and the Decoder's concessions. *Japanese Journal of Applied Psychology, 38*, 8-20.

佐々木美加・大渕憲一 (2002). 電子メールにおける非言語メッセージの欠如はネガティブな相互作用を促進するか？　応用心理学研究, 29, 17-26

Sinaceur, M., & Tiedens, L. Z. (2006). Get mad and get more than even: When and why anger expression is effective in negotiations. *Journal of Experimental Social Psychology, 42*, 314-322.

Steinel, W., & De Dreu, C. K. W. (2004). Social motives and strategic misrepresentation in social decision making. *Journal of Personality and Social Psychology, 86*, 419-434.

Tangney, J. P., Miller, R., Fiscker, L., & Barlow, D. H. (1996). Are shame, guilt, and embarrassment distinct emotions? *Journal of Personality and Social Psychology, 70,* 1256-1269.

Thompson, L., Peterson, E., & Brodt, S. (1996). Team negotiation: An examination of integrative and distributive bargaining. *Journal of Personality and Social Psychology, 70,* 66-78.

戸田正直(1992). 感情―人を動かしている適応プログラム― 認知科学選書24, 東京大学出版会

Van Kleef, G. A. (2008). Emotion in conflict and negotiation: Introducing the emotions as social information (EASI) model. In N. M. Ashkanasy, & C. L. Cooper (Eds.), *Research companion to emotion in organizations* (Chapter 23, pp.392-404). Cheltenham, MA: Edward Elgar.

Van Kleef, G. A., Anastasopoulou, C., & Nijstad, B. A. (2010). Can expressions of anger enhance creativity? A test of the emotions as social information (EASI) model. *Journal of Experimentak Social Psycholgy, 46,* 1042-1048.

Van Kleef, G. A., & Côté, S. (2007). Expressing anger in conflict: When it helps and when it hurts. *Journal of Applied Psychology, 92,* 1557-1569.

Van Kleef, G. A., Manstead, A. S., & De Dreu, C. K. W. (2006). Supplication and appeasement in conflict and negotiation: The interpersonal effect of disappointment, worry, guilt, regret. *Journal of Personality and Social Psychology, 91,* 124-142.

Van Kleef, G. A., Manstead, A. S., De Dreu, C. K. W., & Manstead, A. S. R. (2004). The interpersonal effects of emotions in negotiations: A motivated information processing approach. *Journal of Personality and Social Psychology, 87,* 510-528.

吉村公雄(1999). 「気分障害」中島義明・安藤清志・子安増生・坂野雄二・繁桝算男・立花政夫・箱田裕司(編著) 心理学辞典 (pp.168-169) 有斐閣

● II部 対人葛藤と対処

【5章】

Anderson, N. H. (1996). *A functional theory of cognition.* Hillsdale, NJ: Erlbaum.

Ashton, M. C., Paunonen, S. V., Helmes, E., & Jackson, D. N. (1998). Kin altruism, reciprocal altruism, and the Big Five personality factors. *Evolution and Human Behavior, 19,* 243-255.

Balliet, D., Li, N. P., & Joireman, J. (2011). Relation trait self-control and forgiveness within prosocials and proselfs: Compensatory versus synergistic models. *Journal of Personality and Social Psychology, 101,* 1090-1105.

Batson, C. D., Bowers, M. J., Leonard, E. A., & Smith, E. C. (2000). Does personal morality exacerbate or restrain retaliation after being harmed? *Personality and Social Psychology Bulletin, 26,* 35-45.

Baumeister, R. F., Stillwell, A. M., & Heatherton, T. F. (1994). Guilt: An interpersonal approach. *Psychological Bulletin, 115,* 243-267.

Berry, J. W., & Worthington, Jr., E. L. (2001). Forgiveness, relationship quality, stress while imaging relationship events, and physical and mental health. *Journal of Counseling Psychology, 48,* 447-155.

Berry, J. W., Worthington, E. L. J., Parrott III, L., O'Connor, L. E., & Wade, N. G. (2001). Dispositional forgiveness: Development and construct validity of the transgression narrative test of forgiveness (TNTF). *Personality and Social Psychology Bulletin, 27,* 1277-1290.

Brown, R. P. (2003). Measuring individual differences in the tendency to forgive: Construct validity and links with depression. *Personality and Social Psychology Bulletin, 29,* 759-771.

Brown, R. P. (2004). Vengeance is mine: Narcissism, vengeance, and the tendency to forgive. *Journal of Research in Personality, 38,* 576-584.

Burnette, J. L., Davisson, E. K., Finkel, E. J., Van Tongeren, D. R., Hui, C. M., & Hoyle, R. H. (2014). Self-control and forgiveness: A meta-analytic review. *Social Psychology and Personality Science, 5,* 443-450.

Carlisle, R. D., Tsang, A., Ahmad, N. Y., Worthington, Jr., E. L., Witvliet, C. V., & Wade, N. (2012). Do action speak louder than words? Differential effects of apology and restitution on behavioral and self-

引用文献

report measures of forgiveness. *The Journal of Positive Psychology, 7*, 294-305.

Cloke, K. (1993). Revenge, forgiveness, and the magic of mediation. *Mediation Quarterly, 11*, 67-78.

Darby, B. W., & Schlenker, B. R. (1989). Children' s reactions to transgressions: Effects of the actor's apology, reputation, and remorse. *British Journal of Social Psychology, 28*, 353-364.

Eaton, J., & Struthers, C. W. (2006). The reduction of psychological aggression across varied interpersonal contexts through repentance and forgiveness. *Aggressive Behavior, 32*, 195-206.

Enright, R. D. (2001). *Forgiveness is a choice: A step-by-step process for resolving anger and restoring hope.* Washington, DC: APA.

Enright, R. D., Santons, M. J. D., & Al-Mabuk, R. (1989). The adolescent as forgiver. *Journal of Adolescence, 12*, 99-110.

Exline, J. J., & Baumeister, R. F. (2000). Expressing forgiveness and repentance. In E. M. McCullough, K. I. Pargament, & C. E. Thoresen (Eds.), *Forgiveness: Theory, research, and practice* (pp.133-155). New York: The Guilford Press.

Exline, J. J., Baumeister, R. F., Bushman, B. J., Campbell, W. K., & Finkel, L. J. (2004). Too proud to let go: Narcissistic entitlement as a barrier to forgiveness. *Journal of Personality and Social Psychology, 87*, 894-912.

Exline, J. J., Baumeister, R. F., Zell, A. L., Kraf, A. J., & Witvliet, C. V. O. (2008). Not so innocent: Does seeing one's own capability for wrongdoing predict forgiveness? *Journal of Personality and Social Psychology, 94*, 495-515.

Exline, J. J., Worthington, Jr., E. L., Hill, P., & McCullough, M. E. (2003). Forgiveness and justice: A research agenda for social and personality psychology. *Personality and Social Psychology Review, 7*, 337-348.

Fehr, R., Gelfand, M. J., & Nag, M. (2010). The road to forgiveness: A meta-analytic synthesis of its situational and dispositional correlates. *Psychological Bulletin, 136*, 894-914.

Fincham, F. D., Paleari, F. G., & Regalia, C. (2002). Forgiveness in marriage: The role of relationship quality, attributions and empathy. *Personal Relationships, 9*, 27-37.

Finkel, E. J., & Campbell, W. K. (2001). Self-control and accommodation in close relationships: An interdependence analysis. *Journal of Personality and Social Psychology, 81*, 263-277.

Finkel, E. J., Rusbult, C. E., Kumashiro, M., & Hannon, P. (2002). Dealing with betrayal in close relationships: Does commitment promote forgiveness? *Journal of Personality and Social Psychology, 82*, 956-974.

Freedman, S. R., & Enright, R. D. (1996). Forgiveness as an intervention goal with incest survivors. *Journal of Consulting & Clinical Psychology, 64*, 983-992.

Frijda, N. (1994). The Lex Talionis: On vengeance. In S. H. van Goozen, N. E. van de Poll, & J. Sergeant (Eds.), *Emotions: Essays on emotion theory* (pp.263-289). Hillsdale, NJ: Lawrence Erlbaum.

Girard, M., & Mullet, É. (1997). Forgiveness in adolescents, young, middle-aged, and older adults. *Journal of Adult Development, 4*, 209-220.

Girard, M., Mullet, É., & Callahan, S. (2002). Mathematic of forgiveness. *American Journal of Psychology, 115*, 351-375.

Hareli, S., & Eisikovits, Z. (2006). The role of communicating social emotions accompanying apologies in forgiveness. *Motivation and Emotion, 30*, 189-197.

Hebl, J. H., & Enright, R. D. (1993). Forgiveness as a psychotherapeutic goal with elderly females. *Psychotherapy, 30*, 658-667.

Karremans, J. C., & Aarts, H. (2007). The role of automaticity in forgiving close others. *Journal of Experimental Social Psychology, 43*, 902-917.

Karremans, J. C., & Van Lange, P. A. M. (2004). Back to caring after being hurt: The role of forgiveness. *European Journal of Social Psychology, 34*, 207-227.

Karremans, J. C., & Van Lange, P. A. M. (2010). The malleability of Forgiveness. In M. Mikulincer, & P. R. Shaver (Eds.), *Prosocial motives, emotions, and behavior: The better angels of our nature* (pp. 285-

302). Washington, DC: American Psychological Association.

Karremans, J. C., & Van Lange, P. A. M. (2008). The role of forgiveness in shifting from Me to We. *Self and Identity, 7*, 75-88.

Karremans, J. C., Van Lange, P. A. M., Ouwerkerk, J. W., & Kluwer, E. S. (2003). When forgiveness enhances psychological well-being: The influence of interpersonal commitment. *Journal of Personality and Social Psychology, 84*, 1011-1026.

Karremans, J. C., Van Lange, P. A. M., & Paul, A. M. (2005). Does activating justice help or hurt in promoting forgiveness? *Journal of Experimental Social Psychology, 41*, 290-297.

Kearns, J. N., & Fincham, F. D. (2004). A prototype analysis of forgiveness. *Personality and Social Psychology Bulletin, 30*, 838-855.

Kellen, R. C., & Ellard, J. H. (1999). An equity theory analysis of the impact of forgiveness and retribution on transgressor compliance. *Personality and Social Psychology Bulletin, 25*, 864-872.

Kirchhoff, J., Wagner, U., & Strack, M. (2012). Apologies: Words of magic? The role of verbal components, anger reduction, and offence severity. *Peace and Conflict: Journal of Peace Psychology, 18*, 109-130.

Koutsos, P., Wertheim, E. H., & Kornblum, J. (2008). Paths to interpersonal forgiveness: The role of personality, disposition to forgive and contextual factores in predicting forgiveness following a specific offence. *Personality and Individual Differences, 44*, 337-348.

Leary, M. L., Koch, E. J., & Hechenbleikner, N. R. (2001). Emotional responses to interpersonal rejections. In M. R. Leary (Ed.), *Interpersonal rejection* (pp.145-166). New York: Oxford University Press.

Lerner, M. (1980). *The belief in a just world: A fundamental delusion.* New York: Plenum.

Mauger, P. A., Perry, J. E., Freeman, T., Grove, D. C., McBride, A. G., & McKinney, K. E. (1992). The measurement of forgiveness: Preliminary research. *Journal of Psychology and Christianity, 11*, 170-180.

McCullough, M. E., Bono, G., & Root, L. M. (2007). Rumination, emotion, and forgiveness: Three longitudinal studies. *Journal of Personality and Social Psychology, 92*, 490-505.

McCullough, M. E., Fincham, F. D., & Tsang, J. (2003). Forgiveness, forbearance, and time: The temporal unfolding of transgression-related interpersonal motivations. *Journal of Personality and Social Psychology, 84*, 540-557.

McCullough, M. E., & Hoyt, W. T. (2002). Transgression-related motivational dispositions: Personality substrates of forgiveness and their links to the Big Five. *Personality and Social Psychology Bulletin, 28*, 1556-1573.

McCullough, M. E., Luna, L. R., Berry, J. W., Tabak, B. A., & Bono, G. (2010). On the form and function of forgiving: Modeling the time-forgiveness relationship and testing the valuable relationships hypothesis. *Emotion, 10*, 358-376.

McCullough, M. E., Orsulak, P., Brandon, A., & Akers, L. (2007). Rumination, fear, and cortisol: An in vivio study of interpersonal transgressions. *Health Psychology, 26*, 126-132.

McCullough, M. E., Pargament, K. I., & Thoresen, C. E. (2000). The psychology of forgiveness. In E. M. McCullough, K. I. Pargament, & C. E. Thoresen, (Eds.), *Forgiveness: Theory, research, and practice* (pp.1-16). New York: The Guilford Press.

McCullough, M. E., Rachal, K. C., Sandage, S. J., Worthington, E. L. J., Brown, S. W., & Hight, T. L. (1998). Interpersonal forgiving in close relationships: II theoretical elaboration and measurement. *Journal of Personality and Social Psychology, 75*, 1586-1603.

McCullough, M. E., & Worthington, E. L. (1994). Models of Interpersonal forgiveness and their applications to counseling: Review and critique. *Counseling and Values, 39*, 2-14.

McCullough, M. E., Worthington, E. L. J., & Rachal, K. C. (1997). Interpersonal forgiving in close relationships. *Journal of Personality and Social Psychology, 73*, 321-336.

Miceli, M. (1992). How to make someone feel guilty: Strategies of guilt inducement and their goals. *Journal for the Theory of Social Behavior, 22*, 81-104.

Mullet, É., & Girard, M. (2000). Developmental and cognitive points of view on forgiveness. In E. M.

McCullough, K. I. Pargament, & C. E. Thoresen (Eds.), *Forgiveness: Theory, research, and practice* (pp. 111-132). New York: The Guilford Press.

Murray, S. L., & Holmes, J. G. (2009). The architecture of interdependent minds: A motivation-management theory of mutual responsiveness. *Psychological Review, 116*, 908-928.

大渕憲一 (2010). 謝罪の研究—釈明の心理とはたらき— 東北大学出版会

Ohbuchi, K., Kameda, M., & Agarie, N. (1989). Apology as aggression control: Its role in mediating appraisal of and response to harm. *Journal of Personality and Social Psychology, 56*, 219-227.

Pronk, T. M., Karremans, J. C., Overbeek, G., Vermulst, A. A., & Wigboldus, D. H. J. (2010). What it takes to forgive: When and why executive functioning facilitates forgiveness. *Journal of Personality and Social Psychology, 98*, 119-131.

Righetti, F., & Finkenauer, C. (2011). If you are able to control yourself, I will trust you: The role of perceived self-control in interpersonal trust. *Journal of Personality and Social Psychology, 100*, 874-886.

Risen, J. L., & Gilovich, T. (2007). Target and observer differences in the acceptance of questionable apologies. *Journal of Personality and Social Psychology, 92*, 418-433.

Schwartz, S. H. (1992). Universals in the content and structure of values: Theoretical advances and empirical tests in 20 countries. In M. P. Zanna (Ed.), *Advances in experimental social psychology* vol. 25 (pp.1-65). New York: Academic Press.

Schwartz, S. H., & Huismans, S. (1995). Value priorities and religiosity in four Western religions. *Social Psychology Quarterly, 58*, 88-107.

Steiner, M., Allemand, M., & McCullough, M. E. (2012). Do agreebleness and neuroticism explain age differences in the tendency to forgive others? *Personality and Social Psychology Bulletin, 38*, 441-453.

Strelan, P. (2007). The prosocial, adaptive qualities of just world beliefs: Implications for the relationship between justice and forgiveness. *Personality and Individual Differences, 43*, 881-890.

Takada, N., & Ohbuchi, K. (2007). Forgiveness and justice: Victim psychology in conflict resolution. In K. Ohbuchi (Ed.), *Social justice in Japan: Concepts, theories, and paradigm* (pp.107-126). Melbourne: Trans Pacific Press.

高田奈緒美・大渕憲一 (2009). 対人葛藤における寛容性の研究—寛容動機と人間関係— 社会心理学研究, *24*, 208-218.

Takada, N., & Ohbuchi, K. (2013). True and hollow forgiveness, forgiveness motives, and conflict resolution. *International Journal of Conflict Management, 24*, 184 -200.

Takaku, S., Weiner, B., & Ohbuchi, K. (2001). A cross-cultural examination of the effects of apology and perspective taking on forgiveness. *Journal of Language and Social Psychology, 20*, 144-166.

Tangney, J. P., Baumeister, R. F., & Boone, A. L. (2004). High self-control predicts good adjustment, less pathology, better grades, and interpersonal success. *Journal of Personality, 72*, 271-324.

Thompson, L. Y., & Snyder, C. R. (2003). Measuring forgiveness. In S. J. Lopez, & C. R. Snyder (Eds.), *Positive psychological assessment: A handbook of models and measures* (pp.301-312). Worthington, DC: American Psychological Association.

Van der Wal, R. C., Karremans, J. C., & Cillessen, A. H. N. (2014). It takes two to forgive: The interactive role of relationship value and executive control. *Personality and Social Psychology Bulletin, 40*, 803-815.

Vohs, K. D., Finkenauer, C., & Baumeister, R. F. (2011). The sum of friends' and lovers' self-control scores predicts relationship quality. *Social Psychological and Personality Science, 2*, 138-145.

Wade, N. G., Vogel, D. L., Liao, K. Y., & Goldman, D. B. (2008). Measuring state-specific rumination: Development of rumination about an interpersonal offence scale. *Journal of Counseling Psychology, 55*, 419-426.

Wallace, H. M., Exline, J. J., & Baumeister, R. F. (2008). Interpersonal consequences of forgiveness: Does forgiveness deter or encourage repeat offenses? *Journal of Experimental Social Psychology, 44*, 453-460.

Wilkowski, B. M., Robinson, M. D., & Troop-Gordon, W. (2010). How does cognitive control reduce anger and aggression? The role of conflict monitoring and forgiveness processes. *Journal of Personality and Social Psychology, 98*, 830-840.

Wills, T. A. (1981). Downward comparison principles in social psychology. *Psychological Bulletin, 90*, 245-271.

Witvliet, C. V., Ludwig, T. E., & Laan, K. L. V. (2001). Granting forgiveness or harboring grudges: Implication for emotion, physiology, and health. *Psychological Science, 12*, 117-123.

Wood, J. V., Taylor, S., & Lichtman, R. (1985). Social comparison in adjustment to breast cancer. *Journal of Personality and Social Psychology, 49*, 1169-1183.

Worthington, Jr., E. L., Berry, J. W., Hook, J. N., Davis, D. E., Scherer, M., Griffin, B. J., Wade, N. G., Yarhouse, M., Riply, C. M. Y., Miller, A. J., Sharp, C. B., Canter, D. E., & Campana, K. L. (2015). Forgiveness-reconciliation and communication-conflic-resolution interventions versus retested controls in early married couples. *Journal of Conseling Psychology, 62*, 14-27.

山口奈緒美 (2014). 葛藤解決における寛容性の研究―認知方略が寛容性に与える影響― 東北福祉大学研究紀要, *29*, 97-107.

山口奈緒美 (未発表). 立場による正義概念の変化が寛容に与える影響

【6章】

Barnlund, D., & Yoshioka, M. (1990). Apologies: Japanese and American styles. *International Journal of Intercultural Relations, 14*, 193-206.

Baumeister, R. F. (1998). The self. In D. T. Gilbert, & S. T. Fiske (Eds.), *The handbook of social psychology* (Vol. 2, 4th ed., pp.680-740). Boston, MA: McGraw-Hill.

Bennett, M., & Dewberry, C. (1994). "I've said I'm sorry, haven't I?" A study of the identity implications and constraints that apologies create for their recipients. *Current Psychology: Developmental, Learning, Personality, Social, 13*, 10-20.

Bennett, M., & Earwaker, D. (1994). Victims' responses to apologies: The effects of offender responsibility and offense severity. *The Journal of Social Psychology, 134*, 457-464.

Blum-Kulka, S., & Olshtain, E. (1984). Requests and apologies: A cross-cultural study of speech act realization patterns (CCSARP). *Applied Linguistics, 5*, 196-213.

Darby, B. W., & Schlenker, B. R. (1989). Children's reactions to transgressions: Effects of the actor's apology, reputation, and remorse. *British Journal of Social Psychology, 28*, 353-364.

Ferrin, D. L., Kim, P. H., Cooper, C. D., & Dirks, K. T. (2007). Silence speaks volume: The effectiveness of reticence in comparison to apology and denial for responding to integrity- and competence-based trust violations. *Journal of Applied Psychology, 92*, 893-908.

Festinger, L. (1957). *A theory of cognitive dissonance*. Stanford, CA: Stanford University Press.

Franz, C. M., & Bennigson, C. (2005). Better late than early: The influence of timing on apology effectiveness. *Journal of Experimental Social Psychology, 41*, 201-207.

Freedman, S. R., & Enright, R. D. (1996). Forgiveness as an intervention with incest survivors. *Journal of Consulting and Clinical Psychology, 64*, 983-992.

Fried, C. B., & Aronson, E. (1995). Hypocrisy, misattribution, and dissonance eduction. *Personality and Social Psychology Bulletin, 21*, 925-933.

Fukuno, M., & Ohbuchi, K. (1998). How effective are different accounts of harm-doing in softening victims' reactions? A scenario investigation of the effects of severity, relationship, and culture. *Asian Journal of Social Psychology, 1*, 167-178.

Goffman, E. (1971). *Relations in public: Microstudies of the public order*. New York: Harper Colophon Books.

Gold, J. G., & Weiner, B. (2000). Remorse, confession, group identity, and expectancies about repeating a transgression. *Basic and Applied Social Psychology, 22*, 291-300.

Gonzales, M. H., Haugen, J. A., & Manning, D. J. (1994). Victims as "narrative critics": Factors influencing

引用文献

rejoinders and evaluative responses to offenders' accounts. *Journal of Personality and Social Psychology, 11,* 133-151.

Gonzales, M. H., Manning, D. J., & Haugen, J. A. (1992). Explaining our sin: Factors influencing offender accounts and anticipated victim responses. *Journal of Personality and Social Psychology, 62,* 958-971.

Gonzales, M. H., Pederson, J. H., Manning, D. J., & Wetter, D. W. (1990). Pardon my gaffe: Effects of sex, status, and consequence severity on accounts. *Journal of Personality and Social Psychology, 58,* 610-621.

Gorsuch, R. L., & Hao, J. Y. (1993). Forgiveness: An exploratory factor analysis and its relationships to religious variables. *Review of Religious Research, 34,* 333-347.

Hamilton, V. L., & Hagiwara, S. (1992). Roles, responsibility, and accounts across cultures. *International Journal of Psychology, 27,*157-179.

Hamilton, V. L., & Sanders, J. (1983). Universals in judging wrongdoing: Japanese and Americans compared. *American Sociological Review, 49,* 199-211.

Holtgraves, T. (1989). The function and form of remedial moves: Reported use, psychological reality, and perceived effectiveness. *Journal of Language and Social Psychology, 8,* 1-16.

Itoi, R., Ohbuchi, K., & Fukuno, M. (1996). A cross-cultural study of preference of accounts: Relationship closeness, harm severity, and motives of account making. *Journal of Applied Social Psychology, 26,* 913-934.

Jones, E. E., & Davis, K. E. (1965). From acts to dispositions: The attribution process in person perception. In L. Berkowitz (Ed.), *Advances in experimental social psychology* (Vol. 2, pp. 219-266). New York, NY: Academic Press.

Kirchhoff, J., Strack, M., & Jäger, U. (2009). Apologies: Depending on offence severity the composition of elements does matter. Presentation for the INPsySR-Symposium "Preventing Violent Conflict" at the 11th ECP. Oslo, Norway.

Kirchhoff, J., Wagner, U., & Strack, M. (2012). Apologies: Words of magic? The role of verbal components, anger reduction, and offense severity. *Peace and Conflict: Journal of Peace Psychology, 18,* 109-130.

Lazare, A. (2004). *On apology.* New York: Oxford University Press.

Markus, H. R., & Kitayama, S. (1991). Culture and the self: Implications for cognition, emotion, and motivation. *Psychological Review, 98,* 224-253.

McCullough, M. E. (2003). *Beyond revenge: The evolution of the forgiveness instinct.* San Francisco, CA: Jossey-Bass.

McCullough, M. E., Rachal, C. K., Sandage, S. J., Worthington, E. L. Jr., Brown, S. W., & Hight, T. I. (1998). Interpersonal forgiving in close relationships: II. Theoretical elaboration and measurement. *Journal of Personality and Social Psychology, 75,* 1586-1603.

McCullough, M. E., Worhtington, E. L. Jr., & Rachal, K. C. (1997). Interpersonal forgiving in close relationships. *Journal of Personality and Social Psychology, 73,* 321-336.

McLaughlin, M. L., Cody, M. J., & O'Hair, H. D. (1983). The management of failure events: Some contextual determinants of accounting behavior. *Human Communication Research, 9,* 208-224.

Meier, A. J. (1998). Apologies: What do we know? *International Journal of Applied Linguistics, 8,* 215-231. doi: 1.1111/j.14734192.1998.tb00130.x

Nisbett, R., Peng, K., Choi, I., & Norenzavan, A. (2001). Culture and systems of thought: Holistic versus analytic cognition. *Psychological Review, 108,* 291-310.

Ohbuchi, K. (1999). A social psychological analysis of accounts: Toward a universal model of giving and receiving accounts. In N. Sugimoto (Ed.), *Japanese apology across disciplines.* Commack, NY: Nova Science Publishers.

Ohbuchi, K., Kameda, M., & Agarie, N. (1989). Apology as aggression control: Its role in mediating appraisal of and response to harm. *Journal of Personality and Social Psychology, 56,* 219-227.

Ohbuchi, K., & Sato, K. (1994). Children's reactions to mitigating accounts: Apologies, excuses, and intentionality of harm. *Journal of Social Psychology, 134,* 5-17.

Ohbuchi, K., Suzuki, M., & Takaku, S (2003). An examination of account selection model: Acceptance/rejection of responsibility, strategicness vs. authenticity, and culture. *Tohoku Psychologica Folia, 62,* 57-74.

Riordan, C. A., Marlin, N. A., & Kellogg, R. T. (1983). The effectiveness of accounts following transgression. *Social Psychology Quarterly, 46,* 213-219.

Risen, J. L., & Gilovich, T. (2007). Target and observer differences in the acceptance of questionable apologies. *Journal of Personality and Social Psychology, 92,* 418-433.

Ross, L. D. (1977). The intuitive psychologist and his shortcomings: Distortions in the attribution process. In L. Berkowitz (Ed.), *Advances in experimental social psychology* (Vol. 10). New York: Academic Press.

Schlenker, B. R. (1985). Identity and self-identification. In B. R. Shlenker (Ed.), *The self and social life.* (pp.65-99). New York: McGraw-Hill.

Schoenbach, P. (1990). *Account episodes: The management and escalation of conflict.* Cambridge: Cambridge University Press.

Scott, M. B., & Lyman, S. M. (1968). Accounts. *American Sociological Review, 33,* 46-62.

Searle, J. (1969). *Speech acts: An essay in the philosophy of language.* London: Cambridge University Press.

Stone, J., Wiegand, A. W., Cooper, J., & Aronson, E. (1997). When exemplification fails: Hypocrisy and the motive for self-integrity. *Journal of Personality and Social Psychology, 72,* 54-65.

Takaku, S. (2000). Culture and status as influences on account-giving: A comparison between the U.S.A. and Japan. *Journal of Applied Social Psychology, 30,* 371-388.

Takaku, S. (2001). The effects of apology and perspective taking on interpersonal forgiveness: Introducing a dissonance-attribution model of interpersonal forgiveness. *Journal of Social Psychology, 141,* 494-508.

Takaku, S. (2006). Reducing road rage: An application of the dissonance-Attribution model of interpersonal forgiveness. *Journal Of Applied Social Psychology,* 36, 2362-2378.

Takaku, S. (2013). *Apology: A simple yet most effective means to end violence.* A pamphlet prepared for "Ending Violent Extremism" community forum at Soka University of America (November 18, 2013).

Takaku, S., Green, J. D., & Ohbuchi, K. (2010). A cross-national examination of the perpetrator: Victim account estimation bias as a function of different types of accounts. *Asian Journal of Social Psychology,* 1-12.

Takaku, S., Weiner, B., & Ohbuchi, K. (2001). A cross-cultural examination of the effects of apology and perspective taking on forgiveness. *Journal of Language and Social Psychology, 20,* 144-166.

Tavuchis, N. (1991). *Mea culpa: A sociology of apology and reconciliation.* Stanford: Stanford University Press.

Tedeschi, J. T., & Reiss, M. (1981). Predicaments and verbal tactics of impression management. In C. Antaki (Ed.), *Ordinary language explanations of social behavior.* London: Academic Press.

Weiner, B. (1995). *Judgments of responsibility* (pp.156-187). New York: Guilford.

Weiner, B. (2006). *Social motivation, justice, and the moral emotions: Attributional approach.* Mahwah: Lawrence Earlbaum Associates.

Weiner, B., Amirkhan, J., Folkes, V. S., & Verette, J. A. (1987). An attributional analysis of excuse giving: Studies of a naïve theory of emotion. *Journal of Personality and Social Psychology, 52,* 316-324.

Weiner, B., Graham, S., Peter, O., & Zmuidinas, M. (1991). Public confession and forgiveness. *Journal of Personality, 59,* 281-312.

【7章】

Bradbury, T. N., & Fincham, F. D. (1988). Individual difference variables in close relationships: A contextual model of marriage as an integrative framework. *Journal of Personality and Social*

Psychology, 54, 713-721.
Bradbury, T. N., & Fincham, F. D. (1990). Attributions in marriage: Review and critique. *Psychological Bulletin, 107*, 3-33.
Bradbury, T. N., & Fincham, F. D. (1992). Attributions and behavior in marital interaction. *Journal of Personality and Social Psychology, 63*, 613-628.
Deaux, K., & Major, B. (1987). Putting gender into context: An interactive model of gender-related behavior. *Psychological Review, 85*, 86-116.
De Dreu, C. K. W., & Carnevale, P. J. (2003). Motivational bases of information processing and strategy in conflict and negotiation. *Advances in Experimental Social Psychology, 35*, 235-291.
de Melo, C. M., Carnevale, P. J., Read, S. J., & Gratch, J. (2014). Reading people's minds from emotion expressions in interdependent decision making. *Journal of Personality and Social Psychology, 106*, 73-88.
Deutsch, M. (1973). *The resolution of conflict.* New Haven: Yale University Press.
　（ドイッチ，M.（著），杉田千鶴子（訳）(1995). 紛争解決の心理学　ミネルヴァ書房）
Dodge, K. A., & Coie, J. D. (1987). Social-information-processing factors in reactive and proactive aggression in children's peer groups. *Journal of Personality and Social Psychology, 53*, 1146-1158.
Epley, N., & Waytz, A. (2010). Mind perception. In S. T. Fiske, D. T. Gilbert, & G. Lindzey (Eds.), *Handbook of social psychology* (vol.1., pp.498-541). NJ: John Wiley and Sons.
Falbo, T. (1977). Multidimensional scaling of power strategies. *Journal of Personality and Social Psychology, 35*, 537-547.
Falbo, T., & Peplau, L. A. (1980). Power strategies in intimate relationships. *Journal of Personality and Social Psychology, 38*, 618-628.
Fincham, F. D., Beach, S. R. H., Arias, I., & Brody, G. H. (1998). Children's attributions in the family: The children's relationship attribution measure. *Journal of Family Psychology, 12*, 481-493.
Fincham, F. D., & Bradbury, T. N. (1992). Assessing attributions in marriage: The relationship attribution measure. *Journal of Personality and Social Psychology, 62*, 457-468.
Fukushima, O., & Ohbuchi, K. (1993). Multiple goals and resolution strategies in interpersonal conflicts. *Tohoku Psychologica Folia, 52*, 20-27.
福島　治・大渕憲一　(1997). 紛争解決の方略　大渕憲一（編）　紛争解決の社会心理学(pp.32-58)　ナカニシヤ出版
福島　治・大渕憲一・小嶋かおり　(2006). 対人葛藤における多目標─個人資源への関心，評価的観衆，及び丁寧さが解決方略の言語反応に及ぼす効果─　社会心理学研究, *22*, 103-115.
Holtzworth-Munroe, A., & Jacobson, N. S. (1985). Causal attributions of married couples: When do they search for causes? What do they conclude when they do? *Journal of Personality and Social Psychology, 48*, 1398-1412.
加藤　司 (2003). 大学生の対人葛藤方略スタイルとパーソナリティ，精神的健康との関連性について　社会心理学研究, *18*, 78-88.
Kelley, H. H., & Stahelski, A. J. (1970). Social interaction basis of cooperators' and competitors' beliefs about others. *Journal of Personality and Social Psychology, 16*, 66-91.
Kennedy, K. A., & Pronin, E. (2008). When disagreement gets ugly: Perceptions of bias and the escalation of conflict. *Personality and Social Psychology Bulletin, 34*, 833-848.
小嶋かおり　方略信頼性　未発表データ（新潟青陵短期大学）
小嶋かおり・大渕憲一・福島　治 (2015). 他者の心的状態の推測が解決方略に及ぼす影響について　新潟青陵短期大学
Kruger, J., & Gilovich, T. (1999). "Naive Cynicism" in everyday theories of responsibility assessment: On biased assumptions of bias. *Journal of Personality and Social Psychology, 76*, 743-753.
工藤恵理子 (2010). 他者の心的状態の推論のメカニズム　村田光二（編）　社会と感情(pp.148-174)　北大路書房
Marwell, G., & Schmitt, D. R. (1967). Dimensions of compliance-gaining behavior: An empirical analysis.

Sociometry, 30, 350-364.
益子洋人 (2013). 大学生における統合的葛藤解決スキルと過剰適応との関連—過剰適応を「関係維持・対立回避的行動」と「本来感」から捉えて— 教育心理学研究, *61*, 133-145.
真島理恵・山岸俊男・松田昌史 (2004). 非固定的関係における信頼—シグナルとしての信頼行動— 社会心理学研究, *19*, 175-183.
Michener, H. A., & Burt, M. R. (1975). Components of "authority" as determinants of compliance. *Journal of Personality and Social Psychology, 31*, 606-614.
Ohbuchi, K., Chiba, S., & Fukushima, O. (1996). Mitigation of interpersonal conflicts: Politeness and time pressure. *Personality and Social Psychology Bulletin, 22*, 1035-1042.
大渕憲一・福島　治 (1997). 葛藤解決における多目標—その規定因と方略選択に対する効果— 心理学研究, *68*, 155-162.
Ohbuchi, K., Fukushima, O., & Tedeschi, J. T. (1999). Cultural values in conflict management: Goal orientation, goal attainment, and tactical decision. *Journal of Cross-Cultural Psychology, 30*, 51-71.
Ohbuchi, K., & Tedeschi, J. T. (1997). Multiple goals and tactical behaviors in social conflicts. *Journal of Applied Social Psychology, 27*, 2177-2199.
Parks, C. D., Henager, R. F., & Scamahorn, S. D. (1996). Trust and reactions to messages of intent in social dilemmas. *Journal of Conflict Resolution, 40*, 134-151.
Rahim, M. A., & Magner, N. R. (1995). Confirmatory factor analysis of the styles of handling interpersonal conflict: First-order model and its invariance across groups. *Journal of Applied Psychology, 80*, 122-132.
Ross, M., & Sicoly, F. (1979). Egocentric biases in availability and attribution. *Journal of Personality and Social Psychology, 37*, 322-336.
Ross, L., & Ward, A. (1995). Psychological barriers to dispute resolution. *Advances in Experimental Social Psychology, 27*, 255-304.
Rule, B. G., Bisanz, G. L., & Kohn, S. H. (1985). Anatomy of persuasion schema: Targets, goals, and strategies. *Journal of Personality and Social Psychology, 48*, 1127-1140.
Sternberg, R. J., & Barnes, M. L. (1985). Real and ideal others in romantic relationships: Is four a crowd? *Journal of Personality and Social Psychology, 49*, 1586-1608.
Tversky, A., & Kahneman, D. (1974). Judgment under uncertainty: Heuristics and biases. *Science, 185*, 1124-1131.
van de Vliert, E., & Euwema, M. C. (1994). Agreeableness and activeness as components of conflict behaviors. *Journal of Personality and Social Psychology, 66*, 674-687.
van Kleef, G. A., De Dreu, Carsten K. W., & Manstead, A. S. R. (2006). Supplication and appeasement in conflict and negotiation: The interpersonal effects of disappointment, worry, guilt, and regret. *Journal of Personality and Social Psychology, 91*, 124-142.

【8章】

Arunachalam, V., & Dilla, W. N. (1995). Judgment accuracy and outcomes in negotiation: A causal modeling analysis of decision-aiding effects. *Organizational Behavior and Human Decision Processes, 61*, 289-304.
Bazerman, M. H. (1983). Negotiator judgment: A critical look at the rationality assumption. *American Behavioral Scientist, 27*, 211-228.
Bazerman, M. H., & Carroll, J. S. (1987). Negotiator cognition. In B. Staw & L. L. Cummings (Eds.), *Research in organizational behavior* (Vol.9, pp.247-288). Greenwich, CT: JAI.
Bazerman, M. H., & Neale, M. A. (1983). Heuristics in negotiation: Limitation s to effective dispute resolution. In M. H. Bazerman & R. J. Lewicki (Eds.), *Negotiating in organizations* (pp.51-67). Beverly Hills: Sage.
Carnevale, P. J., & Pruitt, D. G. (1992). Negotiation and mediation. *Annual Review of Psychology, 43*, 531-582.

引用文献

Carroll, J. S., Bazerman, M. H., & Maury, R. (1988). Negotiator cognitions: A descriptive approach to negotiators' understanding of their opponents. *Organizational Behavior and Human Decision Processes, 41*, 352-370.

Carroll, J. S., & Payne, J. (1991). An information processing approach to two-party negotiations. In M. H. Bazerman, R. J. Lewicki, & B. H. Sheppard (Eds.), *Research on negotiation in organizations* (Vol. 3, pp.3-34.). Greenwich, CT: JAI.

Chambers, J. R., & De Dreu, C. K. (2014). Egocentrism drives misunderstanding in conflict and negotiation. *Journal of Experimental Social Psychology, 51*, 15-26.

Chang, L. J., Cheng, M. M., & Trotman, K. T. (2013). The effect of outcome and process accountability on customer-supplier negotiations. *Accounting, Organizations and Society, 38*, 93-107.

De Dreu, C. K. W., Koole, S. L., & Steinel, W. (2000). Unfixing the fixed pie: A motivated information-processing approach to integrative negotiation. *Journal of Personality and Social Psychology, 79*, 975-987.

De Dreu, C. K., Weingart, L. R., & Kwon, S. (2000). Influence of social motives on integrative negotiation: A meta-analytic review and test of two theories. *Journal of Personality and Social Psychology, 78*, 889-905.

Diekmann, K. A., Tenbrunsel, A. E., & Galinsky, A. D. (2003). From self-prediction to self-defeat: Behavioral forecasting, self-fulfilling prophecies, and the effect of competitive expectations. *Journal of Personality and Social Psychology, 85*, 672-683.

福野光輝 (2002). 交渉における固定資源知覚と公平バイアス―行動科学的アプローチ― 北海学園大学経済論集, *50*, 91-100.

福野光輝 (2012). 交渉とは 佐々木美加（編著）交渉の心理学 (pp. 1-43) ナカニシヤ出版

Gelfand, M. J., Nishii, L. H., Holcombe, K. M., Dyer, N., Ohbuchi, K. I., & Fukuno, M. (2001). Cultural influences on cognitive representations of conflict: Interpretations of conflict episodes in the United States and Japan. *Journal of Applied Psychology, 86*, 1059-1074.

Halevy, N., Chou, E. Y., & Murnighan, J. K. (2012). Mind games: the mental representation of conflict. *Journal of Personality and Social Psychology, 102* (1), 132-148.

Halevy, N., & Katz, J. J. (2013). Conflict templates thinking through interdependence. *Current Directions in Psychological Science, 22*, 217-224.

Kahneman, D., & Tversky, A. (1979). Prospect theory: An analysis decision under risk. *Econometrica, 47*, 263-291.

Kelley, H. H., & Stahelski, A. J. (1970). Social interaction basis of cooperators' and competitors' beliefs about others. *Journal of Personality and Social Psychology, 16*, 66-91.

Larrick, R. P., & Blount, S. (1997). The claiming effect: Why players are more generous in social dilemmas than in ultimatum games. *Journal of Personality and Social Psychology, 72*, 810-825.

Larrick, R. P., & Wu, G. (2007). Claiming a large slice of a small pie: asymmetric disconfirmation in negotiation. *Journal of Personality and Social Psychology, 93*, 212-233.

Liberman, V., Samuels, S. M., & Ross, L. (2004). The name of the game: Predictive power of reputations versus situational labels in determining prisoner's dilemma game moves. *Personality and Social Psychology Bulletin, 30*, 1175-1185.

Neale, M. A., & Bazerman, M. H. (1983). The role of perspective-taking ability in negotiating under different forms of arbitration. *Industrial and Labor Relations Review, 36*, 378-388.

Neale, M. A., & Bazerman, M. H. (1985). The effects of framing and negotiator overconfidence on bargaining behaviors and outcomes. *Academy of Management Journal, 28*, 34-49.

Neale, M., A., & Bazerman, M. H. (1991). *Cognition and rationality in negotiation.* New York: Free Press.

大渕憲一 (2015). 紛争と葛藤の心理学―人はなぜ争い, どう和解するのか― サイエンス社

Pietroni, D., Van Kleef, G. A., De Dreu, C. K., & Pagliaro, S. (2008). Emotions as strategic information: Effects of other's emotional expressions on fixed-pie perception, demands, and integrative behavior in negotiation. *Journal of Experimental Social Psychology, 44*, 1444-1454.

Pinkley, R. L. (1990). Dimensions of conflict frame: Disputant interpretations of conflict. *Journal of Applied Psychology, 75,* 117-126.
Pinkley, R. L., & Northcraft, G. B. (1994). Conflict frames of reference: Implications for dispute processes and outcomes. *Academy of Management Journal, 37,* 193-205.
Pruitt, D. G., & Carnevale, P. J. D. (1993). *Negotiation in social conflict.* Buckingham: Open University Press.
Pruitt, D. G., & Lewis, S. A. (1975). Development of integrative solutions in bilateral negotiation. *Journal of Personality and Social Psychology, 31,* 621-630.
Raiffa, H. (1982). *The arts and science of negotiation.* Cambridge, MA: Harvard University Press.
Thompson, L. L. (1990). Negotiation behavior and outcomes: Empirical evidence and theoretical issues. *Psychological Bulletin, 108,* 515-532.
Thompson, L. L. (1991). Information exchange in negotiation. *Journal of Experimental Social Psychology, 27,* 161-179.
Thompson, L. L. (1998). *The mind and heart of the negotiator.* Upper Saddle River, NJ: Prentice Hall.
Thompson, L. L., & Hastie, R. (1990a). Judgment tasks and bias in negotiation. In B. H. Sheppard, M. H. Bazerman, & R. Lewicki (Eds.), *Research on negotiation in organizations* (Vol.2, pp.31-54). Greenwich, CT: JAI.
Thompson, L. L., & Hastie, R. (1990b). Social perception in negotiation. *Organizational Behavior and Human Decision Processes, 47,* 98-123.
Thompson, L. L., & Hrebec, D. (1996). Lose-lose agreements in interdependent decision making. *Psychological Bulletin, 120,* 396-409.
Trötschel, R., Loschelder, D. D., Höhne, B. P., & Majer, J. M. (2015). Procedural frames in negotiations: How offering my resources versus requesting yours impacts perception, behavior, and outcomes. *Journal of Personality and Social Psychology, 108,* 417-435.
Tversky, A., & Kahneman, D. (1981). The framing of the decisions and the psychology of choice. *Science, 40,* 453-463.
Valley, K. L., White, S. B., Neale, M. A., & Bazerman, M. H. (1992). Agents as information brokers: The effects of information disclosure on negotiated outcomes. *Organizational Behavior and Human Decision Processes, 51,* 220-236.
Van Kleef, G. A. (2009). How emotions regulate social life the emotions as social information (EASI) model. *Current Directions in Psychological Science, 18,* 184-188.
Walton, R. E., & McKersie, R. B. (1965). *A behavioral theory of labor negotiations: An analysis of a social interaction system.* New York: McGraw-Hill.

【9章】

Burda, P. C., Vaux, A., & Schill, T. (1984). Social support resources: Variation across sex and sex roles. *Personality and Social Psychology Bulletin, 10,* 119-126.
Dreßing, H., Bailer, J., Anders, A., Wagner, H., & Galla, C. (2014). Cyberstalking in a large sample of social network users: Prevalence, characteristics, and impact upon victims. *Cyberpsychology, Behaviors, and Social Networking, 17,* 61-67.
Finkel, E. J., DeWall, C. N., Slotter, E. B., McNulty, J. K., Pond Jr., R. S., & Atkins, D. C. (2012). Using I³ theory to clarify when dispositional aggressiveness predicts intimate partner violence perpetration. *Journal of Personality and Social Psychology, 102*(3), 533-549.
深澤優子・西田公昭・浦 光博 (2003). 親密な関係における暴力の分類と促進要因の検討 対人社会心理学研究, *3,* 85-91.
Gormley, B. A., & Lopez, F. G. (2010). Correlates of psychological abuse perpetrations in college student dating relationships. *Journal of College Counseling, 13,* 4-16.
Gross, J.J. (1998). The emerging field of emotion regulation: An integrative review. *Review of General Psychology, 2,* 271-299.

引用文献

蓮井江利香 (2011). デート DV の防止教育に関する研究の展望　広島大学大学院心理臨床教育研究センター紀要, *10*, 116-124.

Hays, D. G., Michel, R. E., Bayne, H. B., Neuer Colburn, A. A., & Smith Myers, J. (2015). Counseling with HEART: A relationship violence prevention program for college students. *Journal of College Counseling, 18*(1), 49-65.

Herman, J. L. (1992). *Trauma and Recovery*. New York: Basic Books, a division of Harper Collins Publishers.
　　(ハーマン, J. L.（著），中井久夫（訳）(1999). 心的外傷と回復〈増補版〉　みすず書房）

石井朝子（編著）(2009). よくわかる DV 被害者への理解と支援―対応の基本から法制度まで現場で役立つガイドライン―　明石書店

石井朝子・飛鳥井望・木村弓子・永松貴子・黒崎美智子 (2002). 改定葛藤戦術尺度日本語版（The Revised Conflict Tactics Scales: CTS2）の信頼性と妥当性　第 66 回日本心理学会大会発表論文集, 277.

石井朝子・飛鳥井望・木村弓子・永松貴子・黒崎美智子・岸本淳司 (2003). ドメスティックバイオレンス（DV）簡易スクリーニング尺度（DVSI）の作成および信頼性・妥当性の検討　精神医学, *45*, 817-823.

加藤道代 (2001). ストーカー問題をめぐって　東北大学学生相談所紀要, *27*, 11-17.

警察庁 (2015). 平成 26 年中のストーカー事案及び配偶者からの暴力事案等の対応状況について

Kowalski, R. M., Giumetti, G. W., Schroeder, A. N., & Lattanner, M. R. (2014). Bullying in the digital age: A critical review and meta-analysis of cyberbullying research among youth. *Psychological Bulletin, 140*, 1073-1237.

Liang, B., Goodman, L., Tummala-Narra, P., & Weintraub S. (2005). A theoretical framework for understanding help-seeking process among survivors of intimate partner violence. *American Journal of Community Psychology, 36*, 71-84.

Lyndon, A., Bonds-Raacke, J., & Cratty, A. D. (2011). College students' Facebook stalking of ex-partners. *Cyberpsychology, Behavior, and Social Networking, 14*, 711-716.

Maldonado, R.C., DiLillo, D., & Hoffman, L. (2015). Can college students use emotion regulation strategies to alter intimate partner aggression-risk behaviors? An Examination using I^3 theory. *Psychology of Violence, 5*, 46-55.

松井　豊 (1993). 恋ごころの科学　サイエンス社

Melander, L. A. (2010). College students' perceptions of intimate partner cyber harassment. *Cyberpsychology, Behavior, and Social Networking, 13, 263-288.*

Miller, L. (2012). Stalking: Patterns, motives, and intervention strategies. *Aggression and Violent Behavior, 17*, 495-506.

宮村季治 (2005). 大学生における恋愛関係の解消とストーカーによる被害の関係　学生相談研究, *26*(2), 115-124.

Mullen, P. E., Pathé, M., & Purcell, R. (2000). *Stalkers and their victims*. Cambridge: Cambridge University Press.
　　(詫摩武俊（監訳）・安岡　真（訳）(2003). ストーカーの心理―治療と問題の解決に向けて―　サイエンス社）

村本邦子 (2013). アメリカにおける DV 防止への取り組みの変遷　高畠克子（編著）DV はいま―協働による個人と環境への支援―　(pp.18-34)　ミネルヴァ書房

Murray, C. E., & Kardatzke, K. N. (2007). Dating Violence among college students: Key issues for college counselors. *Journal of College Counseling, 10*, 79-89.

内閣府 (2015). 男女間における暴力に関する調査報告書

中島幸子 (2013). 学校・教育コミュニティにおける予防・後方支援　高畠克子（編著）DV はいま―協働による個人と環境への支援―(pp.242-274)　ミネルヴァ書房

仁平義明 (2012). "サイバーいじめ"に関する研究の動向 ― 対応のためのエビデンス―　白鴎大学情報処理教育研究センター年報 (6), 1-7.

小畑千晴 (2013). デートバイオレンス可能性尺度の作成について　奈良大学大学院研究年報, *18*, 45-52.

越智啓太・長沼里美・甲斐恵利奈 (2014). 大学生に対するデートバイオレンス・ハラスメント尺度の作成　法

政大学文学部紀要, *69*, 63-74.
Ohnishi, M., Nakao, R., Shibayama, S., Matsuyama, Y., Oishi, K., & Miyahara, H. (2011). Knowledge, experience, and potential risks of dating violence among Japanese university students: A cross-sectional study. *BMC public health*, *11*(1), 339.
笹竹英穂　(2014). 大学生の心理的デートDVの経験の実態および被害の認識の性差　学生相談研究, *35*(1), 56-69.
Schwartz, J. P., Griffin, L. D., Russell, M. M., & Frontaura-Duck, S. (2006). Prevention of dating violence on college campuses: An innovative program. *Journal of College Counseling*, *9*(1), 90-96.
嶋　信宏　(1992). 大学生におけるソーシャルサポートの日常生活ストレスに対する効果　社会心理学研究, *7*, 45-53.
Shorey, R. C., Zucosky, H., Brasfield, H., Febres, J., Cornelius, T. L., Sage, C., & Stuart, G. L. (2012). Dating violence prevention programming: Directions for future interventions. *Aggression and Violent Behavior*, *17*, 289-296.
Southworth, C., Finn, J., Dawson, S., Fraser, C., and Tucker, S. (2007). Intimate partner violence, technology and stalking. *Violence Against Women*, *13*, 842-856.
Straus, M. A. (1979). Measuring intrafamily conflict and violence: The conflict tactics (CT) scales. *Journal of Marriage and the Family*, 75-88.
Straus, M.A. (2004). Prevalence of Violence against dating partners by male and female university students worldwide. *Violence Against Women*, *10*(7), 790-811.
Straus, M. A. (2008). Dominance and symmetry in partner violence by male and female university students in 32 nations. *Children and Youth Services Review*, *30*(3), 252-275.
Straus, M. A., Hamby, S. L., Boney-McCoy, S., & Sugarman, D. B. (1996). The revised conflict tactics scales (CTS2) development and preliminary psychometric data. *Journal of Family Issues*, *17*(3), 283-316.
高比良美詠子・安藤玲子・坂本　章　(2006). 縦断調査による因果関係の推定—インターネット使用と攻撃性の関係—　パーソナリティ研究, *15*, 87-102.
高石恭子　(2010). 危機対応の必要な相談　日本学生相談学会50周年記念誌編集委員会（編）　学生相談ハンドブック (pp.83-85)　学苑社
武内珠美・小坂真利子　(2011). デートDV被害女性がその関係から抜け出すまでの心理的プロセスに関する質的研究—複線径路・等至性モデル（TEM）を用いて—　大分大学教育福祉科学部研究紀要, *33*, 17-30.
寺島　瞳・宇井美代子・宮前淳子・竹澤みどり・松井めぐみ　(2013). 大学生におけるデートDVの実態の把握—被害者の対処および別れない理由の検討—　筑波大学心理学研究, *45*, 113-120.
戸谷祐二　(2002). 学生相談におけるマネジメント—ストーカー行為の問題から考える—　学生相談研究, *23*(2), 166-175.
上野淳子 (2014). デートDV研究の問題点　四天王寺大学紀要, *57*, 195-205.
山下倫実・坂田桐子　(2008). 大学生におけるソーシャル・サポートと恋愛関係崩壊からの立ち直りとの関連　教育心理学研究, *56*, 57-71.
吉津　潤・関口理久子・雨宮俊彦　(2013). 感情調節尺度（Emotion Regulation Questionnaire）日本語版の作成　感情心理学研究, *20*, 56-62.

【10章】
安藤哲朗　(2012). 医療コンフリクトマネジメント　現代医学, *60*(1), 209-213.
渥美惠美 (2011). リハビリテーションと対人関係—作業療法学生の社会的交流技能に関する研究—　東北大学大学院文学研究科博士論文
渥美惠美・稲垣成昭・勅使河原麻衣・高橋千賀子（2008). 作業療法学生の社会的交流技能養成教育プログラムの開発に向けて—試行的実施—　リハビリテーション教育研究, *13*, 160-165.
渥美惠美・大渕憲一 (2008). OT臨床実習のための社会的交流技能の検討—概念構成と尺度開発—　文化, *71*(3, 4), 253-270.

引用文献

出石万希子・豊田久美子・平 英美・石野ひろの (2011). 看護師−患者間のコミュニケーションに関する研究― RIAS による会話分析― 日本保健医療行動科学会年報, 26, 142-157.

江藤文夫 (2008). 高齢者医療事故の具合例3―リハビリテーション関連の医療事故― Geriatric Medicine, 46(2), 155-159.

福地智巴・髙田由香・浜崎 亮・石川睦弓・山口 建 (2008). がん早期発見術―医師と患者・家族のコミュニケーション術― 治療, 90(1), 157-162.

長谷川剛 (2007). 医療安全推進のための3つの問題軸 医療の質・安全学会誌, 2(2), 173-175.

一般社団法人日本作業療法士協会 (2005). 作業療法士の職業倫理指針
http://www.jaot.or.jp/wp-content/uploads/2010/08/shokugyorinrishishin.pdf（2015年3月15日アクセス）

一般社団法人日本作業療法士協会 (2012). 作業療法教育ガイドライン（案）
http://www.jaot.or.jp/wp-content/uploads/2010/08/edu-guideline.pdf.（2015年3月15日アクセス）

岩崎テル子 (2004). 作業療法士に求められる資質と適性 岩崎テル子（編） 標準作業療法学―作業療法概論―(p.13) 医学書院

川本俊治・橘 高清・奥村和恵・秋月まなみ・松田守弘・田村 津 (2013). 虚血性心疾患・地域連携クリティカルパスが看護師や医療関係職の患者指導に及ぼす効果 日本医療マネジメント学会雑誌, 14(1), 20-24.

小林孝一郎・村上真由美・富山 徹・板倉延樹・加藤真理子・中屋泉美・武田美和子・横山雄子・平井紀子・河上清康 (2013). 在宅緩和ケア地域連携クリニカルパスの作成と導入 Palliative Care Reseach, 8(2), 326-333.

荒神裕之・和田仁孝 (2012). 医療メディエーション 日本内科学会雑誌, 101(8), 2360-2366.

近野智子 (2009). 本校における模擬患者（SP；Simulated Patient）参加型医療面接実習 作業療法教育研究, 9(1), 27-31.

小手川 勤 (2007). ファーマシューティカル・ケア実践のためのクリニカル・スキル―コミュニケーション・スキル― 薬学雑誌, 127(2), 237-244.

厚生労働省 (2000). リスクマネージメントマニュアル作成指針
http://www1.mhlw.go.jp/topics/sisin/tp1102-1_12.html (2015年2月15日アクセス)

厚生労働省 (2002). 官報 第3437号（厚生労働省令第百十一号）
http://www.mhlw.go.jp/topics/bukyoku/isei/i-anzen/hourei/dl/020830-1b.pdf.（2015年3月15日アクセス）

厚生労働省 (2006). Ⅱ安心・信頼の医療の確保と予防の重視
http://www.mhlw.go.jp/bunya/shakaihosho/iryouseido01/taikou03.html（2015年3月15日アクセス）

厚生労働省 (2008).「安心と希望の医療確保ビジョン」具体化に関する検討会第4回会議資料 院内医療メディエーターの現状と要望
http://www.mhlw.go.jp/shingi/2008/08/dl/s0821-4n.pdf（2015年3月15日アクセス）

三好貴之 (2014). これからの OT に対する「社会性教育」―ゆとり世代に対するコミュニケーション教育とモチベーションに関する人材育成の具体策― 作業療法ジャーナル, 48(1), 14-18.

文部科学省 (2003). 平成14年度文部科学白書
http://www.mext.go.jp/b_menu/hakusho/html/hpab200201/hpab200201_2_120.html.(2015年4月5日アクセス)

文部科学省 (2011). 医学教育モデル・コア・カリキュラム：教育内容ガイドライン平成22年度改訂版
http://www.mext.go.jp/component/a_menu/education/detail/__icsFiles/afieldfile/2013/11/15/1324090_21.pdf. （2015年3月15日アクセス）

中西淑美 (2007). スキル（技法）とウィル（意思）から医療メディエーションとは何かを考える 看護管理, 17(7), 606-610.

大渕憲一 (2010). 謝罪の研究―釈明の心理とはたらき― 東北大学出版会

大島寿美子 (2006). 婦人科がんの患者会を対象とした医師とのコミュニケーションに関する基礎的研究―医師による情報提供を中心として― 北星学園大学文学部北星論集, 44(1), 93-101.

最高裁判所 (2005). 医事関係訴訟委員会答申：資料1（表2 医事関係訴訟及び地裁民事第一審通常訴訟の

既済事件の平均審理期間
http://www.courts.go.jp/saikosai/vcms_lf/80428001.pdf.（2015年3月15日アクセス）
最高裁判所 (2014). 医事関係訴訟事件の処理状況及び平均審理期間
http://www.courts.go.jp/saikosai/vcms_lf/201405izitoukei1.pdf.（2015年3月15日アクセス）
斎藤清二 (2013). 医療におけるナラティブ・アプローチと物語能力　総合リハビリテーション，*41*(1), 35-40.
三宮克彦 (2014). 理学療法におけるコンフリクト・マネジメント　理学療法ジャーナル，*48*(10), 935-941.
舌間秀雄・佐伯　覚・蜂須賀研二 (2011). 大学病院における取り組み　総合リハビリテーション，*39* (2), 115-122.
鈴木圭介・高橋武則・高木安雄・山内慶太 (2011). リハビリテーション総合実施計画書が家族の参加意欲に与える影響　日本医療・病院管理学会誌，*48*(4), 191-200.
高田幸千子 (2012). 医療メディエーションの看護・管理場面での活用　IRYO, *66* (10), 571-574.
徳永千尋・石上智美 (2009). コミュニケーションスキルの授業がもたらす学生の意識の変化　リハビリテーション教育研究，*14*, 75-79.
東田有智・村木正人 (2009). 医学生や研修医に対する医師として求められる基本的は資質　臨床と研究．*86* (3), 90-96.
上村佐知子・野嶋素子・佐々木誠 (2008). 理学療法士に望まれる対人関係技能を構成する因子　理学療法学，*35* (5), 237-244.
和田仁孝・中西淑美 (2011). 医療メディエーション　シーニュ
Wojcieszak, D., Saxton, J. W., & Finkelstein, M. M. (2010). *Sorry Works! 2.0*. Bloomington, IN: Author House.
（前田正一・児玉　聡・高島響子（訳）(2011). ソーリー・ワークス！　医学書院）
山本武志・苗代康可・白鳥正典・相馬　仁 (2013). 大学入学早期からの多職種連携教育（IPE）の評価—地域基盤型医療実習の効果について—　京都大学高等教育研究，*19*, 37-45.
柳原典枝・松井里美・名村かよみ・糟谷　緑・芝山富子・柳めぐみ・樺山たみ子・中田康夫 (2009). 新卒看護師が身につけておくべきもの—新卒看護師と臨床側の認識の比較—　月刊ナーシング，*29* (3), 92-97.
吉井聖晴 (2004). 理学療法士のコミュニケーションについての意識調査　理学療法 進歩と展望，*18*, 6-12.
吉川ひろみ (2004). Ⅳチームアプローチ　岩崎テル子（編）　標準作業療法学—作業療法概論—　医学書院 pp.26-37.

● Ⅲ部　正義と公正

【11章】

Ambrose, M. L., & Arnaud, A. (2005). Distributive and procedural justice: Construct distinctiveness, construct interdependence, and overall justice. In J. Greenberg, & J. Colquitt (Eds.), *The handbook of organizational justice* (pp.59-84). Mahwah, NJ: Erlbaum.

Ambrose, M. L., & Schminke, M. (2009). The role of overall justice judgments in organizational justice research: A test of mediation. *Journal of Applied Psychology, 94*, 491-500.

Baumeister, R. F., Bratslavsky, E., Muraven, M., & Tice, D. M. (1998).Ego depletion: Is the active self a limited resource? *Journal of Personality and Social Psychology, 74*, 1252-1265.

Baumeister, R. F., Vohs, K. D., & Tice, D. M. (2007). The strength model of self-control. *Current Directions in Psychological Science, 16*, 351-355.

Bies, R. J. (2005). Are procedural justice and interactional justice conceptually distinct? In J. Greenberg, & J. A. Colquitt (Eds.), *Handbook of organizational justice* (pp.85-112). Mahwah, NJ: Lawrence Erlbaum.

Blader, S. L., & Tyler, T. R. (2003). A four-component model of procedural justice: Defining the meaning of a "fair" process. *Personality and Social Psychology Bulletin, 29*, 747-758.

Blader, S. L., & Tyler, T. R. (2009). Testing and extending the group engagement model: Linkages between social identity, procedural justice, economic outcomes, and extrarole behavior. *Journal of*

引用文献

Applied Psychology, 94, 445-464.
Bono, J. E., Glomb, T. M., Shen, W., Kim, E., & Koch, A. J. (2013). Building positive resources: Effects of positive events and positive reflection on work stress and health. *Academy of Management Journal, 56*(6), 1601-1627.
Cohen-Charash, Y., & Spector, P. E. (2001). The role of justice in organizations: A meta-analysis. *Organizational Behavior and Human Decision Processes, 86*, 278-321.
Cojuharenco, I., & Patient, D. (2013). Workplace fairness versus unfairness: Examining the differential salience of facets of organizational justice. *Journal of Occupational and Organizational Psychology, 86*(3), 371-393.
Colquitt, J. A. (2001). On the dimensionality of organizational justice: A construct validation of a measure. *Journal of Applied Psychology, 86*, 386-400.
Colquitt, J. A., Conlon, D. E., Wesson, M. J., Porter, C. O. L. H., & Ng, K. Y. (2001). Justice at the millennium: A meta-analytic review of 25 years of organizational justice research. *Journal of Applied Psychology, 86*, 425-445.
Colquitt, J. A., Long, D. M., Rodell, J. B., & Halvorsen-Ganepola, M. D. (2015). Adding the "in" to justice: A qualitative and quantitative investigation of the differential effects of justice rule adherence and violation. *Journal of applied psychology, 100*(2), 278-297.
Colquitt, J. A., Scott, B. A., Rodell, J. B., Long, D. M., Zapata, C. P., Conlon, D. E., & Wesson, M. J. (2013). Justice at the millennium, a decade later: A meta-analytic test of social exchange and affect-based perspectives. *Journal of Applied Psychology, 98*(2), 199-236.
Colquitt, J. A., & Shaw, J. (2005). How should organizational justice be measured? In J. D. Colquitt & J. Greenberg (Eds.), *Handbook of organizational justice* (pp. 113-152). Mahwah, NJ: Erlbaum.
Cropanzano, R., & Mitchell, M. S. (2005). Social exchange theory: An interdisciplinary review. *Journal of management, 31*(6), 874-900.
Cropanzano, R., Stein, J. H., & Nadisic, T. (2011). *Social justice and the experience of emotion.* Routledge.
Degoey, P. (2000). Contagious justice: Exploring the social construction of justice in organizations. *Research in organizational behavior, 22*, 51-102.
Folger, R., Cropanzano, R., & Goldman, B. (2005). What is the relationship between justice and morality? *Handbook of organizational justice.* 215, 245.
Gilliland, S. (2008). The tails of justice: A critical examination of the dimensionality of organizational justice constructs. *Human Resource Management Review, 18*(4), 271-281.
Gilliland, S. W., Benson, L., & Schepers, D. H. (1998). A rejection threshold in justice evaluations: Effects on judgment and decision-making. *Organizational Behavior and Human Decision Processes, 76*(2), 113-131.
Glomb, T. M., & Liao, H. (2003). Interpersonal aggression in work groups: Social influence, reciprocal, and individual effects. *Academy of Management Journal, 46*(4), 486-496.
Greenberg, J. (2001). Setting the justice agenda: Seven unanswered questions about "what, why, and how". *Journal of Vocational Behavior, 58*(2), 210-219.
Greenberg, J. (2006). Losing sleep over organizational injustice: Attenuating insomniac reactions to underpayment inequity with supervisory training in interactional justice. *Journal of Applied Psychology, 91*(1), 58-69.
Greenberg, J. (2011). Organizational justice: The dynamics of fairness in the workplace. In S. Zedeck (Ed.), *APA handbook of industrial and organizational psychology* (pp. 271-327). Washington, DC: American Psychological Association.
Hagger, M. S., Wood, C., Stiff, C., & Chatzisarantis, N. L. D. (2010). Ego depletion and the strength model of self-control: A meta-analysis. *Psychological Bulletin, 136*, 495-525.
濱口桂一郎（2013）．若者と労働「入社」の仕組みから解きほぐす（Vol. 465）中央公論新社
林　洋一郎・佐々木宏之（2009）．ポジティブ－ネガティブの非対称性―組織行動への適用可能性をさぐる―　産業・組織心理学会第25回大会，2009年9月（八戸大学）

引用文献

林 洋一郎・関口倫紀 (2014). 組織における公正と不公正の同異性に関する探索的研究 産業・組織心理学会第30回大会（2014年9月，北海学園大学）

林 洋一郎・関口倫紀・大崎泰子 (2013). 組織における公正が従業員のウェルビーイングに与える影響—制御焦点の媒介効果に注目して— 産業・組織心理学会第29回大会（2013年9月，京都橘大学）

Johnson, R. E., & Lanaj, K. (2012). Putting our trust in fairness: Justice and regulatory focus as triggers of trust and cooperation. In C. A. Schriesheim & L. L. Neider (Eds.), *Perspectives on justice and trust in organizations* (pp.1-28), Greenwich, CT: Information Age.

Johnson, R. E., Lanaj, K., & Barnes, C. M. (2014). The good and bad of being fair: Effects of procedural and interpersonal justice behaviors on regulatory resources. *Journal of Applied Psychology, 99*(4), 635-650.

Lavelle, J. J., Rupp, D. E., & Brockner, J. (2007). Taking a multifoci approach to the study of justice, social exchange, and citizenship behavior: The target similarity model. *Journal of Management, 33*(6), 841-866.

Liao, H., & Rupp, D. E. (2005). The impact of justice climate and justice orientation on work outcomes: A cross-level multifoci framework. *Journal of Applied Psychology, 90*, 242-256.

Lilius, J. (2012). Recovery at work: Understanding the restorative side of "depleting" client interactions. *Academy of Management Review, 37*, 569-588.

Lind, E. A. (2001). Fairness heuristic theory: Justice judgments as pivotal cognitions in organizational relations. In J. Greenberg & R. Cropanzano (Eds.), *Advances in organizational justice* (pp. 56-88). Stanford, CA: Stanford University Press.

Louis, M. R., Posner, B. Z., & Powell, G. N. (1983). The availability and helpfulness of socialization practices. *Personnel Psychology, 36*, 857-866.

Moorman, R. H. (1991). Relationship between organizational justice and organizational citizenship behaviors: Do fairness perceptions influence employee citizenship? *Journal of Applied Psychology, 76*, 844-855

Muraven, M., & Baumeister, R. F. (2000). Self-regulation and depletion of limited resources: Does self-control resemble a muscle? *Psychological Bulletin, 126*, 247-259.

大渕憲一（編）(2004). 日本人の公正観—公正は個人と社会を結ぶ絆か？— 現代図書

Organ, D. W. (1990). The motivational basis of organizational citizenship behavior. *Research in Organizational Behavior, 12*(1), 43-72.

Oyserman, D., Uskul, A. K., Yoder, N., Nesse, R. M., & Williams, D. R. (2007). Unfair treatment and self-regulatory focus. *Journal of Experimental Social Psychology, 43*(3), 505-512.

Priesemuth, M., Arnaud, A., & Schminke, M. (2013). Bad behavior in groups: The impact of overall justice climate and functional dependence on counterproductive work behavior in work units. *Group & Organization Management, 38*(2), 230-257.

Roberson, Q. M. (2006). Justice in teams: The activation and role of sensemaking in the emergence of justice climates. *Organizational Behavior and Human Decision Processes, 100*(2), 177-192.

Roberson, Q. M., & Colquitt, J. A. (2005). Shared and configural justice: A social network model of justice in teams. *Academy of Management Review, 30*(3), 595-607.

Rozin, P., & Royzman, E. B. (2001). Negativity bias, negativity dominance, and contagion. *Personality and social psychology review, 5*(4), 296-320.

Rupp, D. E. (2011). An employee-centered model of organizational justice and social responsibility. *Organizational Psychology Review, 1*, 72-94.

Rupp, D. E., & Cropanzano, R. (2002). The mediating effects of social exchange relationships in predicting workplace outcomes from multifoci organizational justice. *Organizational Behavior and Human Decision Processes, 89*(1), 925-946.

Rupp, D. E., McCance, A. S., Spencer, S., & Sonntag, K. (2008). Customer (in)justice and emotional labor: The role of perspective taking, anger, and emotional regulation. *Journal of Management, 34*, 903-924.

Rupp, D. E., Shao, R., Jones, K. S., & Liao, H. (2014). The utility of a multifoci approach to the study of organizational justice: A meta-analytic investigation into the consideration of normative rules, moral accountability, bandwidth-fidelity, and social exchange. *Organizational Behavior and Human Decision Processes, 123*(2), 159-185.

Rupp, D. E., & Spencer, S. (2006). When customers lash out: The effect of customer interactional injustice on emotional labor and the mediating role of discrete emotions. *Journal of Applied Psychology, 91*, 971-978.

Salancik, G. R., & Pfeffer, J. (1978). A social information processing approach to job attitudes and task design. *Administrative Science Quarterly*, 224-253.

Schneider, B. (1987). The people make the place. *Personnel psychology, 40*(3), 437-453.

Skarlicki, D. P., Van Jaarsveld, D. D., & Walker, D. D. (2008). Getting even for customer mistreatment: The role of moral identity in the relationship between customer interpersonal injustice and employee sabotage. *Journal of Applied Psychology, 93*, 1335-1347.

Spencer, S., & Rupp, D. E. (2009). Angry, guilty, and conflicted: Injustice toward coworkers heightens emotional labor through cognitive and emotional mechanisms. *Journal of Applied Psychology, 94*(2), 429-444.

Tabibnia, G., Satpute, A. B., & Lieberman, M. D. (2008). The sunny side of fairness preference for fairness activates reward circuitry (and disregarding unfairness activates self-control circuitry). *Psychological Science, 19*(4), 339-347.

Tyler, T. R., & Blader, S. L. (2003). The group engagement model: Procedural justice, social identity, and cooperative behavior. *Personality and Social Psychology Review, 7*(4), 349-361.

Tyler, T. R., & Lind, E. A. (1992). A relational model of authority in groups. In M. P. Zanna (Ed.), *Advances in experimental social psychology* (Vol.25, pp.115-191). San Diego, CA: Academic Press.

Van den Bos, K. (2001). Fairness heuristic theory: Assessing the information to which people are reacting has a pivotal role of in understanding organizational justice. In S. W. Gilliland, D. D. Steiner, & D. P. Skarlicki (Eds.), *Theoretical and cultural perspectives on organizational justice* (pp.63-84). Greenwich, CT: Information Age.

Weiss, H., & Rupp, D. E. (2011). Experiencing work: An essay on a person-centric work psychology. *Industrial and Organizational Psychology: Perspectives on Science and Practice, 4*, 83-97.

【12章】

Adams, J. S. (1965). Inequity in social exchange. In L. Berkowits (Ed.), *Advances in experimental social psychology* (Vol. 2, pp.267-299). New York: Academic Press.

Brickman, P., Folger, R., Goode, E., & Schul, Y. (1981). Microjustice and macrojustice. In M. J. Lerner & S. C. Lerner (Eds.), *The justice motive in social behavior* (pp. 173-202). New York: Plenum.

Dalbert, C. (1999). The world is more just for me than generally: About the personal belief in a just world scale's validity. *Social Justice Research, 12*, 79-98.

Deutsch, M. (1975). Equity, equality, and need: What determines which value will be used as the basis of distributive justice? *Journal of Social Issues, 31*, 137-149.

原　純輔（2008）．社会的不平等と人間・社会　原　純輔・佐藤嘉倫・大渕憲一（編著）　社会階層と不平等 (pp.1-14)　放送大学教育振興会

原　美和子（2010）．浸透する格差意識—ISSP 国際比較調査（社会的不平等）から—　放送研究と調査, 5月号, 56-73.

福野光輝（2011）．社会的公正　唐沢　穰・村本由紀子（編著）　社会と個人のダイナミクス (pp. 58-80)　誠信書房

池上知子（2012）．格差と序列の心理学—平等主義のパラドクス—　ミネルヴァ書房

Jost, J. T., & Banaji, M. R. (1994). The role of stereotyping in system-justification and the production of false consciousness. *British Journal of Social Psychology, 33*, 1-27.

Jost, J. T., & Hunyady, O. (2002). The psychology of system justification and the palliative function of ideology. *European Review of Social Psychology, 13*, 111-153.

Jost, J. T., Liviatan, I., van der Toorn, J., Ledgerwood, A., Mandisodza, A., & Nosek, B. A. (2010). System justification: How do we know it's motivated? In D. R. Bobocel, A. C. Kay, M. P. Zanna, & J. M. Olson. (Eds.), *The psychology of justice and legitimacy: The Ontario Symposium* (Vol. 11, pp.173-203). New York: Psychology Press.

Jost, J. T., Pelham, B. W., Sheldon, O., & Sullivan, B. N. (2003). Social inequality and the reduction of ideological dissonance on behalf of the system: Evidence of enhanced system justification among the disadvantaged. *European Journal of Social Psychology, 33*, 13-36.

Kawachi, I., & Kennedy, B. P. (2002). *The health of nations: Why inequality is harmful to your health*. New York: The New Press.

（カワチ，I.，ケネディ，B. P.（著），西　信雄他（監訳）(2004). 不平等が健康を損なう　日本評論社）

川嶋伸佳 (2012). ミクロ公正感と社会階層―ふさわしさ知覚の効果の検証― *Center for the Study of Social Stratification and Inequality (CSSI) Working Paper Series*, No.3.

Kawashima, N., & Ohbuchi. K. (2011). Micro fairness mediates the relationship between social inequalities and psychological well-being. *Poster presentation at The 12th Annual Meeting of the Society for Personality and Social Psychology*. San Antonio, January 28.

川嶋伸佳・大渕憲一 (2013). 不平等と公正感　佐藤嘉倫・木村敏明（編著）不平等生成メカニズムの解明― 格差・階層・公正―(pp.299-320) ミネルヴァ書房

川嶋伸佳・大渕憲一・熊谷智博・浅井暢子 (2010). 社会階層と公正感―多元的公正判断と社会的属性の関係 ―　文化，*73*, 83-99.

川嶋伸佳・大渕憲一・熊谷智博・浅井暢子（2012）. 多元的公正感と抗議行動―社会不変信念，社会的効力感，変革コストの影響―　社会心理学研究，*27*, 63-74.

木村邦博 (1998). 教育，学歴社会イメージと不公平感　理論と方法，*13*, 107-126.

近藤克則 (2005). 健康格差社会―何が心と健康を蝕むのか―　医学書院

Kondo, N., Kawachi, I., Subramanian, S. V., Takeda, Y., & Yamagata, Z. (2008). Do social comparisons explain the association between income inequality and health?: Relative deprivation and perceived health among male and female Japanese individuals. *Social Science and Medicine, 67*, 982-987.

Lerner, M. J. (1980). *The belief in a just world: A fundamental delusion*. New York: Plenum.

間淵領吾 (2000). 不公平感が高まる社会状況は何か―公正観と不公平感の歴史―　海野道郎（編）　日本の階層システム 2 ―公平感と政治意識―(pp.151-170)　東京大学出版会

Messick, D. M., Bloom, S., Boldizar, J. P., & Samuelson, C. D. (1985). Why we are fairer than others. *Journal of Experimental Social Psychology, 21*, 480-500.

宮野　勝 (1998). 価値観・社会認知・マクロ公正理念　宮野　勝（編）公平感と社会階層（1995 年 SSM 調査シリーズ 8）(pp.95-110)　1995 年 SSM 調査研究会

長松奈美江 (2004). 全般的不公平感の発生の条件―男女間の規定構造の差異に注目して―　直井　優・太郎丸博（編）情報化社会に関する全国調査中間報告書　pp. 158-170.

内閣府 (2014). 男女共同参画白書 平成 26 年版
http://www.gender.go.jp/about_danjo/whitepaper/h26/zentai/index.html (2015 年 5 月 1 日アクセス)

織田輝哉・阿部晃士 (2000). 不公平感はどのように生じるのか―生成メカニズムの解明―　海野道郎（編）日本の階層システム 2　公平感と政治意識 (pp.103-125)　東京大学出版会

OECD (2008). *Growing unequal? : Income distribution and poverty in OECD countries*. OECD Publications.

大渕憲一 (2008). 不平等と公正　原　純輔・佐藤嘉倫・大渕憲一（編著）　社会階層と不平等 (pp.209-221)　放送大学教育振興会

Ohbuchi, K. (2011). Social class and values in Japan. In K. Ohbuchi & N. Asai (Eds.). *Inequality, discrimination and conflict in Japan: Ways to social justice and cooperation* (pp.41-64). Melbourne: Transpacific Press.

大渕憲一・福野光輝　(2003). 社会的公正と国に対する態度の絆仮説―多水準公正評価，分配的および手続的公正―　社会心理学研究，*18*, 204-212.

327

引用文献

Oshio, T., & Kobayashi, M. (2009). Income inequality, area-level poverty, perceived aversion to inequality, and self-rated health in Japan. *Social Science and Medicine, 69*, 317-326.
大竹文雄 (2005). 日本の不平等―格差社会の幻想と未来― 日本経済新聞社
Runciman, W. G. (1966). *Relative deprivation and social justice: A study of attitudes to social inequality in twentieth-century England.* Berkeley: University of California Press.
斎藤友里子・大槻茂実 (2011). 不公平感の構造―格差拡大と階層性― 斎藤友里子・三隅一人（編）現代の階層社会3―流動化のなかの社会意識―(pp.219-232) 東京大学出版会
佐藤嘉倫 (2013). 正規雇用と非正規雇用―日本における格差問題― 佐藤嘉倫・木村敏明（編著）不平等生成メカニズムの解明―格差・階層・公正―(pp.15-34) ミネルヴァ書房
Smith, H. J., Pettigrew, T. F., Pippin, G. M., & Bialosiewicz, S. (2012). Relative deprivation: A theoretical and meta-analytic review. *Personality and Social Psychology Review, 16*, 203-232.
Subramanyam, M., Kawachi, I., Berkman, L., & Subramanian, S. V. (2009). Relative deprivation in income and self-rated health in the United States. *Social Science and Medicine, 69*, 327-334.
橘木俊詔 (2006). 格差社会―何が問題なのか― 岩波新書
東京大学・電通総研 (2011).「世界価値観調査2010」日本結果速報―日本の時系列変化〈1981～2010年結果より〉―
http://www.ikeken-lab.jp/wp-content/uploads/2011/04/WVS2010time-series20110422.pdf（2015年5月1日アクセス）
Tyler, T. R., Boeckmann, R. J., Smith, H. J., & Huo, Y. J. (1997). *Social justice in a diverse society.* Boulder: Westview Press.
（トム・R. タイラー（他著），大渕憲一・菅原郁夫（監訳）(2000). 多元社会における正義と公正 ブレーン出版）
Tyler, T. R., & Smith, H. J. (1998). Social justice and social movements. In D. T. Gilbert, S. T. Fiske, & G. Lindzey (Eds.), *Handbook of social psychology: Vol. 2.* (4th ed. pp. 595-629). Boston: McGraw-Hill.
Umino, M. (1998). A sense of fairness in modern Japan: An evaluation of stratification system. 宮野勝（編）公平感と社会階層（1995年SSM調査シリーズ8）(pp.57-73) 1995年SSM調査研究会
海野道郎・斎藤友里子 (1990). 公平感と満足感―社会評価の構造と社会的地位― 原純輔（編）現代日本の階層構造2―階層意識の動態―(pp.97-123) 東京大学出版会
Wright, S. C., & Tropp, L. R. (2002). Collective action in response to disadvantage: Intergroup perceptions, social identification, and social change. In I. Walker, & H. J. Smith (Eds.), *Relative deprivation: Specification, development, and integration* (pp. 200-236). Cambridge: Cambridge University Press.
読売新聞 (2009). 経済的な豊かさが公平に行き渡っているか 9月22日付朝刊

【13章】

Alvesson, M., & Billing, Y. D. (2009). *Understanding gender and organizations.* (2nd ed.) London: Sage.
加藤容子 (2014). 女性のキャリア 加藤容子・小倉祥子・三宅美樹（著）わたしのキャリア・デザイン―社会・組織・個人―(pp. 85-113) ナカニシヤ出版
川口 章 (2008). ジェンダー経済格差 勁草書房
川口 章 (2013). 日本のジェンダーを考える 有斐閣選書
小林敦子 (2015). ジェンダー・ハラスメントに関する心理学的研究―就業女性に期待する「女性らしさ」の弊害― 風間書房
厚生労働省 (2012). 平成24年版 労働経済の分析 付3-(1)-30表 共働き世帯数の推移
厚生労働省 (2013). 平成25年版 働く女性の実情
厚生労働省 (2014a). 平成26年版 厚生労働白書（資料編）
厚生労働省 (2014b). 平成25年度 雇用均等基本調査（確報）
熊谷智博・大渕憲一 (2009). 非当事者攻撃に対する集団同一化と被害の不公正さの効果 社会心理学研究, *24*, 200-207.
内閣府男女共同参画局 (2014). 男女共同参画白書 平成26年版
NHK放送文化研究所（編）(2015). 現代日本人の意識構造（第八版） NHK出版

日本生産性本部生産性総合研究センター (2014). 日本の生産性の動向 2014 年版 生産性研究レポート No.028.
21 世紀職業財団 (2014). 女性労働の分析 2012 年 21 世紀職業財団
二村英幸 (2014). 個と組織を生かすキャリア発達の心理学 (改訂増補版) 金子書房
OECD (2014). "Balancing paid work, unpaid work and leisure" Time spent in unpaid work and leisure. (The OECD data on time use: OECD 26)
大渕憲一 (2008). 不平等と公正 原 純輔・佐藤嘉倫・大渕憲一 (編著) 社会階層と不平等 (pp. 209-221) 放送大学教育振興会
Ohbuchi, K. (2011). Social class and values in Japan. In K. Ohbuchi, & N, Asai. (Eds.), *Inequality, discrimination and conflict in Japan: Ways to social justice and cooperation*. Stratification and Inequality Series (Vol.12. pp. 41-64). Melbourne, Victoria: Trans Pacific Press.
総務省統計局 (2011). 平成 23 年社会生活基本調査 (生活時間に関する結果)
総務省統計局 (2014). 労働力調査 (詳細集計) 平成 26 年平均結果
総務省統計局 (2015). 労働力調査 (基本集計) 平成 27 年 2 月分
鈴木淳子 (2006a). 心理学とジェンダー 鈴木淳子・柏木惠子 (著) ジェンダーの心理学—心と行動への新しい視座 心理学の世界 専門編 5— (pp.1-34) 培風館
鈴木淳子 (2006b). キャリアとジェンダー 鈴木淳子・柏木惠子 (著) ジェンダーの心理学—心と行動への新しい視座 心理学の世界 専門編 5— (pp.147-184) 培風館
Suzuki, A. (2007). Introduction: Micro-Macro dynamics. In A. Suzuki (Ed.), *Gender and career in Japan*. Stratification and Inequality Series, Vol.6. Melbourne, Victoria: Trans Pacific Press.
鈴木淳子 (2008). キャリア・ジェンダーと不平等 原 純輔・佐藤嘉倫・大渕憲一 (編著) 社会階層と不平等 (pp.177-191) 放送大学教育振興会
World Economic Forum (2014). *The Global Gender Gap Report 2014. Gender Gap Rankings*.
山口一男 (1999). 既婚女性の性別役割分業と社会階層—日本と米国の共通性と異質性について— 社会学評論, *50*, 231-252.

【14 章】

Ajzen, I. (1991). The theory of planned behavior. *Organizational Behavior and Human Decision Processes*, *50*, 179-211.
Alexander, S., & Ruderman, M. (1987). The role of procedural and distributive justice in organizational behavior. *Social Justice Research*, *1*(2), 177-198.
青木俊明 (2006). 胆沢ダム建設に対する一般市民の賛否態度の形成構造—公正理論を用いた実証分析— 都市計画学論文集, *41*(3), 761-766.
青木俊明 (2014). 震災復興において公正な地域運営がもたらすソーシャル・キャピタルと生活快適性の改善—東日本大震災を題材に— 都市計画論文集, *49*(3), 309-314.
青木俊明・鈴木嘉憲 (2008). 胆沢ダム開発にみる合意の構図 土木学会論文集 D, *64*(4), 542-556.
Blader, S. L., & Tyler, T. R. (2003). A four-component model of procedural justice: Defining the meaning of a "fair" process. *Personality and Social Psychology Bulletin*, *29*(6), 747-758.
Brickman, P., Folger, R., Goode, E., & Schul, Y. (1981). Microjustice and macrojustice. In M. J. Lerner & S. C. Lerner (Eds.), *The justice motive in social behavior* (pp. 173-202). New York: Plenum.
Cacioppo, J. T., & Petty, R. E. (1984). The elaboration likelihood model of persuasion. *Advances in Consumer Research Volume*, *11*, 673-675.
Cohen, R. L. (1985). Procedural justice and participation. *Human Relations*, *38*, 643-663.
Dawes, R. M. (1980). Social Dilemmas. *Annual Review of Psychology*, *31*, 169-193.
Folger, R. (1977). Distributive and procedural justice: Combined impact of "voice" and improvement on experimental inequity. *Journal of Personality and Social Psychology*, *35*, 108-119.
Folger, R., Rosenfield, D., Grove, J., & Corkran, L. (1979). Effect of "voice" and peer opinions on responses to inequity. *Journal of Personality and Social Psychology*, *37*, 2253-2261.
藤井 聡 (2003). 社会的ジレンマの処方箋—都市・交通・環境問題のための心理学— ナカニシヤ出版

引用文献

Greenberg, J. E. (1988). Equity and workplace status: A field experiment. *Journal of Applied Psychology, 73*(4), 606-613.

Harland, P., Staats, H., & Wilke, H. A. M. (2007). Situational and personality factors as direct or personal norm mediated predictors of pro-environmental behavior: Questions derived from norm-activation theory. *Basic And Applied Social Psychology, 29*(4), 323-334.

羽鳥剛史・藤井　聡・水野絵夢 (2009). 政府の公共事業を巡る賛否世論の政治心理学的分析　交通工学, *44*(5), 55-65.

Janis, I. L. (1967). Effects of fear arousal on attitude change: Recent developments in theory and experimental research. In L. Berkowitz (Ed.), *Advances in experimental social psychology* (Vol. 4), New York: Academic Press.

梶田孝道 (1988). テクノクラシーと社会運動　現代社会学叢書　東京大学出版会

Kelley, H. H., & Thibaut, J. W. (1978). Interpersonal relations: A theory of interdependence. New York: Wiley-Interscience.

Leventhal, G. S. (1980). What should be done with equity theory? New approaches to the study of fairness in social relationships. In K. Gergen, M. M. Greenberg, & R. Willis (Eds.), *Social exchange: Advances in theory and research* (pp.27-55). New York: Plenum Press.

Lind, E. A., & Tyler, T. R. (1988). *The social psychology of procedural justice*. New York: Plenum Press.
（E. アラン・リンド（著），トム・R. タイラー（著），菅原郁夫・大渕憲一（訳）(1995). フェアネスと手続きの社会心理学—裁判，政治，組織への応用— ブレーン出版）

大渕憲一（編）(1997). 紛争解決の社会心理学　ナカニシヤ出版

大渕憲一・川嶋伸佳・青木俊明 (2008). 公共事業政策の公共受容の要因—政策評価次元とデモグラフィック変数による分析— 土木学会論文集 D, *64*(3), 325-339.

Schwartz, S. H. (1977). Normative influences on altruism. In L. Berkowitz (Ed.), *Advances in experimental social psychology, 10* (pp.221-279), Academic Press.

田中堅一郎（編）(1998). 社会的公正の心理学　ナカニシヤ出版

Thibaut, J., & Walker, L. (1975). *Procedural justice: A psychological analysis*. Hillsdale, NJ: Erlbaum.

Thøgersen, J. (1994). Monetary incentives and environmental concern: Effect of a differentiated garbage fee. *Journal of Consumer Policy, 17*(4), 407-442.

Tyler T. R. (2011). *Why people cooperate: The role of social motivations*. Princeton University Press.

Tyler, T. R., Boeckmann, R. J., Smith, H. J., & Huo, Y. J. (1997). *Social justice in a diverse society*. Boulder, Colorado: West View Press.
（トム・R. タイラー（他著），大渕憲一・菅原郁夫（監訳）(2000). 多元社会における正義と公正　ブレーン出版）

Tyler, T. R., Degoy, P., & Smith, H. (1996). Understanding why the justice of group procedures matters: A test of the psychological dynamics of the group value model. *Journal of Personality and Social Psychology, 70*(5), 913-930.

Tyler, T. R., & Lind, E. A. (1992). A relational model of authority in groups. In M. P. Zanna (Ed.), *Advances in experimental social psychology* (Vol.25, pp.115-191). New York: Academic Press.

van den Bos, K., Lind, E. A., Vermunt, R., & Wilke, H. A. M. (1997). How do I judge my outcome when I do not know the outcome of others? : The psychology of the fair process effect. *Journal of Personality and Social Psychology, 72*(5), 1034-1046.

Wall, R., Devine-Wright, P., & Mill, G. A. (2007). Comparing and combining theories to explain proenvironmental intentions: The case of commuting-mode choice. *Environment and Behavior, 39*(6), 731-753.

Webler, T., & Tuler, S. (2001). Public participation in watershed management planning: Views on process from people in the field. *Human Ecology Review, 8*(2), 29-39.

Whiteley, P. F. (1994). Rational choice and political participation-evaluating the debate. *Political Research Quarterly, 48*(1), 211-233.

Whiteley, P. F. (1995). Rational choice and political participation -evaluating the debate. *Political

Research Quarterly, 48, 211-233.

山岸俊男 (1989). 社会的ジレンマ研究の主要な理論的アプローチ　心理学評論, *32* (3), 262-294.

● Ⅳ部　集団・文化と紛争

【15章】

Allport, G. W. (1954). *The nature of prejudice*. New York: Addison-Wesley.
　（オルポート, G. W.（著），原谷達夫・野村　昭（訳）(1984). 偏見の心理（上巻・下巻）培風館）
Amir, Y. (1969). Contact hypothesis in ethnic relations. *Psychological Bulletin, 71*, 319-342.
Bandura, A. (1999). Moral disengagement in the perpetration of inhumanities. *Personality and Social Psychology Review, 3*, 193-209.
Bandura, A., Underwood, B., & Fromson, M. E. (1975). Disinhibition of aggression through diffusion of responsibility and dehumanization of victims. *Journal of Research in Personality, 9*, 253-269.
Bar-Tal, D., & Halperin, E. (2011). Social-psychological barriers to conflict resolution. In D. Bar-Tal (Ed.), *Intergroup conflict and their resolution: A social psychological perspective* (pp. 195-216). New York: Psychology Press.
　（バル・タル, D., ハルペリン, E.（著）(2012). 紛争解決における社会心理学的障壁　バル・タル, D.（編著），熊谷智博・大渕憲一（監訳）紛争と平和構築の社会心理学—集団間の葛藤とその解決—　北大路書房）
Blake, R. R., & Mouton, J. S. (1984). *Solving costly organizational conflicts: Achieving intergroup trust, cooperation, and teamwork*. San Francisco: Jossey-Bass.
Blake, R. R., & Mouton, J. S. (1986). From theory to practice in interface problem solving. In S. Worchel & W. G. Austin (Eds.), *Psychohgy of intergroup relations* (2nd ed. pp.67-87). Chicago: Nelson-Hall.
Boldry, J. G., Geartner, L., & Quinn, J. (2007). Measuring the measures: A meta-analytic investigation of the measures of outgroup homogeneity. *Group Process & Intergroup Relations, 10*, 157-178.
Branscombe, N. R., & Miron, A. M. (2004). Interpreting the ingroup's negative actions toward another group: Emotional reactions to appraised harm. In L. Z. Tiedens, & C. W. Leach (Eds.), *The social life of emotions* (pp.314-335). New York: Cambridge University Press.
Brewer, M. B. (2000). Reducing prejudice through cross-categorization: Effects of multiple social identities. In S. Oskamp (Ed.), *Reducing prejudice and discrimination* (pp.165-183). Mahwah, NJ: Erlbaum.
Brewer, M. B., & Miller, N. (1984). Beyond the contact hypothesis: Theoretical perspectives on desegregation. In N. Miller, & M. Brewer (Eds.), *Groups in contact: The psychology of desegregation* (pp.281-302). New York: Academic Press.
Brown, R., & Hewstone, M. (2005). An integrative theory of intergroup contact. *Advances in Experimental Social Psychology, 37*, 255-343.
Campbell, D. T. (1965). Ethnocentric and other altruistic motives. *Nebraska Symposium on Motivation, 13*, 283-311.
Darby, B. W., & Schlenker, B. R. (1982). Children's reactions to apologies. *Journal of Personality and Social Psychology, 43*, 742-753.
De Dreu, C. K. W., Nauta, A., & Van de Vliert, E. (1995). Self-serving evaluations of conflict behavior and escalation of the dispute. *Journal of Applied Social Psychology, 25*, 2049-2066.
Fiske, S. T. (2004). What's in a category? Responsibility, intent, and the avoidability of bias against outgroups. In A. G. Miller (Ed.), *The social psychology of good and evil* (pp. 127-140). New York: Guilford.
Frijda, N. H. (1994). The lex talionis: On vengeance. In S. H. M. Van Goozen, N. E. Van de Poll, & J. A. Sergeant (Eds.), *Emotions: Essays on emotion theory* (pp. 263-289). Hillsdale, NJ: Lawrence Erlbaum.
Gaertner, S. L., & Dovidio, J. F. (2000). *Reducing intergroup bias: The common ingroup identity model*. Philadelphia: Psychology Press.

Gaertner, S. L., Rust, M. C., Dovidio, J. F., Bachman, B. A., & Anastasio, P. A. (1994). The contact hypothesis: The role of common ingroup identiy on reducing intergroup bias. *Small Groups Research, 25,* 224-249.

Greenwald, A. G., McGhee, D. E., & Schwartz, J. L. K. (2008). Measuring individual differences in implicit cognition: The implicit association test. In R. H. Fazio, & R. E. Petty (Eds.), *Attitudes: Their structure, function, and consequences* (pp. 109-131). New York: Psychology Press.

Guinote, A., Judd, C. M., & Brauer, M. (2002). Effects of power on perceived and objective group variability: Evidence that more powerful groups are more variable. *Joumal of Personality and Social Psychology, 82,* 708-721.

Harris, L. T., & Fiske, S. T. (2006). Dehumanizing the lowest of the low: Neuroimaging responses to extreme out-groups. *Psychological Science, 17,* 847-853.

Haslam, N. (2006). Dehumanization: An integrative re view. *Personality and Social Psychology Review, 10,* 252-264.

Haslam, S. A., & Oakes, P. J. (1995). How context-independent is the outgroup homogeneity effect? A response to Bartsch and Judd. *European Journal of Social Psychology, 12,* 469-475.

Hewstone, M. (1990). The "ultimate attribution error?" A review of the literature on intergroup causal attribution. European *Jourtml of Social Psychology, 20,* 311-335.

Hewstone, M., & Brown, R. J. (1986). Contact is not enough: A intergroup perspective on the "Contact hypothesis." In M. Hewstone & R. Brown (Eds.), *Contact and conflict in intergroup encounters* (pp. 1-44). Oxford, UK: Basil Blackwell.

Hewstone, M., Rubin, M., & Willis, H. (2002a). Intergroup bias. *Annual Revieiv of Psychology, 53,* 575-604.

Hewstone, M., Voci, A., Cairns, E., Judd, C., & McClernon, F. (2002b). Intergroup contact in a divided society: Changing group beliefs in Northern Ireland. Paper presented at the Society of Experimental Social Psychology meetings, Atlanta, GA.

Hinkle, S., & Schopler, J. (1986). Bias in the evaluation of in-group and out-group performance. In S. Worchel & W. G. Austin (Eds.), *Psychology of intergroup relations* (2nd ed., pp. 196-212). Chicago: Nelson-Hall.

Insko, C. A., Gilmore, R., Drenan, S., Lipsitz, A., Moehle, D., & Thibaut, J. (1983). Trade versus expropriation in open groups: A comparison of two types of social power. *Journal of Personality and Social Psychology, 44,* 971-999.

Insko, C. A., Pinkley, R. L., Hoyle, R. H., Dalton, B., Hong, G., Slim, R., Landry, P., Holton, B., Ruffin, P. F., & Thibaut, J. (1987). Individual-group discontinuity: The role of intergroup contact. *Journal of Experimental Social Psychology, 23,* 250-267.

Insko, C. A., Thibaut, J. W., Moehle, D., WUson, M., Diamond, W. D., Gilmore, R., Solomon, M. R., & Lipsitz, A. (1980). Social evolution and the emergence of leadership. *Journal of Personality and Social Psychology, 39,* 431-448.

Janoff-Bulman, R., & Werther, A. (2008). The social psychology of respect: Implications for Delegitimization and reconciliation. In A. Nadler, T. E. Malloy, & J. D. Fisher (Eds.) *The social psychology of intergroup reconciliation (*pp. 145-170). New York: Oxford University Press.

Jones, E. E., & Harris, V. A. (1967). The attribution of attitudes. *Journal of Experimental Social Psychology, 3,* 1-24.

Kelman, C. H. (2008). Reconciliation from a social-psychological perception. In A. Nadler, T. E. Malloy, & J. D. Fisher (Eds.) *The social psychology of intergroup reconciliation.* (pp. 15-32.) New York: Oxford University Press.

Kramer, R. M. (2004). The "dark side" of social context: The role of intergroup paranoia in intergroup negotiations. In M. J. Gelfand & J. M. Brett (Eds.), *The handbook of negotiation and culture* (pp. 219-237). Stanford, CA: Stanford University Press.

Latané, B., & Darley, J. M. (1970). *The unresponsive bystander: Why doesn't he help?* Appleton-Century

Crofts.
(ラタネ, B.（著）, 竹村研一・杉崎和子（訳）(1997). 冷淡な傍観者―思いやりの社会心理学― 新装版 ブレーン出版）
Leyens, J., Cortes, B., Demoulin, S., Dovidio, J. F., Fiske, S. T., Gaunt, R., Paladino, M., Rodriguez-Perez, A., Rodriguez-Torres, R., & Vaes, J. (2003). Emotional prejudice, essentialism, and nationalism: The 2002 Tajfel Lecture. *European Journal of Social Psychology, 33,* 703-717.
Maoz, I., & McCauley, C. (2008). Threat, dehumanization, and support for retaliatory aggressive policies in asymmetric conflict. *Jounal of Conflict Resolution, 52,* 93-116.
Nadler, A. (2002). Postresolution process: Instrumental and socioemotional routes to reconciliation. In G. Salomon & N. Baruch (Eds.), *Peace education: The concept, principles, and practices around the world* (pp. 127-141). Mahwah, NJ: Erlbaum.
Nadler, A., & Liviatan, I. (2004). Intergroup reconciliation process in Israel: Theoretical analysis and empirical findings. In N. R. Branscombe & B. Doosje (Eds.), *Collective guilt: International perspectives* (pp. 216-235). Cambridge, MA: Cambridge University Press.
Nadler, A., & Shnabel, N. (2008). Instrumental and socioemotional paths to intergroup reconciliation and the needs-based model of socioemotiolan reconciliation. In A. Nadler, T. E. Malloy, & J. D. Fisher (Eds.), *The social psychology of intergroup reconciliation* (pp. 37-56). New York: Oxford University Press.
Nosek, B. A., Greenwald, A. G., & Banaji, M. R. (2007). The implicit association test at age 7: A methodological and conceptual review. In J. A. Bargh (Ed.), *Social psychology and the unconscious: The automaticity of higher mental processes* (pp. 265-292). New York: Psychology Press.
大渕憲一 (1986). 質問紙による怒りの反応の研究―攻撃反応の要因分析を中心に― 実験心理学研究, 25, 127-136.
大渕憲一 (2010). 謝罪の研究―釈明の心理とはたらき― 東北大学出版会
Ohbuchi, K., Kameda, M., & Agarie, N. (1989). Apology as aggression control: Its role in mediating appraisal of and response to harm. *Journal of Personality and Social Psychology, 56,* 219-227.
Oskamp, S., & Hartry, A. (1968). A factor-analytic study of the double standard in attitudes toward U.S. and Russian actions. *Behavioral Science, 13,* 178-188.
Pettigrew, T. F. (2001). The ultimate attribution error: Extending Allport's cognitive analysis of prejudice. In M. A. Hogg & D. Abrams (Eds.), *Intergroup relations: Essential readings* (pp. 162-173). Philadelphia: Psychology Press.
Pinter, B., Insko, C. A., Wildschut, T., Kirchner, J. L., Montoya, R. M., & Wolf, S. T. (2007). Reduction of interindividual-intergroup discontinuity: The role of leader accountability and proneness to guilt. *Journal of Personality and Social Psychology, 93,* 250-265.
Reicher, S. D., Haslam, S. A., & Rath, R. (2008). Making a virtue of evil: A five-step social identity model of the development of collective hate. *Social and Personality Psychology Compass, 2,* 1313-1344.
Riek, B. M., Gaertner, S. L., Dovidio, J. F., Brewer, M. B., Mania, E. W., & Lamoreaux, M. J. (2008). A social-psychological approach postconflict reconciliation. In A. Nadler, T. E. Malloy, & J. D. Fisher (Eds.), *The social psychology of intergroup reconciliation.* (pp. 255-273). New York: Oxford University Press.
Roccas, S., Klar, Y., & Liviatan, I. (2004). Exonerating cognitions, group identification, and personal values as predictors of collective guilt among Jewish-Isralis. In N. R. Branscombe, & B. Doosje (Eds.), *Collective guilt: International perspectives* (pp. 216-235). Cambridge, MA: Cambridge University Press.
Rouhana, N. N., & Kelman, H. C. (1994). Promoting joint thinking in international conflicts: An Israeli-Palestinian continuing workshop. *Journal of Social Issues, 50,* 157-178.
Sagar, H. A., & Schofield, J. W. (1980). Racial and behavioral cues in black and white children's perceptions of ambiguously aggressive acts. *Journal of Personality and Social Psychology, 39,* 590-598.

Sherif, M., Harvey, O. J., Wihite, B. J., Hood, W. R., & Sherif, C. W. (1961). *Intergroup conflict and cooperation. The Robbers Cave Experiment.* Norman, OK: Institute of Group Relations.

Sidanius, J., & Pratt, F. (1999). *Social dominance: An intergroup theory of social hierarchy and oppression.* New York: Cambridge University Press.

Simon, B., Pantaleo, G., & Mummendey, A. (1995). Unique individual or interchangeable group member? The accentuation of intragroup differences versus similarities as an indicator of the individual self versus the collective self. *Journal of Personality and Social Psychology, 69,* 106-119.

Sjöström, A., & Gollwitzer, M. (2015). Displaced revenge: Can revenge taste "sweet" if it aims at a different target? *Journal of Experimental Social Psychology, 56,* 191-202.

Staub, E., & Bar-Tal, D. (2003). Genocide, mass killing, and intractable conflict: Roots, evolution, prevention, and reconciliation. In D. O. Sears, L. Huddy, & R. Jervis (Eds.), *The Oxford handbook of political Psychology,* (pp. 710-751). Oxford and NewYork: Oxford University Press.

Sumner, W. G. (1906). *Folkways.* Boston: Ginn.

田村　達・大渕憲一 (2006). 非人間的ラベリングが攻撃行動に及ぼす効果―格闘 TV ゲームを用いた実験的検討―　社会心理学研究, *22,* 165-171.

White, R. K. (1977). Misperception in the Arab-Israeli conflict. *Jourtial of Social Issues, 33,* 190-221.

Wohl, M. J. A., & Branscombe, N. R. (2005). Forgiveness and collective guilt assignment to historical perpetrator groups depend on level of social category inclusiveness. *Journal of Personality and Social Psychology, 88,* 288-303.

Wright, S. C., Aron, A., McLaughlin-Volpe, T., & Ropp, S A. (1997). The extended contact effect: Knowledge of cross-group friendships and prejudice. *Journal of Personality and Social Psychology, 73,* 73-90.

【16章】

Allport, G. W. (1954). *The nature of prejudice.* Cambridge, MA: Addison-Wesley.
　（オルポート，G. W.（著），原谷達夫・野村　昭（訳）(1968). 偏見の心理　培風館）

浅井暢子 (2012). 偏見低減の理論と可能性　加賀美常美代・横田雅弘・坪井　健・工藤和宏（編著）　多文化社会の偏見・差別 (pp. 100-124)　明石書店

浅井暢子・大渕憲一 (2011). 中国人の日本に対する態度―間接的接触経験と東日本大震災の影響―　日本社会心理学会第52回大会　名古屋大学

浅井暢子・大渕憲一 (2012). 本質主義的信念と集団内尊重が外集団への態度に与える影響　日本心理学会第76回大会　専修大学

Bandura, A. (1977). *Social learning theory.* Englewood Cliffs, NJ: Prentice-Hall.

Barlow, F. K., Louis, W. R., & Terry, D. J. (2010). Minority report: Social identity, cognitions of rejection and intergroup anxiety predicting prejudice from one racially marginalized group towards another. *European Journal of Social Psychology, 40,* 805-818.

Branscombe, N., Spears, R., Ellemers, N., & Doosje, B. (2002). Effects of intragroup and intergroup evaluations on group behavior. *Personality and Social Psychology Bulletin, 28,* 744-753.

Branscombe, N. R., Schmitt, M. T., & Harvey, R. D. (1999). Perceiving pervasive discrimination among African Americans: Implications for group identification and well-being. *Journal of Personality and Social Psychology, 77,* 135-149.

Branscombe, N. R.,& Wann, D. L. (1994). Collective self-esteem con- sequences of outgroup derogation when a valued social identity is on trial. *European Journal of Social Psychology,* 24, 641-657.

Brewer, M. B. (1979). In-group bias in the minimal intergroup situation: A cognitive-motivational analysis. *Psychological Bulletin, 86,* 307-324.

Brewer, M. B., & Miller, N. (1984). Beyond the contact hypothesis: Theoretical perspectives on desegregation. In N. Miller, & M. B. Brewer (Eds.), *Groups in contact: The psychology of desegregation* (pp. 281-302). Orlando, FL: Academic Press.

Brown, R. (1995). *Prejudice: Its social psychology,* Cambridge, MA: Blackwell Publishers.

引用文献

（ブラウン, R.（著), 橋口捷久・黒川正流（訳）(1999). 偏見の社会心理 北大路書房）
Byrne, D. (1971). *The attraction paradigm*. New York: Academic Press.
Campbell, D. T. (1965). Ethnocentric and other altruistic motives. In D. Levine (Ed.), *Nebraska symposium on motivation* (pp.283-301). Lincoln: University of Nebraska Press.
Clark, H. H. (1996). *Using language*. New York: Cambridge University Press.
Correll, J., & Park, B. (2005). A model of the ingroup as a social resource. *Personality and Social Psychology Review*, 9, 341-359.
Doise, W. (1978). *Groups and individuals*. Cambridge: Cambridge University Press.
Doise, W., Csepeli, G., Dann, H. D., Gouge, C., Larsen, K., & Ostell (1972). An experimental investigation into the formation of intergroup representations. *European Journal of Social Psychology*, 2, 202-204.
Dovidio, J. F., Gaertner, S. L., & Kawakami, K. (2003). Intergroup contact: The past, present and future. *Group Processes and Intergroup Relations*, 6, 5-21.
Ellemers, N., Doosje, B., & Spears, R. (2004). Sources of respect: The effects of being liked by ingroups and outgroups. *European Journal of Social Psychology*, 34, 155-172.
Festinger, L. (1957). *A theory of cognitive dissonance*. Stanford, CA: Stanford University Press.
Gaertner, S. L., Dovidio, J. F., Anastasio, P. A., Bachman, B. A., & Rust, M. C. (1993). The common ingroup identity model: Recategorization and the reduction of intergroup bias. In W. Stroebe, & M. Hewstone (Eds.), *European review of social psychology*, (Vol.4, pp.1-26). Chichester, England: Wiley.
Hall, E. T. (1976). *Beyond culture*. New York, NY: Anchor Press.
Hewstone, M., & Brown, R. J. (Eds.) (1986). *Contact and conflict in intergroup encounters*. Oxford: Blackwell.
Hodson, G., Dovidio, J. F., & Esses, V. M. (2003). Ingroup identification as a moderator of positive-negative asymmetry in social discrimination. *European Journal of Social Psychology*, 33, 215-233.
石井敬子・北山　忍　(2004). コミュニケーション様式と情報処理様式の対応関係――文化的視点による実証研究のレビュー――　社会心理学研究, 19, 241-254.
Jetten, J., Schmitt, M. T., Branscombe, N. R., & McKimmie, B. M. (2005). Suppressing the negative effect of devaluation on group identification: The role of intergroup differentiation and intragroup respect. *Journal of Experimental Social Psychology*, 41, 208-215.
小林哲郎　(2012). ソーシャルメディアと分断化する社会的リアリティ　人工知能学会誌, 27, 51-58.
Mackie, D. M., Maimer, A. T., & Smith, E. R. (2009). Intergroup emotions theory. In T. D. Nelson (Ed.), *Handbook of prejudice, stereotyping, and discrimination* (pp. 285-307). New York: Psychology Press.
McConahay, J. B. (1986). Modern racism, ambivalence, and the Modern Racism Scale. In J. F. Dovidio & S. L. Gaertner (Eds.), *Prejudice, discrimination, and racism* (pp. 91-126). New York: Academic Press.
Miller, N., & Brewer, M. B. (1986). Categorization effects on ingroup and outgroup perception. In J. F. Dovidio & S. L. Gaertner (Eds.), *Prejudice, discrimination, and racism*. Orlando, FL: Academic Press.
OECD (2014). *International migrant outlook 2014*. OECD Publishing
Olson, M. A., & Fazio, R. H. (2002). Implicit acquisition and manifestation of classically conditioned attitudes. *Social Cognition*, 20, 89-104.
Otten, S., Mummendey, A., & Blanz, M. (1996). Intergroup discrimination in positive and negative outcome-allocations: The impact of stimulus-valence, relative group status and relative group size. *Personality and Social Psychology Bulletin*, 22, 568-581.
Pagotto, L., Voci, A., & Maculan, V. (2010). The effectiveness of intergroup contact at work: Mediators and moderators of prejudice towards immigrants. *Journal of Community and Applied Social Psychology*, 20, 317-330.
Paolini, S., Hewstone, M., Cairns, E., & Voci, A. (2004). Effects of direct and indirect cross-group friendships on judgments of Catholics and Protestants in Northern Ireland: The mediation role of an anxiety reduction mechanism. *Personality and Social Psychology Bulletin*, 30, 770-786.
Pettigrew, T. F. (1971). *Racially separate or together?* New York: McGraw-Hill.
Pettigrew, T. F. (1998). Intergroup contact theory. *Annual Review of Psychology*, 49, 65-85.

Pettigrew, T. F., & Tropp, L. R. (2006). A meta- analytic test of intergroup contact theory. *Journal of Personality and Social Psychology, 90,* 751- 783.

Plant, E. A., & Devine, P. G. (1998). Internal and external motivation to respond without prejudice. *Journal of Personality and Social Psychology, 75,* 811-832.

Schwarz, N. (1990). Feelings as information: Informational and motivational functions of affective states. In E. T. Higgins, & R. M. Sorrentino (Eds.), *Handbook of motivation and cognition* (Vol.2., pp. 527- 561). New York: Gulford Press.

Sherif, M. (1966). *Group conflict and co-operation: Their social psychology.* London: Routledge and Kegan Paul.

Sherif, M., Harvey, O. J., White, B. J., Hood, W. R., & Sherif, C. W. (1961). *Intergroup conflict and cooperation: The Robbers Cave experiment.* Norman: University of Oklahoma Book Exchange.

Simon, B., & Stürmer, S. (2003). Respect for group members: Intragroup determinants of collective identification and group-serving behavior. *Personality and Social Psychology Bulletin, 29.* 183-193.

Smith, E. R. (1993). Social identity and social emotions: Toward new conceptualizations of prejudice. In D. L. Hamilton (Ed.), *Affect, cognition and stereotyping* (pp. 297-315). San Diego: Academic Press.

Spears, R., Ellemers, N., Doosje, B., & Branscombe, N. R. (2006). The individual within the group: Respect! In: T. Postmes, & J. Jetten (Eds.), *Individuality and the group: Advances in social identity* (pp.175-195). London: Sage.

Stephan, W. G. (2014). Intergroup anxiety: Theory, research, and practice. *Personality and Social Psychology Review, 18,* 239-255.

Stephan, W. G., & Stephan, C. (1985). Intergroup anxiety. *Journal of Social Issues, 41,* 157-175.

Stroessner, S. J., & Mackie, D. M. (1992). The impact of induced affect on the perception of variability in social groups. *Personality and Social Psychology Bulletin,* 18, 546-554.

Tajfel, H., Billig, M., Bundy, R. P., & Flament, C. (1971). Social categorization and intergroup behaviour. *European Journal of Social Psychology, 1,* 149-178.

Tajfel, H., & Turner, J. (1979). An integrative theory of intergroup conflict. In W. G. Austin, & S. Worschel (Eds.), *The social psychology of intergroup relations.* (pp.33-47). Pacific Grove, CA: Brooks/Cole Publishing.

Tajfel, H., & Wilkes, A. L. (1963). Classification and quantitative judgement. *British Journal of Psychology, 54,* 101- 114.

Turner, J. C. (1981). The experimental social psychology of intergroup behavior. In J. C. Turner, & H. Giles (Eds.), *Intergroup behaviour* (pp. 66-101). Chicago: University of Chicago Press.

Turner, R. N., Hewstone, M., & Voci, A. (2007). Reducing explicit and implicit prejudice via direct and extended contact: The mediating role of self-disclosure and intergroup anxiety. *Journal of Personality and Social Psychology, 93,* 369-388.

Turner, R. N., Hewstone, M., Voci, A., & Vonofakou, C. (2008). A test of the extended intergroup contact hypothesis: The mediating role of intergroup anxiety, perceived ingroup and outgroup norms, and inclusion of the outgroup in the self. *Journal of Personality and Social Psychology, 95,* 843-860.

Turner, J. C., Hogg, M. A., Oakes, P. J., Reicher, S., & Wetherell, M. (1987) *Rediscovering the social group: A self-categorization theory.* Oxford, England: Blackwell.
（ターナー，J. C.（著），蘭　千壽・磯崎三喜年・内藤哲雄・遠藤由美（訳）（1995）．社会集団の再発見―自己カテゴリー化理論―　誠信書房）

Wilder, D. A. (1993). Freezing intergroup evaluations: Anxiety fosters resistance to counterstereotypic information. In M. A. Hogg, & D. Abrams (Eds.), *Group motivation: Social psychological perspectives* (pp. 68-86). London: Harvester Wheatsheaf.

Wright, S. C., Aron, A., McLaughlin-Volpe, T., & Ropp, S. A. (1997). The extended contact effect: Knowledge of cross-group friendships and prejudice. *Journal of Personality and Social Psychology, 73,* 73-90.

【17章】

青木修次 (1992). 混乗船における対人的葛藤と解決　航海, *114*, 38-48.
東　洋 (1994).　日本人のしつけと教育　東京大学出版会
Donohue, W. (1993). *Managing interpersonal conflict*. Newbury Park, CA: Sage.
Chinese Culture Connection (1987). Chinese value and the search for culture-free dimensions of culture. *Journal of Cross-Cultural Psychology, 18*, 143-164.
Chua, E. G., & Gudykunst, W. B. (1987). Conflict resolution style in low and high context cultures. *Communication Research Reports, 4*, 32-37.
法務省入国管理局 (2014).　平成25年末現在における在留外国人数について（確定値）　平成26年3月　報道発表資料
Hall, E. T. (1976). *Beyond cultures*. Garden City, NY: Anchor Press.
Hofstede, D. (1980). *Culture's consequence: International differences in work related values*. Beverly Hills CA: Sage Publications.
加賀美常美代 (1997). 日本語教育場面における異文化間コンフリクトの原因帰属―日本語教師とアジア系留学生の認知差―　異文化間教育, *11*, 91-109.
加賀美常美代 (1999).　留学生と教育援助者のための異文化間コンフリクトの探索的研究―異文化理解のためのプロジェクト―　平成10年度三重大学教育改善推進費個人研究成果報告書
加賀美常美代 (2003). 多文化社会における教師と外国人学生の葛藤事例と解決行動の内容分析―コミュニティ心理学的援助へ向けて―　コミュニティ心理学研究, *7*, 1-14.
加賀美常美代 (2004). 教育価値観の異文化間比較―日本人教師，中国人学生，韓国人学生，日本人学生との違い―　異文化間教育, *19*, 67-84.
加賀美常美代 (2007). 多文化社会における葛藤解決と教育価値観　ナカニシヤ出版
加賀美常美代 (2013). 大学生の一般的価値観の国際比較―Schwartzの価値尺度を用いた7カ国・地域の質問紙調査―　留学生交流・指導研究, *15*, 19-32
加賀美常美代（編）(2013).　多文化共生論―多様性理解のためのヒントとレッスン―　明石書店
加賀美常美代・大渕憲一 (2002). 教育価値観尺度の開発―異文化間葛藤の研究に向けて―　文化, *66*, 131-146.
加賀美常美代・大渕憲一 (2004).　日本語教育場面における日本人教師と中国人及び韓国人学生の葛藤の原因帰属と解決方略　心理学研究, *74* (6), 531-539.
加賀美常美代・大渕憲一 (2006). 教育価値観に関する異文化間比較―短縮版尺度開発と包括次元の探索―　文化　*69*(3・4), 96-111.
Kim, B. S. K., Atkinson, D. R., & Yang, P. H. (1999). The Asian Values Scale: Development, factor analysis, validation, and reliability. *Journal of Counseling Psychology, 46*, 342-352.
Landis, D., & Boucher, J. (1987). Themes and models of conflict. In J. Boucher, D. Landis, & K. Clark (Eds.), *Ethnic conflict*. Newbury Park, CA: Sage.
Leong, F. T. L., Wagner, N. S., & Kim, H. H. (1995). Group counseling expectations among Asian American students: The role of culture-specific factors. *Journal of Counseling Psychology, 42*, 217-222.
Leung, K. (1987). Some determinations of reactions to procedural models for conflict resolution: A cross-national study. *Journal of Personality and Social Psychology, 53*, 898-908.
Markus, H. R., & Kitayama, S. (1991). Culture and self: Implications for cognition, emotion, and motivation. *Psychological Review, 98*, 224-253.
箕浦康子 (1997).　文化心理学における意味　柏木恵子・北山　忍・東　洋（編）文化心理学―理論と実証―（pp. 44-55）　東京大学出版会
Ohbuchi, K., & Fukushima, O., Tedeschi, J. T. (1999). Cultural values in conflict management: Goals orientation, goal attainment, and tactical decision. *Journal of Cross-Cultural Psychology, 30*, 51-71.
大渕憲一・小嶋かおり (1998). 対人葛藤の原因と対人関係―比較文化的分析―　文化, *61*(3・4), 66-80.
大渕憲一・潮村公弘 (1993).　日本人滞米者の市民生活における異文化葛藤―対人葛藤経験の内容分析―　文化, *57*(1・2), 119-145.

引用文献

大渕憲一・菅原郁夫・Tyler, T. R.・Lind, E. A. (1995). 葛藤における多目標と解決方略の比較文化的研究 ―同文化葛藤と異文化葛藤― 文学部研究年報, *45*, 187-202.

Ohbuchi, K., & Takahashi, Y. (1994). Cultural styles of conflict. *Journal of Applied Social Psychology, 24*, 1345-1366.

Pedersen, P. (1987). Ten frequent assumptions of cultural bias in counseling. *Journal of Multicultural Counseling and Development, 15*, 16-24

Rokeach, M. (1973). *The nature of human values*. New York: Free Press.

Schwartz, S. H. (1992). Universals in the content and structure of values: Theoretical advances and empirical test in 20 Countries. In M. Zannna (Ed.), *Advances in experimental social psychology, 25*, (pp.1-65). New York: Academic Press.

Schwartz, S. H. (1994). Beyond individualism/collectivism: New cultural dimensions of values. In U. Kim, H. C. Triandis, C. Kagitcibasi, S-C. Choi, & G. Yoon (Eds.), *Individualism and collectivism: Theory, method and applications* (pp. 85-119). Newbury Park, CA: Sage.

Schwartz, S. H., & Bilsky, W. (1987). Toward a universal psychological structure of human values. *Journal of Personality and Social Psychology, 53*, 550-562.

Scodel, A., & Mussen, P. (1953). Social perceptions of authoritarians and nonauthoritarians. *Journal of Abnormal and Social Psychology, 48*, 181-184.

関 道子 (2003). 北海道大学に学ぶ留学生と日本人大学院生の教育の価値観 北海道大学留学生センター紀要, *7*, 86-109.

Sherif, M. (1962). *Intergroup relations and leadership*. New York: Wiley.

Sherif, M. (2003). Managing conflict and negotiating face. In. W. B. Gudykunst, & Y. Y. Kim (Eds.), *Communicating with strangers: An approach to intercultural communication,* (4th ed., pp. 295-323). New York: McGlow-Hill.

潮村公弘・大渕憲一 (1994). アメリカにおける日本人留学生の対人葛藤―異文化の葛藤経験の内容分析― 文化, *58*, 31-56.

Smith, P. B., & Bond, M. H. (1998). *Social psychology across cultures,* (2nd ed.), Prentice Hall. (スミス P. B.・ボンド M. H. (著), 笹尾敏明・磯崎三喜年 (訳) (2003). グローバル化時代の社会心理学 北大路書房)

Thomas, K. W. (1976). Conflict and conflict management. In M. D. Dunnette (Ed.), *The handbook of industrial and organizational psychology,* Chicago, IL: Rand McNally.

Ting-Toomey, S. (1994). Managing intercultural conflict effectively. In L. Samovar, & R. Porter (Eds.), *Intercultural communication: A reader* (7th ed., pp. 360-372). Belmont, CA: Sage.

Ting-Toomey, S. (1998). Intercultural conflict styles. In. Y. Y. Kim, & W. B. Gudykunst (Eds.), *Theories in intercultural communication*. Newbury Park, CA: Sage.

Ting-Toomey, S., & Oetzel, J. G. (2003). *Managing intercultural conflict effectly*. Thousand Oaks, CA: Sage.

塘 利枝子 (1995). 日英の教科書に見る家族 発達心理学研究, *6*, 1-16.

Triandis, H. C. (1995). *Individualism and collectivism*. Boulder, Colorado: Westview Press. (H. C. トリアンディス (著), 神山貴弥・藤原武弘 (翻訳) (2002). 個人主義と集団主義―2つのレンズを通して読み解く文化― 北大路書房)

恒吉僚子・S. ブーコック (1997). 育児の国際比較―子供と社会と親たち― 日本放送出版協会

【18章】

Adams-Price, C. E., & Mores, L. W. (2009). Dependancy stereotypes and aging: The implications for getting and giving help in later life. *Journal of Applied Social Psychology, 39*, 2967-2984.

Allport, G. W. (1954). *The nature of prejudice*. Cambridge, MA: Addison Wesley.

Brewer, M. B., & Brown, R. (1998). Intergroup relations. In D. T. Gilbert, S. T. Fiske, & G. Lindzey (Eds.), *The handbook of social psychology* (4th ed., pp. 554-594). New York: McGraw-Hill.

Brown, R. (1995). *Prejudice: Its social psychology*. Oxford: Blackwell Publishers.

Cikara, M., & Fiske, S. T. (2012). Stereotypes and schadenfreude: Affective and physiological markers of pleasure at outgroup misfortunes. *Social Psychological and Personality Science, 3*, 63-71.

Cottrell, C. A., & Neuberg, S. L. (2005). Different emotional reactions to different groups: A sociofunctional threat-based approach to "Prejudice". *Journal of Personality and Social Psychology, 88*, 770-789.

Crandall, C. S., & Eshleman, A. (2003). A justification-suppression model of the expression and experience of prejudice. *Psychological Bulletin, 129*, 414-446.

Cuddy, A. M., Norton, M. I., & Fiske, S. T. (2005). This old stereotype: The pervasiveness and persistence of the elderly stereotype. *Journal of Social Issues, 61*, 267-285.

電通 (2012). ジャパンブランドに好影響を与える日本人イメージ　2012年7月4日付　http://www.dentsu.co.jp/news/release/pdf-cms/2012077-0704.pdf（2015年10月20日アクセス）

Dovidio, J. F. (2001). On the nature of prejudice: The third wave. *Journal of Social Issue, 57*, 829-849.

Dovidio, J. F., Hewstone, M., Glick, P., & Esses, V. M. (2010). Prejudice, Stereotyping and Discrimination: Theoretical and empirical overview. In J. F. Dovidio, M. Hewstone, P. Glick, & V. M. Esses (Eds.), *Prejudice, stereotyping and discrimination*. Thousand Oaks, CA: Sage.

Edlund, J. E., & Heider, J. D. (2008). The relationship between modern and implicit prejudice. In M. E. Morrison, & T. G. Morrison (Eds.), *The psychology of modern prejudice*. New York: Nova Science.

Fiske, S. T., Cuddy, A. J. C., Glick, P., & Xu, J. (2002). A model of (often mixed) stereotype content: Competence and warmth respectively follow from perceived status and competition. *Journal of Personality and Social Psychology, 82*, 878-902.

Frijda, N. H. (1988). The laws of emotion. *American Psychologist, 43*, 349-358.

Gaertner, S. L. (1973). Helping behavior and racial discrimination among liberals and conservatives. *Journal of Personality and Social Psychology, 25*, 335-341.

Gaertner, S. L., & Dovidio, J. F. (2005). Understanding and addressing contemporary racism: From aversive racism to the common ingroup identity model, *Journal of social issue, 61*, 615-639

Gervais, W. M., Shariff, A. F., & Norenzayan, A. (2011). Do you believe in atheists? Distrust is central to anti-atheist prejudice. *Journal of Personality and Social Psychology, 101*, 1189-1206.

Glick, P., & Fiske, S.T. (1996). The ambivalent sexism inventory: Differentiating hostile and benevolent sexism. *Journal of Personality and Social Psychology, 70*, 491-512.

Henry, P. J. (2010). Modern racism. In J. Levine & M. Hogg, (Eds.), *The encyclopedia of group processes and intergroup relations*. Thousand Oaks, CA: Sage Publications.

Jones, J. M. (1997). *Prejudice and racism* (2nd ed.), New York: McGraw-Hill.

Katz, D., & Braly, K. (1933). Racial stereotypes of one hundred college students, *Journal of Abnormal Social Psychology, 28*, 280-290.

国立社会保障・人口問題研究所 (2011). 第14回出生動向基本調査　http://www.ipss.go.jp/ps-doukou/j/doukou14（2011年10月21日アクセス）

McGarty, C., Yzerbyt, V. Y., & Spears, R. (2002). Social, cultural and cognitive factors in stereotype formation. In C. McGarty, V. Y. Yzerbyt, & R. Spears (Eds.), *Stereotypes as explanations: The formation of meaningful beliefs about social groups*. New York: Cambridge University Press.

野呂夏雄 (2002). 外国人労働者と移民の受け入れ　第一生命経済研究所　ライフデザインレポート2002年2月号, 4-25.

Plant, A. E. (2007). Prejudice. In Baumeister & Vohs (Eds.), *Encyclopedia of social psychology*. Thousand Oaks, CA: Sage Publicstion.

Schmid, K., Tausch, N., Hewstone, M., Hughs, J., & Cairns, E. (2008). The effects of living in Segregated vs. Mixed Areas in Northern Ireland: A simultaneous analysis of contact and threat effects in the context of micro-level neighbourhoods. *International Journal of Conflict and Violence, 2*, 56-71.

Sherif, M., Harvey, O. J., White, B. J., Hood, W. R., & Sherif, C. (1954). *Experimental study of positive and negative intergroup attitudes between experimentally produced groups: Robber's Cave Experiment*. Norman, OK: University of Oklahoma.

Smith, R. H., Eyre, H. L., Powell, C. A., & Kim, S. H. (2006). Relativistic origins of emotional reactions to

引用文献

events happening to others and to ourselves. *British Journal of Social Psychology, 45*, 357-371.
総務省 (2013). 平成24年就業構造基本調査
　　http://www.stat.go.jp/data/shugyou/2012（2013年7月12日アクセス）

【19章】
有馬明恵 (2001). テレビ広告におけるジェンダー描写に対する受け手の期待類型と受け手のジェンダー属性との関係　広告科学, *42*, 71-85.
有馬明恵・山本　明 (2003). 『ここがヘンだよ日本人』で描かれた日本人ステレオタイプの分析（特集 TV ステレオタイピング）メディア・コミュニケーション（慶応義塾大学メディア・コミュニケーション研究所）, *53*, 49-64.
坂西友秀 (2002). 西洋人と黒人に対する日本人の人種ステレオタイプの形成に関わる心理－歴史的背景 ― イエズス会宣教師の書簡・報告を中心にした分析―　埼玉大学紀要教育学部教育科学, *51*, 65-84.
Crisp, R. J., & Turner, R. N. (2009). Can imagined interactions produce positive perceptions?: Reducing prejudice through simulated social contact. *American Psychologist, 64*, 231-240.
藤田政博 (2005). 参審型制度に対する法曹の評価に及ぼす人数比の影響　法と心理, *4*, 36-49.
Greenwald, A. G., McGhee, D. E., & Schwartz, J. L. K. (1998). Measuring individual differences in implicit cognition: The implicit association test. *Journal of Personality and Social Psychology, 74*, 1464-1480.
細川英雄 (2002). 日本語教育におけるステレオタイプと集団類型認識　早稲田大学日本語教育研究, *1*, 63-70.
原谷達夫・松山安雄・南　寛 (1960). 民族的ステレオタイプと好悪感情についての一考察　教育心理学研究, *8*, 1-7.
池上知子 (1995). ステレオタイプの認知モデル　愛知教育大学研究報告（教育科学）, *44*, 169-182.
池上知子 (1999). 学歴ステレオタイプ―偏見とステレオタイプの心理学―　現代のエスプリ 384号, 130-142.
池上知子 (2014). 差別・偏見研究の変遷と新たな展開―悲観論から楽観論へ―　教育心理学年報, *53*, 133-146.
池上知子・斎藤照代 (1999). 学歴ステレオタイプの構造とその影響に関する一考察　愛知教育大学研究報告（教育科学）, *48*, 81-88.
石井国雄・沼崎　誠 (2009). ジェンダー態度IATにおけるステレオタイプ的な刺激項目の影響　日本社会心理学会, *25*, 53-60.
伊藤裕子 (2001). 性差覚醒状況におけるジェンダー・ステレオタイプ　心理学研究, *72*, 443-449.
岩男寿美子 (1993). 異文化間コミュニケーション事例研究―在米日系企業で働くアメリカ人女性と日本人男性の相互作用―　慶応義塾大学大学院社会学研究科紀要, *36*, 41-51.
猪八重涼子・深田博己・樋口匡貴・井邑智哉 (2009). 被告人の身体的魅力が裁判員の判断に及ぼす影響　広島大学心理学研究, *9*, 247-263.
亀田達也 (1986). ステレオタイプに基づく予期が社会的判断に及ぼす効果―ベイズモデルによる検討―　心理学研究, *57*, 27-34.
上瀬由美子 (2008). 大学生が抱く社会人・サラリーマンステレオタイプに関する予備的研究―描画を用いた検討―　情報と社会（江戸川大学紀要）, *18*, 1-10.
上瀬由美子 (2011). 職業スティグマと偏見（特集 偏見とステレオタイプの心理学）　心理学ワールド, *52*, 17-20.
上瀬由美子・松井　豊 (1996). 血液型ステレオタイプの変容の形―ステレオタイプ変容モデルの検証―　社会心理学研究, *11*, 170-179.
唐牛祐輔・楠見　孝 (2009). 潜在的ジェンダーステレオタイプ知識と対人印象判断の関係　認知心理学研究, *6*, 155-164.
椙淵めぐみ・齋藤順子・坂元　章 (1999). 血液型ステレオタイプの構造と認知の歪み―分割数の効果の検討―　性格心理学研究, *8*, 74-75.
河野　周・久田　満・岡　隆 (2010). 平等主義とステレオタイプ抑制による逆説的効果の関連について　上

智大学心理学年報,*34*, 55-60.
北村英哉 (1998). ステレオタイプの社会心理学 (1)　東洋大学社会学部紀要,*35*, 5-16.
倉地曉美 (2004). カルチャー・ステレオタイプの危険性・逓減の必要性を認識しない教師とボランティアに関する分析　広島大学日本語教育研究,*14*, 9-15.
栗田季佳・楠見　孝 (2012). 障害者に対する両面価値的態度の構造—能力・人柄に関する潜在的－顕在的ステレオタイプ—　特殊教育学研究,*49*, 481-492.
栗田季佳・楠見　孝 (2014). 障害者に対する潜在的態度の研究動向と展望　教育心理学研究,*62*, 64-80.
黒田　勇 (1994). 外国としての「関西」(2):テレビ番組における「大阪」ステレオタイプ表現とその読解　大阪経大論集,*45*, 43-71.
Lippmann, W. (1922). *Public opinion*. New York: Harcourt, Brace.
　　（リップマン, W.（著）, 掛川トミ子（訳）(1987). 世論（上・下）岩波書店）
松井　豊・上瀬由美子 (1994). 血液型ステレオタイプの構造と機能　聖心女子大学論叢,*82*, 89-111.
松尾　藍・吉田富二雄 (2012). 出身地ステレオタイプ喚起情報が対人魅力に及ぼす効果—形容詞による人物刺激を用いて—　筑波大学心理学研究,*43*, 37-42.
森　津太子 (1997). 対人判断における社会的カテゴリー適用可能性の効果とその個人差　性格心理学研究,*5*, 27-37.
村田光二・木下順子 (1993). 仮説検証過程における確証傾向—血液型ステレオタイプに基づく場合—　東京学芸大学紀要（第1部門,教育科学）,*44*, 219-228.
名嶋義直 (2006). 実践報告 異文化理解リテラシー育成に向けて—日本事情授業における取り組みから—　日本語教育,*129*, 41-49.
野寺　綾・唐沢かおり (2004). 性別と男女平等主義的態度がジェンダーステレオタイプ活性におよぼす影響　人間環境学研究,*2*, 9-14.
野口李沙 (2008). ゲームにおけるジェンダーステレオタイプについて —メディアとしてゲームが与える社会的影響を中心に—　日本ジェンダー研究,*11*, 29-41.
岡　隆・佐藤達哉・池上知子（編）(1999). 偏見とステレオタイプの心理学　現代のエスプリ,*384*号　至文堂
奥西有理・田中共子 (2009). 多文化環境下における日本人大学生の異文化葛藤への対応— AUC-GS 学習モデルに基づく類型の探索—　多文化関係学,*6*, 53-68.
奥山正司 (1999). エイジズム —高齢者へのステレオタイプ（偏見とステレオタイプの心理学）—　現代のエスプリ,*384*号,109-118.
大野俊和・長谷川由希子 (2001).「いじめ」の被害者に対する外見的ステレオタイプ　実験社会心理学研究,*40*, 87-94.
坂元　章 (1995). 血液型ステレオタイプによる選択的な情報使用—女子大学生に対する2つの実験—　実験社会心理学研究,*35*, 35-48.
坂元　章・鬼頭真澄・高比良美詠子・足立にれか (2003). テレビ・コマーシャルにおける性ステレオタイプ的描写の内容分析研究 — 33年間でどれだけ変化したか—　ジェンダー研究（お茶の水女子大学ジェンダー研究センター）,*6*, 47-57.
坂本真士 (1999). 精神疾患患者と身体疾患患者のステレオタイプ（偏見とステレオタイプの心理学）現代のエスプリ,*384*号,162-171.
佐久間　勲 (2002). 血液型ステレオタイプによる選択的情報処理　東京成徳短期大学紀要,*35*, 87-93.
下條英子・柏木惠子 (2004). TV コマーシャルに見られるジェンダー・ステレオタイプ好感度と再認記憶の指標から　文京学院大学総合研究所紀要,*4*, 56-62.
潮村公弘 (1995). ステレオタイプ的認知とカテゴリー化情報の関係について—対人記憶, 印象評定に及ぼす刺激手掛かりの効果—　実験社会心理学研究,*35*, 1-13.
菅　さやか・唐沢　穣 (2006). 人物の属性表現にみられる社会的ステレオタイプの影響　社会心理学研究,*22*, 180-188.
高林久美子 (2007). 自己への脅威が女性に対する偏見に及ぼす効果—両面価値的性差別理論からの検討—　社会心理学研究,*23*, 119-129.
田中宏二・坂手未来 (1999). 年齢ステレオタイプに関する研究動向　岡山大学教育学部研究集録,*111*, 53-

引用文献

58.
田戸岡好香・村田光二・石井国雄 (2014). 嫉妬的ステレオタイプの抑制における代替思考方略の効果 対人社会心理学研究, *14*, 35-44.
外山みどり (1986). 人物情報の処理におけるステレオタイプの影響 青山學院女子短期大學紀要, *40*, 129-148.
山本眞理子(編) (1994). ソーシャルステイタスの社会心理学―日米データにみる地位イメージ― サイエンス社
山岡重行・風間文明 (2004). 被害者の否定的要素と量刑判断 法と心理, *1*, 98-110.
山崎賢治・坂元 章 (1992). 血液型ステレオタイプによる自己成就現象―全国調査の時系列的分析2― 日本社会心理学会第33回大会発表論文集, 342-345.

● V部　犯罪

【20章】

Aalen, O. O., Borgan, Ø., & Gjessing, H. K. (2008). *Survival and event history analysis: A process point of view*. New York: Springer.
Andrews, D. A., & Bonta, J. (2010). *The psychology of criminal counduct*. 5th ed. New Province, NJ: Matthew Bender & Company.
Cox, D. R. (1972). Regression models and life-tables. *Journal of the Royal Statistical Society, 34*, 187-220.
Grieger, L., & Hosser, D. (2013). Which risk factors are really predictive? *Criminal Justice and Behavior, 41*(5), 613-634.
Gruenewald, P. J., & West, B. R. (1989). Survival models of recidivism among juvenile delinquents, *Journal of Quantitative Criminology, 5*(3), 215-229.
平山真理 (2007). わが国における子どもを対象とした性犯罪の現状とその再犯防止対策について 法と政治, *58*(1), 139-163.
Hirschi, T. (1969). *Causes of delinquency*. Berkeley, CA: University of California Press.
　(ハーシー, T. (著), 森田洋司・清水新二 (監訳) (1995). 犯罪の原因 文化書房)
Hirshi, T., & Gottfredson, M. (1983). Age and the explanation of crime. *American Journal of Sociology, 89*, 552-584.
法務省法務総合研究所 (編) (2014). 平成26年版犯罪白書 法務省
市野剛志 (2007). 犯罪被害者の法的地位―被害者の訴訟参加と無罪推定原則― 龍谷大学大学院法学研究, *9*, 51-72.
MacKenzie, D. L. (2000). Evidence-based corrections: Identifying what works. *Crime and Delinquency, 46*(4), 457-471.
西海潔子 (2013). 法務省式ケースアセスメントツール (MJCA) の開発について 刑政, *124*(10), 58-69.
Office of the Surgeon General. (2001). *Youth violence: A report of the surgeon general*. Washington, DC: U.S.Department of Health and Human Services, Office of Public Health and Science, Office of the Surgeon General.
Siegel, L. J. (2008). *Criminology the core*. 3rd ed., Belmont, CA: Thomson Wadsworth.
山本麻奈 (2012). 性犯罪者処遇プログラムの概要について―最近の取り組みを中心に― 刑政, *123*(9), 56-64.

【21章】

Branscombe, N. R., Schmitt, M. T., & Harvey, R. D. (1999). Perceiving pervasive discrimination among African Americans: Implications for group identification and well-being. *Journal of Personality and Social Psychology, 77*, 135-149.
Brewer, M. (2003). *Intergroup relations*. Philadelphia, PA: Open University Press.
Decker, S. H., & Van Winkle, B. (1996). *Life in the gang: Family, friends, and violence*. New York: Cambridge University Press.

引用文献

Deschenes, E. P., & Esbensen, F. (1999). Violence and gangs: Gender differences in perceptions and behavior. *Journal of Quantitative Criminology, 15*, 63-96.

Emler, N., & Reicher, S. (1995). *Adolescence and delinquency: The collective management of reputation.* Malden, MA: Blackwell Publishing.

星野周弘・米川茂信・荒木伸怡・澤登俊雄・西村春夫（編）(1995). 犯罪・非行事典　大成出版

法務省法務総合研究所（編）(2011). 平成23年版 犯罪白書―少年・若年犯罪者の実態と再犯防止―　日経印刷

法務省法務総合研究所（編）(2014). 平成26年版 犯罪白書―窃盗事犯者と再犯―　日経印刷

家庭裁判所調査官研修所 (2001). 重大少年事件の実証的研究　司法協会

警察庁 (2005). 平成17年版警察白書　特集：世界一安全な道路交通を目指して　ぎょうせい

Keisner, J., Cadinu, M., Poulin, F., & Bucci, M. (2002). Group identification in early adolescence: Its relation with peer adjustment and its moderator effect on peer influence. *Child Development, 73*, 196-208.

Levine, J. M., & Moreland, R. L. (2006). Small groups: An overview. In J. M. Levine & R. L. Moreland (Eds.), *Small groups* (pp.1-10). New York: Psychology Press.

McGrath, J. E. (1984). *Groups: Interaction and performance.* Englewood Cliffs, NJ: Prentice-Hall.

Moffitt, T. E. (1993). Adolescence-limited and life-course-persistent antisocial behavior: A developmental taxonomy. *Psychological Review, 100*, 674-701.

Moreland, R. L. (1987). The formation of small groups. In C. Hendeick (Ed.), *Group processes* (pp. 80-110). Newbury Park, CA: Sage.

中川知宏・仲本尚史・國吉真弥・森　丈弓・山入端津由・大渕憲一 (2015). 非行集団に所属する少年への差別は集団同一化を高めるか―集団境界透過性の調整効果―　審査中

Nakagawa, T., Nakamoto, N., Yamanoha, T., & Ohbuchi, K. (2005). Effects of group rewards on group identification among delinquent and non-delinquent adolescents. *Tohoku Psychologica Folia, 64*, 31-38.

中川知宏・仲本尚史・山入端津由・大渕憲一 (2007). 集団同一化と集団志向性が集団非行に及ぼす影響―一般群と非行群との比較―　応用心理学研究, 36, 61-72.

日本弁護士連合会 (2002). 検証 少年犯罪―子ども・親・付添人弁護士に対する実態調査から浮かびあがるもの―　日本評論社

岡邊　健 (2008). 4章 少年非行の諸相　小林寿一（編著）　少年非行の行動科学　北大路書房

セカンドチャンス！（編）(2011). セカンドチャンス！人生が変わった少年院出院者たち　新科学出版社

Tajfel, H., & Turner, J. C. (1979). The social identity theory of intergroup behavior. In S. Worchel & W. G. Austin (Eds.), *The social psychology of intergroup relations* (pp. 33-47). Oxford, England: Brooks/Cole.

Thornberry, T. P., Krohn, M. D., Lizotte, A. J., Smith C. A., & Tobin, K. (2003). *Gangs and delinquency in developmental perspective.* US: Cambridge University Press.

Tremblay, R. E., Mâsse, R. C., Vitaro, F., & Dobkin, P. L. (1995). The impact of friends' deviant behavior on early onset of delinquency: Longitudinal data from 6 to 13 years of age. *Development and Psychopathology, 7*, 649-667.

Vasquez, E. A., Wenborne, L., Peers, M., Alleyne, E., & Ellis, K. (2015). Any of them will do: In-group identification, out-group entitativity, and gang membership as predictors of group-based retribution. *Aggressive Behavior, 41*, 242-252.

【22章】

アムネスティ・インターナショナル (2014). *Death sentences and executions 2014.*

Andrews, D. A., & Bonta, J. (2010). Rehabilitating criminal justice policy and practice. *Psychology, Public Policy, and Law, 16(1)*, 39-55.

陳　慈幸 (2013). 刑事政策―概念的形塑―　元照出版社

de Keijser, J. W., van Koppen, P. J., & Elffers, H. (2007). Bridging the gap between judges and the public? A multi-method study. *Journal of Experimental Criminology, 3*, 131-161.

引用文献

DeWall, C. N., Twenge, J. M., Koole, S. L., Baumeister, R. F., Marquez, A., & Reid, M. W. (2011). Automatic emotion regulation after social exclusion: Tuning to positivity. *Emotion, 1,* 623-636.
犯罪白書 (2008). 高齢犯罪者の実態と処遇　日本法務省
　　http://www.moj.go.jp/content/000010212.pdf
犯罪白書 (2014). 法務統計年報　台湾法務部
　　http://www.rjsd.moj.gov.tw/rjsdweb/book/Book_Detail.aspx?book_id=66
Hutton, N. (2005). Beyond populist punitiveness? *Punishment & Society, 7,* 243-258.
石井小夜子・坪井節子・平湯真人 (2001). 少年法・少年犯罪をどう見たらいいのか　明石書店
Jiang, S., Lambert, E. G., & Wang, J. (2007). Capital punishment views in China and the United States: A preliminary study among college students. *International Journal of Offender Therapy and Comparative Criminology, 51,* 85-97.
Jiang, S., Lambert, E. G., Wang, J., Saito, T., & Pilot, R. (2010). Death penalty views in China, Japan and the U.S.: An empirical comparison. *Journal of Criminal Justice, 38,* 862-869.
警察庁　警察政策研究センター・太田達也（共同研究）(2013). 高齢犯罪者の特性と犯罪要因に関する調査　警察庁
Levesque, R. J. R., & Tomkins, A. J. (1995). Revisioning juvenile justice: Implications of the new child protection movement. *Journal of Urban and Contemporary Law, 48,* 87-116.
Moffitt, T. E. (1993). 'Life-course-persistent' and 'adolescent-limited' antisocial behavior: A developmental taxonomy. *Psychological Review, 100,* 674-701.
中島義明他（編）(1999). 心理学辞典　初版　有斐閣
Pfeffer, K., Cole, B., & Dada, K. (1996). British and Nigerian adolescent's lay theories of youth crime. *Psychology, Crime and Law, 3,* 21-35.
Pfeffer,K., Cole,B., & Dada,K. (1998). Attributions for youth crime among British and Nigerian primary school children. *The Journal of Social Psychology, 138,* 251-253.
St Amand, M. D., & Zamble, E. (2001). Impact of information about sentencing decisions on public attitudes toward the criminal justice system. *Law and Human Behavior, 25,* 515-528.
戴　伸峰 (2006). 日本と台湾における非行の原因認知と厳罰化態度に関する社会心理学的研究　東北大学文学研究科博士論文
戴　伸峰 (2010). 高齢受刑者の受刑生活に関する調査研究　日本心理学会第48回大会発表論文
Tai Shen-feng (2014). Reviewing of their own jail life: The comparison between Japanese and Taiwanese inmates who were at the end of their prison term. *6th Annual Conference, Asian Criminological Society.*
Tyson, G. A., & Hubert, C. J. (2002). Cultural differences in adolescents' explanations of juvenile delinquency. *Journal of Cross-Cultural Psychology, 33,* 459-463.

【23章】

Cornell, D. G., Benedek, E. P., & Benedek, D. M.(1987).Juvenile homicide:Prior adjustment and a proposed typology. *American Journal of Orthopsychiatry, 57,*383-393.
土井隆義 (2013). 後期近代の黎明期における少年犯罪の減少　犯罪社会学研究, *38,* 78-96.
Hardwick, P. J., & Rowton-Lee, M. A. (1996). Adolescent homicide: Towards assessment of risk. *Journal of Adolescence, 19,* 263-276.
長谷川寿一・長谷川眞理子 (2000). 戦後日本の殺人の動向　科学, *70*(7), 560-568.
法務省法務総合研究所 (2005). 平成17年版犯罪白書　国立印刷局
家庭裁判所調査官研修所 (2001). 重大少年事件の実証的研究　司法協会
近藤日出夫 (2009). 男子少年による殺人　犯罪社会学研究, *34,* 134-150.
近藤日出夫 (2010). 少年鑑別所・少年院入院者から見た日本の少年非行対策　浜井浩一（編）　刑事司法統計入門 (pp.159-198)　日本評論社
Moffitt, T. E.(1993). Adolescent-limited and life-course-persistent antisocial behavior:A developmental taxonomy. *Psychological Reviw, 100,* 674-701.

Ohbuchi, K., & Kondo, H. (2015). Psychological analysis of serious juvenile violence in Japan. *Asian Journal of Criminology*, *10*, 149-162.
斎藤　環 (2008a).「無差別殺人」をもたらす「社会病理」 犯罪心理学研究 特別号, *46*, 174-195.
斎藤　環 (2008b). 法制審議会民法成年年齢部会第5回会議（平成20年7月1日開催）議事録 http://www.moj.go.jp/content/000012445.pdf（2015年2月13日アクセス）
津島昌寛 (2013). 貧困と殺人に関する国際比較研究の動向　犯罪社会学研究, *38*, 193-198.
米川茂信 (1996). 学歴アノミーと中・高生非行　犯罪社会学研究, *2*, 145-168.

人名索引

あ
アイゼン（Ajzen, I.） 186
青木俊明　185
浅井暢子　212
アダムス（Adams, J. S.）　154
渥美惠美　133
アレヴィ（Halevy, N.）　106
アロンソン（Aronson, E.）　73
安藤哲朗　127
アンブローズ（Ambrose, M. L.）　139

い
石上智美　132
岩崎テル子　124
インスコ（Insko, C. A.）　193

う
ヴァン・クリーフ（Van Kleef, G. A.）　39, 40, 41, 43
ヴァンダーウォル（van der Wal, R. C.）　59
ヴァンデン - ボス（van den Bos, K.）　183
上原俊介　15
上村佐知子　131
ウォレス（Wallace, H. M.）　65

え
江藤文夫　131

お
大島寿美子　128
オース（Orth, U.）　21
大竹文雄　150
大渕憲一　81, 128, 144, 151, 212, 220
オルポート（Allport, G. W.）　227

か
カーネベイル（Carnevale, P. J.）　81
カーレマンズ（Karremans, J. C.）　60, 62
加賀美常美代　221
加藤道代　119
川嶋伸佳　154

き
北山　忍　74
キャンベル（Campbell, D. T.）　192
ギリランド（Gilliland, S. W.）　143
ギロビッチ（Gilovich, T.）　60, 85

く
熊谷智博　168
グラハム（Graham, J.）　8
グリーンバーグ（Greenberg, J.）　142
クリュガー（Kruger, J.）　85
クロパンザーノ（Cropanzano, R.）　142

け
ケルトナー（Keltner, D.）　38
ケルマン（Kelman, C. H.）　199

こ
荒神裕之　127
コーエン（Cohen, R. L.）　185
小坂真利子　116
コットレル（Cottrell, C. A.）　235
小林孝一郎　124
ゴルヴィツァー（Gollwitzer, M.）　16, 17
近藤日出夫　294
近野智子　132

さ
斎藤清二　127
佐々木美加　35, 38, 44
笹竹英穂　111
サムナー（Sumner, W. G.）　194
三宮克彦　130

し
シーグラー（Siegler, I. C.）　32
シェリフ（Sherif, M.）　216, 235
潮村公弘　220
シダニウス（Sidanius, J.）　193
舌間秀雄　130
シュミンク（Schminke, M.）　139
シュワルツ（Schwartz, J. P.）　118

シュワルツ（Schwartz, S. H.） 186
ジョスト（Jost, J. T.） 157
ジラード（Girard, M.） 58

す

鈴木淳子 166
鈴木圭介 125
スタウブ（Staub, E.） 3
ストラウス（Straus, M. A.） 110, 112
スピルバーガー（Spielberger, C. D.） 25, 28
スホドルスキー（Sukhodolsky, D. G.） 30
スミス（Smith, T. W.） 31, 32

そ

ソーンベリー（Thornberry, T. P.） 267

た

ターナー（Turner, J.） 205
戴　伸峰 277, 282
タイラー（Tyler, T. R.） 154, 179
高久聖治 73
高比良美詠子 121
武内珠美 116
タジフェル（Tajfel, H.） 205
橘木俊詔 150
田村　達 4
ダルバート（Dalbert, C.） 156

て

ディークマン（Diekmann, K. A.） 105
出石万希子 130
ディドゥルー（De Dreu, C. K. W.） 81, 96

と

ドイッチ（Deutsch, M.） 80
徳永千尋 132
トロットシェル（Trötschel, R.） 104
トンプソン（Thompson, L. L.） 88, 91, 95

な

中川知宏 271
中島幸子 117
中西淑美 126

に

ニューバーグ（Neuberg, S. L.） 235

は

ハーマン（Herman, J. L.） 115
ハイト（Haidt, J.） 7
バウマイスター（Baumeister, R. F.） 3-6
ハスラム（Haslam, N.） 10
長谷川　剛 123
バトソン（Batson, C. D.） 62
林　洋一郎 143
原　純輔 150

ひ

ピエトローニ（Pietroni, D.） 99
ピンクリー（Pinkley, R. L.） 100-102

ふ

ファインバーグ（Feinberg, M.） 47
フィスク（Fiske, S. T.） 233
フィンケル（Finkel, E. J.） 113
深澤優子 110
福島　治 78
福地智巴 128
福野光輝 102
藤井　聡 177
フライダ（Frijda, N. H.） 15
プラット（Pratt, F.） 193
ブランスコム（Branscombe, N.） 213
ブリックマン（Brickman, P.） 154, 181
プロンク（Pronk, T. M.） 59, 60

へ

ヘイズ（Hays, D. G.） 117

ま

マーカス（Markus, H. R.） 74
マクロウ（McCullough, M. E.） 61

み

宮村季治 119
三好貴之 132
ミラー（Miller, T. Q.） 28

め

メジック（Messick, D. M.） 156
メランダー（Melander, L. A.） 120

347

人名索引

も
モフィット（Moffitt, T. E.） 282, 296

や
柳原典枝 129
山岸俊男 177
山口奈緒美 54

よ
吉井智晴 131

ら
ラップ（Rupp, D. E.） 137
ランシマン（Runciman, W. G.） 158

り
リーバーマン（Liberman, V.） 104
リップマン（Lippmann, W.） 249
リンド（Lind, E. A.） 179
リンドン（Lyndon, A.） 120

れ
レイナー（Lerner, M.） 155
レーヒム（Rahim, M. A.） 79, 80

わ
ワイナー（Weiner, B.） 68
和田仁孝 126, 127

事項索引

あ
アイデンティティの保護　74
温かさ　233
憐み　236
安定性　69

い
怒り　25, 40, 235
　　怒りの表出　28
　　怒りの抑制　29
　　怒り反すう　30
怒り表出尺度（Anger Expression Scale）　28
（怒りと疾患の）健康行動モデル　32
（怒りと疾患の）交互作用（transactional）モデル　31
一般的公正世界信念（General BJW）　156
異文化間葛藤　219
イメージ理論（image theory）　143
医療事故　123, 126
医療メディエーション　126

か
解決方略　77
外集団同質視（outgroup homogeneity effect）　195
改正少年法　276, 285
改訂版葛藤戦術尺度（Revised Conflict Tactics Scale: CTS2）　112
加害者との対人関係　57
加害者の謝罪　56
覚せい剤　260
拡張接触仮説（Extended contact hypothesis）　210
学歴アノミー　289
硬い社会（hard society）　171
課題転換（task switching）　59
片働き世帯　165
葛藤　67
葛藤群　293
葛藤戦術尺度（Conflict Tactics Scale: CTS）　112
葛藤方略　217

カテゴリー間の対比効果　205
カテゴリー内の同化効果　205
カプランマイヤー推定法　257
過密収容　279
仮釈放　255
感情
　　感情の社会的情報モデル（Emotions as Social Information model: EASI モデル）　42
　　（感情の）戦略的影響仮説　41
　　感情の適応的機能　37
感情調節（emotion regulation）　114
冠動脈疾患（Coronary Heart Disease: CHD）　24
寛容　52
　　（寛容の）情報統合モデル　58
　　（寛容の）認知的統制モデル　59
　　寛容の利益　52
　　寛容のリスク　53
寛容動機　54

き
企業の社会的責任（Corporate Social Responsibility: CSR）　164
帰属　82
規範活性化理論（Norm activation theory）　186
義憤（moral outrage）　13
気分障害　36
基本的帰属錯誤　73
基本的欲求　3, 21
義務的反応（deontic response）　144
究極の帰属のエラー（ultimate attribution error）　195
教育価値観　224
強化モデル（the enhancement model）　266
共通内集団アイデンティティ（common in-group identity）　209
共通内集団アイデンティティモデル　200
恐怖　236
虚血性心疾患（Ischemic Heart Disease: IHD）　24

349

事項索引

拒絶－同一化モデル（rejection–identification model） 271

く
苦痛相殺説 15

け
刑罰 274
刑務所化（prisonization） 279
結果の相互依存性（outcome interdependence） 106
原因の所在 69
嫌悪 235
現実的葛藤理論 204
原則逆送制度 285
厳罰化 276
権利意識 20

こ
攻撃の道具性 3
交渉 88
交渉剰余（bargaining surplus） 89
公正 151
公正回復 22
公正世界信念 155
公正ヒューリスティック理論 139
構造的方略 180
肯定的偏見 231
衡平 166
衡平基準 151
衡平原理（equity principal） 136
衡平性 179
衡平理論 154
効用（utility） 88
合理的選択理論（rational choice theory） 178
高齢犯罪者 281
互酬性（reciprocity） 145
互酬性原理 35
個人間－集団間不連続性 193
個人主義 277
個人的公正世界信念（Personal BJW） 156
個人的な剥奪 158
固定和幻想（fixed-pie perception, fixed-pie assumption） 94, 95
コミュニケーション能力 291

根拠に基づく医療（Evidence-Based-Medicine：EBM） 127
困惑 38

さ
罪悪感 36
再カテゴリー化（reategorization） 209
罪刑法定主義 274
最後通牒ゲーム 103, 104
再就職志向 165
再人間化（rehumanization） 200
サイバーストーキング（Cyberstalking） 120
再犯防止に向けた総合対策 252
再犯リスク 254, 255
再犯率 256
作業療法教育ガイドライン 132
作業療法士 132
殺人少年 286
　（殺人少年の類型）外在化型 294
　（殺人少年の類型）精神病理型 294
　（殺人少年の類型）遅発型 294
　（殺人少年の類型）低対処力型 294
　（殺人少年の類型）内在化型 294
　（殺人少年の類型）反社会型 294
サディズム 6
サマーキャンプ実験 235

し
ジェンダー 161
ジェンダー化された企業（gendered organizations） 162
ジェンダー・ギャップ指数（Gender Gap Index） 161
ジェンダー・ステレオタイプ 161
ジェンダー・ハラスメント 162
自我消耗理論（ego depletion theory） 146
死刑 280
資源的目標 81
自己中心性（egocentrism） 96
自己本位性脅威モデル 4
自己利益正当化仮説 153
システム正当化理論 157
私憤（personal anger） 14
シャーデンフロイデ（schadenfreude） 21
社会情報処理モデル 140

社会的アイデンティティ理論　205, 268
社会的機能論アプローチ　235
社会的交換理論　145
社会的交流技能自己評価尺度　133
社会的コンフリクト　176
社会的支配志向（social dominance orientation）　193
社会的ジレンマ　176
社会的促進・集団特性モデル（the social facilitation or kind of group model）　266
社会的不平等　149
社会的目標　81
釈明（accounts）　67
謝罪　37, 56, 68
謝罪のパラドックス　70
就業継続志向　165
囚人のジレンマ　105
囚人のジレンマゲーム　86
集団同一化　268
集団価値モデル　182
集団過程モデル　268
集団間葛藤　216
集団間抗争　271
集団間接触　208
集団間地位　268
集団間バイアス（intergroup bias）　194
集団間不安理論　207
集団境界透過性（permeability of group boundaries）　272
集団実体性　270
集団主義　277
集団的な剥奪　158
集団内尊重　213
集団内評価　268
修復的公正　22
生涯継続型（life-course persistent）　282
生涯持続タイプ　296
状況の主観的定義　103
状況への帰属　73
少子高齢化　163
状態の寛容　56
状態−特性怒り尺度（State-Trait Anger Scale: STAS）　25
承諾獲得方略　80
情動知能　45
少年法　276

譲歩　40
情報更新（updating）　59
情報的公正　136
初期加速（initial acceleration）　258
信頼ゲーム　47
心理エンゲイジメントモデル　145
心理的方略　180

す

ステレオタイプ　228
　　学歴ステレオタイプ　246
　　血液型ステレオタイプ　247
　　高齢者ステレオタイプ　244
　　ジェンダーステレオタイプ　242
　　障がい者に対するステレオタイプ　245
　　職業ステレオタイプ　245
　　人種・民族ステレオタイプ　241
　　地域ステレオタイプ　244
ステレオタイプ内容モデル　232
ストーカー　118
ストーカー規制法　118

せ

正規雇用　166
制御資源（regulatory resources）　146
制御焦点　146
精神障害群　293
生存関数（survival function）　256
生存時間分析　256
正当化　68, 196
青年期限定タイプ　296
正の交渉領域（positive bargaining zone）　89, 92
性別役割分業　161
接触仮説（contact hypothesis）　208, 237
接触理論　250
説得のスキーマ　78
1997年社会的公正感調査（JSJP調査）　152
潜在的連合テスト（Implicit Association Test: IAT）　250
選択・個人特性モデル（the selection or kind of person model）　266
セントラル8　261
専門職連携教育（Interprofessional Education: IPE）　125

事項索引

そ
相互依存　80
相互協調的アイデンティティ　74
相互独立的アイデンティティ　74
想像型接触（Imagined Contact）　250
相対的所得仮説　156
相対的剥奪　154, 158
ソーリー・ワークス（sorry works）　128
促進焦点　146
属性への帰属　73
組織における公正さ（organizational justice）　136
素朴現実主義（naive realism）　84
素朴な利己的人間観（naïve cynicism）　84, 85

た
体質的脆弱性モデル　32
対象類似性モデル　139
対人葛藤　70, 77, 100, 109
対人的公正　136
タイプA行動パターン（Type A Behavior Pattern: TABP）　24
他者の心的状態の推論　82
脱カテゴリー化（decategorization）　200, 209
ダブルスタンダード（double standard）　196
多目標モデル　81

ち
地域連携クリティカル・パス　124
長時間労働　169
鎮静化（settlement）　198

て
デートDV　109
敵意　27
敵意尺度（Hostility Scale）　27
手続き的公正　136
　　手続きの公正効果（fair process effect）　183
伝播公正　140

と
同一性目標　87
道具的モデル　182

統計的差別　168
統合の交渉　90
同情　35
統制可能性　69
統制理論（control theory）　262
道徳の基盤調査（Moral Foundations Questionnaire）　8
道徳の基盤理論　7
道徳的正義（moral justice）　62
特性の寛容　56
ドメスティックバイオレンス（Domestic Violence: DV）　109
共働き世帯　165

な
内集団びいき　205
ナラティブと対話に基づく医療（Narrative-Based-Medicine：NBM）　127

に
二重アイデンティティ　201
二重関心モデル　79, 80
人間性　10
認知行動療法　260
認知的不協和　70, 73

ね
ネガティビティ・バイアス　142
妬み　236

は
配偶者からの暴力　110
恥　38
発話内力－指示部（Illocutionary Force - Indicating Device, IFID）　71
犯因論的リスク要因（criminogenic risk factor）　261
犯罪群　293
犯罪被害者等基本法　252
犯罪リスク　253
反事実（counterfactual）　144

ひ
被害者の心理　115
被害者傍聴制度　285
被害伝達説　15, 16

被害の反復可能性　65
非行集団　264
非社会型不適応少年　291
非正規雇用　162, 166
ビッグ4　261
必要性　166, 179
必要性基準　151
否定　68
非人間化（dehumanization）　9, 196
ヒヤリ・ハット　123, 126
ヒューリスティックス　83
平等　166
平等基準　151
平等性　179

ふ

フェア・マネジメント　147
復讐　274
不公正感　19
不適応　36
プライド（pride）　145
フル・レンジの公正測定（full-range justice measurement）　141
文化間葛藤　216
文化的価値観　222
分配的交渉　88
分配的公正　136
文脈モデル（contextual model）　82

へ

弁解　68
偏見　227
返報性規範　19

ほ

包括的公正（overall justice / fairness）　139
報復（retribution）　13
報復願望　15, 19, 20, 21
暴力
　（暴力の）正当化　5
　（暴力の）脱感作効果　6
暴力非行　265
ポジティブ・アクション　164

ま

マクロ公正（macro justice）　181

マクロ水準　154
マクロ不公正感　158
間違った一般化　229
満期釈放　255

み

ミクロ公正（micro justice）　181
ミクロ水準　154
ミクロ不公正感　158
民族的偏見　229

む

無過失性承認動機　64

め

メタ分析　138

ゆ

有償労働（paid work）　169
有能さ　233
宥和機能　39
宥和行動（appeasement behavior）　37
ユニバーサル・カーブ　287

よ

抑制（inhibition）　59
欲求不満効果（frustration effect）　185
欲求不満耐性　291
予定行動理論（Theory of planned behavior）　186
予防教育プログラム　117
予防焦点　146

り

利害関係者　175
理学療法士　131
リスク・ニーズアセスメントツール　26
リスク
　静的リスク要因（static risk factor）　261
　動的リスク要因（dynamic risk factor）　261
リスペクト（respect）　145
リハビリテーション　130
留保価格（reservation price）　89, 92

る

類型的アプローチ　292

ろ

ログ・ランク検定　259
ログローリング（logrolling）　90

わ

ワーク・ファミリー・コンフリクト　162
ワーク・ライフ・バランス　162
和解（reconciliation）　37, 198, 199

A～Z

ASAモデル　140
CLASS　128
DV防止法　109
EASIモデル　42, 43, 44
HEART（Help End Abusive Relationships Today）　117
I^3（アイキューブド）理論　113
M字型　166
NIMBY（Not In My Back Yard）　174
NPO法人セカンドチャンス！　273
RIAS（The Roter Method of Interaction Process Analysis System）改訂版　130
SSM調査（社会階層と社会移動全国調査）　153
TRIM（Transgression-Related Interpersonal Motivation Inventory）　61
WLB（Work Life Balance）　162

あとがき

　本書は，大渕憲一先生の東北大学退職を記念して企画・編集された。先生は，紛争解決，正義や公正，暴力や攻撃，さらには犯罪の研究領域において傑出した御業績を積み重ね，社会心理学や犯罪心理学の発展において，はかりしれない貢献を果たされてきた。本書はその教えを受けた者たちが先生のご功績をそれぞれの研究の道で進展させた成果を示す専門書であり，先生が開拓・関与なさった各領域の入念なレビューを通して，研究視野の大胆な拡大を狙うものである。

　ふり返れば，先生が燈火を点してわれわれを導いてきた研究領域は，いずれも人と人との間で発生する生々しい苦しみやいら立ち，不満足や不調和を扱うものであった。人間の負の側面に焦点を当て，その激しさや深刻さを直視して研究の遡上に乗せ，記述と説明に力を尽くす。さらに，そうした人間の負の営みや負の心情をいかに緩和できるのかについても検討の手を緩めない。われわれはかつて一人残らず先生の研究室においてこの精力的な研究活動の一端を学究の輩とともに担い，紛争に絡むさまざまな話題に対して先生が抱く思いを共有し，自らの研究に活路を見いだそうとしてきた。

　そしていま，それぞれの研究活動を通して実感されるのは，人間とは争うものであり，その争いに終止符のないことである。先生はある著書の冒頭に吉野ケ里遺跡の城塞や戦傷痕のある古代人骨に接したときに得た衝撃を綴られた。こうした先生の思いや感性に触れるとき，人間が古くから抱えてきた争いという問題の現実感を呼び覚まされ，その防止や抑止への人々の願いもまた深いと痛感することができる。そしてわれわれはといえば，この問題を前にして，ときに光明を見いだして邁進し，ときにその問いの巨大さに逡巡して立ち往生するということを繰り返すのである。

　問題の大きさは，未だに頻発する世界中の紛争や暴力に目を向けたときいっそう心に重くのしかかる。大国による圧力や植民地時代の影，古い歴史的遺恨など，紛争の火種は世界のいたるところに存在しており，ときに各国各勢力の実力行使によって人々が虐げられる。難民・移民としてあふれ出る者あり，反発分子として暴力手段に手を染める者あり。世界貿易センタービルの破壊，フランス市街の同時テロ，世界の中に存在する力の反作用は必ず現前し，人々を傷つけ苦しめる。人々の心は古代から何も変わっていないのだ。一方，微視的な人間関係の中でも

あとがき

　争いや暴力は決してまれなことではない。子どもの虐待件数の増加傾向はやまず，虐待死に至る事例も毎年のように報道される。殺人事件にしても，多様な事例があり，なぜそのような事態にいたったのか首をかしげることも少なくない。

　これらが人の性であるとしてしまうのは簡単である。しかし，このような問題をどのように理解し，どのように対処したらよいのか，人の社会のどこに，人の心理のどこに，その解決の糸口があるのか，社会心理学者としてわれわれはその答えを求め続けなければならない。本書はその答えを探る試みでもあるのだ。

　大渕憲一先生は，このような価値ある道にわれわれを導き，鋭い洞察の光をもってその道の先までをも照らし続けてくださった。そしてまた，これからも末永くわれわれを教え導いてくださることと思う。執筆者一同深く感謝し，先生に惜しみない尊敬を捧げたい。

執筆者一同に代わり
福島　治

執筆者一覧 （執筆順・※は編集委員）

大渕　憲一	東北大学大学院文学研究科	監修
田村　　達※	岩手県立大学社会福祉学部	1章
上原　俊介	東北大学大学院文学研究科	2章
八田　武俊	岐阜医療科学大学保健科学部	3章
佐々木美加	明治大学商学部	4章
山口奈緒美	東北福祉大学総合福祉学部	5章
高久　聖治	アメリカ創価大学	6章
小嶋かおり	新潟青陵大学短期大学部	7章
福島　　治※	新潟大学人文学部	7章
福野　光輝	山形大学人文学部	8章
佐藤　静香	東北大学高度教養教育・学生支援機構	9章
渥美　惠美	東北福祉大学健康科学部	10章
林　洋一郎※	慶應義塾大学大学院経営管理研究科	11章
川嶋　伸佳	京都文教大学総合社会学部	12章
鈴木　淳子	慶応義塾大学文学部	13章
青木　俊明	東北大学大学院国際文化研究科	14章
熊谷　智博※	大妻女子大学文学部	15章
浅井　暢子	京都文教大学総合社会学部	16章
加賀美常美代	お茶の水女子大学基幹研究院	17章
山本　雄大	東北大学大学院文学研究科	18章
潮村　公弘	フェリス女学院大学文学部	19章
森　　丈弓	甲南女子大学人間科学部	20章
中川　知宏※	近畿大学総合社会学部	21章
戴　　伸峰	台湾中正大学	22章
近藤日出夫	佛教大学大学院教育学研究科	23章

紛争・暴力・公正の心理学

| 2016年2月10日 | 初版第1刷印刷 | 定価はカバーに表示 |
| 2016年2月20日 | 初版第1刷発行 | してあります。 |

監修者　大　渕　憲　一
発行所　㈱　北　大　路　書　房
〒 603-8303　京都市北区紫野十二坊町 12-8
　　電　話　（075）431-0361㈹
　　ＦＡＸ　（075）431-9393
　　振　替　01050-4-2083

Ⓒ 2016　　制作／T.M.H.　　印刷・製本／㈱太洋社
検印省略　落丁・乱丁本はお取り替えいたします。
ISBN978-4-7628-2919-2　　　　Printed in Japan

・ JCOPY 〈㈳出版者著作権管理機構 委託出版物〉
本書の無断複写は著作権法上での例外を除き禁じられています。
複写される場合は，そのつど事前に，㈳出版者著作権管理機構
（電話 03-3513-6969,FAX 03-3513-6979,e-mail: info@jcopy.or.jp）
の許諾を得てください。